2024年版

国家資格 **キャリアコンサルタント**

合格ライン**7割**は らくらくクリア!

学科試験

CC協議会・JCDA
第1回〜第24回（2016.8〜2023.11）
本試験問題準拠

一般社団法人
地域連携プラットフォーム　**柴田郁夫** 著

要点テキスト&
一問一答問題集

秀和システム

はじめに

●多くの人に有益な資格「国家資格キャリアコンサルタント」

「キャリアコンサルタントとは、いったいどんな資格なのか？」「取得したらどんなメリットがあるのか？」──。そんな疑問をもつ方もいらっしゃると思いますが、私は本書を手に取っていただいたほとんどの方に有益な資格だと思っています。

「国家資格キャリアコンサルタント」は法律に明記された"名称独占資格"で、無資格者が名乗ると罪に問われます。最近では、国の定めによりキャリアコンサルタントにしかできない業務も増えてきています（例：ハローワークで給付金支給にあたっての面談業務を行う業務など）。

しかし、私はそのような実利的なこと以外にも、この資格の学びから得られるメリットは大きいと考えています。例えば、他者との関係性が良くなることです。人の話を共感をもって正確に把握する力（傾聴力）が身につけば、コミュニケーション力が向上し、周囲との関係性が良くなります。部下や同僚、配偶者との関係が改善したという事例は多々あります。さらに、周囲の人の成長につながる問い掛ける力（質問力）が高まるので、他者から喜ばれ、信頼を得られるようになり、また、属している組織（集団）の発展にもつながります。

●学科と実技試験の同時合格率は6割弱になることも

国家試験に合格するためには、「学科」と「実技」の2つの試験に合格する必要があります。回によって違いはありますが、2つの試験を同時に受けた人の合格率は6割となることもあり、国家資格の中では比較的取得しやすい資格です。「学科」だけをみると、過去24回の試験の中では、8割前後の合格率となったこともあります。

学科試験は、全50問の四肢択一（4つの選択肢の中から1つの正解を選

ぶ）問題で、70％（35問）の正答で合格となります。出題は広い範囲に及びますが、本書の一問一答をこなしていけば、確実に合格ラインに達することができると考えています。

●一問一答に強くなれば、合格は確実に見えてくる！

　四肢択一問題は、つきつめれば「一つ一つの選択肢（設問文）が、正しいか誤っているか」がわかれば、正解できるわけです。本書には、一問一答式で約1,600問以上が収録されています。四肢択一問題に直せば約400問となり、1回50問の試験に換算すれば約8回分を超える分量です。

　本書には、2023年11月に実施された最新の試験問題も反映されています。できなかった問題は何度も繰り返して、しっかりとできるようにしてください。これだけの問題をこなせば、合格は確実に見えてきます。

●過去問を徹底分析し、最新情報にも目配りして出題範囲を網羅！

　国家資格キャリアコンサルタント試験は、年度内に3回実施されます。本書執筆時点では第24回までの過去問が公表されていますが、本書はその全問題を精査して、どの項目からの出題が多いのかを分析しています。

　著者は大臣認定のキャリアコンサルタント養成講習や更新講習を行っており、国が示す方向性も把握できていますので、そうした強みを活かし、出題傾向をいち早く盛り込んでいます。また本書は2018年版から毎年改訂して出版してきており、その実績も踏まえ、どこを重点的に学習しなければいけないかがわかるようになっています。

　できれば、すべての項目（科目）について習熟していただきたいとは思いますが、時間がない場合は、過去問の出題数が多い項目から習得していくのも一つの方法です。

　ぜひ本書をご活用いただき、合格を勝ち取ってください。

　　　　2024年1月　一般社団法人 地域連携プラットフォーム　柴田郁夫

Contents

第1章 キャリアコンサルティングの社会的意義

1-1 社会・経済の動向とキャリア形成支援の必要性の理解 …… 30

1-2 キャリアコンサルティングの役割の理解 …………………… 44

第2章 キャリアコンサルティングを行うために必要な知識①

2-1 キャリアに関する理論 ……………………………………… 58

第3章 キャリアコンサルティングを行うために必要な知識②

第5章 キャリアコンサルティングを行うために必要な技能①

第6章 キャリアコンサルティングを行うために必要な技能②

【コラム】

よくわかるキャリアコンサルタント試験のしくみ

「国家資格キャリアコンサルタント」とは？

「キャリアコンサルティング」について、国は以下のように定義しています。

> 労働者の職業の選択、職業生活設計又は職業能力の開発及び向上に関する相談に応じ、助言及び指導を行うことをいう。
>
> ― 「職業能力開発促進法」より

上記のような「キャリアコンサルティング」を行う者が「キャリアコンサルタント」となります。

職業能力開発促進法によれば、「キャリアコンサルタントでない者は、キャリアコンサルタント又はこれに紛らわしい名称を用いてはならない」（第30条の28）とされており、キャリアコンサルタント試験に合格した者だけが、キャリアコンサルタントという名称を用いることができるとされています。（名称独占資格）

国家資格試験の内容

キャリアコンサルタント試験は、学科試験と実技試験に分かれています。両方の試験を一緒に（同じ受験の回で）受けることもできますし、先に「学科」だけ受けて、次の回に「実技」を受けるということもできます。また、逆の順番で受ける（「実技」を先に受ける）ことも可能です。

実技試験は、「論述」と「面接」試験に分かれています。これらは別の日程で行われるので、2日間の予定をとっておく必要があります。

❶ 学科試験

● 設問形式と合格基準

全50問の四肢択一（マークシート方式による回答）試験で、70%（35問）以上の正答で合格。例えば、以下のような設問となります。

【問】人材育成に関する次の記述のうち、最も適切なものはどれか。

1. 経営を担う人材や次世代リーダーの育成は、全従業員を対象とした階層別研修のみを通じて行われる。
2. 今後の人材育成においては、企業固有の技能だけでなく、労働移動も可能となるエンプロイアビリティの習得も必要となる。
3. 人材育成の中心はあくまでもOff-JTであり、OJTはそれを補完するものでしかない。
4. 自己啓発とは、企業内において独自に作成した資格取得のための通信教育メニューのことを指す。

（第8回試験 問20を元に作成／正答は2）

●出題範囲

本書巻末の一覧表（「学科試験第15回〜第24回の出題傾向」）の分類が、国が示している「キャリアコンサルタントとしての習得項目」です。ほぼこの枠組みに沿って、50問の問題が構成されています。

●試験日程と試験時間

令和5年度は年3回、7月2日（日）、11月5日（日）、2024年3月3日（日）に実施。
令和6年度も年3回、7月7日（日）、11月3日（日）、2025年3月2日（日）に実施される。
試験時間は100分（集合時間10：10、試験時間10：30〜12：10）。

●受験料

8,900円（税込）

❷ 実技試験（論述試験および面接試験）

●論述試験

逐語記録を読み、数問程度の設問に対して文章を作成して回答。
学科試験と同じ日の午後に実施。時間は50分（集合時間14：10／試験時間14：30〜15：20）。

●面接試験

受験者がキャリアコンサルタント役となり、キャリアコンサルティングを行う「ロールプレイ」（15分間）、その後、自らのキャリアコンサルティングについて試験官からの質問に答える「口頭試問」（5分間）。

● **面接試験の日程**

　学科試験の実施日の1週間後か2週間後の土・日曜に実施されることが通常のパターン。試験を実施している2つの団体で日程が異なる。

● **合格基準**

　150点満点で90点以上の得点。論述試験の満点の40％以上、かつ面接試験の評価区分のいずれにおいても満点の40％以上の得点が必要。

● **受験料**

　29,900円（税込）

受験資格

　本書を手にされた、受験を考えている多くの方に対する簡便な説明は、以下のようになります（さらに細かい基準は国のホームページ等を参照してください）。

1) キャリアコンサルティングの経験3年以上の者
　　あるいは
2) 厚生労働大臣が認定する講習の課程を修了した者

　1) の経験とは、「労働者の職業の選択、職業生活設計や職業能力の開発・向上に関する相談」のことで、労働者には求職者や学生も含みます。
　相談は、原則は一対一で行われたものとされますが、少人数グループワーク運営の経験もOKとされます。ただし、情報提供だけのものや授業・訓練の運営経験といったものは含まれない、とされます。

　2) は、次ページの表に示す講習（厚生労働大臣指定の講習）を受けた者に受験資格が与えられる、ということです。現時点で20を越える団体の講習が指定されています。
　講習の内容は、国の基準に沿って行われています。巻末資料「学科試験第15回～第24回の出題傾向」の表の左列の網かけ部分が、講習で学ぶ内容です。ただし、各講習団体の裁量で、どのような順番で行うか等はとくに決まっていません。
　「実施形態」にある「通学80時間以内、通信70時間」は、例えば1行目の一般社団法人地域連携プラットフォームでいえば、1日8時間の講習が10日間あり、それとは別に自宅学習（通信）で所定の課題（問題への回答）を、およそ70時間分（早く終われば何時間であってもOK）行ってください、という意味です。

▼厚生労働大臣が認定する講習

講習名	実施機関	実施形態	料金（税込）	ホームページ
キャリアコンサルタント養成講習	（一社）地域連携プラットフォーム	通学80時間 通信70時間	297,000円給付金対象外の方270,000円 ＊入学金・教材費込、特典・割引制度あり	https://careerjp.work/cc1/ ＊本書購入割引 https://careerjp.work/tokuten （QRコードは巻末ページ）
キャリアコンサルタント養成講習	（公財）関西カウンセリングセンター	通学88時間 通信62時間	346,500円 ＊テキスト・資料代込	https://www.kscc.or.jp/qualification/qualification_career/
キャリアコンサルタント養成講座	（公財）関西生産性本部	通学91時間 通信72時間	357,500円 ＊教材費込	https://www.kpcnet.or.jp/seminar/?mode=show&seq=2242
GCDF-Japanキャリアカウンセラートレーニングプログラム	（特非）キャリアカウンセリング協会	通学96時間 通信54時間	396,000円 ＊テキスト代込	https://www.career-npo.org/GCDF/
ICDSキャリアコンサルタント養成講座	（有）キャリアサポーター	通学102時間 通信68時間	297,000円 ＊テキスト・資料代込	https://career.icds.jp/lessons.html
キャリアコンサルタント養成講座	（株）テクノファ	通学105時間 通信67時間	268,000円 ＊テキスト・事前学習資料代込、割引制度あり	https://www.tfcc.jp/
キャリアコンサルタント養成講座（総合）	（株）日本マンパワー	通学96時間 通信90時間	396,000円 ＊割引制度あり	https://www.nipponmanpower.co.jp/cc/
CMCAキャリアコンサルタント養成講習	（特非）日本キャリア・マネージメント・カウンセラー協会	通学110時間 通信40時間	352,000円	https://cmcajapan.net/
キャリアコンサルタント養成講習	（一社）日本産業カウンセラー協会	通学84時間 通信69時間	330,000円 ＊教材費込、割引制度あり	https://www.jaico.cc/
キャリアコンサルタント養成講座	（公財）日本生産性本部	通学92時間 通信87時間	422,400円 ＊割引制度あり	http://www.js-career.jp/
GCDF-Japanキャリアカウンセラートレーニングプログラム	パーソルテンプスタッフ（株）	通学96時間 通信54時間	396,000円 ＊テキスト代込	https://www.tempstaff.co.jp/staff/skillup/purpose/credential/course-02/
キャリアコンサルタント養成講座	（株）リカレント	通学150時間	437,800円 ＊教材費・入会金別	https://www.recurrent.co.jp/cc/

講習名	実施機関	実施形態	料金（税込）	ホームページ
キャリアコンサルタント養成ライブ通信講座	（株）リカレント	通学75時間 通信75時間	360,800円 ＊教材費・入会金別	https://www.recurrent.co.jp/cc/
キャリアコンサルタント養成講座	（株）東京リーガルマインド	通学90時間 通信65時間	302,500円 ＊割引制度あり	https://www.lec-jp.com/caricon/
キャリアコンサルタント（通学・通信）養成講習	（学）大原学園	通学88時間 通信72時間	294,000円 ＊教材費・入会金別	https://www.o-hara.jp/course/career_consultant
キャリアコンサルタント養成講座	ヒューマンアカデミー（株）	通学80時間 通信78.5時間	355,300円 ＊教材費・入会金別、割引制度あり	https://haa.athuman.com/academy/career/
100年キャリア講座 キャリアコンサルタント養成講習	（株）パソナ	通学76時間 通信74時間	385,000円 ＊入学金・テキスト代込	https://100-year-career.net/
トータルリレイションキャリアコンサルタント養成講習	（株）キャリアドライブ	通学91.5時間 通信58.5時間	330,000円 ＊入学金・教材費込	https://career-drive.education/
NCCPキャリアコンサルタント養成講習	（特非）日本カウンセリングカレッジ	通学88時間 通信65時間	308,000円 ＊教材費込、割引制度あり	http://www.nccp-cc.jp/
キャリアコンサルタント養成講習	（株）グローバルテクノ	通学90時間 通信68時間	308,000円 ＊入学金・教材費込	https://gtc.co.jp/semn/career/ccy.html
キャリアコンサルタント養成講習	（株）労働調査会	通学90時間 通信71時間	198,000円 ＊入学金・教材費込	https://career-chosakai.jp/
キャリアコンサルタント養成講習	（株）東海道シグマ	通学96時間 通信68時間	285,300円 ＊割引制度あり	https://sigma-jp.co.jp/college/cc/
キャリアコンサルタント養成講習（オンライン）	（株）リバース	通学109時間 通信53時間	198,000円 （キャンペーン中）	https://caricon.co/yosei-ad/
キャリアコンサルタント養成講習（対面）	（株）リバース	通学105.5時間 通信53.5時間	198,000円	

※厚生労働省のホームページ（2023.11.1時点）と各講習ホームページから抜粋し転載

合格率

▼国家資格キャリアコンサルタントの合格率と合格者数

	学科		実技（論述、面接）		学科・実技同時受験者の最終合格	
	CC協議会	JCDA	CC協議会	JCDA	CC協議会	JCDA
第1回	74.2% (763人)	81.0% (945人)	51.5% (709人)	71.6% (716人)	37.2% (271人)	59.1% (389人)
第2回	74.8% (934人)	77.2% (511人)	59.4% (932人)	74.3% (597人)	50.7% (525人)	67.2% (295人)
第3回	63.3% (925人)	66.1% (496人)	61.9% (1,022人)	65.7% (564人)	48.6% (571人)	50.6% (296人)
第4回	19.7% (235人)	23.5% (217人)	63.7% (827人)	75.4% (782人)	17.1% (142人)	24.5% (181人)
第5回	51.4% (867人)	48.5% (513人)	65.7% (842人)	72.1% (557人)	43.3% (449人)	42.9% (261人)
第6回	61.5% (1,105人)	64.2% (917人)	66.4% (955人)	76.0% (890人)	50.9% (584人)	56.7% (562人)
第7回	54.8% (886人)	53.6% (575人)	74.6% (1,024人)	70.0% (636人)	52.4% (561人)	49.3% (336人)
第8回	59.9% (831人)	66.5% (992人)	71.9% (779人)	67.5% (909人)	53.6% (472人)	54.9% (637人)
第9回	32.1% (439人)	28.8% (392人)	67.9% (745人)	67.8% (879人)	34.6% (309人)	26.2% (265人)
第10回	62.9% (1,161人)	65.4% (1,464人)	65.7% (865人)	73.3% (1,320人)	53.3% (603人)	55.9% (889人)
第11回	62.7% (1,203人)	62.5% (1,185人)	74.1% (1,213人)	75.3% (1,235人)	58.3% (818人)	56.4% (761人)
第12回	75.5% (1,406人)	75.5% (1,421人)	68.7% (1,108人)	62.4% (1,034人)	60.3% (802人)	56.7% (751人)
第13回	70.4% (1,296人)	71.7% (1,509人)	65.4% (1,191人)	58.0% (1,298人)	58.1% (866人)	50.6% (906人)
第14回	69.1% (1,194人)	65.1% (1,043人)	65.3% (1,182人)	66.6% (1,225人)	55.8% (827人)	54.8% (706人)
第15回	74.7% (2,390人)	75.3% (2,136人)	64.3% (2,013人)	61.7% (1,786人)	57.0% (1,548人)	53.5% (1,301人)
第16回	63.9% (1,197人)	65.3% (1,481人)	63.6% (1,325人)	59.4% (1,548人)	52.2% (763人)	48.4% (907人)
第17回	58.0% (976人)	55.9% (1,160人)	59.4% (1,004人)	57.0% (1,299人)	46.5% (605人)	40.7% (655人)
第18回	79.0% (1,563人)	82.6% (2,208人)	57.0% (1,073人)	68.0% (1,851人)	54.6% (820人)	64.0% (1,367人)
第19回	60.8% (1,593人)	63.0% (1,044人)	59.7% (1,778人)	63.3% (1,200人)	46.1% (1,051人)	52.5% (794人)
第20回	78.2% (1,892人)	77.4% (1,223人)	57.5% (1,453人)	64.4% (1,030人)	51.0% (950人)	60.7% (736人)
第21回	63.0% (2,613人)	59.7% (1,545人)	54.9% (3,092人)	62.9% (1,664人)	43.9% (2,230人)	52.2% (1,259人)
第22回	82.2% (2,592人)	82.3% (1,351人)	65.3% (2,256人)	63.0% (1,039人)	59.3% (1,551人)	59.3% (787人)
第23回	85.0% (2,076人)	81.2% (1,112人)	63.3% (1,873人)	62.5% (982人)	61.2% (1,285人)	59.8% (670人)
第24回	53.0% (1,525人)	51.6% (719人)	65.8% (2,270人)	64.5% (1,043人)	45.2% (1,150人)	45.8% (554人)

＊国家資格キャリアコンサルタントの試験は、2つの団体が実施しています。「キャリアコンサルティング協議会」（CC協議会）と「日本キャリア開発協会」（JCDA）です。合格率は、各団体からそれぞれ発表されています。

重要トピック

試験に受かるには、
養成講習の修了者が圧倒的に有利！

　3年以上のキャリアコンサルティングの実務経験があれば、国家資格キャリアコンサルタントの受験要件はクリアできます。しかし実際には、実務経験者の受験者は極めて少なく、受験者の大半を大臣認定の養成講習の修了者が占めています。また、合格率も毎回、養成講習修了者の方が高くなっています。

学科試験（第24回）合格者数

	合格者数	不合格者数	
養成講習修了による受験者 （合格率54.6%）	2,086	1,736	3,822
実務経験による受験者 （合格率35.6%）	158	286	444

実技試験（第24回）合格者数

	合格者数	不合格者数	
養成講習修了による受験者 （合格率67.7%）	3,049	1,458	4,507
実務経験による受験者 （合格率47.5%）	247	273	520

国家資格の受験者の大半は、養成講座を受講して修了した人となっています。合格率をみると、養成講座の修了者は、養成講座を受けずに実務経験だけで受験した人よりも高くなっています。

国家資格キャリアコンサルタント 学科試験に合格するには!?

時間短縮を図るなら、過去問を解いて7割の正答を目指す！

　学科試験は、50問中35問に正答すれば合格です。70点以上で合格ですので、必ずしも100点を目指す必要はありません。では、どうしたら70点に達することができるでしょうか？

　十分に時間があるならば、テキスト（教科書）をじっくりと理解する方法があるでしょう。テキストとしては、試験問題の半数以上が出題されていると言われている『キャリアコンサルティング理論と実際』（木村周著、一般社団法人雇用問題研究会）がお薦めです。

　もしもそこまで**時間がとれない場合は、過去問題を解く**ことです。本書には、過去問題そのものではありませんが、ほぼそれに準拠した問題が一問一答形式で1,600問以上掲載されています。これは今までに出題された過去問のおよそ半数弱に当たります。類似の問題も多いので、およそ7〜8割と言ってもよいでしょう。これを解く方が確実に時間の短縮になります。

　問題を解いて、間違った問題については「なぜ間違ったのか」を自分なりに理解します。本書は○×がすぐわかるようになっており、とくに×の場合には必ず「なぜ×なのか」を解説しています。解説を読んで、理解を進めてください。

　それでも疑問が残ったら、ぜひ先に紹介した『キャリアコンサルティング理論と実際』などのテキストに当たって調べてみてください。巻末の索引でキーワードを引いて、その関連個所を読むことで、知識は深まります。また、インターネットで検索して、自分なりに調べるという手もあるでしょう。多くの情報が得られます。

本書をマスターすれば8割はクリア。約1か月で合格！

　本書で過去問の7〜8割はカバーしています。過去問そのものではありませんが、ほぼ準拠した言い回しとなっていますので、**本書を用いて正答できない問題をなくすことで、合格ラインに達する**ことができるわけです。すべて正答できるようになれば、80点にはゆうゆう届くと思います。

　本書は、各節の「要点テキスト」を一通り読んでから一問一答に進んでいただければ、と思って作成しています。しかし要点テキストの内容をしっかりと理解して覚え

ればそれで合格できるかというと、それは無理でしょう。一問一答の各問題にもあたり、その解説を理解し、各問題に正答できるようになってはじめて合格ラインが見えてきます。

　すでに勉強が進んでいる方は、すぐに一問一答を解き始めてもよいでしょう。そうでない方でも、まず一問一答から解き始める、というやり方もあります。右ページの解説を読んだだけでも理解できるように書きましたが、必要に応じて「要点テキスト」も参照していただくやり方です。

　以上のようなやり方で、仮に1問に2.5分要するとすれば、1,600問で4,000分。67時間です。つまり**1日2時間の学習で、ほぼ1か月強で合格ラインに達する**ことになります。なお、ここで計算に使った「1問2.5分」とは、「できなかった問題にチェックを入れて再度解く」という作業を含めての1問あたりの平均想定時間です。実際の試験では100分で50問を解くのですから、1問（1文章）あたり30秒程での解答が求められます。そのための練習と思っていただいても結構です。

さらに時間を短縮したいという方は……

　「1か月も時間がとれない」という方のためにあるのが、★マークです。時間がない方は、★★〜★★★の問題だけを解いて、まずは概略をつかんでください。これだけでも、60点は取れると計算しています。

　ただし、残念ながらそれだけでは合格ラインには達しません。あと10点の上乗せが必要です。そこで自身の得意な分野、あるいは「ここをやろう！」と考えた分野については、★の問題までできるようにして、その10点を取れるようにしてください。そうした分野については、比較的に出題数が多い2章や3章、あるいは4章を選ぶのが得策ですが、もし他の章を選ぶ場合には、1章と5章、6章と7章というように、2つの章を一緒にして考えてください。

過去問を解いて、できなかったところをつぶしていけば、時間の短縮になります。さらに「なぜ間違ったのか」を探っていけば、より深い理解にも至ります。1日2時間、1か月で合格ラインに達してください。

本書の特徴と利用法

今までに実施された全問題の7〜8割を網羅

　本書では、キャリアコンサルタントが国家資格となった平成28年度から現在までに行われた学科試験の全ての問題を押さえています。
　著作権上の理由から実際の問題と全く同じではありませんが、内容とテイストはほぼ近い形としています。過去問では同じ問題が何度か繰り返し出題されていますので、本書がカバーしている過去問は、およそ7〜8割になると考えています。

要点テキストと一問一答で理解を確実に

　各分野ごとに、まとめ的な説明（要点テキスト）を記しています。一通り読まれてから設問に進んだほうが回答しやすいと思いますが、設問には要点テキストでは書き切れなかった内容も多く含まれています。一問一答は要点テキストを補完し発展させています。両方お読みいただくことで理解が進み、本書の効果がより発揮されるとお考えください。

重要度を示す★と役立つチェックボックス☑

　一問一答の設問を左ページに、その解答・解説を右ページに配置しています。
　収録した問題の中でも「まずはこの問題が解ければ、内容はおおよそ理解したことになる」という問題については、★★〜★★★を付けました。とくに★★★は「絶対この問題は押さえておこう」という問題です。
　時間がとれない方は、まずは★★〜★★★の問題を解き、時間的な余裕ができたなら、★の問題を解くという形で利用していただけます。
　また、左ページの設問欄には、できなかった問題などをチェックできるように、チェックボックス（☑）を置きました。右ページを隠して○×を解答し、できなかった問題にチェックを入れていく、といった使い方を想定しています。次の回に解答したときもまたできなかったら、2つ目のチェックボックスにもチェックを入れ、チェックが3つになった問題は、自分にとって要注意の問題となるわけです。

A 社会・経済の動向

1 ★★★

いわゆる就職氷河期に新卒であった者等については、不本意に非正規雇用に就いた者も多く、職業能力開発機会が乏しく、継続的なキャリア形成支援が引き続き重要な課題である。

★★★ →絶対この問題は押さえておこう。
★★ →この問題が解ければ、この項目の内容は
　　　おおよそ理解したことになる。
★ →この問題まで解ければ合格ライン越え。

右ページの解説はそれだけ読んでも理解できる内容に

　解答・解説の右ページでは、とくに解答が×の場合は、「なぜこの設問文が×なのか」を必ず解説しています。解説は、それを読んだだけでも内容が理解できるようにという考えで作成しています。

　また、解答が○の場合にも、必要に応じて補足説明の解説文を記載しています。

解答 社会・経済の動向

1 ○

記述どおり正しい。就職氷河期世代とは、概ね1993（平成5）年〜2004（平成16）年に学校卒業期を迎えた世代で、2021年4月には大卒で39〜50歳、高卒で35〜46歳程となる。不本意非正規の割合が他世代よりも高く、厚生労働省では、「就職氷河期世代活躍支援プラン」を策定している。

○か×かを大きく表示。設問文を解くときは、右ページは隠してください。

×の時には必ずその理由を明記。○の場合にも補足的な説明を加えている場合があります。

過去問をすべて読み込んで分類整理

　本書の最大の特徴は、過去問を分野別に分類し、それをさらに細かく項目別に整理して、どのような問題が多く出題されてきたかを明らかにしたことです。

　まず、第1章〜第7章の大分野と、その下の1-1節、1-2節……の中分野において、どのような問題が出題されてきたのかを整理しました。巻末の表では、左列の網掛け（グレーの）部分が中分野となります。問題の内容の前にある数字は、その回の出題番号を示しています。ざっと眺めただけでも、どの中分野からの出題が多かったのか直

感的にわかるようになっています。

▼巻末資料の表にある中分野での出題内容

①国家資格キャリアコンサルタント 学科試験 第12回～第21回の出題傾向

Ⅰ. キャリアコンサルティングの社会的意義 ◄─── 目次の各章にほぼ対応する大分野

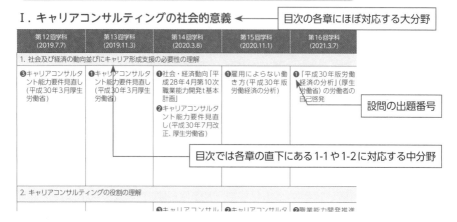

設問の出題番号

目次では各章の直下にある1-1や1-2に対応する中分野

大分野と中分野は、国が定めている「キャリアコンサルタント養成講習」のカリキュラム内容にほぼ合致します。つまり、キャリアコンサルタントになるには、この分野の内容を理解していなければならないということを示すものです。

さらに細かく項目ごとに出題頻度を分析

本書は、この中分野をさらに細かく分類しています。各節のA・B・C……という項目です。各節の冒頭には、それらの項目が何回目の過去問で出題されたのか、一目でわかるよう表にして掲載しました。これも本書の大きな特長です。

▼各項目ごとの出題頻度

分野	過去問（第15～24回試験）									
	15回	16回	17回	18回	19回	20回	21回	22回	23回	24回
A 社会・経済の動向		❷	❶	❶	❶⑲		❶	❶	❶	❶
B キャリア形成支援の必要性	❶				❷⑰	❶		❷	❷	❷

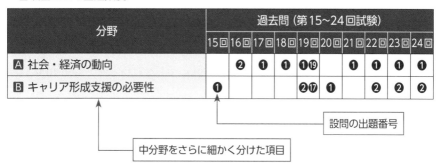

設問の出題番号

中分野をさらに細かく分けた項目

よく出題されてきた項目はどれか、ということが表でわかりやすく明示されていますので、どこが重要な項目なのかがわかります。その項目を中心に学習すれば、効率の良い試験対策が行えるというわけです。

一問一答に分解して理解を確実に

本書は、こうした分析を踏まえて項目立てを行い、過去問とほぼ同様の問題を一問一答形式で1,600問以上収録しました。

実際の問題は下記のように四肢択一で、4つの文章や語句それぞれについて○×を問われています。

【問】　中高年のキャリア支援に関する記述のうち「最も不適切なもの」はどれか。

1. 中高年者の活用は、現場力の強化、技能継承の円滑化というプラスの側面もあるので、その点を個人と組織に訴求していくことも有効である。

2. 中高年者は、定年前後で環境の変化が生じることが多いので、中高年者ならではの自己分析や自己理解を促す支援が重要となる。

3. 中高年者の再就職に結びつく最も有効な手段は、資格取得のための支援を行うことである。

4. 中高年者の転職にあたっては、賃金低下や職務上の質等の様々な変化が起きるので、客観的状況と本人の主観の両面に配慮した支援が求められる。

|◯| 記述どおり正しい。

|◯| 記述どおり正しい。

|✗| 資格取得が有効な手段となる場合もあるが「最も有効な手段」と言い切ることはできない。

|◯| 記述どおり正しい。

例えば、上記設問の3.であれば、一問一答では「中高年者の再就職に結びつく最も有効な手段は、資格取得のための支援を行うことである。」といった問題について、○×を問う問題としています。

一問一答に分解すると、並びの文章と比較検討して答えを選ぶことができなくなる分、答えにくくなるかもしれません。しかし逆に言えば、知識をより鮮明に問われることで、確認することができるといえます。

最近の傾向と 2024年の予想

「リスキリング」によるキャリアコンサルタント業務の広がり

　最近、「リスキリング」(Re-skilling) という用語を目にすることが多くなりました。「社会に出てから新しい技量 (スキル) を学び直す」という意味です。従来から言われてきた「生涯学習」や「リカレント教育」に近いのですが、より仕事 (業務) に直結していて、推進する主体が個人より企業である際に、この語が使われることが多いようです。

　キャリアコンサルタントとの関連で言えば、学科試験でも出題される「人材開発支援助成金」の中に、令和5年3月から新たに「事業展開等リスキリング支援コース」が設けられました。新規事業を立ち上げる人材や、「デジタル・DX化」や「グリーン・カーボンニュートラル化」に対応できる人材を育成する際に、OFF-JT訓練経費の最大75％が助成されるというものです。

　経済産業省も「リスキリングを通じたキャリアアップ支援事業」を始めています。この事業で注目したいのは、そこにキャリアコンサルタントが関わることが明記されている点です。事業概要は「個人に対してキャリア相談、リスキリング、転職までを一体的に支援する」というものですが、キャリア相談の部分は「民間の専門家 (キャリアコンサルタント等) が担う」とされています。この事業を推進する民間事業者が公募で採択されるのですが、応募する企業はキャリアコンサルタントを配置しなければならないことになります。キャリアコンサルタントの仕事の拡大事例の一つです。

　国がリスキリングを声高に語る背景には、IT分野をはじめとした特定領域での人材不足が背景にあります。人材不足の領域はIT分野や環境分野のほかいろいろありますが、そうした分野への転職支援は、キャリアコンサルタントにとっての今後の大きなテーマです。とくに人材が不足している分野における職業知識をキャリアコンサルタント自身も深める必要があるといえます。

　実際、キャリアコンサルタントの中からは、IT分野に関してですが、国 (経済産業省) が新たに示した「デジタルスキル標準」で語られている職種 (人材類型とロール) についてしっかり学びたいという声も出てきています。

「白書」や「職業能力開発基本計画」「能力開発基本調査」に注目

　以上のような流れは、今後の出題傾向にも影響を与えると思われます。毎年9月に発表される「労働経済白書（労働経済の分析）」の最新版（令和5年度版）では、物価上昇局面での実質賃金や賃上げについての記述が目立ちましたが、これも人材不足とリスキリングを伴う人材の適切な配置の問題が背景にあります。「第11次職業能力開発基本計画」(p32参照) は、2025年までの5年間のものですが、そこでも「IT人材育成の強化」が大きく取り上げられています。

　白書や「職業能力開発基本計画」「能力開発基本調査」は、毎回必ず1問は出題されてきたと言えるほどの定番問題です。本書では、「労働経済白書（労働経済の分析）」の要約はp189に、「能力開発基本調査」はp133に記しましたが、要約版でもよいので、ぜひインターネット等で原文に一度は目を通してください。

厚労省の新サイト「jobtag（ジョブタグ）」や「職業分類」の変更について

　職業情報提供サイト（日本版O-NET）は、厚生労働省がアメリカのO-NETというサイトを参考に作成した日本版です。2021年に公開され、さっそくその年の試験で出題され、その後も継続して出題されています。「jobtag（ジョブタグ）」という名称でインターネット上に公開されています。毎回出題される「ジョブ・カード」ほどではないとしても、今後も出題されると予想されます。いろいろと役立つサイトですので、問題に正答するためにも、一度は使ってみる必要があると思います。

　一方、2012（平成24）年から10年間、改定されてこなかった厚生労働省の職業分類表が、2022年春に改訂されました。厚労省編職業分類の特徴は、総務省統計局の分類にはない、892にも及ぶ細分類があることでした。これが何度か出題されてきたのですが、ハローワークでも細分類は利用頻度が高くないということで廃止になったことが大きな改定点です。2023年3月からは、新しい分類表がハローワークでも活用されており、試験問題にも反映されると考えられます。

国（厚生労働省）の新「習得項目」に沿った出題内容に

　国（厚生労働省）は、2020年度からキャリアコンサルタントとして習得すべき「習得項目」を一部改定しました。新しい「習得項目」といっても、変更点はそれほど大きくはありませんがp27の表で赤線を付した箇所が主要な変更点です。

　今後も出題頻度が高くなると予想される項目としては、「セルフ・キャリアドック」についての問題や「リカレント教育・リスキリング」についての問題などがあげられ

ます。また、「ジョブ・カード」についての問題は、これまで50問中必ず1問以上が出題されてきています。

用語が追加された項目（分野）に注目

　国（厚生労働省）が2020年度からキャリアコンサルタントが習得すべき項目を一部改定しています。その新「習得項目」では、新しい言葉（用語）が付け加わりました。。「職業能力の開発」という分野の中には、カッコ付きですが「リカレント教育」という言葉が明記されました。**「職業能力の開発（リカレント教育を含む）」**と改定されたのです。

　また「ライフステージ、発達課題」の分野は、**「中高年齢期を展望する**ライフステージ、発達課題」と改定されました。さらに「個人の特性の理解」は、「個人の**多様**な特性の理解」と変更され、それに沿った問題が出ています。

　今後も上記の内容が出題されるとは限りませんが、各変更項目に沿った問題の出題が出されることは予想されます。

　「リカレント教育」については、「学び直し」というキーワードをめぐる話題が多々あります。大学や大学院での学び直しを始めとして、国が制度として展開している学び直しを支援する給付金（「一般教育訓練給付金」「専門実践教育訓練給付金」など）や、職業訓練などです。他国との比較や国の調査などの結果にも注目しておく必要があるかもしれません。「リスキリング」が注目を集める中で、今後も定番に近い形での出題が予想されます。

　「中高年齢期を展望する」については、エリクソンやブリッジズを始めとした発達段階や発達課題についての理論を、今まで通りにしっかりと把握しておく必要があります。とくに中高年齢期には注意して、それらの理論を再度復習しておくとよいでしょう。

　「個人の多様な特性」については、障害者や女性（シングルマザーを含む）、若者（ニートや引きこもりを含む）、高齢者、生活保護者といった従来から出題されてきた属性だけではなく、より広く、LGBTQ、発達障害者、ガン患者等の治療者、就職氷河期層、中高年無業者、男性の一人親、外国人労働者、更生者など、多様な特性の人たちに目を向ける必要もあるかもしれません。

　とくに治療者の就業や、また介護者の「両立支援」については留意してください。「両立支援等助成金」について出題されたことがあります。

以上のようなテーマについては普段から関心を寄せて、マスコミ等からの情報にもアンテナを張っておくよう心がけておいてください。

　以下の表では、「新しく習得すべき」ということで改定された箇所を下線で示しました。参考にしてください。

▼ キャリアコンサルタントとしての習得項目

科目	範囲	時間（単位：時間）講義	演習	合計
キャリアコンサルティングの社会的意義	一　社会及び経済の動向並びにキャリア形成支援の必要性の理解	2	0	2
	二　キャリアコンサルティングの役割の理解			
キャリアコンサルティングを行うために必要な知識	一　キャリアに関する理論	3	0	35
	二　カウンセリングに関する理論	3		
	三　職業能力の開発（<u>リカレント教育を含む。</u>）の知識	5		
	四　<u>企業におけるキャリア形成支援の知識</u>	5		
	五　労働市場の知識	2		
	六　<u>労働政策及び労働関係法令並びに社会保障制度の知識</u>	4		
	七　学校教育制度及びキャリア教育の知識	2		
	八　メンタルヘルスの知識	4		
	九　<u>中高年齢期を展望するライフステージ及び発達課題の知識</u>	4		
	十　人生の転機の知識	1		
	十一　個人の<u>多様な</u>特性の知識	2		
キャリアコンサルティングを行うために必要な技能	一　基本的な技能 　1　カウンセリングの技能 　2　グループアプローチの技能 　3　キャリアシート（法第15条の4第1項に規定する職務経歴等記録書を含む。）の作成指導及び活用の技能 　4　相談過程全体の進行の管理に関する技能	6	60	76
	二　相談過程において必要な技能 　1　相談場面の設定 　2　自己理解の支援 　3　仕事の理解の支援 　4　自己啓発の支援 　5　意思決定の支援 　6　方策の実行の支援 　7　新たな仕事への適応の支援 　8　相談過程の総括	10		
キャリアコンサルタントの倫理と行動	一　キャリア形成及びキャリアコンサルティングに関する教育並びに普及活動	2	10	27
	二　<u>環境への働きかけの認識及び実践</u>	3		
	三　ネットワークの認識及び実践 　1　ネットワークの重要性の認識及び形成 　2　<u>専門機関への紹介及び専門家への照会</u>	4		
	四　自己研鑽及びキャリアコンサルティングに関する指導を受ける必要性の認識	3		
	五　キャリアコンサルタントとしての倫理と姿勢	5		
その他	一　その他キャリアコンサルティングに関する科目			10
合計				150

※表の右に示してある時間数は、「キャリアコンサルタント養成講習」におけるカリキュラム時間数を表す。養成講習で学ぶ内容は、ほぼ試験項目と対応している。項目中の下線部分は、2020年度から新たな内容に移行した際に追加等があった項目

重要トピック

２つの団体のどちらで受験したらいいの？

　国家資格キャリアコンサルタント試験は、「キャリアコンサルティング協議会」（CC協議会）と「日本キャリア開発協会」（JCDA）の２つの団体が実施しています。

　学科試験は、どちらも同じ試験問題で、同日同時刻に実施されますが、実技試験のうちの論述試験については、同日同時刻に実施されるものの、両団体で設問が異なります。また、面接試験については、異なる日時に実施されることもあり、評価基準も若干異なります。そのため、受験の出願をする際には注意が必要です。

　論述試験は、「逐語録から出題される記述式の問題を50分で回答する」という枠組みは共通ですが、逐語録も違うものですし、また設問内容も異なります。

　面接試験は、「15分のロールプレイと５分の口頭試問を２名の審査員が評価する」という枠組みは同じですが、採点項目が一部異なっています。

　学科と実技は、分けて受けることも可能なので、学科だけを受けるなら、どちらの団体で受けても同様です。しかし実技だけを受けたり、学科と実技を一緒に受けるなら、どちらの団体を選ぶかを検討する必要が出てきます。

　よく「合格率の高い方で受けたい」という方がいますが、過去の合格率（「試験のしくみ」の合格率の項目を参照）をみてもわかるように、回によって合格率の高い団体は異なるので、そこは選択のポイントにはなりません。

　一般社団法人地域連携プラットフォームでは、キャリアコンサルタント養成講習の受講者の方を対象に、無料で「受験対策講座」を開催していますが、そこでは２つの団体の論述問題の対策講座を交互に行っています。すると、受講した方の中には、「自分に合っているのは、こちら」という方もおられます。

　国としては、「ワンテスト」（同一のテスト）と表現しており、「差異はない」としていますが、過去問題を実際に解いてみた上で、どちらの団体で受けるのが自分に合っているかを見極めるようにすることが望ましいでしょう。

　２つの団体のそれぞれの過去問題は、直近の３回分が各団体のホームページからダウンロードできるようになっています。

　ちなみに、面接試験における評価項目は、それぞれ以下のようになっています。

CC協議会：「態度」「展開」「自己評価」
JCDA　　：「主訴・問題の把握」「具体的展開」「傾聴」

第1章

キャリアコンサルティングの社会的意義

　本試験では、冒頭の2問程度がこの領域から出題されます。試験の最初からつまずかないように、自信を持って回答できるようにしてください。

　1-1節「社会・経済の動向とキャリア形成支援の必要性の理解」の中でも「社会・経済の動向」の部分は、国の方針や白書、調査結果等からの出題がメインとなります。試験前に主要な資料には一通り目を通しておくことが望まれます。「キャリア形成支援の必要性」での設問にも関わってきますので、例えば「職業能力開発基本計画」などは、時間のあるときに一度は読んでおきましょう（インターネットでもすぐに閲覧できます）。

　1-2節「キャリアコンサルティングの役割の理解」で出される設問は、比較的点数を取りやすいでしょう。常識的に考えれば正答できる設問も多くなっています。逆にこの部分での取りこぼしは大変もったいないこととなるので、確実に点数を稼げるようにしておくことが重要です。

1 社会・経済の動向とキャリア形成支援の必要性の理解

出題のポイントと傾向

　社会・経済動向といっても、あくまでもキャリアを巡っての設問ですので、実際は「労働経済の分析 (労働経済白書)」や「職業能力開発促進法」、「職業能力開発基本計画」等からの出題が多くなります。
　本書では「労働経済の分析」は3-3節で、「職業能力開発促進法」は3-1節で扱います。よって本節では「職業能力開発基本計画」や「働き方改革関連法」を扱います。第11次職業能力開発基本計画の内容はまだ設問に反映されたことはありませんが、今後その可能性があると思われます。

分野	過去問 (第15〜24回試験)									
	15回	16回	17回	18回	19回	20回	21回	22回	23回	24回
Ａ 社会・経済の動向	❷	❶	❶	❶❾		❶	❶	❶	❶	❶
Ｂ キャリア形成支援の必要性				❷❼	❶		❷	❷	❷	❷

※数字は設問の出題番号

Ａ 社会・経済の動向

❶ キャリアをめぐる社会的背景

1. 産業構造のサービス化
2. 第4次産業革命
    ・IoT (Internet of Things - モノのインターネット)
    ・ビッグデータ化、AI (人工知能) の進展
    ・ロボット化の加速、センシング技術の発達
3. 社会全体のDX (デジタルトランスフォーメーション) 化
4. 地域経済の活性化 (都会から地方への人の流れの加速化)
5. 働き方を巡る変化
    ・人生100年時代の職業人生の長期化とキャリア複線化の兆し
    ・働き方の多様化
    ・生涯学習 (リカレント教育) の必要性の高まり
6. 雇用環境の変化
    ・日本型雇用環境の変化 (新卒一括採用や長期雇用等の変化)

❷ 働き方改革関連法（平成30年（2018年）6月29日可決・成立）

　雇用対策法や労働基準法など一連の法律の改正を通じ、労働者が多様な働き方を選択できる社会を目指して作られた法律。代表的施策は以下。有給休暇の義務化によって、休暇の取得状況は確実に上昇した。

1. 残業時間の上限規制
・時間外労働の上限を月100時間、年720時間に設定。月45時間を超える月は6ヶ月までかつ複数月平均80時間が上限。違反には刑事罰を適用。
2. 有給休暇取得の義務化
・年間10日以上の有給休暇がある労働者が5日以上の有給休暇を取得することを企業に義務づけ。違反に刑事罰適用。
3. 勤務間インターバル制度
・勤務の終業時間と始業時間の間に一定時間インターバルを置くことを定める。
4. 中小企業への割増賃金率の猶予措置の廃止（2023年4月〜）
・月60時間以上の時間外労働に対する割増賃金率（50%）の導入猶予を廃止。
5. 産業医の機能強化
・事業者が衛生委員会・産業医に対して健康管理に必要な情報を提供することを義務づけ。
6. 同一労働同一賃金
・正社員と非正規雇用労働者などを区別せず、同一労働には同一賃金の支払いを義務化。
7. 高度プロフェッショナル制度の創設
・高度に専門的な職務で一定年収を有する労働者は本人同意のもとで労働時間等の規制対象外に。

　働き方改革関連法の施行によって、それまで実質的には上限がなく「青天井」だった残業時間に法的規制がかかりました。
　一連の関連法の施行前も、法律ではなく厚生労働大臣の「告示」によって、月45時間・年360時間という時間外労働の上限が設けられていましたが、罰則規定もなく法的拘束力はありませんでした。それが、月100時間を超える時間外労働など法に違反すると、「6カ月以下の懲役」か「30万円以下の罰金」が科されるようになったのです。
　懲罰規定は、有給休暇でも同様で、5日以上の有給休暇を取らないと、1人あたり30万円の罰金です。

B キャリア形成支援の必要性

❶ 第11次職業能力開発基本計画（2021年～2025年度）

　2021（令和3）年3月末に発表された「第11次職業能力開発基本計画」は、2021年度から2025年度までの5年間の計画。一問一答の問題はp46より掲載。

```
┌─ 中長期的課題 ─────────
│  労働力減少→多様な人材が活躍できる環境の整備    ┌──────────────┐
│  一人ひとりの労働生産性の向上              → デジタル化、職業能力開発への投資
└──────────────────────           └──────────────┘
```

```
┌─ 第10次計画 ─────┐      ┌─ 第11次計画 ─────────────┐
│ 生産性向上に向けた   │  →  │ 継続的な学びと自律的・主体的キャリア形成  │
│ 人材育成戦略      │      │ を支援する人材育成戦略          │
└───────────┘      └────────────────────┘
```

| 今後の方向性 | 基本的施策の展開 |

継続的な学びと自律的・主体的キャリア形成を支援する人材育成戦略

1. 産業構造・社会環境の変化を踏まえた職業能力開発の推進
   (1) IT人材育成の強化
   (2) ITや新たな技術を活用した職業訓練等の推進
   (3) 企業・業界における人材育成の強化

　○教育訓練給付でのIT分野の講座充実
　○公的職業訓練でのIT訓練コースの設定
　○オンラインによる公的職業訓練の普及
　○ものづくり分野職業訓練でのAR・VR導入
　○企業・業界での人材育成支援、中小企業等の生産性向上に向けたオーダーメイド型支援

2. 労働者の自律的・主体的なキャリア形成支援
   (1) キャリアコンサルティングの推進
   (2) 自律的・主体的な学びの支援

　○セルフ・キャリアドックの導入支援
　○個人がキャリコンを利用しやすい環境の整備
　○教育訓練休暇等の普及促進

3. 労働市場インフラの強化
   (1) 中長期の人材ニーズを踏まえた人材育成戦略
   (2) 産業界や地域のニーズを踏まえた公的職業訓練等の実施
   (3) 技能検定・職業能力評価や日本版 O−NETの推進
   (4) ジョブ・カードの活用促進
   (5) 職業能力開発政策に関する情報発信の強化

　○地域訓練協議会等を通じた産業界や地域訓練ニーズを反映した職業訓練の推進、産学官連携地域コンソーシアムの構築・活用促進
　○技能検定制度・認定社内検定の推進、ホワイトカラー職種における職業能力診断ツールの開発、日本版O−NETとの連携
　○ジョブ・カードの活用促進
　○デジタル技術も活用した在職者・離職者、企業等への情報発信の強化

4. 全員参加型社会の実現に向けた職業能力開発の推進
   (1) 非正規雇用労働者の職業能力開発
   (2) 女性の職業能力開発
   (3) 若者の職業能力開発
   (4) 中高年齢者の職業能力開発
   (5) 障害者の職業能力開発
   (6) 就職やキャリアアップに特別な支援を要する方への支援

5. 技能継承の促進
   職業能力開発分野の国際連携・協力の推進

　○非正規雇用労働者のキャリコンや訓練実施
　○育児等と両立できる短時間訓練コース等設定
　○若者への日本版デュアルシステムや雇用型訓練の推進、地域若者サポートステーションでのニートや高校中退者等への支援強化
　○高齢期を見据えたキャリアの棚卸しの機会確保、中小企業等の中高年労働者対象の訓練提供
　○障害者の特性やニーズに応じた訓練実施、キャリア形成支援
　○就職氷河期世代、外国人労働者など就職等に特別な支援を要する方への支援

心理カウンセラーとキャリアコンサルタントの違いは何か？①

「心理カウンセラーになりたい。それで心理学の勉強にとても興味関心がある」という方がいます。心理カウンセラーとキャリアコンサルタントの違いを考えてみたいと思います。

キャリアコンサルタントも心理学の勉強をします。本書にも心理学を扱った項目が多くあります。

余談ですが、平成30年9月に第1回の国家試験が行われた「公認心理師」の試験内容を調べてみると、精神分析療法やゲシュタルト療法、認知行動療法などの歴史的な経緯については、キャリアコンサルタントで勉強することと大差ないように思いました（むしろ私たちの方がキャリア理論に関わりがある部分では、より深い勉強が必要な所もあるくらいです）。

そもそもカウンセラーとキャリアコンサルタントはどう違うのでしょうか。

国家資格キャリアコンサルタントの資格創設に関わった厚生労働省の方の話を聞く機会がありましたが、その話には「キャリアコンサルタント」という名称に込められた思いを感じました。

キャリアコンサルタントの役割が、一対一の面談（カウンセリング）だけでなく、企業等の組織に対する働きかけや、リカレント教育（成人教育）も含んだキャリア教育の分野にまで及んでいることが強調された上での名称決定であるという思いが伝わってきました。

その背景には、「働き方改革」が叫ばれ、生産性向上が大きな課題とされる今の日本の課題があるともいえます。

「コンサルタント」という名称には、国の課題を解決する一助となるようにという意味合いが含まれているようです。「カウンセラー」では、個人の心理的側面が強調されすぎてしまうということです。

私たちキャリアコンサルタントには、「時には企業に対して提言をする」とか、「従業員に対してのキャリア研修や啓蒙活動を行う」ことも求められています。最近、私はある企業から「会議の生産性を高めたいので、助言や指導をしてもらいたい」という依頼を受けたこともありました。

こうした役割は、おそらく心理カウンセラーにはないのではないでしょうか。

1

キャリアコンサルティングの社会的意義

A　社会・経済の動向

1
「令和4年版労働経済の分析」（厚生労働省）によれば、男女とも、大学卒、大学院卒などの高学歴層では、近年、産業間の労働移動者割合が低くなる傾向がみられる。　第24回

2
同上の分析によれば、同一産業内の労働移動性向は一般的に高く、「情報通信業」は顕著に高い。　第24回

3
同上の分析によれば、同一職種内の労働移動は「専門的・技術的職業従事者」「生産工程従事者」「運搬・清掃・包装等従事者」で比較的行われやすい傾向にある。　第24回

4
同上の分析によれば、外部労働市場を通じた労働力需給の調整の役割の重要性が高まっている背景には、介護・福祉分野やIT分野における労働力需要の高まりがある。　第23回

5
同上の分析によれば、転職希望者は就業者のうちの半数に達し、このうち転職活動移行者は約2割、2年以内の転職者は3割で、いずれも年齢とともに上昇する。

6
産業別では「製造業」や「飲食店、宿泊業」で転職希望者の割合が高く、職種別では「サービス職」で高く、「管理職」で低い。

7
我が国の生産年齢人口や新規学卒者数は減少傾向にあり、短期的にはこれらの増加による労働力供給の大幅な増加は見込めない。

8
我が国の就業構造は、専門職・技術職や非定型のサービス職の就業者シェアは上昇する一方、「生産工程・労務作業者」のシェアは一貫して低下するとともに、1990年代以降、販売職はやや低下しており、労働市場の二極化が進んでいる。

9
「令和5年版労働経済の分析」（厚生労働省）によれば、我が国の就業率は約8割で、その大半は雇用者（雇用されている者）であり、その雇用者のうち正規雇用労働者が占める割合は約7割となる。

10
同上の分析によれば、労働力率は女性や高齢者を中心に上昇している。

解答　社会・経済の動向

1　✕　男性では大学・大学院卒かつ若年層、女性では大学・大学院卒の35歳以上の層を中心に産業間移動が活発化している傾向がみられる。

2　○　記述どおり正しい。「情報通信業」「建設業」「運輸業、郵便業」の順に高い。

3　○　記述どおり正しい。ただし「専門的・技術的職業従事者」での同一職種内の労働移動は近年、減少傾向にある。

4　○　記述どおり正しい。

5　✕　転職希望者は就業者のうち4割程度であり、このうち転職活動移行者は1割強、2年以内転職者は2割程度である。いずれも年齢とともに低下する傾向がある。

6　✕　産業別では「飲食店、宿泊業」「医療・福祉」で転職希望者の割合が高い。後段の職種別での記述は正しい。

7　○　記述どおり正しい。

8　○　記述どおり正しい。専門知識や技術を用いて付加価値を生み出す人材や、非定型のサービスを提供する人材へのニーズの高まりがある。デジタルトランスフォーメーション（DX）が進展し、定型業務が人工知能やロボットに置き換われば、こうした流れはさらに加速される。

9　✕　2022年の我が国の就業者は約6,700万人で就業率は約6割。失業者は約200万人、働く希望はあるが求職活動はしていない就業希望者は約240万人。雇用者が約6,000万人と大半で、そのうち正規雇用労働者は約3,600万人で約6割、非正規雇用労働者は2,100万人。

10　○　記述どおり正しい。女性や高齢者を中心に労働参加が進み、女性は全ての年齢階級、男性は55歳以上の年齢層において上昇傾向となっている。

11 同上の分析によれば、年次有給休暇の取得率は、「情報通信業」「製造業」、また大手企業で高く、「教育、学習支援業」「卸売業、小売業」「宿泊業、飲食サービス業」、中小企業で低い水準となっている。

12  同上の分析によれば、名目賃金は2022年に上昇し、同時に実質賃金も増加した。

13 「国民生活に関する世論調査（令和4年10月調査）」（内閣府）によれば、働く目的について「お金を得るために働く」と答えた人の割合は、6割を超え、女性よりも男性、若者層よりも高年齢層で、その割合が高い。　第22回　第23回

14 同上の調査によれば、理想的な仕事としては、「収入が安定している仕事」や「私生活とバランスがとれる仕事」「自分にとって楽しい仕事」を挙げる人の方が「自分の専門知識や能力がいかせる仕事」を挙げる人よりも多い。　第22回　第23回

15 同上の調査によれば、収入と自由時間についての考え方としては、「自由時間をもっと増やしたい」と思う人が「収入をもっと増やしたい」と思う人よりも多い。　第22回　第23回

16 「Society5.0時代を切り拓く人材の育成」（一般社団法人日本経済団体連合会、2020年）で述べられた、企業と働き手をめぐる現状と今後の人材育成に関する記述によれば、今後の人材育成に関し、わが国では「人生100年時代」の到来により、職業人生が長期化し、キャリア・トランジションを経験する働き手が増えていくことが見込まれる。

17 同上の報告書によれば、今後の人材育成に関しては、AIやIoT、ビッグデータなどデジタル技術の目覚ましい発展に伴い、個々の業務の遂行方法や必要なスキルは非連続的に変化し、知恵や創造力、コミュニケーション力などがより求められるようになっていく、とされる。

18  同上の報告書によれば、今後の人材育成に関し、企業は、「前例主義的な意識や内向きの組織文化の変革」、「デジタル革新を担える能力の向上」および「組織内キャリア形成への集約・回帰」の3つの課題に対応すべく、Society5.0時代の人材育成基盤を形成していくことが求められる、とされる。

11 ◯ 記述どおり正しい。取得率の変化をみると、男女別では男性、企業規模別では「30～99人」「100～299人」といった中小企業、産業別では「建設業」「卸売業, 小売業」「宿泊業, 飲食サービス業」で取得率が上昇している。

12 ✗ 名目賃金は2022年に上昇したものの、物価も上昇し、実質賃金は減少した。

13 ✗ 「6割を超え」は正しいが、男性よりも女性、高年齢層よりも若者層で、その割合は高くなっている。次に多い理由は「生きがいをみつけるために働く」で15％弱、「社会の一員として、務めを果たすために働く」は10％強。

14 ◯ 記述どおり正しい。「収入が安定している仕事」を挙げる人は60％超、次いで「私生活とバランスがとれる仕事」と「自分にとって楽しい仕事」が50％超。一方「自分の専門知識や能力がいかせる仕事」は約35％。

15 ✗ 「自由時間をもっと増やしたい」との回答は「どちらかといえば～」を含めて4割超に対して、「収入をもっと増やしたい」との回答は「どちらかといえば～」を含めて5割を超えている。

16 ◯ 記述どおり正しい。「人生100年時代」はリンダ・グラットンらによる世界的ベストセラー『ライフ・シフト』によって人口に膾炙したが、そのような時代では「キャリア・トランジション（キャリアの転機）」は人生の中で何度も訪れることが一般的になるとされた。

17 ◯ 記述どおり正しい。最近では「VUCA（ブーカ）の時代」といった言葉もよく用いられるようになっている。Volatility（変動性）・Uncertainty（不確実性）・Complexity（複雑性）・Ambiguity（曖昧性）の時代では、設問文の内容はその通りである。

18 ✗ 「組織内キャリア形成への集約・回帰」の部分が誤り。同報告書では、社員が自律的にキャリアを形成している企業は2割ほどにとどまるという独自の調査結果を踏まえ、今後は「会社主導による受け身のキャリア形成から、働き手の自律性を重視したキャリア形成へと転換していくこと」が重要である、としている。

19 いわゆる就職氷河期に新卒であった者等については、不本意に非正規雇用に就いた者も多く、職業能力開発機会が乏しく、継続的なキャリア形成支援が引き続き重要な課題である。

20 我が国における産業の根幹は「ものづくり分野」であるため、個人の意向がどのようなものであろうと、この分野への円滑な労働移動が可能となる能力開発の支援を何よりも優先して行うべきである。

21 国際比較でみても60歳以降の男性の就業率は高く、継続意欲も高いことがわかるが、その理由については「仕事そのものが面白い」との回答が最も多いのが特徴である。

22 「今後の人材開発政策の在り方に関する研究会報告書」（厚生労働省、令和2年10月）で述べられた人材開発政策の「今後の基本的な方向性」の中では「労働者の職業能力開発・キャリア形成には、企業における職業能力評価・人事労務管理が密接な関わりを持つが、公共性の観点から国が標準的なキャリアパスを示すこと」とされた。

23 同上の報告書の中では「労働者の職業能力の証明や評価のツールなど、労働市場インフラの更なる整備を進め、労働者一人ひとりが転職や再就職も含めた希望するライフスタイルの実現を図ること」とされた。

24 経済社会や産業構造の変化に対応していくには、個々の労働者が自らのキャリアを主体的に考え、定期的に自身の能力開発の目標や習得すべき知識・能力・スキルを確認する機会の整備が必要である。

25 将来的には就業を希望しているが、現在求職活動をしていない女性層で、もっとも多い理由は、「介護や教育など世話をしなければならない人がいるから」である。

26 技術革新の進展や産業構造の変化により、個人に要求される知識や技能の変化のスピードが速まり、将来のキャリアを見通すことができるスパンは、かつてと比べて格段に短くなっている。

19 ○ 記述どおり正しい。就職氷河期世代とは、概ね1993（平成5）年〜2004（平成16）年に学校卒業期を迎えた世代で、不本意非正規の割合が他世代よりも高く、厚生労働省では、「就職氷河期世代活躍支援プラン」を策定している。

20 ✕ 製造業や農林漁業は1970年代以降、就業者に占める割合を一貫して下げ、サービス化が進行。ものづくり分野は勿論重要であるが「何よりも優先」という文言は適切ではない。

21 ✕ 設問文の前段は正しいが、働く理由の上位は「収入が欲しいから」や「働くのは体によいから」であり、「仕事そのものが面白い」は欧米と比べても低い。（「高齢者の生活と意識に関する国際比較調査」）

22 ✕ 「公共性の観点から国が標準的なキャリアパスを示す」という内容は誤り。法律（職業能力開発促進法）でも、キャリア形成の主体は個人にあるとされ、「労働者一人ひとりが希望するライフスタイル」を実現できるようにすることが必要とされる。

23 ○ 記述どおり正しい。転職希望者が増加しているという現状を踏まえて、「労働市場インフラの更なる整備を進め」る事が大事だとされ、それを通じて一人ひとりが希望する職業に就ける（転職も含めて）事が基本的方向性として語られている。

24 ○ 記述どおり正しい。

25 ✕ 就業を希望しているが、現在求職活動をしていない理由は、「適当な仕事がありそうにない」がもっとも多い理由である。より具体的には「勤務時間・賃金などが希望にあう仕事がありそうにない」となる。

26 ○ 記述どおり正しい。

1

キャリアコンサルティングの社会的意義

27 我が国においては「企業が行う人的資本投資」は、主要国と比較して高い水準にあり、また、その投資割合も堅調に推移してきている。

28 正規雇用での就業者割合の変化は、情報処理・通信技術者、社会福祉専門職、保健師・助産師・看護師、介護サービスなどで減少し、技術変化に伴う労働需要の変化に対応した人材育成が重要となっている。

B　キャリア形成支援の必要性

1 「令和4年度能力開発基本調査 調査結果の概要」(厚生労働省) によれば、令和3年度中にキャリアコンサルティングを受けた者は、正社員では4人に1人の割合に達している。　第24回

2 同上の調査によれば、キャリアコンサルティングを通じて「仕事に対する意識が高まった」とする回答の方が「自分の目指すべきキャリアが明確になった」よりも多い。　第24回

3 同上の調査によれば、キャリアコンサルタントに相談したい内容で最も多いのは、正社員においては「仕事に対する適性・適職(職業の向き不向き)」である。　第22回　第24回

4 同上の調査で示された、キャリアコンサルタントに相談したい内容のうち、正社員以外で最も多いのは「退職や転職」である。　第22回

5 同上の調査では、キャリアコンサルタントに相談したい内容として「仕事の内容、賃金、労働時間などの労働条件・労働環境」を挙げる割合は、正社員よりも「正社員以外」である。　第22回

6 「人材育成に関するアンケート調査結果」(一般社団法人日本経済団体連合会、2020年1月) で示された、自律的なキャリア形成への取組み状況において、最も多かった回答は「多くの社員が自律的にキャリアを形成している一方、一部の社員は会社(人事・上司) 主導となっている」である。

27 ✕ 我が国の場合、国際比較で教育への投資額が少なく、これが人的資本を考える上での課題となっている。

28 ✕ 設問の文章のなかでの「減少し」の部分が誤り。当該業種においては逆に「増加」している。「技術変化に伴う労働需要の変化に対応した人材育成が重要」という部分は記述どおり正しい。

解答 キャリア形成支援の必要性

1 ✕ 令和3年度中にキャリアコンサルティングを受けた者は、「労働者全体」では10.5%であり、「正社員」では13.5%、「正社員以外」では5.1%であった。

2 ◯ 記述どおり正しい。

3 ✕ キャリアコンサルタントに相談したい内容は、正社員では「将来のキャリアプラン」であり、約6割が回答。職業の向き不向きについては次いで多いが4割程。

4 ✕ 適切な職業能力開発の方法（資格取得、効果的な自己啓発の方法等）が最も多く4割近い。次いで多いのは「職業の向き不向き」である。

5 ◯ 記述どおり正しい。正社員では2割程度の回答が、「正社員以外」では35%程度に高まる。

6 ✕ 最も多かった回答は「一部の社員が自律的にキャリアを形成している一方、多くの社員は会社（人事・上司）主導となっている」である。

7 ★★ 全人生（トータルライフ）の中の仕事人生（ワークライフ）の占める割合（大きさ）を決めること、調和をとることは、いずれも個人が決定すべきことであるから、個人の主体的なキャリア形成が重要となる。

8 ★★★ 企業は、社員自らにキャリア形成の責任を持たせ、社員のキャリア形成には関与しなくてよいので、個人が主体的にキャリア形成を行うことが一層重要となってきている。

9 ★ 組織において従業員一人ひとりがキャリア自律に向けて当事者意識と責任を持つことが必要であり、その当事者意識と責任を個々人に根付かせるのも、組織の責任といえる。

10 ★ 組織における個人のキャリア自律を実現するには、経営幹部や人事の責任者は、キャリア自律のビジョンを決定することが重要であり、具体的な行動のガイドラインや重視する施策の領域までは示さなくてもよい。

11 ★★ 組織が「個人を育てる」のではなく、組織は「個人の努力を支援する」というパラダイムのもとで、個人が「育つ」ことを促進する支援の仕組みや制度の開発・構築が求められている。

12 ★ 少子高齢化、人口減少が進む中で、高齢者、若者、女性、障害者等の就業促進などが課題であるが、中でも国際的に比較して就業意欲の低い高齢者のキャリア転換を促進する支援がキャリアコンサルタントにとっての重要課題である。

13 ★ 「仕事と生活の調和（ワーク・ライフ・バランス）憲章」（内閣府、平成19年12月）で定められている「仕事と社会の調和が実現した社会の姿」では、「就労による経済的自立が可能な社会」、「多様な働き方・生き方が選択できる社会」、「健康で豊かな生活のための時間が確保できる社会」とともに、「子供が環境に順応しながら生きていける力を身につけることができる社会」が求められている。

14 ★ 個々の労働者が自らのキャリアについて主体的に考え、定期的に自身の能力開発や知識・能力・スキルを確認する機会が重要であり、労働者の主体的職業生活設計を支援することがキャリアコンサルタントには求められている。

7 ○ 記述どおり正しい。

8 ✕ 「社員のキャリア形成には関与しなくてよい」との記述が誤りである。企業には、社員のキャリア形成を支援することが課せられている。

9 ○ 記述どおり正しい。

10 ✕ 個人のキャリア自律に向けて支援を行うのが組織（企業）の役割である。具体的な行動のガイドラインや組織としての施策も示すことが求められる。「示さなくてもよい」と言い切ってしまっている点が誤り。

11 ○ 記述どおり正しい。

12 ✕ 「国際的に比較して就業意欲の低い高齢者」という箇所が誤り。我が国の高齢者層は、国際的にみて就業意欲が高い。60歳以上の高年齢者の就業者数および就業率は近年増加傾向が続いている。

13 ✕ 「子供が環境に順応しながら生きていける力を身につけることができる社会」は、「仕事と生活の調和（ワーク・ライフ・バランス）憲章」には、記載のない文言である。

14 ○ 記述どおり正しい。

2 キャリアコンサルティングの役割の理解

出題のポイントと傾向

　「キャリアコンサルティングの役割の理解」は、毎年必ず出題されます。比較的正答しやすい分野なので、模擬問題を多く解いて、ぜひ点数をかせぐ項目にしてください。

　「キャリアコンサルタントの活動」では、キャリアコンサルタントの活動内容とその範囲が問われます。また、キャリアコンサルタントが持つべき倫理についての設問もありますが、ここも比較的やさしい問題が多いので、確実にマスターして点数を落とさないようにしてください。

分野	過去問 (第15〜24回試験)									
	15回	16回	17回	18回	19回	20回	21回	22回	23回	24回
A キャリアコンサルティングの役割の理解	❷	❷	❷		❷	❷❸	❸	❸	❸	❸

＊数字は設問の出題番号

A キャリアコンサルティングの役割の理解

❶ 個人に対してのキャリアコンサルティングの役割

1. 仕事や職業を中心にしながらも個人の生き甲斐、働き甲斐を含めたキャリア形成支援をする。
2. 個人が自らキャリアマネジメントをすることにより自立・自律できるように支援する。

❷ 組織に対してのキャリアコンサルティングの役割

1. 個人の主体的なキャリア形成の意義・重要性を組織に浸透させるとともに、個人と組織との共生の関係をつくる上で重要な役割となる。

❸ 教育・普及活動・環境への働きかけの役割

1. キャリア形成、キャリアコンサルティングに関する教育・普及活動
2. 環境への働きかけ

1-2 キャリアコンサルティングの役割の理解

❹ キャリアコンサルタントの能力要件の見直し概要（平成30年3月）

　厚生労働省は、キャリアコンサルタントが、労働者一人ひとりのキャリア形成支援を一層推進するために、その能力要件の見直しを行い、とくに拡充・強化すべき知識・技能として、以下の4点を列記。

1. 「セルフ・キャリアドック」等の企業におけるキャリア支援の実施に関する知識・技能
2. リカレント教育等による個人の生涯にわたる主体的な学び直しの促進に関する知識・技能
3. 職業生涯の長期化、仕事と治療、子育て・介護と仕事の両立等の課題に対する支援に関する知識・技能
4. クライエントや相談場面の多様化への対応に関する知識・技能

▼セルフ・キャリアドック

- 企業が、キャリアコンサルティング面談と多様なキャリア研修などを組み合わせて、体系的・定期的に従業員の主体的なキャリア形成を促進・支援する取組み、また、そのための企業内の「仕組み」。
- 職業生活の節目におけるキャリアコンサルティングや研修等の実施。
* 「キャリアドック」は、「人間ドック」を参考として作られた用語。

▼リカレント教育

- いくつになっても、誰にでも学び直しと新しいチャレンジの機会が確保されること。
- 人生100年時代を見据えた、現役世代のキャリアアップや、中高年層の再就職支援等が該当。
- 目標は「いつでも学び直し・やり直しができる社会」。

▼クライエントの多様化

- メンタルヘルス不調者、発達障害のあるクライエントをはじめとして、以下のような多様な人たちにキャリアコンサルタントは対応しなければならなくなっている。
  - LGBT（レズビアン・ゲイ・バイセクシュアル・トランスジェンダー）とQ（クィア：性的少数者全体を肯定的に指す語）
  - 外国人労働者　・ニート、引きこもり　・中高年無業者
  - 疾病者（例えばガン治療を続けながら働く者）
  - 生活保護者（アンダークラス層）　・一人親　・育児者
  - 介護者　・更生中の者　・副業や兼業層　など

▼相談場面の多様化

- インターネット等の通信手段を用いた沿革でのキャリアコンサルティング等。
- 電話による相談は従来から行われてきたが、映像を伴った上記のような相談場面の増加や多様化が今後進展すると予想される。

A キャリアコンサルティングの役割の理解

1 「第11次職業能力開発基本計画」(厚生労働省、2021年) によれば、在職者をはじめとする労働者が身近に、必要な時にキャリアコンサルティングを受けることができる環境を整備するために、オンラインを活用したキャリアコンサルティングを推進する。
第24回

2 同上の基本計画によれば、企業における教育訓練を効果的に実施し、労働者の職業生活設計に即した自発的な職業能力の開発等を促進していくために、企業におけるセルフ・キャリアドックの活用促進等が重要であり、国は、企業におけるキャリアコンサルティングの推進を支援していく。
第24回

3 「令和4年版労働経済の分析」(厚生労働省) の分析によれば、キャリアコンサルティングを受けた経験のある者の方が、転職回数は少ない傾向にある。
第23回

4 同上の分析によれば、とくに企業外や公的機関によるキャリアコンサルティングを受けた経験のある者の方が、自らの職業能力は他社では通用しないと考える傾向が強くなる。
第23回

5 「働く環境の変化に対応できるキャリアコンサルタントに関する報告書」(厚生労働省、令和3年6月) によれば、職業能力開発推進者をキャリアコンサルタントから選任することで、労働者に対する職業能力開発に関する相談・指導の役割のほか、組織課題の解決、組織全体の視点からの各部門との調整・協業の役割が期待される。
第22回

6 同上の報告書によれば、企業領域におけるキャリア支援は、カウンセリングベースの支援スキル・知識に加えて、組織に対する報告や提言、管理者層への研修等、組織視点からのキャリア支援に一歩踏み出す必要がある。
第22回

7 キャリアコンサルティングには、学校教育における進路指導や就職時における職業指導は通常は含まれない。

8 相談者のより良い適応と成長、発達に必要と判断される場合には、問題行動の除去や治療を目的とした対応を積極的に行うことがキャリアコンサルタントには求められることもある。

解答 キャリアコンサルティングの役割の理解

1 ○ 記述どおり正しい。

2 ○ 記述どおり正しい。

3 ✕ キャリアコンサルティング経験のある者の方が、職業生活の設計について主体性が高い傾向があり、転職行動や異分野へのキャリアチェンジも活発に行っている傾向がある。

4 ✕ 企業内部よりも、企業外や公的機関によるキャリアコンサルティングを受けた場合、自らの能力が他社に通用する可能性や、継続的な自己啓発の必要性についての意識が高くなる傾向がある。

5 ○ 記述どおり正しい。

6 ○ 記述どおり正しい。

7 ✕ 進路指導や職業指導も含まれる。キャリアコンサルティングは、もともとはそうした分野から発展してきた。

8 ✕ 「問題行動の除去や治療を目的とした対応」の表現内の「治療」という点が問題である。キャリアコンサルタントは治療行為は行わない。「問題行動の除去を目的とした対応」までは行うことがある。

9 キャリアコンサルティングでは、相談者の不安や悩みを解消して自己理解の促進を図ることが重要な役割であり、進路選択、職業選択などについての助言や指導は行わない。

10 企業内で活動するキャリアコンサルタントには、キャリア開発や組織開発、人的資源管理等の理解を踏まえた、企業内での人事部門との連携機能も必要である。

11 企業内で活動するキャリアコンサルタントの場合、従業員本人だけではなく、その上司や組織から相談があった場合にも専門的なアドバイスを行うコンサルテーション機能が求められている。

12 キャリアコンサルティングを推進し、有効性を広めるための広報機能を担うことは、キャリアコンサルタントが行う役割の一つである。

13 企業内のキャリアコンサルタントにとっては、従業員のキャリア形成に必要なキャリアデザインワークショップ等を行う教育機能は役割外であり、担当者と十分に連携をとることが必要である。

14 キャリアコンサルタントは、カウンセリングに関する理論や手法を折衷的に用いるよりも、自らの経験と学習を踏まえた固有の方法や理論を打ち立てることを重視していくようにすべきである。

15 キャリアコンサルタントとしては、個別の相談だけではなく、キャリア開発に関する教育・普及活動や、相談者個人への支援だけでは解決できない環境の問題への働きかけも必要である。

16 キャリアコンサルタントは、就労支援機関や職業紹介・斡旋の機関における就職指導が主たる活動領域であるため、企業内の従業員に対するメンタルヘルス不調の予防に積極的に関わる必要はない。

17 キャリアコンサルタントは、事業主からの依頼で従業員に対するジョブ・カードを活用したキャリアコンサルティングを行うにあたっては、経営方針や人材育成目標等を十分に理解したうえで任務を遂行する。

9 ✕ 「進路選択、職業選択などについての助言や指導」を行うことは、キャリアコンサルタントの役割である。

10 ⚪ 記述どおり正しい。従業員の課題や問題を解決するにあたっては、環境への働きかけが必要となる事もあり、その意味でも人事部門との連携は重要である。

11 ⚪ 記述どおり正しい。ただし、従業員との個別の面談内容を上司や組織に伝える、といった事でないのはもちろんである。

12 ⚪ 記述どおり正しい。

13 ✕ キャリアコンサルタントの役割の一つは、キャリアデザインワークショップ等を行う教育機能である。

14 ✕ 相談者（クライエント）の成長を第一に考えて、キャリアコンサルタントは、その相談者にあった理論や手法を、適宜用いていくようにすることが望ましい。「固有の方法や理論を打ち立てることを重視」という箇所が誤っている。

15 ⚪ 記述どおり正しい。「キャリア開発に関する教育・普及活動」や「個人への支援だけでは解決できない環境の問題への働きかけ」もキャリアコンサルタントが行うべき活動の一環である。

16 ✕ キャリアコンサルタントにとって、メンタルヘルス不調に対応することは非常に重要な役割になっている。

17 ⚪ 記述どおり正しい。関わる組織の「経営方針や人材育成目標等」を理解することは重要である。ただし、それを相談者（従業員等）に押し付けたり、強要したりすることはできない。

キャリアコンサルティングの社会的意義

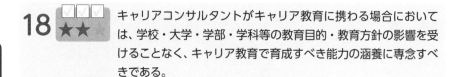

18 ★★ キャリアコンサルタントがキャリア教育に携わる場合においては、学校・大学・学部・学科等の教育目的・教育方針の影響を受けることなく、キャリア教育で育成すべき能力の涵養に専念すべきである。

19 ★★ キャリアコンサルタントには、うつ病で休職した労働者の職場復帰支援に携わることは求められてはいないが、精神障害についての知識は習得すべきである。

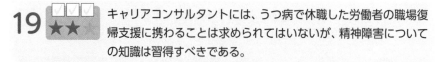

20 ★ キャリア自律は自己責任であることから、相談を通して当事者意識の高い者と低い者を選別し、人事部門に対して人材登用の際には、当事者意識の高い者を推薦することが、キャリアコンサルタントには求められる。

21 ★ 企業内キャリアコンサルタントの場合、相談支援を通して、自社にとって有効で、かつより良いキャリア開発支援に役立つ制度の創設や、施策の改善を、組織に働きかけることが、キャリアコンサルタントには求められている。

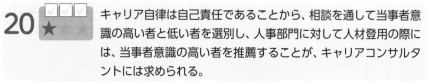

22 ★★ キャリア開発支援を通して人材育成を今よりも更に効果的なものにするために、企業としてどうあればよいか、組織開発的な働きかけを行うことが、キャリアコンサルタントの役割の一つである。

23 ★ キャリアコンサルタントは、より質の高いキャリアコンサルティングの実現に向けて、自己の経験や自説・持論へのこだわりを最優先として活動し、常に自己研鑽に努める。

24 ★ キャリアコンサルタントは、相談者の利益をあくまでも第一義とすべきであり、よって研究目的や興味を優先してキャリアコンサルティングを行ってはならない。

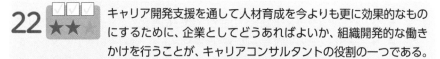

25 ★★ キャリアコンサルタントは、キャリアコンサルティングを通じて、職務上知り得た相談者の情報について守秘義務を負うが、その相談者を雇用する事業主から情報開示請求のある場合には、この限りではない。

26 ★ キャリアコンサルタントには、業務独占資格である国家資格保有者として、「個人の人生設計に関わること」の責任と重要性を自覚し、高い倫理観を持って活動することが求められる。

18 ✕ 教育機関に関わる場合には、その組織の「教育目的・教育方針」などを理解することが重要となる。理解した上で、キャリア教育の内容を機関側と十分に検討する必要がある。

19 ✕ うつ病の治療には関われないが、職場復帰に際しての支援を行うことは、キャリアコンサルタントの役割の一つである。

20 ✕ キャリアコンサルティングは、人事面接ではない。設問文にあるような人事への介入は、キャリアコンサルタントが行うべき事柄ではない。

21 ◯ 記述どおり正しい。企業内に所属しているキャリアコンサルタントは、相談支援（キャリアコンサルティング）を通じて得られた情報をもとに、自社組織に対しての働きかけを行う。ただし、相談者個人の情報がもれるようなことがあってはならない。

22 ◯ 記述どおり正しい。前問と同様、環境への働きかけは重要である。そこでは「組織開発（OD：オーガニゼーション・ディベロップメント）」という観点からの働きかけが必要とされることもある。

23 ✕ 設問中の「最優先」という箇所が誤りである。「自己の経験」を内省して、より質の高いキャリアコンサルティングにつなげていく事は必要であるし、また自説・持論についても全面的に否定されるものではないが、それが、最優先されるということはない。

24 ◯ 記述どおり正しい。「研究目的や興味を優先」するということは、相談者よりもキャリアコンサルタント自身の利益を考えている、ということになる。

25 ✕ たとえ、キャリアコンサルタントが、その企業等と雇用関係や委託契約関係にあるとしても、相談者の情報を企業等に開示することはない。

26 ✕ 設問中の「業務独占資格」という箇所が誤りである。正しくは「名称独占資格」である。

27 ★★
キャリアコンサルティングとは、相談者の話を誠実に傾聴することに徹し、相談者自身が自ら気づくよう寄り添うことであり、助言や指導は行わない。

28 ★
キャリアコンサルタントの使命は、相談者のキャリア形成上の問題・課題の解決とキャリアの発達を支援し、もって組織および社会の発展に寄与することである。

29 ★★
キャリアコンサルタントとしての活動は、一対一のコミュニケーションによる個人面接が中心となるものであり、グループワークや研修などの実施はその範疇には含まれない。

30 ★
キャリアコンサルティングでは、相談者が優柔不断な場合、相談者に代わって、キャリアコンサルタントが職業選択に関する意思決定をする場合もあっていい。

31 ★
キャリアコンサルタントが、相談者を他の専門機関等にリファーする場合には、リファー先に関する情報収集を十分に行う必要がある。

32 ★★
キャリアコンサルタントが、相談者を他の専門機関や専門家にリファーする際には、相談者の承諾を得たうえでリファー先に引き継ぎや申し送りを行うことが望ましい。

33 ★
キャリアコンサルティングにおいては、単に傾聴に努めるだけでなく、キャリアに関する情報提供を行いながら、職業生活設計、能力開発に関する助言などの支援を行う。

34 ★
キャリアコンサルティングでは、キャリア形成に関する様々な情報提供や助言を行うことが主となる場合もあり、その際には不安や葛藤などの情緒的な問題は扱わないことがあってもいい。

35 ★★
キャリアコンサルタントは、相談者が自身の力に気づき、社会の中で自分の役割に意味を見出し、置かれた環境に働きかけて変化を起こすことを支援する。

36 ★★
キャリアコンサルタントは、対面での相談やワークショップなどによるグループ支援は行うが、電子メールやSNSによる非対面型の相談は行わない。

27 ✕ 設問中の「助言や指導は行わない」という箇所が誤りである。職業能力開発促進法では、キャリアコンサルティングの定義は「……相談に応じ、助言及び指導を行うこと」とされる。

28 ◯ 記述どおり正しい。

29 ✕ 「グループワークや研修などの実施」もキャリアコンサルタントとしての重要な役割であり、実際そうした活動を中心としているキャリアコンサルタントも多い。

30 ✕ キャリアコンサルタントは、あくまでも相談者の意思決定を支援する立場である。助言や指導は行ったとしても、キャリアコンサルタント自身が意思決定をすることはない。

31 ◯ 記述どおり正しい。リファー（紹介）先とは良好なネットワークを普段から作っておくことが必要で、定期的な情報交換等の機会もあることが望ましい。

32 ◯ 記述どおり正しい。リファーをするにあたっては、必ず相談者の了解をとることが肝要である。リファー先に対しての「引き継ぎや申し送りを行う」ことも当然である。

33 ◯ 記述どおり正しい。「キャリアに関する情報提供」や「職業生活設計、能力開発に関する助言」は、相談者がキャリアコンサルタントに対して望んでいる支援内容である場合も多い。

34 ✕ 「不安や葛藤などの情緒的な問題は扱わない」という箇所が誤っている。相談者に不安や葛藤などがある場合には、そのことに対応するのが、キャリアコンサルティングである。

35 ◯ 記述どおり正しい。「環境への働きかけ」を相談者本人ができるように支援するのも、キャリアコンサルタントの役割の一つである。

36 ✕ 対面での相談、ワークショップなどのグループ支援だけでなく、最近では設問にあるような、インターネットを用いた相談を行う場合も多くなってきている。

 **37** キャリアコンサルタントには、個人と組織の双方にとって望ましいと考えられるキャリア形成支援の方策を企画することや、またそうした方策を推進する力や環境構築力が求められている。

 38 キャリアコンサルティングは、キャリア形成やキャリアコンサルティングに関する教育・普及活動とは切り離して行うべきものである。

 39 キャリアコンサルティングを行う事によって、組織内での異動や昇進、あるいは転職について、相談者自身があらかじめ思い描いていた通りの希望が叶えられる。

 40 キャリアコンサルタントの役割とは、働き方改革が進められる中でも、組織に対して問題を提起することにあるわけではなく、個人の効率的な働き方の支援に徹することである。

 41 キャリアコンサルタントの能力要件の見直し等に関する厚生労働省令改正（平成30年7月）では、キャリアコンサルタントが担うべき役割として、非正規の若者、子育て女性、シニア等、また仕事と治療の両立等のキャリア形成上の具体的な課題解決への貢献が示された。

 42 同上の厚生労働省令改正では、キャリアコンサルタントが担うべき役割として、リカレント教育等の職業生活設計に即した学び直しの具体の機会への結びつけ、そのキャリア形成上の活用支援が示された。

 43 同上の厚生労働省令改正では、キャリアコンサルタントが担うべき役割として、企業内での労働者の職業能力開発向上を支援するため、目標管理制度の整備と管理者支援の役割発揮が示された。

 **44** 同上の厚生労働省令改正では、職業能力開発推進者の選任方法について、「キャリアコンサルタント等の職業能力開発推進者の業務を担当するために必要な能力を有する者」から選任するものとされた。

 45 職業能力開発推進者は、事業内職業能力開発計画の作成と実施を担い、また労働者が職業能力開発を受けるための労務管理上の配慮に係る相談や指導を行うが、それにあたっては、計画を厚生労働省が定める様式、記載項目に従って作成する必要がある。

37 ◯　記述どおり正しい。

38 ✕　教育活動や普及啓発活動は、キャリアコンサルタントの重要な役割の一つである。キャリアコンサルティング活動のなかに、それらが含まれているとも言える。

39 ✕　設問にあるようになることは一つの望ましい姿ではあるが、必ずそうなるという保証があるわけではない。相談者の思いに共感し、どのようにしたら叶えられるかを一緒に考えるのがキャリアコンサルタントの役割である。

40 ✕　キャリアコンサルタントにとっては、組織に対しての問題提起を行っていくことも重要な役割である。また個人の支援にあたっては「効率的な」働き方だけを念頭において支援を行うわけではない。

41 ◯　記述どおり正しい。多様な人材が活躍できる社会の実現のために、キャリアコンサルタントには、今まで以上に多様な人たちに対しての具体的な支援が求められるようになっている。例えばガンの治療と仕事の両立を支援する事やLGBTQの人たちの課題解決へ向けた貢献等である。

42 ◯　記述どおり正しい。職業生活設計（キャリアプラン）に即した学び直しの機会の提供などが、今後のキャリアコンサルタントには強く求められている。

43 ✕　「目標管理制度の整備」や「管理者支援の役割発揮」などは、キャリアコンサルタントが担うべき役割としては記載されていない。

44 ◯　記述どおり正しい。従業員のキャリア形成を支援し、職業能力を存分に発揮してもらうために、担当部署の部・課長などを「職業能力開発推進者」として選任することが「職業能力開発促進法」（第12条）で事業主の努力義務となっているが、そこに対して設問文のような省令改正がなされた。

45 ✕　「それにあたっては」の前までの文章は正しいが、その後の文章が誤り。厚労省が定める様式や記載項目に従って作成する必要はない。

心理カウンセラーとキャリアコンサルタントの違いは何か？②

改めて、法律（職業能力開発促進法）に定められたキャリアコンサルティングの定義を再録してみます。「労働者の職業の選択、職業生活設計又は職業能力の開発及び向上に関する相談に応じ、助言及び指導を行うこと」とされています。

「労働者」の中には、これから職に就こうとしている学生や求職者も含まれますから、かなり広い対象者となります。その方たちの相談に乗るという点では、心理カウンセラーと同様でしょう。

「相談に応じ、助言・指導を行う」ことは心理カウンセラーも行いますが、キャリアコンサルタントの場合「助言・指導」の比重が高くなっていると感じます。これは「職業指導」や「キャリアガイダンス」と呼ばれる活動が古くから行われてきたという経緯が反映されています。例えば、高校における進路指導といったものです。

つまり、キャリアコンサルタントは、心理カウンセラーや臨床心理士などのように一対一のカウンセリングを行うことだけでなく、より現実に即した解決策をクライエントに提供していく職能であると言えるのです。

それは、キャリアコンサルティングが、どちらかというと短期的なものであるという点にも現れています。心理カウンセラーや臨床心理士、精神科医などは、一人の相談者の方に何年、何十年と関わり続けるという話もよく聞きますが、キャリアコンサルタントではあまりそうしたことはないようです。キャリアコンサルタントの仕事は、現時点での労働市場動向を踏まえて、現実的な解を相談者と一緒に見つけ出すという「ブリーフ（比較的短期間の）」カウンセリングであることが多いのです。

しかしながら、キャリアコンサルタントのベースとなるスキルが、カウンセリングスキルにあることは紛れもない事実です。一対一のカウンセリングを行うにしても、企業に対して働きかけを行うにしても、そこには人間と人間との信頼関係をしっかり築くというスキルが必要です。そうした人間スキルがベースにあってこそ、キャリアコンサルタントはその仕事をまっとうできるのです。カウンセリング技量の習得と、そのスキルアップが常に求められている由縁です。

実際、実技試験の試験官には、臨床心理士があたるという話も聞いています。カウンセリングがベースとなるからこそ、私たちはロジャーズを学び、アイビイやカーカフの包括的カウンセリングも勉強するわけです。

第2章

キャリアコンサルティングを行うために必要な知識①

　本書の第2章〜第4章は、キャリアコンサルティングを行うための知識の①〜③となります。本章はその中の①ですが、理論を扱う章となります。2-1節は「キャリアに関する理論」、2-2節は「カウンセリングに関する理論」です。

　2-1節では、特性因子理論、職業発達理論、社会的学習理論、意思決定理論、組織キャリア理論に加えて、各学者が創始したプロティアン・キャリアなどの理論が扱われます。2-2節ではフロイトの精神分析理論から始まり、行動療法やゲシュタルト療法など、キャリアに関する理論のベースとなったと考えられる理論等を扱います。

第2章

1 キャリアに関する理論

出題のポイントと傾向

　この単元は主にアメリカで発達した理論がベースとなっており、カタカナの名前が複数出てきます。覚えるのが大変と思われるかもしれませんが、出題される内容は限られており、量的にも決して多いわけではありません（下表では、四択のうちの一つの文章にその内容があればカウントされているため、一見、出題数が多く見えています）。

　今後、今までに出題されていなかった理論が新たに出題されることもありえますが、それはせいぜい1問か、あるいは四択のうちの一つの文章程度でしょう。過去問で出された内容を押さえておけば、意外に点数を取りやすい箇所といえます。

分野	過去問（第15～24回試験）									
	15回	16回	17回	18回	19回	20回	21回	22回	23回	24回
A 特性因子理論（パーソンズ）と六角形モデル（ホランド）			⑥		⑤		⑦	④	⑥	⑤⑥
B 職業発達理論（スーパー、ギンズバーグ）	⑦	④⑦	⑦	④⑦㉚	⑥	④	⑥	④⑤⑦㉛	⑦	
C 社会的学習理論（クランボルツ、バンデューラ 他）	⑮㉛	⑦	⑤⑦㉜	㉜			⑥		⑥	⑥㉚
D 意思決定理論（ジェラット、ヒルトン）	④	⑦	④		⑤	④	⑤⑥		④	
E 組織キャリア理論（シャイン）	⑥	⑤㉙			⑤	⑥		④		④⑥
F プロティアン・キャリア（ホール）			③		③	④				⑥
G 統合的人生計画（ハンセン）			⑦㉜	⑤		④				㉚
H キャリア構築カウンセリング（サビカス）	③	③	⑥㉜	③㉜			④	⑥⑧	⑥	㉚
I 動機付け理論（ハーズバーグ 他）	⑧				⑦	⑦			⑤	

＊数字は設問の出題番号

Ⓐ 特性因子理論（パーソンズ）と六角形モデル（ホランド）

❶「特性因子理論」とは

1. 特性（個人の興味・適性・価値観・性格、因子）と職業や仕事が求める要件（必要能力など）をマッチングさせるという考えに主眼を置いた理論。

❷ パーソンズ（Persons, F.／1854 − 1908）

1. 『職業の選択』（1909）の中で特性因子理論のベースとなる考えを発表。
2. その後さまざまな測定法（各種職業適性検査）の開発へつながっていく。

❸ ウィリアムソン（Williamson, E. G.／1900 − 1979）

1. ミネソタ大で進路指導をする中で精神分析とは異なるカウンセリング＝「学生相談」の基本的概念を作る。
2. マッチングでよい職業選択がもたらされる、とした。

❹ ロー（Roe, A.／1904 − 1991）

1. **早期決定論**：保護者の態度（情緒型・拒否型・受容型）が仕事態度や職業興味に影響を与える。
2. パーソナリティ発達論と職業分類（人と接する仕事かどうか）で、スーパーやホランドへとつながる。

❺ ホランド（Holland, J. L.／1919 − 2008）

1. **6つの性格タイプ（1985）**：RIASEC（以下の表参照）。

▼職業興味の6類型（RIASEC）の特徴

R	現実的領域 Realistic	機械や物を対象とする具体的な活動をすることが好き （例：技術者、機械オペレーター）
I	研究的領域 Investigative	研究や調査などのような活動をすることが好き （例：研究者、学者）
A	芸術的領域 Artistic	音楽、美術、文芸など芸術的な活動をすることが好き （例：ミュージシャン、デザイナー）
S	社会的領域 Social	人に接したり、奉仕的な活動をすることが好き （例：教員、販売員）
E	企業的領域 Enterprising	新しい企画を考えたり、組織を動かすような活動が好き （例：放送ディレクター、会社経営者）
C	慣習的領域 Conventional	定まったやり方にしたがって、手堅い活動をすることが好き （例：事務員、会計士）

2

キャリアコンサルティングを行うために必要な知識①

2. **スリーレターコード**：6つのうちの上位3コードで性格や関心を表したもの。一貫性のある場合（コード）とない場合（コード）がある。
3. 職業も3レターで表すことができ、職業分類辞典（DOT／Dictionary of Occupation Titles）へとつながる。
4. **ワークタスクディメンション**：もの－人間、データ－アイデアの2軸を6コードの六角形に重ねて表示。プレディガーが創案。
5. **ワールド・オブ・ワークマップ**：上記の2軸と6コードを組み合わせた図の上に職業をプロットしたもの。

> 暗記術：RIASECは一般に「リアセック」と呼ばれます。そう読んで覚えましょう。また、スリーレターコードは例えば「CEI」といったように表現され、「このコードの方は経理に向いている」あるいは「経理の業務はこのコードで表される」といった使い方がされています。

▼ワールド・オブ・ワークマップ

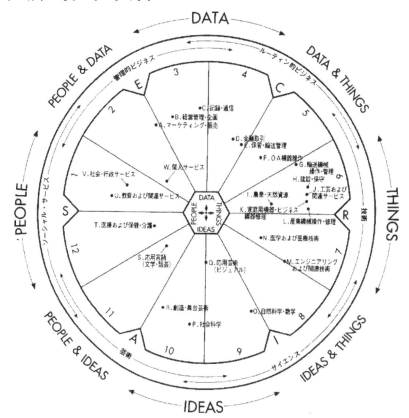

B 職業発達理論 (スーパー、ギンズバーグ)

❶ 「職業発達理論」とは

1. 個人のキャリア発達過程、発達段階に応じた課題の解決を支援することに主眼を置いた理論。
2. ギンズバーグらによって1950年代に初期の理論が確立。

❷ ギンズバーグ (Ginzberg, E／1911 − 2002)

1. 面接結果に基づき、職業的発達について、空想期 → 試行期 → 現実期といった「発達段階説」を提唱。
2. 職業選択は当初「10年以上にわたる発達的過程」としていたが後に「生涯にわたる」と修正。
3. その過程は、当初「非可逆的」としていたが、後にそれは絶対的ではないと修正。
4. 職業選択は、当初、個人の欲求と現実との「妥協」であるとしていたが、後に言い換えて「最適化」と修正。

❸ スーパー (Super, D. E.／1910 − 1994)

1. キャリア発達を、生涯にわたり繰り返される「選択と適応の連鎖の過程」と表現。
2. **自己概念 (キャリア自己概念)**：職業発達の中核。選択と適応を経て、青年期後期から晩年にかけ安定性を増す。特性因子理論と自己概念理論との統合を目指した。
3. 「人はパーソナリティの諸側面 (欲求、価値、興味、特性、自己概念) および能力において違いがある」など、14の命題を提示し、職業的発達段階と発達課題を明示。
4. **ライフステージ**：下表の5段階がマキシ・サイクル。移行期には次の段階に移るための意思決定過程として同様のミニ・サイクルがある。

▼マキシ・サイクル

成長期	児童期・青年前期 (0〜15歳)
探索期	青年前期〜成人前期 (16〜25歳)
確立期	成人前期〜40代半ば (26〜45歳)
維持期	40代半ば〜退職まで (46〜65歳)
下降期 (衰退期、解放期)	退職以降 (66歳以降)

暗記術：「セイタカイカ」と覚えます。セイ (成長)、タ (探索)、カ (確立)、イ (維持)、カ (下降) です。「下降期」は「衰退期」や「解放期」と呼ばれることもあります。

2 キャリアコンサルティングを行うために必要な知識①

5. **ライフ・キャリア・レインボー**：人は生涯において9つの役割（子供、学生、余暇人、市民、労働者、配偶者（夫・妻）、家庭人（ホームメーカー）、親、年金生活者）を演じ［＝ライフロール（ライフ・スペース）］、その長さは、ライフ・スパン。

6. **アーチモデル**：キャリアの規定要因を、右の柱に社会環境的要因（社会・経済状況）、左の柱に個人的要因（心理学的特性）を置いて説明。

C 社会的学習理論（クランボルツ、バンデューラ 他）

❶「社会的学習理論」とは

1. 個人の学習経験がベースになって、職業選択や意思決定が行われる、という点に主眼を置いた理論。

2. カナダの心理学者バンデューラらが提唱し、その影響を受けクランボルツがキャリア理解に展開。

3. バンデューラの「三者相互作用」理論を基礎として社会認知的キャリア（SCCT）理論に発展。

❷ クランボルツ（Krumboltz, J. D.／1928 − 2019）

1. **職業選択等に影響する4要素**：①先天的資質、②環境条件や出来事、③学習経験、④課題へのアプローチスキル。

2. 学習経験には「道具的学習経験」と「連合的学習経験」がある。

▼**二つの学習経験**

道具的学習経験	「先行子（それまでに蓄積してきたもの）→ 行為や行動 → 結果」から得られる学習経験。もし結果がよくて、プラスのフィードバックを受ければ、それが「正の強化」となる。
連合的学習経験	感情的に中立的だった出来事が特定の感情と結びついたときに起こる学習経験。例：祖母の入院時の看護グループの対応に感動し、それまで関心がなかった看護職を目指す気持ちが芽生えた。

3. キャリアカウンセラーが意思決定スキルを教える事で、クライエントはそれを使う事ができるようになる。

4. **ハップンスタンス・ラーニング・セオリー（プランド・ハプンスタンス）**：クランボルツ、ミッチェル、レヴィンによる理論。①好奇心、②持続性、③柔軟性、④楽観性、⑤冒険心（リスクテーキング）があれば、偶然の出来事をチャンスや好機に変えることができる。

暗記術：「コウジジュラクボウ」と、あたかも古いお坊さんの名前であるかのように覚えます。コウ（好奇心）、ジ（持続性）、ジュ（柔軟性）、ラク（楽観性）、ボウ（冒険心）です。

---

❸ バンデューラ (Bandura, A./1925-2021)

1. **社会的認知理論**：人と環境と行動が影響しあうという「三者相互作用」の考えを提唱。

2. **モデリング法**：他者の行動を観察・見聞することにより、新しい行動パターンを学習し、行動が変容する。

3. **自己効力感**：自分がある事をできるという感覚や自信。①個人的達成（成功体験をする）、②代理的経験（他者をみてできそうだと思う）、③言語的説得（他者から繰り返し認められたり励まされたりする）、④情緒的覚醒（リラックスするなど生理的、感情的状態が整いできそうだと思う）で高まる。

❹ SCCT理論 (社会認知的キャリア理論／Social Cognitive Career Theory)

レント (Lent, R. W)、ブラウン (Brown, S. D.)、ハケット (Hackett, G.) がバンデューラの社会的認知理論をベースに提唱。自己効力感や結果期待、目標設定の要素も取り入れて「行動」を捉え、「人」「環境」との相互作用の中でキャリア選択がなされると考えた。学習経験に影響された認知が変われば行動が変わり、環境を変えられるとする。

D 意思決定理論 (ジェラット、ヒルトン)

❶ ジェラット (Gelatt, H. B.)

1. **連続的意思決定モデル**：経済学の投資戦略理論を応用して提唱。探索的な決定から最終決定へと意思決定が進行するプロセスを解明 (1962)。

2. **積極的不確実性 (肯定的不確実性)**：上記の約25年後 (1989)、不確実時代における非合理性も受け入れるべきだとのモデルを提唱。柔軟に意思決定を行うためには想像力、直感、柔軟性、社会の不確実性などを積極的・肯定的に意思決定プロセスに取り入れる必要性が出てきたとした。

❷ ヒルトン (Hilton, T. L.)

1. **認知的不調和理論による意思決定**：心理学の認知的不調和理論を応用し、意思決定はある種、機械的なプロセスで説明できるとした (1962)。

2. 個人が持つ自己概念や希望、期待、職業観といった前提と外界からの情報との間に生じた不協和の解消が意思決定の過程である。

E 組織キャリア理論 (シャイン Schein, E. H./1928-2023)

1. **キャリア・アンカー (8種類)**：仕事をするうえでのよってたつ内面的な根拠（錨）。①「自覚された才能と能力」、②「自覚された動機と欲求」、③「自覚された態度と価値」の3要素が複合的に組み合わさったもの。

キャリアコンサルティングを行うために必要な知識①

暗記術：「佐野にどう寄ったか」と覚えましょう。さ（才能）、の（能力）、どう（動機）、よっ（欲求）、た（態度）、か（価値）。

▼シャインのキャリア・アンカー

専門・職能別能力 （コンピタンス）	特定の分野で能力を発揮し、自分の専門性や技術が高まることに幸せを感じる。
全般的経営管理能力 （コンピタンス）	集団を統率し、権限を行使して、組織の中で責任ある役割を担うことに幸せを感じる。
自律・独立	組織のルールや規則に縛られず、自分のやり方で仕事を進めていくことを望む。
保障・安定	一つの組織に忠誠を尽くし、社会的・経済的な安定を得ることを望む。
起業家的創造性	リスクを恐れず、クリエイティブに新しいものを創り出すことを望む。
奉仕・社会貢献	社会的に意義のあることを成し遂げる機会を、転職してでも求めようとする。
純粋な挑戦	解決困難に見える問題の解決や手ごわいライバルとの競争にやりがいを感じる。
生活様式 （ワーク・ライフ・バランス）	個人的な欲求や家族の願望、自分の仕事などのバランスや調整に力をいれる。

暗記術：「戦前寺、ホウキで奉仕、純な生活」と覚えましょう。せん（専門コンピタンス）ぜん（全般管理コンピタンス）じ（自律・独立）、ほー（保障・安全）き（起業家的創造性）で奉仕（奉仕・社会貢献）、純な（純粋な挑戦）生活（ライフスタイル・生活様式）。

2. **外的キャリア＆内的キャリア**：職務経歴書（キャリア・シート）に記載するような客観的キャリア（外的キャリア）と主観的キャリア（内的キャリア）がある。

3. **組織内キャリアモデル（キャリアコーン）**：組織内キャリアのありかたを水平軸（中心部と周縁）と垂直軸（出世の方向性）で表した円錐モデル。

4. **キャリア・サバイバル**：個人ニーズと組織ニーズをマッチングさせ職務・役割の戦略的プランニングを行う方法論。

5. **キャリア・サイクル**：「成長・空想・探求」段階（0〜21歳）から「引退」まで9段階の直面する問題と課題を整理。例えば35〜45歳の「キャリア中期の危機」、それに続く非指導者役か指導者役となる「キャリア後期」（40歳〜引退まで）等が想定されている。

F プロティアン・キャリア (ホールHall, D. T.／1940 −)

1. キャリアは、組織ではなく個人によって管理され、生涯を通じた経験・スキル・学習・転機・アイデンティティの変化の連続。その都度方向転換され「変幻自在」。
2. **プロティアン・キャリア**：地位や給料よりも「心理的成功」が重要。他者からの尊敬よりも自分を尊敬できるか (自尊心)、何をすべきかよりも「何がしたいのか」に気づく事が重要視される。
3. **心理的成功**：「アイデンティティ」と「アダプタビリティ」から生まれ、後者は「適応コンピタンス」(変化する環境に反応して学習、自己に関する完全で正確な情報獲得、行動とアイデンティティの統合)と「適応モチベーション」の積。
4. **クラム**は、ホールと共に研究し、組織におけるメンタリング行動を体系的に整理。「キャリア的機能」と「心理・社会的機能」があるとした (1996)。

G 統合的人生計画 (ハンセンHansen, L. S.)

1. **4L**：人生を労働 (仕事) labor、愛 (家庭、子育て) love、学習learning、余暇leisureの4役割のキルト (パッチワーク) と喩えた。
2. **統合的人生設計 (Integrative Life Planning／ILP)**：家庭や社会における役割だけでなく人生の役割までも幅広く盛り込んだ新しいキャリア概念 (ライフ・プランニング)。
3. ILPのための6つの重要な課題
   ①広い視野で仕事を選択する
   ②人生の4Lを上手に組み合わせる
   ③家族と仕事をつなぐ
   ④多様性に価値をおく
   ⑤精神性を重視する
   ⑥個人の転機と組織変革に対処する

H キャリア構築カウンセリング (サビカスSavickas, M. L.)

1. **ナラティブ・アプローチ**：現実を言語によって構成されたものとして理解する「社会構成主義」をベースに、クライエントの"語り"を重視する手法。小さなストーリー (マイクロナラティブ) をマクロナラティブへ脱構成・再構成。特性因子理論やキャリア発達理論を統合・発展したもの。
2. **キャリア構築理論**：職業パーソナリティ、キャリア・アダプタビリティ、ライフテーマの3つの主要概念で構成され、キャリア・アダプタビリティは4つの次元 (関心、統制、好奇心、自信) で説明される。

❶ 動機付け理論 (ハーズバーグHerzberg, F.他)

1. 欲求5段階説 (マズローMasloe, A. H.／1908 – 1970)：欲求を階層化。人間は自己実現に向かって絶えず成長するとした。動機づけ理論とも言われ、低次欲求から段階的に高次欲求に移行するとした。

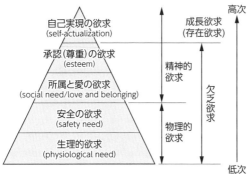

2. 二要因理論 (衛生要因＆動機付け要因) (ハーズバーグHerzberg, F.／1923 – 2000)：職場環境や給料・地位等 (衛生要因) でいくら不満を取り除いても、成果や評価、個人的な成長の実感等 (動機付け要因) がない限り、職務の満足度は向上しない。

3. ERG理論 (アルダファーAlderfer, C. P.／1940 – 2015)：人間として存在するための低次の「生存 (existence) 欲求」、他者との人間関係を持ち続けたいという「関係 (relatedness) 欲求」、成長を続けたいという高次の「成長 (growth) 欲求」の3つが核となる欲求。各欲求は連続的で、高次と低次の欲求が同時に生じることもある。

4. 達成動機理論 (マクレランドMcClelland, D. C.／1917 – 1998)：動機づけを高める社会的欲求には、良い成果を上げたいという「達成欲求」、他者を支配したり影響を及ぼしたいという「権力 (支配) 欲求」、他者と親密な関係を維持したいという「親和欲求」がある。

5. X理論－Y理論 (マクレガーMcGregor.D.M.／1906 – 1964)：「人間は怠け者で、強制や命令をされなければ働かない」とするX理論と「内的欲求によって自発的に働き、責任も引き受ける」とするY理論がある。X理論では「アメとムチ」、Y理論では「機会を与える」マネジメント手法が取られる。

何歳でも大丈夫な職種がキャリアコンサルタント ——年齢との関係を考える①

「この年齢からでも、キャリアコンサルタントの勉強を始めて大丈夫でしょうか?」と、先日も60歳代の女性の方から聞かれました。一般社団法人地域連携プラットフォームで行っている「キャリアコンサルタント養成講習」の説明会でも、同様の質問を受けることが度々あります。

そうした質問には、いつもこう答えます。「キャリアコンサルタントの勉強を始めるのに、年齢はいっさい関係ありません」。

実際、国家資格キャリアコンサルタントには、70歳代の方も合格していると聞いています。また最近では、学生(大学生や短大生、専門学校生)の受験も増えています。年齢に関係なく、誰にでも門戸が開かれているのが、国家資格キャリアコンサルタントだと言えます。

私が行っている「キャリアコンサルタント養成講習」の説明会では、どちらかというと中高年以降の方の参加が目立ちます。50歳代を中心に、60歳代、40歳代という順番で参加者が多くなっています。こうした年代の方たちには、次のように話すことが多々あります。「あえて申し上げれば、経験が長いことがむしろ有利に働く職業がキャリアコンサルタントだとも言えます」。

キャリアコンサルタントは、心理カウンセラーや臨床心理士とは異なり、かなり現実的なアドバイスや指導をしなければならない場面に遭遇します。例えば「長年主婦業をやってきたが、また働き始めたい」という方に対して、どのような仕事が向いているのかを面談しながら一緒に考えていくことになります。

このとき、例えば小売業や飲食業、あるいは介護業界の仕事の内容や就職のしやすさ等について知っていれば、キャリアコンサルタントとして有利です。年齢を重ね、多くの人と会って、世の中のことがいろいろとわかっていた方が、知見が広がっているだけ、より良いアドバイスや指導ができるのではないでしょうか。

もちろん、20歳前後の学生の方でも、知識を得ることで対応できるようになります。学生や人事関係の若手社員が資格を取ると、就職や昇級の際にとても有利という話もありますので、若い方にもキャリアコンサルティングの勉強を勧めています。

一方で、長年の経験や知見を持っていた方が、良いキャリアコンサルティングを行いやすいとも思っています。

次のコラムでは、年齢と、面談(カウンセリング)を実際に行うにあたっての姿勢の問題について考えてみたいと思います。

2

キャリアコンサルティングを行うために必要な知識①

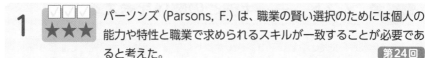

A 特性因子理論（パーソンズ）と六角形モデル（ホランド）

1 ★★★
パーソンズ（Parsons, F.）は、職業の賢い選択のためには個人の能力や特性と職業で求められるスキルが一致することが必要であると考えた。 第24回

2 ★★
職業や仕事に付随する各種の情報（その仕事に求められる資質、成功の条件、有利な点と不利な点、報酬、就職の機会、将来性など）の知識を得ることが、職業選択に向けては必要である、とパーソンズは述べている。

3 ★
パーソンズは、職業選択においては、人生における職業行動に意味を与え、なぜその仕事で働くのかを考えることが重要である、とした。

4 ★
パーソンズは、職業発達は、個人と環境との相互作用の結果としてもたらされる、という点を強調した。

5 ★★
パーソンズの理論は、「特性‐因子理論」とも「個人‐環境適合理論」とも呼ばれている。

6 ★★★
ホランド（Holland, J. L.）の考えた6つのパーソナリティタイプは、現実的・研究的・芸術的・社会的・企業的・文化的の6タイプ（RIASEC）であり、環境も同様の6タイプに分類されている。

7 ★★
ホランドは、6つのパーソナリティタイプと環境を軸とした職業選択理論を構築した。 第22回

8 ★★
ホランドのパーソナリティタイプでは企業的タイプと対極的なタイプは社会的タイプである。

9 ★
ホランドの理論によれば、個人を特徴づけるパーソナリティタイプは、その人の生得的資質と発達過程で体験する人的、文化的、物理的諸環境からの力との交互作用を経て形成されるという仮説に立つ。

10 ★
ホランドの理論では、人は、自分のもっている技能や能力を生かし、価値観や態度を表現でき、自分の納得できる役割や課題を担うことができるような環境を求める、とされる。

解答 特性因子理論（パーソンズ）と六角形モデル（ホランド）

1 ○ 記述どおり正しい。人間には個人差があり、職業にも職業差があるので、両者をうまく合致することが可能であるとした。

2 ○ 記述どおり正しい。個人と仕事を適合（マッチング）するには職業や仕事に付随する各種の情報は必須となる。

3 ✗ パーソンズが活躍した19世紀後半から20世紀初頭では、設問文のような事は語られる事はなかった。こうした言説がなされるようになるのは20世紀後半になってからである。

4 ✗ 「人間は個人的特性と環境との相互作用の結果としてできあがる」としたのは、ホランドである。

5 ✗ 「特性‐因子理論」と呼ばれているが、「個人‐環境適合理論」とは呼ばれない。

6 ✗ 6つ目は、文化的ではなく慣習的（Conventional）である。他の5つは、Realistic、Investigative、Artistic、Social、Enterprisingとなる。

7 ○ 記述どおり正しい。

8 ✗ 企業的タイプの対極は研究的タイプとなる。六角形における距離が近いほど心理的類似性が高く、対極にあると低い。

9 ○ 記述どおり正しい。ホランドによれば、人間は個人的特性と環境との「相互作用」の結果としてできあがるものである、とされる。

10 ○ 記述どおり正しい。

11  ホランドの理論によれば、VPI (Vocational Preference Inventory) は、パーソナリティタイプの理論を基盤としており、結果は6つのパーソナリティタイプと5つの適職領域で解釈できるように構成されている。

12  ホランドが開発した職業興味検査 (VPIなど) はキャリアガイダンスのためのツールとして日本にも導入され、若年者の進路指導に貢献している。

13 ホランド理論では、職業行動は、パーソナリティの一つの表出形態として捉えており、人と環境とが相互に作用し合う結果と仮定されている。

14 ホランドの理論は「六角形モデル (hexagonal model)」とも呼ばれ、米国文化圏では成立するが、我が国において成り立つか否かについては検証がなされていない。

15 ホランドは、職業的興味は、職業を遂行することによって分化するので、職業選択の前に検討する必要はないと考えた。

16 ホランドは、職業興味を6領域の枠組みで整理し職業レディネス・テストを開発した。

17 ロー (Roe, A.) の理論では、幼児期の欲求の強さ、欲求と満足のズレ、満足の価値などがその後の職業選択に影響するとされる。

18 ローは、人間が健全で幸福な発達を遂げるために各発達段階で達成しておかなければならない課題を提唱した。

19 ウィリアムソン (Williamson, E. G.) は、大学で進路指導をする中で精神分析とは異なるカウンセリング (学生相談) の基本的概念を作り、マッチングでよい職業選択がもたらされる、とした。

11 ✕ ホランドが開発したVPI職業興味検査は、6つのパーソナリティタイプ（興味領域）と5つの「傾向尺度」で構成される。傾向尺度とは、職業の好みに反映される興味以外の心理的な傾向を表し、例えば「Mf尺度」は男性が一般的に興味をもつ仕事にどの程度関心を持つかという尺度、「St尺度」は社会的威信や地位等にどの程度関心があるかという尺度。

12 ◯ 記述どおり正しい。

13 ◯ 記述どおり正しい。ホランドの理論では、個人の行動は、パーソナリティと環境との相互作用によって決定される。

14 ✕ 我が国においても成り立つことが検証されている。

15 ✕ 職業的興味を職業選択の前に検討することで、よりよい選択ができる、とホランドは考えていた。

16 ✕ 「職業レディネス・テストを開発した」という箇所が誤りである。同テストは、ホランドの六角形モデルを用いているが、ホランド自身が開発したものではない。自身で開発に関わったものは「VPI職業興味検査」である。

17 ◯ 記述どおり正しい。

18 ✕ 保護者の態度（情緒型・拒否型・受容型）が仕事態度や職業興味に影響を与えるという「早期決定論」を唱えたのがローであり、設問文のような内容は語っていない。

19 ◯ 記述どおり正しい。

2

キャリアコンサルティングを行うために必要な知識①

2

キャリアコンサルティングを行うために必要な知識①

1 ★★
スーパー (Super, D. E.) は、「自己概念」を基軸としたキャリア発達理論を構築し、個人は多様な可能性を有し、さまざまな職業に向かうことができると考えた。

2 ★★
スーパーは、「キャリア発達の理論的アプローチ」の14の命題の一つとして「キャリア発達とは、職業的自己概念を発達させ実現していくプロセスである」を挙げた。 第22回

3 ★★★
スーパーの理論では、主要なライフステージを、成長期、探索期、確立期、発展期、維持期、下降 (衰退、解放) 期の6段階に分類し、マキシ・サイクルと呼んだ。 第23回

4 ★
スーパーの理論では、各発達段階の間には、移行期があり、ミニ・サイクルと呼ばれる、再探索、再確立の過程があると述べている。 第22回

5 ★
スーパーの発達段階説によれば、自分の能力や興味に合った仕事を「探索」することは、児童期や青年前期の発達課題である。

6 ★
スーパーは、思春期におけるキャリア発達の中心的プロセスは成熟であるとし「キャリア成熟」の概念を提示した。 第23回

7 ★
スーパーは、成人期以降のキャリア行動は、その個人の暦年齢によって規定されると考えた。

8 ★
スーパーは、老年期を「解放 (衰退、下降) 段階」とし、心身の機能が低下する時期で、できるだけ早期に引退をして、活動を停止していくことが望ましいと考えた。

9 ★
スーパーが示したライフステージにおける維持段階の発達課題は、獲得した地位や利益を保持する、自らの限界を受容する、本質的な行動に焦点を当てる、希望する仕事をする機会を見つける、などである。

10 ★★
スーパーによれば、成長期、探索期、確立期を経てから、再び探索期に戻り、新たな職業選択を行うようなことはない、とされる。

解答　職業発達理論（スーパー、ギンズバーグ）

1 ○ 記述どおり正しい。

2 ○ 記述どおり正しい。「命題」は、1953年に発表された際には10であったが、その後12になり最終的には14の命題となった。

3 ✕ スーパーが唱えたライフステージは5段階。設問文の中の発展期は含まれない。最後の「下降期」はおおむね退職以降を指し、別名「衰退期」や「解放期」とも言われる。

4 ○ 記述どおり正しい。

5 ✕ 「探索期」は、青年前期〜成人前期（16-25歳）とされ、児童期・青年前期（0-15歳）は「成長期」とされている。

6 ○ 記述どおり正しい。

7 ✕ スーパーは、各ライフステージのおおよその年齢を提示してはいるが、設問文のように「暦年齢によって規定される」とは考えていなかった。

8 ✕ 下降期には「人々は退職後の活動や楽しみを見出すことを考え実行していく」とスーパーは考えた。

9 ✕ 設問中にある「希望する仕事をする機会を見つける」は、維持期の課題ではなく、探索期の課題である。

10 ✕ 確立期を経て、しばらくして再び探索期に戻ってあらたな職業選択を行い、その職業で維持期に達しないことも普通になるかもしれない、とスーパーは述べている。

2

キャリアコンサルティングを行うために必要な知識①

11 ★★ スーパーは、特性因子理論と自己概念理論を統合することで、職業（キャリア）発達が構築でき、キャリアカウンセリングに有効な理論が提供できると考えた。

12 ★ スーパーは、人が一生に果たす役割の重要性は、情意的側面と行動的側面と認知的側面の3要素によって多重的に決定されると考えた。 第22回

13 ★ スーパーによる「キャリア自己概念」は、個人が職業に関連すると考える自己の特性群を指し、主観的自己と客観的自己の両者が、分化しながら構築される。

14 ★★ スーパーは、「自己概念」は、時間や経験とともに変化するとし、選択と適応において連続性を保ちつつ、青年期後期から晩年にかけて安定性を増していくとした。

15 ★ スーパーは、個人の職業に対する好み、コンピテンシー（competency）は青年期に確立した後は維持され、時間や経験を経ても変化しないとした。

16 ★★ スーパーは、キャリア発達に、時間の視点（Life span）と、役割の視点（Life space）を取り込み、ライフ・スパン／ライフ・スペースの理論的アプローチを提唱した。

17 ★★★ スーパーは、ライフステージとライフ・ロールの概念を図式化し、「ライフ・キャリア・レインボー」として提示し、人は生涯において9つの役割を演じるとした。

18 ★ スーパーが示した「ライフ・キャリア・レインボー」は、キャリアの発達課題を示すものである。

19 ★ スーパーは、晩年になって、自身の理論を「キャリア決定のアーチモデル」として示した。キャリアを支える2本柱を、内的な個人特性と、外的な社会特性とし、それぞれ左と右の柱として図化した。

20 ★ スーパーの提唱したキャリア発達の諸段階は、成長・空想・探究、仕事の世界へのエントリー、基本訓練、キャリア初期、キャリア中期、キャリア中期の危機、キャリア後期、衰え及び離脱、引退、で表される。

11 ⭕ 記述どおり正しい。スーパーは自己概念論を展開し、自己概念 (キャリア自己概念) を、職業発達の中核に位置づけようとした。

12 ⭕ 記述どおり正しい。

13 ❌ 文章の後半の 「主観的自己と客観的自己の両者が、分化しながら構築される」 の箇所が誤り。

14 ⭕ 記述どおり正しい。

15 ❌ 前問の文章にあるように 「自己概念は、時間や経験とともに変化する」 とスーパーは考えたわけで、「時間や経験を経ても変化しない」 という箇所が誤っている。

16 ⭕ 記述どおり正しい。「役割の視点 (Life space)」 は、ライフ・ロールとも呼ばれる。

17 ⭕ 記述どおり正しい。

18 ❌ ライフ・キャリア・レインボーは、とくにキャリアの発達課題について概念化したものではない。

19 ⭕ 記述どおり正しい。

20 ❌ 設問にあるような発達の緒段階を提唱したのは、シャイン (Schein, E. H.) である。

21 スーパーの理論では、人と職業との適合性を重要視し、個人の特性を配慮して職業選択を支援する手段として、能力 (Ability) とパーソナリティ (Personality) に分類される「職業的適合性 (Vocational Fitness)」という概念を示した。　第22回

22 スーパーが示した職業的適合性では、空間視覚 (Spatial Visualization) や知覚の速さ・正確さ (Perceptual Speed-Accuracy) は、「能力」に含まれ、精神運動機能 (Psycho-motor) や価値観 (Value) は、「パーソナリティ」に含まれるとされた。

23 ギンズバーグ (Ginzberg, E.) は、キャリアの発達論的アプローチを最初に提唱したが、就職に至るまでの職業選択過程の横断的研究がなされた。

24 ギンズバーグは、職業発達のプロセスを、児童期・青年期、成人前期、中年期、老年期とした。

25 ギンズバーグは、親の養育態度を情緒型、拒否型、受容型の3つに分け、子どものキャリア発達の「最適化」の在り方について説明した。

26 ギンズバーグらは、精神分析の立場に立つ、心理社会的発達過程の研究を行った。

27 ★★★ ギンズバーグらは、職業選択は一般に10年以上にわたる発達的プロセスであるとし、後に、生涯にわたるプロセスであると修正した。

28 ★★ ギンズバーグらは、職業選択の過程は非可逆的であるとしたが、後に非可逆性は絶対的ではないと修正した。

C　社会的学習理論 (クランボルツ、バンデューラ 他)

1 クランボルツ (Krumboltz, J. D.) らは、予期せぬ出来事がキャリアにもたらす重要性を主張し、計画された偶発性 (Planned happenstanceまたはHappenstance approach) の概念を提唱した。

21 ◯ 記述どおり正しい。

22 ✕ スーパーは「人と職業とのふさわしさを規定する条件」として職業的適合性という概念を提示し、まずは職業的適合性を「能力」と「パーソナリティ」の2つに分けた。「精神運動機能」は、パーソナリティではなく、能力に位置づけられている。

23 ◯ 記述どおり正しい。

24 ✕ キンズバーグは、職業的発達について、空想期→試行期→現実期といった「発展段階説」を提唱したが、設問のような内容は語っていない。

25 ✕ 設問文の内容を説明したのは、キンズバーグではなく、ロー（Roe, A.）である。

26 ✕ 設問文の内容を行ったのは、キンズバーグではなく、エリクソン（Erikson, E. H.）である。

27 ◯ 記述どおり正しい。

28 ◯ 記述どおり正しい。

解答 **社会的学習理論（クランボルツ、バンデューラ 他）**

1 ◯ 記述どおり正しい。「プランドハプンスタンス理論」（「計画された偶発性理論」）を提唱した。

2 キャリアコンサルティングを行うために必要な知識①

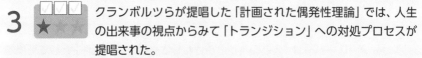

2 ★★★ 計画された偶発性では、好奇心、持続性、積極性、楽観性、冒険心が重要であるとされた。

3 ★ クランボルツらが提唱した「計画された偶発性理論」では、人生の出来事の視点からみて「トランジション」への対処プロセスが提唱された。

4 ★★ 「計画された偶発性理論」では、「未決定」は、新しい学習をもたらすために必要な望ましいものであるとされた。

5 ★ 「計画された偶発性理論」では、不規則に変化し、未来（将来）は完全に予測不可能であるとする視点が、「バタフライ・モデル」を用いて示されている。

6 ★★★ クランボルツは、キャリア開発と職業選択に影響を与えるのは、先天的特性（遺伝的要素と特殊な能力）、親の職業、信念、肯定的自己認知の4要素であるとした。

7 ★ クランボルツは、職業選択は学習の結果であって、過去に起こった出来事と将来起こるかもしれない出来事とを結びつけて解釈した結果であると考えた。

8 ★ クランボルツは、バンデューラの提唱した「社会的学習理論」をキャリア理論に応用し、「キャリア意思決定における社会的学習理論（SLTCDM）」を提唱した。 第24回

9 ★ クランボルツは、相談者のキャリア発達を阻害するような思考や信念（ビリーフ）を特定するために「Career Beliefs Inventory (CBI)」という心理的な尺度を作成した。

10 ★★ バンデューラ (Bandura, A.) により提唱された自己効力感 (self-efficacy) とは、自分がある行動についてしっかりとやれるという自信であり、遂行行動の達成や代理的経験、言語的説得、情動（的）喚起によって高まる。

11 ★ 自己効力感を高めるには、「情動的喚起」と呼ばれる、過度の緊張や冷や汗をかくようなドキドキ感など生理的・感情的な反応を利用するやり方がある。

2 ✕ 好奇心、持続性、柔軟性、楽観性、冒険心が、正しい。

3 ✕ 設問文にある「トランジション」への対処プロセスを提唱したのは、クランボルツではなく、シュロスバーグ (Schlossberg, N. K.) である。

4 ◯ 記述どおり正しい。

5 ✕ 「蝶のわずかな羽ばたきが竜巻になる」といったバタフライ・モデルは「少しの違いがまったく違う未来を生む」とするキャリアカオス理論 (Chaos Theory of Careers：CTC) の中で用いられるモデル。

6 ✕ 4要素は、①先天的特性、②環境条件や出来事、③学習経験、④課題へのアプローチスキル、である。

7 ◯ 記述どおり正しい。

8 ◯ 記述どおり正しい。SLTCDMは、Social Learning Theory of Career Decision Makingの略。

9 ◯ 記述どおり正しい。目的の達成を妨げる約1000のビリーフを元にして作られたとされる。例えば「自力ではどうする事もできないという無力感やあきらめ」等のビリーフがある。

10 ◯ 記述どおり正しい。

11 ✕ 「情動的喚起」とは、自分がリラックスした状態にあることを自覚できるなど、生理的・感情的な状態を良好にすることで、「できる」という自信を得るようにすることである。緊張感やドキドキ感は、逆に自己効力感を低下させることがありうる。

12 ★★
バンデューラは、自己効力感を育てるためには「成功体験をする」「新しいことに挑戦する」「社会的説得を受ける」「生理的、感情的状態を整える」の4つの方法があるとした。

13 ★★
バンデューラにより提唱された自己効力感とは、コンピテンシー、モチベーション、バリューからなる自己概念で、無意識のうちに心の底に一つのアンカー（錨、碇）として持っている感覚である。

14 ★★
バンデューラの「モデリング法」は、モデルの行動を観察・見聞することにより、新しい行動パターンを学習し、行動を変容させるといった、社会的学習理論である。

15 ★
バンデューラが提唱したモデリングによる学習の過程に関する記述で、下記の順序は適切である。動機づけ過程 → 保持過程 → 運動再生過程 → 注意過程。

16 ★★
キャリアの転機に関し、バンデューラは、偶然は予期されずに起こるが、たとえ起こったとしても偶然の所産に過ぎないため、人間の選択行動に影響を与えることはないとした。

17 ★
社会認知的キャリア理論（SCCT）では、失敗をしたとしても、新しい学習経験を重ねて自己効力感と結果期待を高めることができれば、行動と結果を変えることができると考える。

18 ★
社会認知的キャリア理論（SCCT）では、個人は認知を変えて行動をすれば環境に変化を及ぼすことができるが、環境は人の感情や思考、行動に影響を及ぼすことはできないとされる。

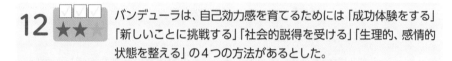

D 意思決定理論（ジェラット、ヒルトン）

1 ★★★
ジェラット（Gelatt, H. B.）は、当初は「連続的意思決定モデル」を提唱したが、その四半世紀後（1980年代後半）には、不確実性を積極的に受け入れて未来を創造する「積極的不確実性」（Positive Uncertainty）の概念を中心とした意思決定の枠組みを提示した。

第23回

12 ✕ 「新しいことに挑戦する」の箇所が誤っている。「他者をみて自信をもつ」等の表現が正しい。自分と似たような立場の他人が成功するのを見聞きすることによって、あたかも自分事のように感じとり、自信をつけることは、「代理的経験」と言われる。

13 ✕ 設問文の内容は、バンデューラによる自己効力感の説明ではなく、シャイン (Schein, E. H.) による「キャリア・アンカー」の説明である。

14 ◯ 記述どおり正しい。

15 ✕ 「注意過程 → 保持過程 → 運動再生過程 → 動機づけ過程」が、正しい順序である。

16 ✕ 設問文のような内容をバンデューラは語っていない。「偶然は予測されずに起こるが、いったん起こると予定されていたことと同じように、通常の連鎖の中に組み込まれて、人間の選択行動に影響を与える」と述べているのは、クランボルツである。

17 ◯ 記述どおり正しい。

18 ✕ 「環境は人の感情や思考、行動に影響を及ぼすことはできない」という箇所が誤っている。

解答 意思決定理論 (ジェラット、ヒルトン)

1 ◯ 記述どおり正しい。ジェラットは「未来は存在せず、予測できないものである」と述べ、「将来は想像され創造されるべきものであり、合理的戦略は役に立たないのではなく、もはや有効でない」とも発言している。

2 ジェラットが提唱した「積極的不確実性」では、情報は限られており、変化し、主観的に認知されたものであるとの前提のもとで、想像力、直感、柔軟性を取り入れた意思決定が重要である、とされた。　第23回

3 ジェラットの「積極的不確実性」では、意思決定は、目標に近づくとともに、目標を創造する過程でもある。　第23回

4 ヒルトン (Hilton, T. J.) は、意思決定は環境からの入力との不協和、それに対する耐性および再調整によって行われるものであり、職業選択も同じメカニズムで行われると考えた。

5 ヒルトンの意思決定モデルの考え方は、個人が持つ自己概念や希望、期待、職業観といった前提と外界からの情報との間に生じた不協和の解消が意思決定の過程であるとする。

6 ヒルトンは、青年期の発達課題として「不協和」への調整を示した。

7 キャリアの意思決定理論の研究では、意思決定のプロセスを重視するものと、意思決定のシステムを取り巻く外的要因を重視するものの2つの立場があり、前者においては、人は利益を最大にして損失を最小限にするように行動すると仮定し、その利益や損失は経済的なものに限定していない、とされる。

E 組織キャリア理論（シャイン）

1 シャイン (Schein, E. H.) は、「人が何らかの職業上の選択を迫られた時、最も手放したくない能力（才能）、価値観、欲求をあらわすもの」で、職業生活において拠り所となるものとして、8つのキャリア・アンカーを示した。

2 シャインが提唱するキャリア・アンカーの中には、以下が含まれる。・専門・職能別能力 (Technical and Functional Competence)・保障／安定 (security／stability)・現実／慣習 (reality／custom)・奉仕／社会献身 (service／dedication to a cause)

2 ◯ 記述どおり正しい。将来に向かって柔軟に意思決定を行うためには想像力や直感、柔軟性、社会の不確実性を積極的に取り入れる必要性がうたわれた。

3 ◯ 記述どおり正しい。

4 ◯ 記述どおり正しい。ヒルトンは、心理学の「認知的不調和理論」を応用して職業選択における意思決定のメカニズムを明らかにしようとした。

5 ◯ 記述どおり正しい。

6 ✕ 「不協和」というキーワードは、ヒルトンの理論にとって重要な概念であるが、発達課題としてそれを論じたわけではない。

7 ◯ 記述どおり正しい。

解答 組織キャリア理論 (シャイン)

1 ◯ 記述どおり正しい。「才能 (能力)、価値観、欲求 (動機)」は「何ができるか、何が大事か、何がしたいか」とも説明でき、シャインが考えた自己概念の3要素である。『サノかよ』と暗記できる。

2 ✕ 「現実/慣習 (reality/custom)」は、キャリア・アンカーの8つのなかには含まれていない。

3 ★

シャインのキャリア・アンカーである「純粋な挑戦」(pure challenge) は、誰もしたことがないような大きな課題よりも日常的に起こる単純なことへの取り組みを求めることを表す。

第24回

4 ★

「起業家的創造性」(entrepreneurial creativity) は、組織のルールや規則に縛られず、自分のやり方で仕事を進めていくことを望むキャリア・アンカーである。

第24回

5 ★★

「全般管理コンピテンス」(general managerial competence) は、特定の分野で能力を発揮し、自分の専門性や技術が高まることに幸せを感じるアンカーである。

第24回

6 ★

キャリア・アンカーの一つである「生活様式」(life style) は、社会的・経済的な安定を得ることを望むアンカーである。

7 ★★★

シャインは、人間が生きていく上で役割が存在する領域を「人生・ライフサイクル」、「家族関係サイクル」、「仕事・キャリア・サイクル」と大きく3つのサイクルに分け、それぞれのサイクルに段階を設けるとともに、各サイクルは相互に影響しあうとした。

8 ★★

シャインが示した、キャリア・サイクルの段階と課題 (直面する一般問題、特定の課題) によれば、自らのキャリア・アンカーを知り、その意味を現実に評価するのは「キャリア初期」の時期である。

9 ★

シャインは、学生への進路支援でキャリア・アンカーを活用する際は、才能と能力、動機と欲求、意味と価値に関する3つの問いが有効であると述べている。

第24回

10 ★

シャインは、16〜25歳で新人として組織に入った際、仕事およびメンバーシップの現実を知って受けるショックに対処することを発達課題のひとつとした。

11 ★★

シャインが示した、キャリア・サイクルの段階と課題において、「基本訓練」の段階での一般問題の一つは、仕事およびメンバーシップの現実を知って受けるショックに対処することである。

3 ✕ 「純粋な挑戦」は、解決が難しい事に挑むことにやりがいを感じるキャリア・アンカーである。

4 ✕ 「起業家的創造性」は、新規に自らのアイデアで起業・創業することへの願望を表すアンカーである。設問文にある内容は「自律・独立 (Autonomy / Independence)」の説明である。

5 ✕ 「全般管理コンピテンス」は、総合的な管理職位を目指し、組織全体にわたるさまざまな経験を求めるアンカーである。設問文にある内容は「専門・職能別コンピテンス」の説明である。

6 ✕ 「生活様式」は仕事生活とその他の生活とのバランスを保つことを重要視する考え方を表す。設問文にある内容は「保障・安定」の説明である。

7 ✕ 3つのサイクルの中に「人生・ライフサイクル」はなく、「生物学的・社会的サイクル」が入る。例えば、生物学的・社会的サイクルにおける段階とは、「青春期」から始まり、「30代の危機」、「中年の危機」、「老年の危機」といった各段階である。

8 ✕ シャインによれば、キャリア・アンカーが決まってくるのは、早くても30歳を超えてからであるとされている。キャリア・サイクルでは「自分のキャリア・アンカーを知り評価する」のは、6段階目である「キャリア中期の危機」（35〜45歳）においてである。

9 ✕ そもそもキャリア・アンカーは、学生を対象として考えられたものではない。

10 ◯ 記述どおり正しい。「仕事の世界へのエントリー」段階（16〜25歳）は2段階目に位置づけられている。0〜21歳の「成長・空想・探求」段階（1段階目）の次の段階となる。

11 ◯ 記述どおり正しい。3段階目に位置づけられた「基本訓練」の段階は、16〜25歳の仕事初心者の段階である。

12 ★
シャインが示した、キャリア・サイクルの段階と課題において、「キャリア初期」の段階の課題の一つは、自分の知恵と経験をどのように活かすかである。

13 ★★
シャインが示した、キャリア・サイクルの段階と課題によれば、「キャリア中期」の段階の一般問題の一つは、仕事が主ではない生活を送れるようになることである。

14 ★★
シャインの理論には、キャリア中期の危機（35-45歳）の発達課題として「自分のキャリア・アンカーを知り、評価する」、「現在を受け入れるか、別の未来を選ぶか明確な選択を行う」がある。

15 ★★
シャインが示した、キャリア・サイクルの段階と課題において、最終の段階である9番目の「引退」の段階での課題の一つは、家庭の空の巣問題にどう対処するかである。

16 ★
シャインの示したキャリア・サイクルの衰え・離脱期における発達課題の一つは「職業以外の役割を開発し、新しい生活に適応していく」である。

17 ★
シャインによれば、「配偶者から自立して暮らす方法を学ぶ」ことは、衰え及び離脱の時期の発達課題である。

18 ★★
シャインは、静的なマッチングではなく、個人のキャリアが決まるダイナミクス（力学）を明らかにしようとしており、組織と人の相互作用を重視し、個人は成人を過ぎても成長し続ける存在であるという発達的視点に根差している。

19 ★★★
シャインは、組織内キャリアとは組織内の移動にほかならないとし、機能（職能）、地位（階層）、中心性の3次元モデルで説明している。

20 ★
シャインによる、組織内キャリアについての3次元モデルでは、第1の次元は垂直方向の移動を表す「機能（職能）」の軸、第2の次元は水平方向の移動を表す「地位（階層）」の軸、水平・垂直両方の移動を表す「中心性（部内者化）」の軸となる。

12 ✕ 4段階目である「キャリア初期」の段階（17～30歳）では、組織や職業と自己の欲求との調和を求める事などが一般課題の一つである。

13 ✕ 5段階目である「キャリア中期」の段階（25歳以降）では、明確なアイデンティティの確立や長期キャリア計画の開発などが一般課題として示されている。「仕事が主ではない生活を送れるようになる」は、8段階目の「衰え及び離脱段階」（40歳～引退）での一般課題の一つである。

14 ◯ 記述どおり正しい。

15 ✕ 引退の段階での一般課題の一つは「ライフスタイル等の劇的変化に対応する」等である。「家庭の空の巣問題にどう対処するか」は、7段階目の「キャリア後期」（40歳～引退）のうちの非指導者役にある者にとっての課題とされている。

16 ◯ 記述どおり正しい。

17 ✕ 設問にある課題ではなく「配偶者とより親密に暮らす方法を学ぶ」が課題とされている。

18 ◯ 記述どおり正しい。

19 ◯ 記述どおり正しい。「組織の3次元モデル」は、円錐形の図として表現され、「キャリア・コーン」とも呼ばれる。

20 ✕ 「キャリア・コーン」では、「機能（職能）」は水平方向、「地位（階層）」は垂直方向、「中心性（部内者化）」は水平方向の動きとなり、3つの次元は必ずしも独立してはおらず、相互に関連している。

 **21** シャインは、職務・役割の分析とプランニングを通して、キャリア・アンカーと職業を一対一で直接結び付けることをキャリア・サバイバルという概念で示している。

 22 シャインは、支援者と非支援者の関係について、支援プロセスで物事がうまくいかなくなる原因の大半は、相談者が一段低い位置にいて、支援者が一段高い位置にいるかのように対処しないことである、としている。

 23 シャインは、支援者と非支援者の関係について、相談者が「ようやく助けになってくれそうな人と問題を分かち合うことができる」と安堵すると、支援者に従うことを歓迎する感情が現れるようになり、それは問題解決にとって必要である、とした。

 24 シャインは、支援者と非支援者の関係について、支援者は相談者の提示した問題に対して迅速に助言を提供することが、相談者を尊重し良好な人間関係を作り出すことにつながる、とした。

F プロティアン・キャリア（ホール）

 1 ホール（Hall, D. T.）は、1980年代の産業社会における構造改革によって個人と会社組織間の心理的契約が変化したと主張し、従来に代わる新しい心理的契約として「プロティアン・キャリア」を提唱した。　第24回

 2 ホールらが示したプロティアン・キャリアでは、キャリアは、組織ではなく個人によって管理され、生涯を通じた経験・スキル・学習・転機・アイデンティティの変化の連続であり、その都度方向転換される「変幻自在」なものである、とされる。

 3 ホールらが示したプロティアン・キャリアとは、キャリアは個人ではなく組織によって形成され、その組織のニーズに見合うようにその都度方向転換され、「変幻自在」であるとされる。

 4 ホールは、キャリアにおける成功や失敗は、本人によって評価されるのであって、研究者・雇用主・配偶者・友人といった他者によって評価されるものではないとした。

21 ✕ 「キャリア・サバイバル」とは、個人ニーズと組織ニーズをマッチングさせ職務・役割の戦略的プランニングを行うこと。「職務・役割の分析とプランニング」は行うが、それを通じて「キャリア・アンカーと職業を一対一で直接結び付けること」はしない。

22 ◯ 記述どおり正しい。

23 ✕ 「問題解決にとって必要である」という点が誤っている。「必要ではない（むしろ問題解決の邪魔になる）」が正しい。

24 ✕ 相談者を尊重した姿勢は、迅速に助言を提供することではない。相談者に寄り添い、傾聴して、相談者自らが解決策を見出していくようにすることで、相談者との良好な人間関係も形成される。

解答 プロティアン・キャリア（ホール）

1 ◯ 記述どおり正しい。「プロティアン」は、ギリシャ神話の神プロテウスに由来する。プロテウスは海神ポセイドンの従者で、変身と予言の術に長けており、変幻自在にその姿を変えることができたとされる。

2 ◯ 記述どおり正しい。

3 ✕ 「個人ではなく組織によって形成され、その組織のニーズに見合うように」という箇所が誤っている。「変幻自在」はプロティアン・キャリアにとってのキーワードであるが、それに惑わされてはいけない。

4 ◯ 記述どおり正しい。

5 ★☆☆
ホールによれば、キャリアには客観的な側面と主観的な側面の両面があるが、客観的な側面をより重視し、主観的なキャリアは重視しない。

6 ★★☆
伝統的キャリアにおいては、核となる価値観は、「昇進」や「権力」であるが、プロティアン・キャリアにおいては「自由」や「成長」である。

7 ★☆☆
ホールらによるプロティアン・キャリアでは、発達とは、非可逆的なものであり、個人の欲求と現実との妥協によってもたらされる、とされた。

8 ★☆☆
ホールの提唱したキャリアの定義では、キャリアはプロセスであり、仕事に関する経験の連続である。

9 ★★☆
ホールは、キャリアそのものに「良いキャリア」と「悪いキャリア」があるわけではないと仮定し、キャリア自体は成功や失敗の意味を含まないとした。

10 ★★★
ホールのプロティアン・キャリアでは、地位や給料よりも「心理的成功」が重要とされ、「心理的成功」は、「コンピタンス」と「アダプタビリティ」から生まれるとされる。

11 ★☆☆
ホールが唱えた「プロティアン・キャリア」では、心・体・精神の全体性と統合が、アダプタビリティの発達に不可欠であるとされる。

12 ★★☆
プロティアン・キャリアでは、「私は何をすべきか（組織における気づき）」よりは、「自分は何がしたいのか（自己への気づき）」を重視する。

G 統合的人生計画（ハンセン）

1 ★★★
ハンセン（Hansen, L. S.）は、統合的人生設計（ILP）として、家庭や社会における役割だけでなく人生の役割までも幅広く盛り込んだ新しいキャリア概念（ライフ・プランニング）を提唱した。

2 ★★☆
ハンセンによれば、キャリアには人生におけるすべての役割が含まれており、love（愛）、labor（労働）、learning（学習）、liberty（自由）の4つの活動が統合されるべきとした。

5 ✗ 「客観的な側面をより重視」という箇所が誤っている。「主観的」な側面が重視される。

6 ○ 記述どおり正しい。

7 ✗ 設問文の内容は、ホールではなく、ギンズバーグ (Ginzberg, E.) が初期に唱えていた内容である。

8 ○ 記述どおり正しい。ホールによれば、仕事関連での諸経験が連続していくプロセスが「キャリア」である、とされる。

9 ○ 記述どおり正しい。

10 ✗ 「心理的成功」は、「アイデンティティ」と「アダプタビリティ」から生まれるとされる。

11 ✗ 「アダプタビリティ」は、「適応コンピタンス」と「適応モチベーション」の積として説明される。

12 ○ 記述どおり正しい。

解答 統合的人生計画 (ハンセン)

1 ○ 記述どおり正しい。

2 ✗ 「liberty (自由)」が誤っている。「leisure (余暇)」が正しい。love、labor、learning、leisure は「4L」と呼ばれる。

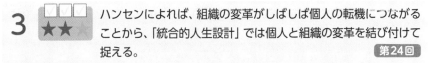

3 ★★ ハンセンによれば、組織の変革がしばしば個人の転機につながることから、「統合的人生設計」では個人と組織の変革を結び付けて捉える。　第24回

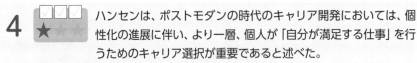

4 ★ ハンセンは、ポストモダンの時代のキャリア開発においては、個性化の進展に伴い、より一層、個人が「自分が満足する仕事」を行うためのキャリア選択が重要であると述べた。

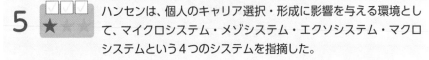

5 ★ ハンセンは、個人のキャリア選択・形成に影響を与える環境として、マイクロシステム・メゾシステム・エクソシステム・マクロシステムという4つのシステムを指摘した。

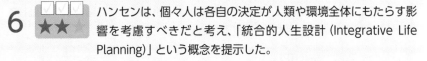

6 ★★ ハンセンは、個々人は各自の決定が人類や環境全体にもたらす影響を考慮すべきだと考え、「統合的人生設計 (Integrative Life Planning)」という概念を提示した。

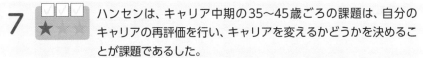

7 ★ ハンセンは、キャリア中期の35〜45歳ごろの課題は、自分のキャリアの再評価を行い、キャリアを変えるかどうかを決めることが課題であるした。

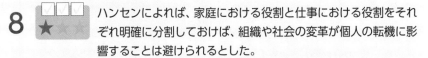

8 ★ ハンセンによれば、家庭における役割と仕事における役割をそれぞれ明確に分割しておけば、組織や社会の変革が個人の転機に影響することは避けられるとした。

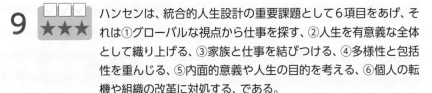

9 ★★★ ハンセンは、統合的人生設計の重要課題として6項目をあげ、それは①グローバルな視点から仕事を探す、②人生を有意義な全体として織り上げる、③家族と仕事を結びつける、④多様性と包括性を重んじる、⑤内面的意義や人生の目的を考える、⑥個人の転機や組織の改革に対処する、である。

10 ★★ ハンセンは「家族と仕事を結びつける」ことを統合的人生設計の重要課題として挙げたが、それは在宅勤務などITを活用したテレワークの推進を意味している。

11 ★★ ハンセンの「キャリア発達と変化するライフ・パターンのための重要課題」においては「地域や地球規模で我々が直面している多くの問題を解決するために、創造性を発揮してなすべき仕事に取り組むこと」との記載がある。

3 〇 記述どおり正しい。

4 ✕ 設問文の内容は、ハンセンではなく、ホール (Hall, D. T.) らが示している内容に近い。

5 ✕ 設問文の内容は、ハンセンではなく、ブロンフェンブレナー (Bronfenbrenner, U.) が、述べている内容である。

6 〇 記述どおり正しい。

7 ✕ 設問文の内容は、ハンセンではなく、シャイン (Schein, E. H.) が、キャリア・サイクルの段階と課題において述べている内容である。

8 ✕ ハンセンは、統合的人生設計のなかで、「家族 (家庭) と仕事を結びつける」ことの重要性をうたっている。

9 〇 記述どおり正しい。

10 ✕ ハンセンが述べる「家族と仕事を結びつける」とは、家庭の中で男性と女性が共同でキャリアプランニングを行う事の必要性を強調したものである。

11 〇 記述どおり正しい。他にも「人種、性別、年齢、障害、信念、言語、宗教など様々な違いをきちんと意識し、様々な視点からものを見ることができるようになること」との記載がある。

H キャリア構築カウンセリング（サビカス）

1 サビカス（Savickas, M. L.）が提唱した「キャリア構成カウンセリング」では、ナラティブ心理学を用いて、クライエントが自らのストーリーを展開し、それによって最後にそのストーリーが自分を包み込み、不確実性を緩和できるように支援する。　第22回

2 サビカスらが唱える「ナラティブ・カウンセリング」は、現実を言語によって構成されたものとして理解する「社会構成主義」をベースにしており、クライエントの"語り"をキャリア発達につなげる手法とされる。

3 サビカスらが唱えているナラティブ・アプローチでは、キャリアコンサルタントは相談者の今もっているストーリーを、望ましい未来へのストーリーに書き換える共著者として支援する。

4 サビカスが提唱するキャリアストーリー・インタビューの質問項目には、「幼少期の思い出」や「好きなストーリー」、「指針となる言葉」、「親の養育態度」が含まれている。　第22回

5 サビカスの唱える「キャリア構成（築）理論(Career Construction Theory)」では、自身の経験に付与する個々の意味を重視する。　第22回

6 キャリア構築理論でのカウンセラーの役割であるナラティブの「脱構築」とは、未来のキャリアの可能性を最大限に切り開くために、クライエントのストーリーに性別や年齢、社会的地位などによる先入観や制約がある場合、それを指摘し、修正を求めることである。

7 キャリア構築理論でのカウンセラーの役割であるナラティブの「再構築」とは、クライエントのマイクロ・ナラティブをマクロ・ナラティブへ作り直すことである。　第22回

8 キャリア構築理論でのカウンセラーの役割であるナラティブの「新構築」とは、クライエントが次のステップに向けて行動を起こせるように、クライエントがキャリア・テーマを拡張し、自分らしくいられる場所を見つけ、自分自身のストーリーを前進させる手助けをすることである。

解答 キャリア構築カウンセリング (サビカス)

1 ○ 記述どおり正しい。「ナラティブ・カウンセリング」や「ナラティブ・アプローチ」とも呼ばれる手法であるが、そこではクライエントが新たな自身の物語を紡ぐ可能性を拡げることを重視する。

2 ○ 記述どおり正しい。社会構成主義では「言葉が現実を作る」という立場をとる。よって、クライエントがどう自らのストーリーを言葉にするか、というその語り (ナラティブ) が重要とされる。

3 ○ 記述どおり正しい。「望ましい未来へのストーリーに書き換える」にあたっては、後の設問にあるように「ナラティブの脱構築、再構築、共構築」といった概念が用いられる。

4 ✕ 「親の養育態度」は含まれていない。インタビューの結果をもとに、カウンセラーも一緒にクライエントのストーリーを構築する。

5 ○ 記述どおり正しい。「キャリア構成 (構築) 理論」では、キャリアを本人の主観的な側面からとらえることを重視する。

6 ○ 記述どおり正しい。脱構築 (Deconstruction) での「de-」は分離や除去を意味し、一般的には、ある対象を解体し、有用な要素を用いて、新たな別の何かを建設的に作り出す、といった意味合いとなる。

7 ○ 記述どおり正しい。マイクロ・ナラティブは小さな物語 (人生のエピソード) のこと。それを人生を貫く大きな物語 (ストーリー) ＝マクロ・ナラティブにしていくのがキャリアの再構築と言われる。

8 ✕ 「新構築」ではなく「共構築」が正しい。説明は設問文の通り。「脱構築、再構築、共構築」は、「脱構成、再構成、共構成」とも呼ばれる。

2

キャリアコンサルティングを行うために必要な知識①

9 ★★ サビカスのキャリア構築理論では、クライエントは、アイデンティティと主観的キャリアをナラティブで構成したとしても、喪失を伴う転機に遭遇した時には、自ら意味と方向を見出すことができなくなる、とされる。

 10 ★★ サビカスのキャリア構築理論では、ライフ・ストーリーの語りによって、人は自分自身の過去と決別し、新たな人生計画を持つことができるようになる。

 11 ★★★ サビカスの言う「ライフ・ストーリー（あるいはキャリアストーリー）」では、過去の出来事は、それが現在の選択にどうつながったか、またそれが未来の変化へどうつながっていくか、を語るために「再構成」され、それは「物語的真実（narrative truth）」であるとされる。

 12 ★★ サビカスらが唱えた「構成主義的カウンセリング」では、クライエントのパーソナリティ構成要素を分析することが重要である、とされる。

 13 ★ サビカスは、変化の激しい環境下で、予測できない転機やそれに伴う精神的ショックに対処するためには、キャリア・プラトーから脱却できるキャリアアップが重要であると主張した。

 14 ★★★ サビカスのキャリア構築理論は、職業パーソナリティ、キャリア・アダプタビリティ、ライフテーマの3つの主要概念で構成され、キャリア・アダプタビリティについては中核概念として4つの次元で説明される。

 15 ★★ サビカスのキャリア・アダプタビリティの4次元の一つである「キャリア関心」（Career Concern）とは、過去にとらわれるのではなく、現在直面している職業上の課題やトランジションに目を向けることが大事であるという現在志向を意味している。

 16 ★ サビカスが提唱したキャリア・アダプタビリティの次元の1つである「キャリア関心」とは、職業上の未来についての関心であり、過去から未来への経験が連続しているという信念をもたらすものである。

9 ✕ キャリア構築理論は、「喪失を伴う転機に遭遇した時」にも対処できるように、と考えられた理論である。どう対処するか (how) についての中核概念がキャリア・アダプタビリティである。

10 ✕ 「人は自分自身の過去と決別し」という箇所が誤っている。過去がどう現在の自分につながっており、また未来につながるのかという「なぜ (why)」を語るのが、ライフ (キャリア) ストーリーである。

11 ◯ 記述どおり正しい。「物語的真実」は時に事実とは異なる事もあるかもしれないが、変化に直面した個人が柔軟に一貫性を保っていくために有効である、とされる。

12 ✕ 「分析する」という箇所が誤っている。むしろ、主観的にどう組み立てるか、といった事が重視される。

13 ✕ 「キャリア・プラトーから脱却できるキャリアアップ」の部分が誤っている。その部分に入る言葉は「キャリア・アダプタリティ」である。なお、キャリア・プラトーとは、一般に中年社員などが、キャリア面での行き詰まりを感じる事を言う。

14 ◯ 記述どおり正しい。

15 ✕ キャリア関心 (Career Concern) とは、過去を回顧し、現在を熟考し、未来を展望する、という未来に備えた計画的な態度である。それは「未来志向」であり、設問にある「現在志向」は誤っている。

16 ◯ 記述どおり正しい。

17 ☑☑☑ ★
サビカスのキャリア・アダプタビリティの4次元の一つである「キャリア統制」(Career Control) とは、人々が自らのキャリアを構築する責任は自分にあると自覚し、確信することを意味している。

18 ☑☑☑ ★
サビカスのキャリア・アダプタビリティの次元に関する「キャリア統制」とは、自らの未来を所有している、または未来を創造すべきであるという信念であり、自らのキャリアについて責任を持つことである。

19 ☑☑☑ ★
サビカスのキャリア・アダプタビリティの4次元の一つである「キャリア好奇心」(Career Curiosity) とは、自分自身と職業を適合させるために、好奇心をもって職業に関わる環境を探索することを意味している。

20 ☑☑☑ ★
サビカスのキャリア・アダプタビリティの次元に関する「キャリア好奇心」とは、新しい経験を受け入れ、様々な可能性を試す価値があるという信念であり、自分自身と職業を適合させるために職業に関わる環境を探索することである。

21 ☑☑☑ ★
サビカスのキャリア・アダプタビリティの4次元の一つである「キャリア自信」(Career Confidence) とは、進路選択や職業選択を行う際に必要となる一連の行動を適切に実行できるという自己効力感を意味している。

22 ☑☑☑ ★
サビカスのキャリア・アダプタビリティの次元に関する「キャリア自信」とは、進路選択や職業選択において必要となる一連の行動を適切に行うことができるという意思決定能力のことである。

23 ☑☑☑ ★
サビカスが唱えた「キャリア・アダプタビリティ」の概念は、ホランド (Holland, J. L.) の理論に基づいている。

24 ☑☑☑ ★
キャリア構築理論では、労働者が職業の再構築をするための「キャリアガイダンス」が重要視される。

25 ☑☑☑ ★★
サビカスは、スーパー (Super, D. E.) の理論を否定し、独自のキャリア構築理論を展開した。

17 ○ 記述どおり正しい。サビカスの言う、キャリア・アダプタビリティの4次元とは「関心、統制、好奇心、自信」の4つである。

18 ○ 記述どおり正しい。

19 ○ 記述どおり正しい。

20 ○ 記述どおり正しい。

21 ○ 記述どおり正しい。

22 ✕ 「キャリア自信」は、職業選択等を行う際に必要となる一連の行動を適切に実行できるという自己効力感を指している。

23 ✕ サビカスはホランドから指導を受けた事もあり影響は受けているが、「キャリア・アダプタビリティ」の概念はホランドの理論に基づいているものではない。

24 ✕ キャリアガイダンスは職業指導と訳されることもあり、指導的な意味合いが強いが、キャリア構築理論は、キャリアを本人の主観的な側面から捉えることを重視するため、ガイダンスとは相容れない。

25 ✕ サビカスは、スーパーの弟子ともいえ、スーパーの理論を推し進めた。

2

キャリアコンサルティングを行うために必要な知識①

26 ★★☆
サビカスが提案しているキャリア構築インタビューでは、カウンセラーは、クライエントの青年期以降の記憶を中心に尋ね、クライエントが幼少期に出会った重要な人物を演じたり、クライエントのロールモデルを演じる。

27 ★☆☆
サビカスの「ライフデザイン・カウンセリング」においては、カウンセラーは、クライエントに選択と行動の結果としての現在の自己および状況のポートレートとなるものを言葉で描かせる。

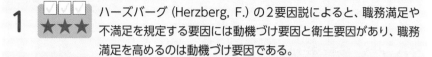

1 動機付け理論（ハーズバーグ、マズロー他）

1 ★★★
ハーズバーグ（Herzberg, F.）の2要因説によると、職務満足や不満足を規定する要因には動機づけ要因と衛生要因があり、職務満足を高めるのは動機づけ要因である。

2 ★★☆
ハーズバーグの理論によれば、人は、やりがいのある仕事を与えられれば満足を感じ、つまらない仕事を与えられれば不満足を感じる。

3 ★★★
ハーズバーグの動機づけ要因・衛生要因によれば、人は、給与や労働環境の条件がよくなることで不満は低下するが、満足感が高まるとは限らない。

4 ★☆☆
ハーズバーグによれば、人は、仕事を達成すれば満足を感じるが、仕事の責任が大きくなると不満足を感じる、とされる。

5 ★☆☆
ハーズバーグの動機づけ要因・衛生要因では、人は、対人関係や労働条件がよくなればなるほど満足感が高まる。

6 ★☆☆
ハーズバーグによれば、衛生要因の充足は長期間の満足と動機づけをもたらすとした。

7 ★★☆
マズロー（Maslow, A. H.）は、欲求5段階説（動機づけ理論）で、人間の欲求を低次から高次へと分類し、これらの欲求は階層をなしていると考えた。

26 ✗ カウンセラーは、クライエントの幼少期の記憶を丁寧に掘り起こし、そこではお気に入りの本、雑誌、映画などについて尋ねる。設問文にある記述はすべて誤っている。

27 ◯ 記述どおり正しい。

| 解答 | 動機付け理論（ハーズバーグ、マズロー他） |

1 ◯ 記述どおり正しい。

2 ✗ 「やりがいのある仕事を与えられれば満足を感じ」という事は、動機づけ要因で説明されているが、「つまらない仕事を与えられれば不満足を感じる」という点については特に言及されていない。

3 ◯ 記述どおり正しい。

4 ✗ 「仕事の責任が大きくなると不満足を感じる」という箇所が誤りである。不満足を感じる原因は「衛生要因」とされるが、会社の政策と経営、監督の仕方、作業条件、対人関係、賃金などがそれにあたる。

5 ✗ 「対人関係や労働条件」は、満たされなければ不満足が生じる「衛生要因」に位置づけられている。満足感が高まるのは「動機付け要因」と言われるが、仕事の達成感、達成の承認、仕事そのもの、責任、昇進、成長の可能性などである。

6 ✗ 衛生要因が充足されれば、不満足を感じる原因は取り除かれるが、満足と動機づけにはつながらない。

7 ◯ 記述どおり正しい。

8 ☑☑☑ ★
マズローによって理論化された人間の5つの欲求は基底層から、生理的欲求、安全の欲求、所属と愛情の欲求、自己実現の欲求、自尊と承認の欲求、の順で構成される。

9 ☑☑☑ ★
マズローの動機づけ理論に関する5つの欲求は大きく欠乏欲求と成長欲求の2つに分類され、成長欲求は自分に足りないものを外部から補おうとする欲求である。

10 ☑☑☑ ★
マズローの動機づけ理論では、下位 (低次) の欲求が全く充足されなくても、上位 (高次) の欲求は発生するとされる。

11 ☑☑☑ ★★
アルダファー (Alderfer, C. P.) の提唱したERGモデルは、存在欲求 (E：existence)、関係欲求 (R：relatedness)、成長欲求 (G：growth) の3次元からなるとした。

12 ☑☑☑ ★
アルダファーによれば、ERGの3つの欲求は連続的であり、低次の欠乏欲求と高次の成長欲求が同時に生じることもある、とされる。

13 ☑☑☑ ★★
マクレランド (McClelland, D. C.) の達成動機理論によると、職場において動機づけを高める社会的欲求は、達成欲求、権力 (支配) 欲求、親和欲求である。

14 ☑☑☑ ★
マクレランドは、達成動機が強ければ強いほど自己実現を促進すると考えた。

15 ☑☑☑ ★★
デシ (Deci, E. L.) の提唱した内発的動機づけとは、課題への興味や好奇心などに基づいて、自らが行動を起こす、その過程のことである。　第23回

8 ✕ 基底層（低次）からの欲求の順番が誤っている。所属と愛情の欲求の後には、自尊と承認の欲求、自己実現の欲求という順番となる。

9 ✕ 欲求が、生理的欲求から自尊と承認の欲求までの「欠乏欲求」と、それよりも高次にある「成長欲求（自己実現欲求）」の2つに分類される点は正しいが、その後の成長欲求の説明が誤り。自分自身の成長を求める欲求である。

10 ✕ マズローの理論では、欲求は段階を追って、より高次の欲求へと高まっていくのであり、下位の欲求が充たされていないのに上位の欲求が発生するということはない。

11 ◯ 記述どおり正しい。「成長欲求」は、人間に本来備わっている成長を続けたいという欲求で、マズローの自己実現欲求（成長欲求）におおむね対応する。

12 ◯ 記述どおり正しい。マズローとの違いは「下位の欲求が充たされて上位の欲求が生まれる」としたのに対し、「同時に生じることもある」とした点にある。

13 ◯ 記述どおり正しい。達成動機（nAch：need for achievement）、権力動機（nPow：need for power）、親和動機（nAff：need for affiliation）とも呼ばれる。

14 ✕ 達成動機は、前回よりもうまく効率的にやりたいという欲求のことで、自己実現を促進するわけではない。

15 ◯ 記述どおり正しい。デシによれば内発的動機づけは、人間関係などの環境要因や報酬や罰などの外発的な報酬に影響される。

キャリアコンサルティングを行うために必要な知識①

2 カウンセリングに関する理論

出題のポイントと傾向

　　カウンセリングの理論的背景についてまとめてあります。精神分析理論からはじまり、その他の療法まで、9つの項目に分かれており、本書の中でもっとも項目数が多い分野です。理論であると同時に、カウンセリングがどう発展してきたかという歴史でもあります。

　　理論は苦手という方も多いかもしれませんが、理解が進んでくればとても興味深い内容です。広範な心理学や心理療法の基礎となる部分ですので、将来その先の勉強をしたい方にとっては良き入門編ともなります。

分野	過去問（第15~24回試験）									
	15回	16回	17回	18回	19回	20回	21回	22回	23回	24回
Ａ 精神分析理論（フロイト 他）	❾	❾❿	❿	❽	❽	❽❿				❿
Ｂ 行動療法、学習理論（スキナー、ウォルピ 他）	❾❿				❿	❾				
Ｃ 論理療法（エリス）				❽	❽❿	❿		❾		
Ｄ 認知療法、認知行動療法（ベック 他）			❿⓫		❾		❾			
Ｅ ゲシュタルト療法（パールズ）		❾❽	❾		❽❿				❽	❾
Ｆ 交流分析（バーン）	❾		❾	❾	❽		❽❾			❾
Ｇ システム論的アプローチ、家族療法					❿			❾		
Ｈ 解決志向アプローチ										
Ｉ その他の療法等（フォーカシング、現実療法 他）	❾⓫	❾❻				❿	❾	❾❿ ❸❹		❾

＊数字は設問の出題番号

Ａ 精神分析理論（フロイト 他）

❶ 精神分析的アプローチ（フロイトFreud, S.／1856 − 1939他）

1. 局所論

　心は、意識、前意識、無意識の順に深くなる→深層心理学。抑圧された無意識。

2. 構造論

　エス（Es）or イド（id）＝動物的本能（欲求や感情）

超自我（スーパーエゴ）＝親や周囲から教えられた躾（しつけ）

自我（エゴ）＝上記の間で２つをコントロールする、エスと超自我がお互いに勝とうと綱を引っ張りすぎ、真ん中の自我が引き千切れてしまうような状態が「神経症」「不安障害」（軽度の「パニック障害」や「強迫性障害」など）。

3. リビドー発達理論（固着）

性欲が充たされない経験や過度に充たされた経験があると、成人になっても小児性欲を充たそうとする傾向が性格に残る。口唇期・肛門期・エディプス期・潜伏期・性器期の５つの発達段階があり、例えば1.5〜3, 4歳の肛門期に固着することで生じる性格は、強情、けち、几帳面といった形で現れる。

4. 自我の防衛機制（フロイトの娘アンナ・フロイト（1895 − 1982）が分類整理）。

抑圧	受け入れがたい感情や記憶を意識の外に追いやる。
反動形成	受け入れがたい感情や考えを見ないようにするため、正反対の態度や行動をとる。
分離	ある考えや体験と、それに伴う感情を切り離して表に出さないこと。
否認	現実を知りつつも直視せず、事実として認めない。
投影	自身の受け入れがたい考えや感情を、他人が持っているようにみなす。
退行	以前の発達段階に後戻りする。
同一化	ある人の性質を取り入れ、その人と同一になろうとする。
合理化	不快な現実に対しもっともらしい理屈をつけ、本心を隠して納得しようとする。
補償	自分のある特質に劣等感を抱く場合に別の得意な性質によって補いバランスをとる。
置き換え	ある欲求が叶わない場合に、ほかの対象に向けて満たそうとする。
摂取（取り入れ）	自分の中に自分以外のものを取り入れて心の安定をはかろうとする。
昇華	性的衝動、攻撃衝動などを満たすことが許されない場合に、社会的、文化的に価値ある活動に置き換えること。

B 行動療法、学習理論（スキナー、ウォルピ 他）

❶ 行動療法（スキナーSkinner, B. F.、ウォルピWolpe, J. 他）

1. 行動療法は、神経症や不適応行動を不適切な学習の結果とみなし、学習理論やその手続きを用い、不適切行動の軽減・除去や適切な行動の再学習を行う心理療法。

2. 1920年代ワトソンらが「学習理論」に基づくセラピーを行い、1953年スキナー（Skinner, B.F.）らが初めて「行動療法」という語を用いた。

キャリアコンサルティングを行うために必要な知識①

2

3. **レスポンデント条件付け (古典的条件付け)**：パブロフの犬の実験が有名。中性刺激が条件刺激になる。
4. **オペラント条件づけ (道具的条件付け)**：生体の自発的な行動に対して、一定の結果 (快または不快) が伴うことによって、その行動が定着したり消失したりする。

正の強化	報酬 (快) を与えて自発的な行動の発生頻度を高めること。その報酬 (快) のことを「強化子」と呼ぶ。
負の強化	不快を取り去ることで行動の発生頻度を高めること。
罰 (不快)	行動の発生頻度を低下させるために与えられる不快なもの。
シェーピング	正しい行動を強化することで徐々に増加させる段階的手続き。行動形成。

5. **ウォルピ (Wolpe, J.) の「系統的脱感作 (だつかんさ)」**：代表的な行動療法の手法。弛緩訓練によって不安反応を制止し、段階的に不安反応を除去。
6. **主張訓練 (アサーショントレーニング)**：対人場面で正当な自己主張や自己表現ができるようにする訓練。
7. **トークン・エコノミー法**：代用貨幣 (ご褒美) を使ったオペラント条件付による行動療法。

C 論理療法 (エリス)

❶ エリス (Ellis, A.／1913 − 2007)

1. 1955年頃、「論理療法」RET (Rational Emotive Therapy) として、アメリカの臨床心理学者アルバート・エリスが発表。1993年にREBT (Rational Emotive Behavior Therapy／理性感情行動療法) と改称。
2. A-B-C-D-E理論：問題反応は、出来事そのものではなく、その受け取り方によって生み出されるものであり、非合理的な受け取り方 (イラッショナル・ビリーフ) から合理的な受け取り方に変えれば、問題反応は弱くなるかなくなるという理論。

A：出来事や経験	Activating event or experience
B：信念	Belief system
C：信念を持つことにより発生した感情や反応の結果	Consequence
D：非論理的な信念の粉砕	Discriminant and dispute
E：効果	Effect

3. 非論理的な信念 (イラッショナル・ビリーフ)：①ねばならぬ信念、②悲観的信念、③非難・自己卑下信念、④欲求不満低耐性信念
4. 介入方法：①論理的自己宣言法、②損得勘定法、③言葉遣い修正法

D 認知療法、認知行動療法 (ベック 他)

❶ ベック (Beck, A. T./1921 − 2021) 他

1. 1970年代、アメリカの精神医学科医、アーロン・ベックが「認知療法」を発表。
2. 認知 (考え方) を修正する療法。うつ病や不安障害などの精神疾患の治療法として注目される。不快な感情 (C) が生じた直前の思考 (B：自動思考) に焦点を当て、非論理的・不合理な思考 (＝認知の歪み) を見つけ検証していく。
3. 認知療法における代表的な「認知の歪み」

選択的抽出	文脈の中から一部分だけ取り出し、状況全体の重要性を見失うこと。悪い側面だけ取り上げて考えてしまう。
恣意的推論	証拠がないにもかかわらず、否定的・悲観的な結論を出してしまうこと。
過度の一般化	一部分だけ取りあげ、すべての事柄にあてはめること。
拡大解釈や過小評価	失敗を拡大解釈したり、成功を過小評価すること。
自己関連づけ	わずかな情報を、自分に関連づけること。
分極化思考	白か黒か、良いか悪いか、両極端に考えること。

暗記術：「各自の文化で選択しい (しなさい)」かく (拡大解釈や過小評価) ／じ (自己関連づけ) ／ぶん (分極化思考) ／か (過度の一般化) ／せんたく (選択的抽出) ／しい (恣意的推論)

4. 認知行動療法：認知療法と行動療法を組み合わせたもの (イギリスのデイビッド・M・クラークがベックと共同研究を行い1988年に発表という説もあるが、「特定の創始者はいない」とされる)。

E ゲシュタルト療法 (パールズ)

❶ パールズ (Perls, F. S./1893 − 1970)

1. 1940年代、精神分析医フレデリック・S・パールズ、ゲシュタルト心理学者で妻のローラ・パールズ、ポール・グッドマンらによって創られた心理療法。

2. ゲシュタルト療法は、人間は外部の世界をバラバラな寄せ集めとして認識するのではなく、意味のある一つのまとまった全体像 (ゲシュタルト) として構成し、認識するというゲシュタルト心理学の視点を基本概念とする。
3. 影響を受けたのは、精神分析、ゲシュタルト心理学、実存主義、現象学、東洋の禅。
4. 具体的手法としては「エンプティチェア (ホットシート)」、未完結 (心残り) の経験の完結等がある。
5. ゲシュタルト療法は、NLP (神経言語プログラミング)、コーチング、再決断療法 (TAの一つの学派) など、さまざまなカウンセリングの基礎となる。

F 交流分析 (バーン)

❶ バーン (Berne, E. ／ 1910 − 1970)

1. 1950年代、アメリカの精神科医、エリック・バーンにより創始。TA (Transactional Analysis)
2. エゴグラム (自我の構造分析グラフ):自我状態を「親」(批判的親CP、擁護的親NP)、「子供」(自由な子FC、適応的な子AC)、「大人」(A) に分け、性格傾向をグラフ (エゴグラム) として作成。
3. やり取り分析:相手の自我状態も把握し「やり取り」を矢印で表し、繋がる交流、途絶える交流、裏のある交流として分析。
4. ゲーム分析:何度も繰り返され最後には嫌な気分で終わる、こじれる関係の進行を「ゲーム」と呼ぶ。このゲームに気づくことで、複雑な人間関係のからくりについて理解を深め、ゲームを手放した有意義な時間をすごせるようになる。
5. 脚本分析:人は、子どものころに描いた人生のシナリオ (脚本) に沿って生きる。否定的な脚本を手放すことにより、自律的な人生を見つける。
6. ストローク:人と人とが関わるとき、人間が生きるために必要な心の栄養「ストローク」が交換される。

G システム論的アプローチ、家族療法

1. システム論的アプローチ (システムズ・アプローチ) では「人が問題ではなく、問題を作り出すシステムがある」と考える。
2. ジェノグラム:家族図、親族関係図。
3. エコマップ:人間関係図、生態地図。

Ⓗ 解決志向アプローチ

1. 解決に役に立つ「リソース＝資源（能力、強さ、可能性等）」に焦点を当て、それを有効活用。「問題やその原因、改善すべき点」を追求するのではない。

2. 「何がいけないのだろう？」と考える代わりに「自分が望む未来を手に入れるために、何が必要なのだろう？　何ができるのだろう？　どうやったらできるのだろう？」と考え、一緒に解決を創り上げる。

Ⓘ その他の療法等（フォーカシング、現実療法 他）

1. フォーカシング
   ロジャーズの元で学んだユージン・ジェンドリン（1926 – 2017）が創始。体験過程理論を展開し、言葉になる前の感覚「フェルト・センス」の重要さを提唱。

2. 現実療法
   1960年代に精神科医グラッサー（Glasser, W.）によって提唱されたカウンセリング手法。現在の満たされない重要な人間関係に焦点を当て問題解決を図る。現実に直面させ、無責任を退け、価値判断に基づき、より良い行動を考えて、実行する。

3. アドラー心理学
   初期にフロイトと行動をともにしたアルフレッド・アドラー（1870 – 1937）は、原因論ではなく「目的論」の立場をとり、生き方はいつでも選択可能。幸せでない人は、幸せになる「勇気」が足りないだけ、という「勇気の心理学」をとく。

4. ナラティブセラピー
   マイケル・ホワイトとダビッド・エプストンが「社会構成主義」をベースとして、1990年に創始した新しいカウンセリング理論。ラリー・コクランやサビカスによって、キャリア分野へのナラティブ・アプローチの導入が図られた。

5. ハーとクレイマー（Herr, H. & Cramer, S.）のカウンセリングの定義
   カウンセリングは言語を通して行われる「プロセス（過程）」であり、カウンセラーとクライエントはダイナミックに相互作用する。

6. ソーシャルスキル・トレーニング（SST）
   社会的スキル訓練。認知行動療法の一つで、円滑な対人関係を築くために、聴くスキル、自己主張スキル、対人葛藤処理スキル等を身に付ける訓練。

7. 日本の療法
   内観法（内観療法）は吉本伊信により、また森田療法は森田正馬（「しょうま」とも呼ばれる）によって創始された。

2

キャリアコンサルティングを行うために必要な知識①

A 精神分析理論（フロイト 他）

1 フロイト (Freud, S.) によって創始された精神分析や精神分析的アプローチでは、相談者の現在の行動と過去の経験を関連づけて考え、関連に気づくことで自己理解と問題の軽減を促す。

第24回

2 精神分析における「局所論」では、心は意識、前意識、無意識の3層から成るとされ、その中の「前意識」は、いま気付いてはいないが、努力によって意識化できる心の部分のことを指す。

3 フロイトによる心の世界を3つの領域に区分した局所論では、普段は気がついていないが何かのきっかけで意識にのぼったり、思い出そうと努力することで思い出せたりする領域を「前意識」と呼ぶ。

4 精神分析では、人格の構造として、「イド (id) またはエス (es)」、「超自我 (super-ego)」、「自我 (ego)」、を仮定し、パーソナリティや葛藤のありようを理解しており、これを「構造論」と呼んでいる。

5 フロイトによる構造論は、心の構造を「自我」、「イド (エス)」、「超自我」の3層からなる心的装置として捉え、3つの力動的な関係を考えていこうとする。

6 フロイトによる「イド (エス)」は、外界からの要請を受けて、自我や超自我にせまられながら、その間の調整機能を果たしており「現実原則」で動く。

7 フロイトは精神分析において、神経症の治療法として、初めは催眠、次いで前額法、最終的には、自由連想法を用いた。

8 フロイトにより創始された精神分析的アプローチでは、相談者の悩みを司っている意識について心理検査を用いて分析し、前意識や無意識に昇華させることで、悩みの改善を目指す。

9 カウンセリングの理論や心理療法の名称とその提唱者、関連する用語において、次の言葉の組み合わせは適切である。「フロイト」、「精神分析」、「絶対臥辱期」

解答 精神分析理論（フロイト 他）

1 ○ 記述どおり正しい。

2 ○ 記述どおり正しい。「意識」は自身で気付いている領域、「無意識」は自身では気付けない領域を指す。フロイトは、その後「構造論」も提起する。

3 ○ 記述どおり正しい。「防衛機制」は無意識・前意識のものとされる。

4 ○ 記述どおり正しい。「構造論」におけるイドとは欲望、超自我とは理性のことで、自我はその調整をする役割。自我には自分でコントロールできる自律的自我と、できない自我（＝防衛機制）がある。

5 ○ 記述どおり正しい。

6 ✕ 設問文の「イド（エス）」と「自我」が置き変われば正しい文章となる。「現実原則」とは、現実の制約を受け入れて本能的欲求をあきらめる働きのことを指し、対義語は「快楽原則」。

7 ○ 記述どおり正しい。前額（ぜんがく）法は、目を閉じ寝かせた患者の額に手を当て浮かんだ事を報告させる方法。

8 ✕ 「前意識や無意識に昇華」という箇所は、フロイトの理論とは整合しない。「昇華」という用語は、精神分析的アプローチでは、防衛機制の一種であり、このようには用いられない。

9 ✕ 「絶対臥辱（がじょく）期」は、森田正馬により創始された「森田療法」における用語。フロイトや精神分析との関連はない。

2

キャリアコンサルティングを行うために必要な知識①

10 ★★ 「防衛機制」は、自我に危険を及ぼす存在から心理的な安定を保つために用いられる、誰にでも認められる心理的作用である。

11  ★★★ フロイトやその末娘であるアンナ・フロイトらによれば、「防衛機制」とは無意識的な反応として生じるので、相談者の防衛機制が働いた場面を把握しておくことで課題が見えてくる可能性がある。

12 ★ アンナ・フロイトによって整理された防衛機制のなかの「摂取（取り入れ）」は、外界のある対象に向けられた無意識的な欲求や衝動を他の対象に向けることで、不安、罪悪感、欲求不満などを解消しようとすることである。

13 ★ 防衛機制の一種である「意識化」とは、不快を呼び起こすような過去の体験をあえて思い出して言語化することで、その体験を経験に昇華させる作業である。

14 ★ 「同一化」といわれる防衛機制は、例えば尊敬したりあこがれる人物の言動や行動を真似ること等を通じて、自身の劣等感やコンプレックスを抑圧しようとすることであるが、一方で成長につながる教育的なものであるとも言える。

15 ★ ユング（Jung, C. G.）は、不合理な信念が状況の見方を歪めるという考えに基づいて、論理療法を提唱した。 第24回

B 行動療法、学習理論（スキナー、ウォルピ 他）

1 ★★★ 学習理論から発展し、スキナー（Skinner, B. F.）によって創始された行動療法では、個人の病的症状や問題行動は、不適切な行動の学習、適切な行動の未学習及び環境による不適切な刺激と強化によって起こると考える。

2 ★ 行動療法的アプローチでは、問題を起こしている個人よりも、周囲との関係の改善によって行動を変容させようとする点に特徴がある。

3 ★ 行動療法では、観察可能な具体的な行動に焦点を当てるのではなく、問題の背景を探り、心の内面にアプローチする。

10 ◯ 記述どおり正しい。

11 ◯ 記述どおり正しい。

12 ✕ 防衛機制の「摂取 (取り入れ)」とは、自分の中に自分以外のものを取り入れて心の安定をはかることである。設問文の内容は、「置き換え」の説明である。

13 ✕ 防衛機制とは、受け入れがたい状況や気持ちに陥った際に、その不安を軽減しようとする無意識的な心の働きのこと。「意識化」は防衛機制ではない。

14 ◯ 記述どおり正しい。あこがれの歌手のような服装をしたり尊敬するスポーツ選手の行動を真似る事が同一化であるが、それが成長や上達につながるという一面もある。

15 ✕ 論理療法は、ユングによって提唱されたものではない。

解答	**行動療法、学習理論 (スキナー、ウォルピ 他)**

1 ◯ 記述どおり正しい。

2 ✕ 設問文の内容は行動療法についての説明ではなく、システム論的アプローチについての説明である。

3 ✕ 「問題の背景を探り、心の内面にアプローチする」といった対応は、行動療法的な対応ではない。

4 ☑☑☑ ★★ 行動療法では、神経症的な行動は、不適切に学習された行動の習慣であると考え、学習の原理を用いて、不適応行動を除去し、望ましい行動を習得させる。

5 ☑☑☑ ★ スキナーらによって提唱された、行動主義に基づくカウンセリングでは、相談者の生来的な行動力を信頼し、相談者の自己実現に近づいてゆくために必要な行動を相談者自らが気づくことを重視する。

6 ☑☑☑ ★ 行動療法では、不適応行動が維持されている環境（刺激）とそれに対する本人の行動（反応）に注目する。

7 ☑☑☑ ★ 学習理論に基づくアプローチでは、相談者に対して行った心理検査の結果を分析し、その人に最も合った職業選択を支援する。

8 ☑☑☑ ★★ 行動療法の一種であるウォルピ（Wolpe, J.）の「系統的脱感作（だつかんさ）」法（Systematic desensitization）とは、レスポンデント条件付けに基づき、「逆制止」の原理によって、不安や恐怖などを引き起こす条件刺激に対する過剰な感受性を段階的に弱める訓練法である。

9 ☑☑☑ ★★ 行動療法の分野で言われる「シェイピング法」とは、オペラント条件付けに基づき、ある目標に至るための下位の目標を定めて段階的に達成させることで本来の目標達成を目指すものである。

10 ☑☑☑ ★★ 行動療法の一種である「暴露療法（エキスポージャー）」は、不安状況に対面し続けることでその状況の不安反応を軽快させる技法であり、一方、不安刺激からの回避反応を妨害する方法を「逆制止」という。

11 ☑☑☑ ★★ 行動療法の一種とされる「嫌悪療法」では、オペラント条件付けに基づいて、約束した課題を遂行しなかった際に、予め約束した罰という「負の報酬」を与えることで目標達成への行動を強化するものである。

12 ☑☑☑ ★ 行動療法の一種である「トークン・エコノミー法」は、レスポンデント条件付けに基づき、対人関係や自己表現に不安を持つ人に、モデリングやリハーサルなどを行う訓練である。

4 ○ 記述どおり正しい。

5 ✕ 設問文の内容は、行動主義や行動療法で言われているものではない。

6 ○ 記述どおり正しい。

7 ✕ 設問文の内容は、特性因子理論に基づくアプローチについての説明である。

8 ○ 記述どおり正しい。不安の原因を階層化し軽いものから、脱感作と呼ばれるリラクゼーション（筋弛緩など）により徐々に取り除いていく手法。「逆制止の原理」とは、不安とリラックスを同時には体験できないという原理であり、それを用いてリラックスすることでの不安解消を行う。

9 ○ 記述どおり正しい。一連の行動をスモールステップにし、ステップごとに下位目標行動が達成されたら、順次ステップごとの行動をして、最終的に目標行動を形成する方法である。

10 ✕ 前半の暴露療法についての記述は正しいが、「逆制止」が誤り。「暴露反応妨害法」が正しい。暴露した時に不安を軽減する安全行動を妨害する治療法である。

11 ✕ 嫌悪療法とは、例えばアルコール依存性における飲酒など好ましくない行動のたびに電気刺激などの嫌悪刺激を与えることで行動を抑制する方法であり、一般には、レスポンデント条件付け（古典的条件付け）に基づくものとされている。

12 ✕ 「トークン・エコノミー法」とは、望ましい行動をした際に物品などの「ごほうび（トークン）」を与える方法で、オペラント条件付けに基づいた代表的な行動療法である。「モデリングやリハーサル」は、アサーション訓練などで用いられている。

2

キャリアコンサルティングを行うために必要な知識①

13 スキナーの実験に代表される「オペラント条件付け」が応用された行動療法の代表的なものとしては、ウォルピ (Wolpe, J.) の系統的脱感作や自己主張訓練法などの技法がある。

14 アサーションとは、自己の意見、考え、欲求、気持ちなどを率直に、正直に、その場の状況にあった適切な方法で述べることである。

15 アサーティブな自己表現をすれば、相手の意見との葛藤が起こることはない。

C 論理療法 (エリス)

1 エリス (Ellis, A.) によって提唱された「論理療法 (Rational-Emotive-Behavior Therapy)」に基づくカウンセリングでは、非合理な信念 (Irrational Belief／イラッショナルビリーフ) の変容が目指されている。 第22回

2 エリスにより提唱された論理療法では、その理論は、A-B-C理論 (A-B-C-D-E理論) とも呼ばれる。

3 エリスの論理療法では、ものの受け止め方には、事実や正しい論理に基づく合理的な信念と、そうではない非合理的信念とがあるとしたが、信念 (思考) を変えるためには、まず行動を変えることが重要であるとした。

4 アルバート・エリスが創始した論理療法では、人の感情は、それに先行する出来事によって直接引き起こされるのではなく、その出来事をどう受け止めるかという信念によって生じると考える。

5 論理療法においては、非論理的信念を、論理的な信念 (Rational Belief) に置き換えることが目標とされる。

6 論理療法においては、非論理的信念を、論理的な信念に置き換える際に、反論や説得は、相談者の抵抗を招くため忌避しなくてはならない。

13 ✕ 「オペラント条件付け」に基づいた代表的な行動療法は「シェイピング法」や「トークン・エコノミー法」などである。「系統的脱感作」は古典的条件づけ技法の一種であり、「自己主張訓練法＝アサーショントレーニング」は、代表的な行動療法の一種ではあるが、一般的には古典的条件づけ技法やオペラント条件づけ技法とは表現されない。

14 ○ 記述どおり正しい。逆に、アサーティブでない言動とは、攻撃的な自己表現と非主張的な自己表現である。

15 ✕ アサーティブな自己表現で、自身の率直な意見や気持ち等を述べる事で、他者との葛藤が起きることはありうる。

解答 論理療法（エリス）

1 ○ 記述どおり正しい。

2 ○ 記述どおり正しい。

3 ✕ 前半部分は正しいが、後半の「信念（思考）を変えるためには、まず行動を変えることが重要であるとした」が間違っている。

4 ○ 記述どおり正しい。「その出来事をどう受け止めるかという信念」が、Belief（ビリーフ）である。

5 ○ 記述どおり正しい。

6 ✕ 非論理的信念を、論理的な信念に置き換える際には、「論理的自己宣言法」などがあるが、そこでは反論・説得が用いられる。

7 ☐☐☐ ★★ エリスにより提唱された論理療法では、治療においては、論破（論駁）法が用いられる。

D 認知療法、認知行動療法（ベック 他）

1 ☐☐☐ ★ ベック (Beck, A. T.) によって始められた認知療法に基づくカウンセリングでは、「皆に認められ自分で自分を認められる状態」に近づくことを目標とする。

2 ☐☐☐ ★★ 認知的アプローチとして、ベックの認知療法、グラッサー (Glasser, W.) の現実療法などがある。

3 ☐☐☐ ★★★ 認知行動療法においては、クライエントの抱える問題を、状況や対人関係といった環境と、それに対する個人の認知・行動・感情・身体反応などとの相互作用の観点で理解する。

4 ☐☐☐ ★★ 認知行動療法では、クライエント自身の問題行動に対するセルフコントロールの力を重視し、クライエントと治療者の共同作業を通して問題解決過程をクライエント自身が学習する。

5 ☐☐☐ ★★ 認知行動カウンセリングにおいては、症状や問題を持つ人に寄り添うことが最も重要で、それによって問題が解決されていく、とされている。

6 ☐☐☐ ★★ 認知行動的アプローチにおいては、過去の経験よりも、現在抱えている問題が改善しなかったり悪化したりする過程に目を向けていく。

7 ☐☐☐ ★ カウンセリングの理論や心理療法の名称とその提唱者、関連する用語で、次の組み合わせは適切である。「認知行動療法」、「ロジャーズ」、「認知の歪み」

7 ⭕ 記述どおり正しい。ABCDE理論では、非論理的な信念に対して、D（Discriminant and dispute／判別・反論して粉砕する」という働きかけを行い、E（Effect／効果）として、論理的な信念が発見されるとされる。「Dispute」は論駁とも訳される。

解答 認知療法、認知行動療法（ベック 他）

2

1 ❌ アーロン・ベックによって創始された「認知療法」は、認知（考え方）を修正する療法であり、設問文は誤り。

2 ⭕ 記述どおり正しい。

3 ⭕ 記述どおり正しい。認知（物事の捉え方、考え）と感情、及び行動とのつながりや相互作用を理解することが、認知行動的アプローチの出発点となる。

4 ⭕ 記述どおり正しい。

5 ❌ 設問文の内容は、認知行動カウンセリングの説明ではなく、来談者中心カウンセリング等で語られる説明である。

6 ⭕ 記述どおり正しい。

7 ❌ 「ロジャーズ」が不適切である。ここが「ベック（Beck, A. T.）」であれば〇となる。

8 ★★ 認知療法における「自動思考」には「自己関連づけ」があるが、これは何か悪いことやうまくいかないことが起きたときに、その責任は自分にある、自分が悪かったと考えてしまうことを指す。

9 ★★ 「自動思考」の一つである「べき思考」とは、自己、他者、状況、世界などを、よいか悪いか、できたかできなかったかなどの2種類のどちらかに区分してしまう思考である。

E ゲシュタルト療法（パールズ）

1 ★★ パールズ（Perls, F. S.）らが創始したゲシュタルト療法では、「今、ここ」での気づきに焦点を当てて、「いま、ここに生きること」を大切にする。 第23回

2 ★ パールズの「ゲシュタルト療法」では、問題の原因は現実に起きている出来事そのものではなく、その受け取り方にあると考える。

3 ★ 精神分析、ゲシュタルト心理学、実存主義、現象学、東洋の禅などの影響をうけたゲシュタルト療法には、エンプティチェア（ホットシート）などの具体的手法がある。 第23回

4 ★★ ゲシュタルト療法では、考えることより感じること、体験することを重視し、「フェルト・センス」と呼ばれる、まだ言葉やイメージにならない漠然とした体の感覚が大事だとされる。

5 ★ パールズらのゲシュタルト療法に基づくアプローチでは、相談者のキャリア・アダプタビリティの向上を目標として、相談者の働くことに対するモチベーションを高めることを支援する。

6 ★ ゲシュタルト療法では「ミラクル・クエスチョン」や「スケーリング・クエスチョン」といった用語が使われ、質問（問いかけ）が重視される。

7 ★★ 次の4つの語の組合せは適切である。パールズ、ゲシュタルト療法、「今、ここ」の気づき、「意味への意志」

2

キャリアコンサルティングを行うために必要な知識①

120

8 ◯ 記述どおり正しい。「自動思考」は経験や環境の中で知らず知らずに身につけている考えやイメージで、これが嵩じると「認知の歪み」となり、不適応状態に陥る。「自己関連づけ」の他にも「過度の一般化」や「悲観的思考」、「誇大視と過小評価」などがある。

9 ✕ 設問文の記述は「全か無か思考（白黒思考）」の説明である。「べき思考」は、「〜すべき」あるいは「すべきでない」と強く思い込むことを指す。

解答 ゲシュタルト療法（パールズ）

1 ◯ 記述どおり正しい。

2 ✕ 設問文の内容はゲシュタルト療法についての説明ではなく、論理療法の説明の際に述べられる内容である。

3 ◯ 記述どおり正しい。「エンプティチェア」は「空（から）椅子技法」とも呼ばれ、ゲシュタルトの主要な手法。

4 ✕ 「フェルト・センス」より前の前半部分は正しい。「フェルト・センス」は、ロジャーズの弟子であるジェンドリンの「フォーカシング」の中で用いられる用語。

5 ✕ 設問文の内容は、ゲシュタルト療法で言われているものではない。「アダプタビリティ」については、ホール（Hall, D. T.）やサビカス（Savickas, M. L.）が言及している。

6 ✕ ミラクルクエスチョンは「あなたに奇跡が起こったとすると」等の質問、スケーリング・クエスチョンは「点数で表すと」といった質問をする技法。ともに、インスー・キム・バーグとスティーブ・ド・シェイザーを中心に開発された解決志向アプローチの技法。

7 ✕ 4つ目の「意味への意志」はビクトール・フランクルによって提起された、自分の人生をできるだけ意味のあるものにしたいという人間の根源的な欲求のこと。

2

キャリアコンサルティングを行うために必要な知識①

8 ★ ゲシュタルト療法では、率直に表現することよりも、考えたこと、解釈したことの理由を重視する。

F 交流分析（バーン）

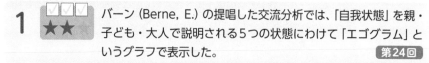

1 ★★ バーン（Berne, E.）の提唱した交流分析では、「自我状態」を親・子ども・大人で説明される5つの状態にわけて「エゴグラム」というグラフで表示した。　　　第24回

2 ★★ バーンが創始した交流分析は、精神分析に由来する点が多いが、構造分析、交流パターン分析、ゲーム分析、脚本分析の4つの分析方法があり、人生脚本やストロークといった用語が用いられる。　　　第22回

3 ★ 交流分析における構造分析では、個人の精神構造は、親（P：親の自我状態）と子供（C：子供の自我状態）の2つに大きく分類される。

4 ★ バーンの交流分析によれば、親（Parent）の自我状態は、過去に自身の親から取り入れたものであると考えられている。

5 ★ 交流分析では、大人（Adult）の自我状態は、事実に基づいて冷静に物事を判断する自我の状態をいう。

6 ★ 交流分析では、子ども（Child）の自我状態には、両親のしつけの影響を受けていない自由な子どもの状態と両親の期待に沿った行動をする順応した子どもの状態がある。

7 ★★ ゲーム分析では、対人関係において、自分のどの自我状態から相手のどの自我状態にメッセージを発しているのかを明らかにする。

8 ★★ 脚本分析では、不快感情と非生産的な結末をもたらす定型化した一連の裏面的交流である対人間のゲームを分析する。

9 ★★ 交流分析のストロークとは「人の存在認知のための一単位」であり、肯定的ストローク（陽性のストローク）と否定的ストローク（陰性のストローク）がある。

8 ✕ 考えることや、解釈することよりも、体験することや感じることを重要視するのが、ゲシュタルト療法である。

解答 交流分析 (バーン)

1 ○ 記述どおり正しい。交流分析は、アメリカの精神科医であったエリック・バーンによって創始された。

2 ○ 記述どおり正しい。

3 ✕ 大人 (Adult) の自我状態も含めて、3つの自我状態で説明される。人間は内部に3つの自分を持っているとされる。

4 ○ 記述どおり正しい。親の自我状態には、CP (Critical Parent)：厳格で批判的な父親のような自我と、NP (Nurturing Parent)：世話好きで思いやりのある母親のような自我の2つがある。

5 ○ 記述どおり正しい。

6 ○ 記述どおり正しい。子どもの自我状態には、FC (Free Child)：自然な子どものように自己表現できる自我と、AC (Adapted Child)：順応的で周囲に合わせる自我の2つがある。

7 ✕ 設問文は「ゲーム分析」ではなく「交流パターン分析」の説明。ゲーム分析とは、何度も繰り返され最後は嫌な気分で終わる対人関係を「ゲーム」と呼び、それを把握すること。

8 ✕ 設問文は「脚本分析」ではなく「ゲーム分析」の説明。脚本分析とは、幼い時に描いた人生の脚本を把握すること。知らず知らずのうちにその脚本に縛りつけられている事がある。

9 ○ 記述どおり正しい。

10 ★ 交流分析には「人生の構え」理論があり、対人関係において「I am OK, You are not OK.」や「I am not OK, You are OK.」など4つの構えがあるとされる。

G システム論的アプローチ、家族療法

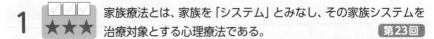

1 ★★★ 家族療法とは、家族を「システム」とみなし、その家族システムを治療対象とする心理療法である。 第23回

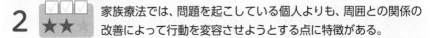

2 ★★ 家族療法では、問題を起こしている個人よりも、周囲との関係の改善によって行動を変容させようとする点に特徴がある。

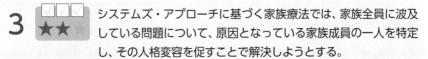

3 ★★ システムズ・アプローチに基づく家族療法では、家族全員に波及している問題について、原因となっている家族成員の一人を特定し、その人格変容を促すことで解決しようとする。

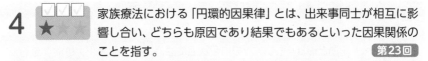

4 ★ 家族療法における「円環的因果律」とは、出来事同士が相互に影響し合い、どちらも原因であり結果でもあるといった因果関係のことを指す。 第23回

5 ★★ 家族療法における「二重拘束」は、二者関係において、一方がもう一方に、言語的なメッセージと同時に、相反する非言語的メッセージを与えることである。 第23回

6 ★ システム論的アプローチでは、問題を個人の感情や性格、行動、考えなど多角的な観点から分析する。

H 解決志向アプローチ

1 ★ 「解決志向アプローチ」とは、望む未来のためには何が必要か、という視点から、能力、強さ、可能性といった資源（リソース）に焦点を当て、それを有効活用することによって、問題の解決に至ろうとするアプローチである。

2 ★★ 「解決志向カウンセリング」や「解決志向アプローチ」と呼ばれる手法では、何がいけないのか、という問題の原因を重視し、そこを徹底的に語ってもらうことによって解決へと導くものである。

10 ○ 記述どおり正しい。設問文にプラスして「I am OK, You are OK.」と「I am not OK, You are not OK.」で4つの構えとなるが、人はおおよそ7才位までにこの構えを作るとされる。

解答 システム論的アプローチ、家族療法

1 ○ 記述どおり正しい。

2 ○ 記述どおり正しい。システム論的アプローチやシステムズ・アプローチと呼ばれる。

3 ✗ システムズ・アプローチの基本的な発想は、人が問題ではなく、問題を作り出すシステムがある、というものである。

4 ○ 記述どおり正しい。

5 ○ 記述どおり正しい。二重拘束は「ダブルバインド」と呼ばれ、例えば親が「かわいいね」と言いつつ、思いっきり子供をつねる、といったことを指す。

6 ✗ 設問文の内容は、システム論的アプローチ（システムズ・アプローチ）で言われているものではない。

解答 解決志向アプローチ

1 ○ 記述どおり正しい。

2 ✗ 「解決志向カウンセリング」や「解決志向アプローチ」は、未来志向の発想であり、原因や改善すべき点を追求するものではない。

3 「解決志向カウンセリング」とは、クライエントが望む状態を現実にするために、クライエントが失敗している行動、元々持っている弱みに焦点を当て、問題解決のための方策を検討する。

Ⅰ その他の療法等 (フォーカシング、現実療法 他)

1 「フォーカシング」では、クライエントが自分の中で感じられるフェルト・センス (felt sense) に焦点を当て、フェルト・センスからのメッセージを受けとることに主眼をおく。

2 グラッサー (Glasser, W.) の現実療法 (リアリティ・セラピー) は、マイクロカウンセリングやヘルピングなどと同様に、包括的・折衷的なアプローチの一つと言える。

3 アドラー (Adler, A.) は、行動の原因ではなく目的に注目し、人の行動の目的は「力への意志 (権力への意思)」であるとした。

第24回

4 アドラー心理学では、全てのことは自分で決めているのであり、無意識 (トラウマ) や環境のせいにしていては何も解決しない、とする。

5 アドラー心理学では、人は、より優れた自分になるために、「誰かに勝ちたい」、「人より上に立ちたい」といった「優越への努力」を行うことを通してのみ、劣等感を乗り越えられる、とされる。

第22回

6 「ナラティブ・セラピー」は、ホワイト (White, M.) らが「社会構成主義」をベースとして始めた新しいカウンセリング理論である。

7 コクラン (Cochran, L.) は、意味づけがキャリアの中心的主題であるので「語り (物語)」こそが重要であるとし、物語が人・機動力・機会・意味・場所・出来事といった要素を統合または構成する手段であると指摘した。

3 ✕ 焦点をあてるのは、未来を作り出せるリソースであり、どうやったらできるだろうか、と考え、一緒に解決を創り上げていく。

解答 その他の療法等（フォーカシング、現実療法 他）

1 ◯ 記述どおり正しい。ロジャーズ (Rogers, C.) の弟子であるユージン・ジェンドリンが創始した「フォーカシング」では、フェルト・センス（まだ言葉やイメージならない「気になる感じ」）が重視される。

2 ◯ 記述どおり正しい。

3 ◯ 記述どおり正しい。アドラーはニーチェの著作『権力の意思』に影響を受け「人は劣等感をもつマイナスの状況から、プラスへ向かって主体的に行動する」と考えた。

4 ◯ 記述どおり正しい。そしてアドラー心理学における幸せとは「皆に認められ、自分で自分を認められること」（共同体感覚）とされる。

5 ✕ 人は「優越の努力」の一方で「完全への努力」という「誰かの役に立ちたい」、「共同体を成長させたい」という思いも持つ。この「共同体感覚を持つ」ことが劣等感の乗り越えにもつながるとされる。

6 ◯ 記述どおり正しい。マイケル・ホワイトとダビッド・エプストンが1990年に創始したとされる。

7 ◯ 記述どおり正しい。コクランは先駆者となって、1990年代に、キャリア分野に「ナラティブ・アプローチ」の考え方を導入した。

8 ★★　☐☐☐
ソーシャルスキル・トレーニング (SST) は、学習理論に基づく認知行動療法の一つとして位置づけられ、その標準的な流れは、アセスメント結果に基づき、導入、教示、モデリング、リハーサル、フィードバック、般化といった形で行われる。　第22回

9 ★★　☐☐☐
森田療法は、大正時代に創始された、神経衰弱や神経症、不安障害等に対しての実績をもつ日本発の精神療法であり、「身調べ」でも有名な吉本伊信 (よしもといしん/1916-1988) によって創始された。

10 ★　☐☐☐
カウンセリングの理論や心理療法の名称とその提唱者、関連する用語で、下記組み合わせは適正である。「吉本伊信」、「内観療法」、「自由連想」。

11 ★　☐☐☐
内観療法では、行動はそれまで学習された体験から来るのであり、神経症的行動も不適切に学習された体験から出る習慣であると考える。　第22回

こんな問題も出る！四肢択一①

【問】「令和2年度能力開発基本調査」(厚生労働省) によれば、正社員がキャリアコンサルティングを受けて「役立ったこと」として挙げた次のA〜Eのなかで、上位3つの組み合わせで最も適切なものはどれか。(第20回他試験類似問題)

A. 仕事に対する意識が高まった。
B. 現在の会社で働き続ける意欲が湧いた。
C. 自分の目指すべきキャリアが明確になった。
D. 上司・部下との意思疎通が円滑になった。
E. 適切な職業能力開発の方法がわかった。

1. AとBとD　　2. AとCとD　　3. BとCとE　　4. BとDとE

正解 2.

8 ⭕ 記述どおり正しい。ソーシャルスキル・トレーニング (SST) とは、社会で人と人とが関わりながら生きていくために欠かせないスキルを身につける訓練のことを指す。

9 ❌ 森田療法の考案者は森田正馬 (もりたまさたけ、通称：しょうま /1874 - 1938) である。吉本伊信は内観法 (内観療法) の創始者で、「身調べ」は遮断・孤立した場所で過去の対人関係について徹底的に内省を促される内観手法。

10 ❌ 「自由連想」は精神分析の手法である。吉本伊信が創始した内観療法とは結び付かないので、この組み合わせは不適切。

11 ❌ 内観療法では、両親等に対し「世話になったこと」「して返したこと」「迷惑をかけたこと」を省みて、他者に生かされている感覚を得る。設問文とは異なる。

2

キャリアコンサルティングを行うために必要な知識①

【問】カウンセリングの理論や心理療法の名称とその提唱者、関連する用語に関する次の記述の うち、組み合わせとして適切なものはどれか。
（第19回第21回他試験類似問題）

1. バーン (Berne, E.)、交流分析、「今、ここ」の気づき、脚本分析
2. パールズ (Perls, F. S.)、ゲシュタルト療法、「意味への意志」、エンプティ・チェア
3. ロジャーズ (Rogers, C. R.)、来談者中心療法、エンカウンター・グループ、受容・共感・一致
4. 森田正馬、森田療法、浄土真宗、あるがまま

カウンセリングは「成人期」に円熟する？ ——年齢との関係を考える②

キャリアコンサルタントは、「カウンセリング」をするわけですが、ここでは年齢とカウンセリングの関係について考えてみたいと思います。

資格試験の中でも「発達課題」は大きなテーマの一つです。発達課題は年齢を重ねるに従って変わっていき、その課題をクリアしていくことで、人は社会の中で成長していくという考え方です。代表的なものは、エリク・エリクソンが唱えた「漸世的発達理論」と呼ばれる説です。

「漸（ぜん）」の字は「徐々に」「少しずつ」といった意味で、「人は一歩一歩その年代の課題をクリアし、次の段階に移っていける」といった意味合いが込められています。エリクソンは「青年期の課題はアイデンティティ（自己同一性）の確立である」と唱えて、その後のアイデンティティ探求の起源になったことでも大変有名です。

漸世的発達理論において、成人期の課題として取り上げられているのが「世代性」という概念です。これは、次の世代に何かを伝えていくこと、継承していくことが成人期の発達課題であると解釈されます。子供たちや職場の後輩などに、伝統や技術や考え方・価値観など諸々を伝えていくこと、またそうした後進を育てていくことが課題だというわけです。

このような成人期の発達課題をクリアするためにはどうしたらよいのでしょうか。よく使われる言い回しの一つに「自分自身のことを第一に考えるのではなく」があります。「成人期は、それ以前の年代の時とは違い、自分のことだけでなく、他の人たちのことを考えるようになる。それがこの発達課題をクリアする要諦である」というわけです。

カウンセリングの練習の中では、「クライエント・ファースト」という言葉がよく用いられます。相談者のことを第一に考えましょうという意味です。

カウンセラーは、自分の興味関心で面談を進めてはならず、あくまでも相談者に寄り添い、相談者と一緒に悩み、相談者の成長を第一に考えなさい、という姿勢が大事だとされるのです。エリクソンの漸世的発達理論をベースにすれば、カウンセラーは成人期の発達段階をクリアした方がよい、ということは言えないでしょうか。

成人期とは何歳頃を指すのでしょう。これについては実は人それぞれなのではないでしょうか。エリクソンは8つの世代区分に対応する年齢を示していますが、人生100年時代と言われる現代の日本では、それがあてはまるかは疑問です。

10数歳までの年齢区分は、生物的な発達段階とも対応しているので、ほとんどの人に当てはまります。しかし青年期以降については、何歳でそれをクリアして、成人前期や成人期になったのか、人によってまちまちになるのではないでしょうか。

青年期の「アイデンティティ確立」という発達課題をクリアしていない50歳の人もいるかもしれませんし……。

第3章

キャリアコンサルティングを行うために必要な知識②

　本章では「職業能力の開発」という項目から始まり、「職業能力開発促進法」や「能力開発基本調査」について扱った上で、雇用管理や労働条件の問題へと続きます。最近の傾向では、働き方改革に関連するテレワーク等のトピックが出題されることも多いので、そうした項目も含みます。

　3-1節「職業能力の開発」の中では「Ｈ 自己啓発・リカレント教育」を扱っていますが、ここは今後とも注目分野です。また3-2節「企業におけるキャリア形成支援の知識」の中での「Ｈ セルフ・キャリアドック」も厚生労働省が力を入れて推進しているので、要注意項目です。

　新設した「自己啓発・リカレント教育」の自己啓発とは、第7章で扱う「自己研鑽」（キャリアコンサルタント自身の自己研鑽）とは異なり、一般の人たちに向けて広くリカレント教育を始めとした自己啓発の機会を提供していくといった意味で用いられています。

1 職業能力の開発（リカレント教育を含む）

出題のポイントと傾向

　「職業能力の開発の知識」の領域では、「能力開発基本調査」についての出題がもっとも多くなっています。同調査は平成13年から毎年実施されている調査で、例年6月末日に発表されます。インターネット上で閲覧できますので、一通り内容を把握しておくことが肝要です。

　基本となる法律である「職業能力開発促進法」と、それをベースとして5年毎に策定される「職業能力開発基本計画」はしっかりと押さえておく必要があります。

　最近の傾向では、毎回必ず「**C** 職業能力基本調査」の出題があります。

分野	過去問（第15〜24回試験）									
	15回	16回	17回	18回	19回	20回	21回	22回	23回	24回
A 職業能力の概念、職業能力開発とは						⑫	⑫			
B 職業能力開発促進法				⑫	⑱			⑪	⑪	
C 能力開発基本調査	⑮	⑭	⑫⑬	⑮	⑮	⑪	⑭		⑰	⑪
D 職業能力評価基準	⑫				⑬					㉝
E 事業主（企業）の役割・方策			⑰			⑬	⑮	⑭	⑭⑮	⑬
F 公共職業訓練制度						⑭				⑫
G 教育訓練給付金制度 他			⑮		⑫		⑬	⑬		⑭
H 自己啓発・リカレント教育	❶⑬⑮	⑫⑬	⑭	⑬	⑭			⑫	⑬	⑭

＊数字は設問の出題番号

A 職業能力の概念、職業能力開発とは

❶ 職業能力開発はなぜ必要なのか？

1. 職業の安定及び労働者の地位の向上のために不可欠
2. 経済及び社会の発展に寄与
3. 産業構造の変化、技術の進歩他の経済的環境の変化による業務内容の変化に対する適応性を増大
4. 転職に当たっての円滑な再就職に資する
5. 労働者の職業生活設計に配慮しつつ、その職業生活の全期間を通じて段階的かつ体系的に行う

3-1 職業能力の開発（リカレント教育を含む）

B 職業能力開発促進法

❶ 職業能力開発促進法（能開法）

目的	・雇用対策法と相まって、職業に必要な労働者の能力を開発し、向上させることを促進し、もって、職業の安定と労働者の地位の向上を図るとともに、経済及び社会の発展に寄与する
自発的能力開発	・労働者自らが、職業生活設計、職業能力の開発及び向上に努める
事業主の責務	・労働者に係る職業能力の開発及び向上の促進に努めなければならない ・職業に関する教育訓練又は職業能力検定を受ける機会の確保、必要な援助
職業に必要な技能と知識の適正評価	・職業生活設計に即して、必要な教育訓練を受ける機会が確保され、必要な実務の経験がなされ、評価される

❷ 職業能力開発基本計画

1. 能開法に基づいて策定される5年毎の基本計画。
2. 第11次計画は2021（令和3）年度から2025（令和7）年度までのもの。
（内容はp32参照）

C 職業能力開発促進法

❶ 能力開発基本調査

調査頻度	1年に1回
調査項目	①企業調査 ・OFF-JT及び自己啓発支援に支出した費用 ・能力開発の実績、見込み ・労働者に求める能力、スキル ・事業内職業能力開発計画及び職業能力開発推進者　他 ②事業所調査 ・能力開発や人材育成 ・教育訓練の実施に関する事項 ・人材育成 ・従業員のキャリア形成支援 ・従業員の職業能力評価 ・技能検定や技能継承 ③個人調査 ・能力やスキル ・会社を通して受講した教育訓練 ・自己啓発 ・これからの職業生活設計

3 キャリアコンサルティングを行うために必要な知識②

❷ 令和4年度　調査結果のポイント

1. 企業調査

- →教育訓練費用（OFF-JT費用や自己啓発支援費用）を支出した企業は50.3%
- →OFF-JTに支出した費用の労働者一人当たり平均額（令和3年度実績）は1.3万円
- →自己啓発支援に支出した費用の労働者一人当たり平均額（令和3年度実績）は0.3万円
- →教育訓練休暇制度を導入している企業は7.4%
- →教育訓練短時間勤務制度を導入している企業は6.3%

2. 事業所調査

- →計画的なOFF-JTについて、正社員に対して実施した事業所は60.2%、正社員以外に対して実施した事業所は23.9%
- →能力開発や人材育成に関して、何らかの問題があるとする事業所は80.2%
- →キャリアコンサルティングを行うしくみを、正社員に対して導入している事業所は45.2%、正社員以外に対して導入している事業所は29.6%

3. 個人調査

- →OFF-JTを受講した労働者は33.3%。受講率は「正社員」（42.3%）が「正社員以外」（17.1%）より高く、「男性」（40.4%）が「女性」（25.3%）よりも高い。最終学歴別では「専修学校・短大・高専」（25.7%）が最も低く、「大学院（理系）」（54.7%）が最も高い

Ｄ 職業能力評価基準

❶ 概要

　国が作成した仕事をする力の評価基準。「知識」「技術・技能」「成果につながる職務行動例（職務遂行能力）」を業種別、職種・職務別に整理。

❷ 特徴

1. 業種は、業種横断的な事務系職種（9職種）のほか、建設業関係（7業種）、製造業関係（13業種）、運輸業関係（2業種）、卸売・小売業関係（6業種）、金融・保険業関係（2業種）、サービス業関係（16業種）、その他（10業種）。
2. 仕事の内容を①職種、②職務、③能力ユニット、④能力細目に細分化。
3. 責任・役割の範囲と難易度でレベル区分1〜4を設定。
4. 労働者のキャリア形成の参考に、レベル区分1〜4をもとにした能力開発の標準的な道筋「キャリアルート」を例示。
5. 無料ダウンロードで自社向けにカスタマイズ可能。

E 事業主（企業）の役割・方策

❶ 企業や事業者は、何をしなければいけないのか

1. 情報の提供、相談の機会の確保、キャリアコンサルティングを適切かつ効果的に行うための措置。
2. 労働者の配置その他の雇用管理についての配慮。
3. 休暇の付与。
4. 教育訓練等を受ける時間の確保。
5. 職業開発推進者の選任。事業内職業能力開発計画の実施に当たっての権限を委任。
6. キャリアコンサルティング担当者に、事業主の措置について意見を述べる機会を与える。
7. キャリアコンサルティングの実施に関する技術的な助言、その他支援措置等の効果的な活用。
8. 職業能力の開発と向上の青年期、壮年期及び高齢期を通じた段階的かつ体系的な実施。

F 公共職業訓練制度

❶ 概要

1. 国や都道府県が行う公共職業訓練制度。「ハロートレーニング」とも呼ばれる。

	離職者訓練	在職者訓練	学卒者訓練
対象	ハローワークの求職者	在職労働者	中学・高校卒業者など
訓練期間	概ね3か月〜1年	概ね2〜5日	1年または2年
費用	無料（テキスト代等の実費のみ負担）	有料	有料

2. 普通職業訓練と高度職業訓練があり、それぞれ短期間と長期間の訓練課程に分かれる。
3. 多様な人材ニーズに対応
   →民間の専修学校・各種学校、大学・大学院、NPO、事業主（事業主団体）に委託して行う訓練も公共職業訓練として行う。
4. 離職者訓練には、主に雇用保険の手続きをしている人を対象とした都道府県が実施する訓練（「公共職業訓練」とも呼ばれる）と雇用保険の支給が終了した人や需給資格の無い人を主たる対象とした、国（各地の労働局）が実施する「求職者支援訓練」がある。共に民間の教育訓練施設に委託して実施されることが多く、特に都道府県が民間に委託しているものを「委託訓練」と呼ぶ。

❷ 公共職業訓練等を行う施設

国・都道府県の職業能力開発校、職業能力開発短期大学校、職業能力開発大学校、障害者職業能力開発校

G 教育訓練給付金制度 他

❶「教育訓練給付金」制度の概要（受講料が国からもらえる制度）

1. 雇用保険の被保険者（在職者）と、そうであった者（離職者）が受給可能
2. 国に認定・指定された講座を受けることで、受講費用が返ってくる制度
3. 大きくは「一般教育訓練給付金」と「専門実践教育訓練給付金」がある

❷ 一般教育訓練給付金

1. 教育訓練経費の20％相当額を支給（4千円以上限度10万円）
2. 受講開始日前1年以内にキャリアコンサルティングを受けた場合、その費用を教育訓練経費計上可能（限度2万円）

❸ 専門実践教育訓練給付金

1. 教育訓練経費の50％相当額を支給（4千円以上限度40万円）
2. 受講修了後、資格等が取得できた場合、さらに20％相当額を追加支給

H 自己啓発・リカレント教育

①「令和4年度版年次経済財政報告」より

（「労働の質の向上に向けて（男女間賃金格差・非正規雇用と労働の質、リカレント教育促進）」より）

1. 学び直しの効果として、大学等で学んだ者の2割程度が希望の転職や年収増加を実現。
2. 特にOFF-JTと自己啓発を両方実施する者は、片方のみの者に比べ、年収増加が明確である。企業側が業務に必要な技術・能力等を明確化することで雇用者の学び直しを促し、処遇改善や年収増加につながることが期待される。

② 令和4年度「能力開発基本調査」より

1. 自己啓発を実施した労働者は34.7％。実施率は「正社員」（44.1％）が「正社員以外」（17.5％）より高く、「男性」（40.9％）が「女性」（27.6％）よりも高い。最終学歴別では「中学・高等学校・中等教育学校」（22.1％）が最も低く、「大学院（理系）」（74.8％）が最も高い。

3-1 職業能力の開発（リカレント教育を含む）

③ 「令和4年版労働経済の分析」（労働経済白書）より

1. キャリアコンサルティング等を通じた主体的なキャリア形成の意識づけや、自己啓発によるスキルの向上等が、転職などのキャリア形成の希望をかなえる重要な要素である。

④ 「令和5年版労働経済の分析」（労働経済白書）より

1. 非正規雇用労働者が正規雇用転換すると、年収が大きく増加するだけではなく、安定した雇用に移ることで、キャリア見通し、成長実感が改善し、自己啓発を行う者の割合も高まる傾向がある。

教育訓練給付金を在職者や離職者が受給するためには、「訓練前キャリアコンサルティング」をハローワークで受け、ジョブ・カードの作成がなされることが必要となります。訓練前キャリコンは、国家資格キャリアコンサルタントのみが行える業務です。資格者にとっての確実な仕事分野となっています。

A 職業能力の概念、職業能力開発とは

1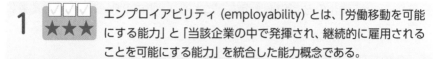
エンプロイアビリティ (employability) とは、「労働移動を可能にする能力」と「当該企業の中で発揮され、継続的に雇用されることを可能にする能力」を統合した能力概念である。

2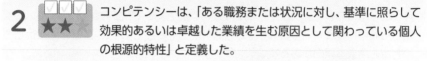
コンピテンシーは、「ある職務または状況に対し、基準に照らして効果的あるいは卓越した業績を生む原因として関わっている個人の根源的特性」と定義した。

3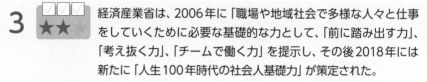
経済産業省は、2006年に「職場や地域社会で多様な人々と仕事をしていくために必要な基礎的な力として、「前に踏み出す力」、「考え抜く力」、「チームで働く力」を提示し、その後2018年には新たに「人生100年時代の社会人基礎力」が策定された。

4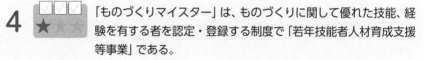
「ものづくりマイスター」は、ものづくりに関して優れた技能、経験を有する者を認定・登録する制度で「若年技能者人材育成支援等事業」である。

5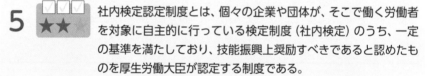
社内検定認定制度とは、個々の企業や団体が、そこで働く労働者を対象に自主的に行っている検定制度（社内検定）のうち、一定の基準を満たしており、技能振興上奨励すべきであると認めたものを厚生労働大臣が認定する制度である。

6
「国際技能競技大会（技能五輪国際大会）」は、参加国の職業訓練の振興と参加者（青年技能者）の国際親善・交流を目的としている技能労働者の技能を競う大会である。

7
職業能力開発推進者は、キャリアコンサルタント等、その業務を担当するための必要な能力を有する者から選任するものと規定されている。

8
職業能力開発推進者の選任は、職業能力開発促進法において事業主の義務とされ、選任されない場合は罰則規定が適用される。

解答　職業能力の概念、職業能力開発とは

1 ○ 記述どおり正しい。日本経営者団体連盟（日経連）が提唱した。

2 ○ 記述どおり正しい。スペンサー（Spencer, L. M. & Spencer, S. M.）らが定義した。

3 ○ 記述どおり正しい。設問文にある3つの能力と、12の能力要素が「社会人基礎力」として提示され、新たな「人生100年時代の社会人基礎力」では、「何を学ぶか」、「どのように学ぶか」、「どう活躍するか」という3つの視点が付け加わった。

4 ○ 記述どおり正しい。中小企業や学校などで若年技能者への実践的な実技指導を行い、効果的な技能の継承や後継者の育成を目的としている。

5 ○ 記述どおり正しい。認定は都道府県知事ではなく、厚生労働大臣が行う。

6 ○ 記述どおり正しい。中央職業能力開発協会が主催する技能五輪全国大会が派遣選手選考会を兼ねている。

7 ○ 記述どおり正しい。国家資格キャリアコンサルタントが、職業能力開発推進者として選任されることが推奨されている。

8 ✕ 職業能力開発推進者の選任は「職業能力開発促進法」第12条で事業主の努力義務とされている。

B 職業能力開発促進法

1 職業能力開発促進法で取り上げている用語で、「労働者」には、企業に雇用されている労働者だけではなく、求職者も含まれる。
第22回

2 同上の法律における「求職者」とは、現に失業していて、ハローワークに求職の申し込みをしている者をいう。
第22回

3 職業能力開発促進法によると、「キャリアコンサルティング」とは、労働者の生活全般の相談に応じるとともに職業の選択、職業生活設計又は職業能力の開発・向上に関する相談に応じ、助言及び指導を行うことをいう。

4 職業能力開発促進法の用語で、「職業生活設計」とは、労働者が職業に関する目的の実現を図るため、その適性、職業経験その他の実情に応じ、職業の選択、職業能力の開発及び向上のための取組その他の事項について自らたてる短期的な計画のことをいう。

5 職業能力開発促進法に基づく「事業内職業能力開発計画」は、事業内職業能力開発計画の作成は、事業主の努力義務となっている。

6 職業能力開発促進法によると、事業主は、雇用される労働者自らが職業に関する教育訓練又は職業能力検定を受ける機会を確保できるよう援助する。

7 職業能力開発促進法によると、国は、職業能力開発短期大学校、職業能力開発大学校、職業能力開発促進センター、障害者職業能力開発校及び職業能力開発校を設置する。

8 職業能力開発促進法によると、企業が労働者に対して、職業生活設計を行い、その職業生活設計に即して職業能力の開発及び向上に努めるものとする。

9 職業能力開発促進法は、職業に必要な労働者の能力を開発し、向上させることを促進することによって、職業の安定と労働者の地位の向上を図るとともに、経済及び社会の発展に寄与することを目的としている。

| 解答 | **職業能力開発促進法** |

1 ○ 記述どおり正しい。労働者とは、事業主に雇用される者及び求職者をいう (但し、いずれも船員職業安定法に規定する船員および船員になろうとする者を除く)。

2 ✕ ハローワークに求職の申し込みをしていなくても求職者として扱われる。

3 ✕ 労働者の「生活全般の相談に応じるとともに」の部分が法律にない記述である。「労働者の職業の選択、職業生活設計又は職業能力の開発及び向上に関する相談に応じ、助言及び指導を行うこと」が職業能力開発促進法第2条5にて定義されている。

4 ✕ 「短期的な」が誤っている。「長期的な」計画である。法律ではカタカナはほぼ使われない (但し、「キャリアコンサルティング」や「キャリアコンサルタント」は例外) が、職業生活設計とは「キャリアプラン」のことと解釈できる。

5 ○ 記述どおり正しい。職業能力開発促進法第11条に定める企業内における職業能力開発を段階的、体系的に紙面等で作成した計画書の作成は事業主の努力義務である。

6 ○ 記述どおり正しい。但し、事業主の指定する教育訓練又は職業能力検定ではない。

7 ✕ 職業能力開発校は、国ではなく都道府県が設置する。(障害者職業能力開発校は、国及び都道府県が設置)

8 ✕ 労働者は、職業生活設計を行い、その職業生活設計に即して自発的な職業能力の開発及び向上に努めるものとする。

9 ○ 記述どおり正しい。

10 ★★ 2016年に公布された職業能力開発促進法の改正によって、キャリアコンサルティングの定義が法令上明確になるとともに、キャリアコンサルティングは、キャリア形成支援の中核と位置づけられ、事業主が必要に応じて講じる措置とされた。

11 ★★ 2016年に公布された職業能力開発促進法の改正内容は、労働者に対して、自身の職業生活設計における努力義務を明確にしたこと、である。

12 ★ 職業能力開発促進法における職業能力検定とは、技能検定のことをいい、キャリアコンサルタント試験は含まれない。

13 ★ 社内検定認定制度により認定を受けた社内資格は、厚生労働大臣が認定した「資格制度」として外部に発信することが可能になる。

14 ★★ 職業能力開発基本計画は、職業訓練や職業能力評価など、職業能力の開発に関する基本となる計画であり、都道府県でも、この基本計画に基づき、都道府県職業能力開発計画の策定に努めることとされている。

15 ★★ 「第11次職業能力開発基本計画」（厚生労働省、令和3年3月）では、ITや新たな技術を活用した職業訓練等の推進策の一つとして、独立行政法人高齢・障害・求職者雇用支援機構が行うものづくり分野の職業訓練における新たなIT技術（AR・VR等）の導入に向けて、訓練手法の開発・検証等を進める、とされた。

第23回

16 ★★ 同上の基本計画では、労働者の自律的・主体的なキャリア形成支援策の一つとして、労働者個人が夜間・休日にオンラインを利用し、ジョブ・カードを活用したキャリアコンサルティングを利用しやすい環境の整備を更に推進する、とされた。

第23回

17 ★★ 同上の基本計画では、労働市場インフラの強化策の一つとして、ホワイトカラー職種向けの職業能力診断ツールの開発を進めるとともに、職業情報の「見える化」を進めるジョブ・カードとの連携を図る、とされた。

10 〇 記述どおり正しい。事業主は「労働者が自ら職業能力の開発及び向上に関する目標を定めることを容易にするために、業務の遂行に必要な技能及びこれに関する知識の内容及び程度その他の事項に関し、情報の提供、キャリアコンサルティングの機会の確保その他の援助を行うこと」とされている。

11 〇 記述どおり正しい。

12 ✕ 職業能力検定とは、厚生労働省が所掌する検定のことで、キャリア関連では国家資格キャリアコンサルタント、1級および2級キャリアコンサルティング技能士（技能検定）が、それにあたる。

13 ✕ 社内検定認定制度による資格は、原則として、外部に発信する性格のものではない。

14 〇 記述どおり正しい。職業能力開発促進法第5条第1項の規定に基づき策定される。経済の動向、労働市場の推移等を鑑み、長期的見通しに基づいて計画がなされる。

15 〇 記述どおり正しい。基本計画では、IT人材など時代のニーズに即した人材育成の強化が大きくうたわれている。設問文の他にも、教育訓練給付でのIT分野の講座充実や公的職業訓練でのIT訓練コースの充実やオンライン化、また企業での人材育成支援などが挙げられている。

16 〇 記述どおり正しい。基本計画では「労働者の自律的・主体的なキャリア形成支援策」として、他にも、セルフ・キャリアドックの導入支援、個人がキャリアコンサルティングを利用しやすい環境の整備、教育訓練休暇等の普及促進などが挙げられている。

17 ✕ 「ジョブ・カードとの連携」ではなく「日本版O-NETとの連携」が正しい。「労働市場インフラの強化策」としては他に技能検定制度・社内検定制度の推進やジョブ・カードの活用促進などが挙げられている。

18 ★★ 同上の基本計画では、全員参加型社会の実現に向けた職業能力開発の推進策の一つとして、非正規雇用労働者等が働きながら受講したり、また育児層が育児等とも両立できる、短時間の訓練コースの設定を推進する、された。 `第23回`

19 ★★ 国際競争力を有するものづくり分野の人材育成の強化は、「第11次職業能力開発基本計画」（厚生労働省、2021年3月）で示された、職業能力開発施策の今後の方向性に含まれていない。

C 能力開発基本調査

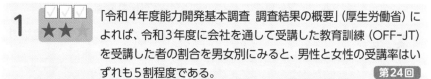

1 ★★ 「令和4年度能力開発基本調査 調査結果の概要」（厚生労働省）によれば、令和3年度に会社を通して受講した教育訓練（OFF-JT）を受講した者の割合を男女別にみると、男性と女性の受講率はいずれも5割程度である。 `第24回`

2 ★★ 同上の調査によれば、令和3年度にOFF-JTを受講した者の延べ受講時間を年齢階級別でみると、年齢階級が上がるほど受講時間が長くなっている。 `第24回`

3 ★★ 同上の調査によれば、企業規模別の受講率を見ると、正社員では規模が大きい企業での受講率が高いが、正社員以外では、企業規模による大きな差はみられない。 `第24回`

4 ★★ 同上の調査によれば、OFF-JTを受講した者の受講したOFF-JTの役立ち度を見ると、「役に立った」、「どちらかというと役に立った」をあわせた肯定的意見は、正社員、正社員以外いずれとも5割程度である。 `第24回`

5 ★ 「令和3年度能力開発基本調査 調査結果の概要」（厚生労働省）の事業所調査によれば、正社員に対して職業能力評価を行っている事業所は、平成22年度調査から平成25年度調査までは50％台であったが、平成26年度調査以降は顕著な上昇傾向で推移している。 `第23回`

3-1 職業能力の開発（リカレント教育を含む）

18 ◯ 記述どおり正しい。基本計画では「全員参加型社会の実現に向けた職業能力開発の推進」として、他にも非正規雇用労働者へのキャリコンの実施や、障害者、就職氷河期世代、外国人労働者、中高年、若者等に向けた方策が挙げられている。

19 ◯ 記述どおり正しい。

解答	能力開発基本調査

1 ✕ 「男性」の40.4％に対し、「女性」は25.3％と、女性の受講率が低くなっている。

2 ✕ 「20歳未満」（36.9時間）、「20～29歳」（29.6時間）、「30～39歳」21.7時間）、「40～49歳」（16.2時間）、「50～59歳」（14.3時間）、「60歳以上」（11.3時間）と、年齢階級が高くなるほど受講時間が少なくなっている。

3 ◯ 記述どおり正しい。

4 ✕ 正社員では肯定的意見が93.5％、正社員以外は95.1％と、いずれも多くを占めている。

5 ✕ 平成22年度調査から平成25年度調査までは60％台、平成26年度調査以降は50％台で推移している。

6 ★
同上の調査によれば、職業能力評価を行っている事業所のうち、職業能力評価において検定・資格を利用している事業所と、利用していない事業所は、ほぼ同じ割合の約50％である。　第23回

7 ★
同上の調査によれば、職業能力評価を行っている事業所における職業能力評価の活用方法は、「人事考課の判断基準」よりも、「労働者に必要な能力開発の目標」の方が多い。　第23回

8 ★★
同上の調査によれば、職業能力評価を行っている事業所における職業能力評価に係る取組みの問題点の内訳は、「全部門・職種で公平な評価項目の設定が難しい」が最も高い。　第23回

9 ★★
統計法に基づく一般統計調査である「能力開発基本調査」は、「企業調査」、「事業所調査」、「個人調査」で構成されている。

10 ★★
「能力開発基本調査」は、総務省統計局が5年に1度実施している。

11 ★★
「令和3年度能力開発基本調査　調査結果の概要（個人調査）」（厚生労働省）によると、OFF-JTを受講した「労働者全体」の割合は約50％である。

12 ★
同上の調査結果によると、OFF-JTを受講した労働者のうち、正社員以外の受講率は正社員を大きく下回っている。

13 ★
同上の調査結果によると、自己啓発を行った「労働者全体」の割合は約70％である。

14 ★
同上の調査結果で、自己啓発を行った労働者を男女別にみると、男性の実施率が低くなっている。

15 ★★
「令和4年度　能力開発基本調査（調査結果の概要）」（厚生労働省）によれば、令和3年度に自己啓発を行った者は、労働者全体では3割程度であったが、正社員に比べて正社員以外の実施率が低い。

16 ★★
同上の調査結果によれば、職業能力評価を行っている事業所は50％を超えている。

3 キャリアコンサルティングを行うために必要な知識②

6 ✗ 検定・資格を利用している事業所は59.7％、利用していない事業所は39.8％。

7 ✗ 「人事考課の判断基準」(82.1％)が最多で、「人材配置の適正化」(61.5％)、「労働者に必要な能力開発の目標」(39.0％)と続いている。

8 ○ 記述どおり正しい。次いで、回答が高かった問題点は、「評価者が評価基準を把握していないなど、評価内容にばらつきが見られる」となっている。

9 ○ 記述どおり正しい。

10 ✗ 厚生労働省が毎年実施している。

11 ✗ OFF-JTを受講した労働者は30.2％である。

12 ○ 記述どおり正しい。「正社員」38.2％、「正社員以外」15.8％。

13 ✗ 自己啓発を実施した労働者は36.0％。

14 ✗ 性別では「男性」(42.7％)が「女性」(28.1％)よりも高い。

15 ○ 記述どおり正しい。自己啓発を行った者は「労働者全体」では34.7％であるが、「正社員」44.1％、「正社員以外」17.5％である。男女別では「男性」40.9％、「女性」27.6％。

16 ○ 記述どおり正しい。職業能力評価を行っている事業所は54.3％。

3

キャリアコンサルティングを行うために必要な知識②

17 ★★ 同上の調査結果では、キャリアコンサルティングを行うしくみを導入している事業所は、「正社員（に対して）」および「正社員以外（に対して）」ともに5割に満たない。

 18 ★★★ 同上の調査結果では、キャリアコンサルティングを行うしくみを導入していない事業所のうち、キャリアコンサルティングを行っていない理由は、「キャリアについての相談を行う必要はない」が正社員・正社員以外ともに最も高い。

D 職業能力評価基準

 1 ★★ 「職業能力評価基準」とは、仕事をこなすために必要な「知識」と「技術・技能」に加えて、「成果につながる職務行動例（職務遂行能力）」を、業種別、職種・職務別に整理したものである。

 2 ★★ 職業能力評価基準をもとに作成される「職業能力評価シート」は、採用や人材育成、人事評価、さらには検定試験の「基準書」として、様々な場面で活用できる。

 3 ★★★ 厚生労働省が公表する「職業能力評価基準ポータルサイト」を通じては、職業能力評価基準を活用して企業で実際に求められる実践的な職業能力を具体的に示すことで、労働者の職業能力を客観的に評価することができる。

 4 ★ 職業能力評価基準における職務遂行能力（成果につながる職務行動例）では、動機、人柄、信念、価値観等の個人特性が記述されている。

 5 ★ 厚生労働省では、職業能力評価基準を活用して、ジョブ・カードの要となる評価シートのモデルとして活用できる「モデル評価シート」を作成している。

17 ⭕ 記述どおり正しい。キャリアコンサルティングを行うしくみを導入している事業所は45.3%。正社員と正社員以外の両方に対して導入している事業所は26.7%、正社員のみに対して導入している事業所は18.3%。

18 ❌ キャリアコンサルティングを行うしくみを導入していない事業所のうち、キャリアコンサルティングを行っていない理由で最も多いのは「労働者からの希望がない」で正社員44.3%・正社員以外45.7%。最も少ないのは「キャリアについての相談を行う必要はない」で正社員7.7%・正社員以外14.8%である。

解答 職業能力評価基準

1 ⭕ 記述どおり正しい。

2 ⭕ 記述どおり正しい。職業能力評価基準をもとに、企業が人材育成に取り組むに当たって、より簡単に利用できるツールとして、「キャリアマップ」と「職業能力評価シート」を作成している。

3 ⭕ 記述どおり正しい。

4 ❌ 職務遂行能力は、例えば「上司・先輩の指示を受けて社外関係者の情報を収集し、整理している」といった項目として示される。設問にあるような個人特性ではない。

5 ⭕ 記述どおり正しい。ジョブ・カードの様式3-3は、「職業能力証明 (訓練成果・実務成果) シート」となっており、設問文では、その証明シートの雛形 (参考例) となる「モデル評価シート」のことについて言及している。

3

キャリアコンサルティングを行うために必要な知識②

149

1 職業能力開発促進法によると、事業主は、業務の遂行に必要な技能及びこれに関する知識の内容及び程度その他の事項に関し、情報の提供、キャリアコンサルティングの機会の確保その他の援助を行うとされる。

2 職業能力開発促進法により定められた、雇用する労働者の自発的な職業能力の開発及び向上を促進するために事業主が講ずる措置には「有給教育訓練休暇、長期教育訓練休暇、再就職準備休暇その他の休暇を付与すること」がある。　第22回

3 職業能力開発促進法で定められた、同上の事業主が講ずる措置としては「始業及び終業の時刻の変更、勤務時間の短縮その他職業に関する教育訓練又は職業能力検定を受ける時間を確保するために必要な措置」がある。　第22回

4 事業主が講ずる措置として「労働者が職業に関する自らの興味・関心を把握するために必要な検査を行い、結果を提供すること」があげられている。

5 事業主が講ずる措置として「労働者が、実務の経験を通じて自ら職業能力の開発及び向上を図ることができるようにするために、労働者の配置その他の雇用管理について配慮すること」があげられている。　第22回

6 職業能力開発促進法において事業主の行う能力開発促進の措置には、資格取得の際の報奨金の付与がある。

7 キャリアアップ助成金は、正規雇用労働者の企業内でのキャリアアップを促進するため、処遇改善の取組み等を実施した事業主に対して助成する制度である。　第24回

8 人材開発支援助成金の特定訓練コースおよび一般訓練コースでは、訓練経費および訓練期間中の賃金の一部等が助成される。

9 キャリア形成・学び直し支援センターでは、企業・団体向けに、キャリアコンサルティング面談と多様なキャリア研修などを組み合わせた「セルフ・キャリアドック」の導入支援も行っている。　第24回

解答　事業主（企業）の役割、方策

1 ○ 記述どおり正しい。労働者が自ら職業能力の開発及び向上に関する目標を定めることを容易にするために、事業主が行う援助である。

2 ○ 記述どおり正しい。能開法第10条の4には、事業主は「必要に応じ、その雇用する労働者が自ら職業に関する教育訓練又は職業能力検定を受ける機会を確保するために必要な次に掲げる援助を行う」に続いて設問にある措置が記述されている。

3 ○ 記述どおり正しい。前問の設問にある「有給教育訓練休暇、長期教育訓練休暇、再就職準備休暇その他の休暇の付与」に続き次項として設問文にある条文が記載されている。

4 ✕ 職業能力開発促進法のなかに、設問のような記載はない。

5 ○ 記述どおり正しい。職業能力開発促進法第10条の3には、雇用する労働者の自発的な職業能力の開発及び向上を促進するために事業主が講ずる措置として、設問文の記載がある。

6 ✕ 「資格取得の際の報奨金の付与」の記載は、とくに法律の中にはない。しかしこうした制度を取り入れている企業は多い。

7 ✕ 「正規雇用労働者」の箇所が誤り。有期雇用労働者、短時間労働者、派遣労働者といった非正規雇用労働者（有期雇用労働者等）の正社員化や処遇改善の取組を行った事業主に対しての助成である。

8 ○ 記述どおり正しい。特定訓練コースや一般訓練コースを活用した上で労働生産性を向上させた事業所は、助成金の額が割増される。

9 ○ 記述どおり正しい。企業・団体向けに、キャリア形成・学び直し支援センターでは、他にもジョブ・カードを活用した人材育成支援や採用強化、マッチング向上などを行っている。

10 ★ 企業の生産性向上を支援するための訓練として、民間機関等の教育資源を活用した生産性向上支援訓練がある。　第24回

11 ★★ 人材開発支援助成金の「人への投資促進コース」の対象には、大学院での訓練はじめ長期教育訓練休暇等制度や外国人労働者の職場定着支援制度の導入、また定額制訓練（サブスクリプション型の研修サービス）による訓練が含まれる。　第23回

12 ★★ OFF-JTは、仕事を通して行うので、時間的、コスト的にも効果的であり、またマニュアル等では客観的に表現できない技能の教育が可能となる。

13 ★ OJTでは、どのような上司、先輩がその指導役を担ったとしても成果に大きな差異が生じないため、企業における職業能力開発の場面で最も多く実施されている。

14 ★★ CDP（キャリア・デベロップメント・プログラム）を行う目的には、社員のモチベーション向上、企業の長期的戦略に必要な人材育成、社員の意向を踏まえた社内人材の流動化の促進、社員の自立性・主体性の向上などがある。

15 ★ CDPとは、企業の幹部候補社員に限って多くの仕事を経験させる目的で、定期的・計画的に職務の異動を行うことをいう。

16 ★★ CDPは、ジョブローテーションや教育訓練などと関連付けて設定するのが望ましいとされ、スキルズインベントリーもCDP設定のための仕組みとして位置付けられる。　第23回

17 ★ CDPとは、企業が用意するOff-JTによる研修等のメニューを体系的に示したものである。

18 ★★ 「成長戦略実行計画」（令和3年6月閣議決定）では、「人」への投資の強化としてテレワークの定着、兼業・副業の解禁や短時間正社員の導入促進、女性・外国人・中途採用者の登用、人事評価制度の見直しなど若い世代の雇用環境の安定化、定年制の廃止などが挙げられている。　第24回

10 ◯ 記述どおり正しい。

11 ✕ 人材開発支援助成金「人への投資促進コース」では①デジタル人材の育成、②労働者の自発的な能力開発の促進、③柔軟な訓練形態への助成があげられている。しかし設問にある「外国人労働者の職場定着支援制度の導入」は含まれていない。

12 ✕ 設問文の記載は、OFF-JTの説明ではなく、すべてOJTについての説明である。

13 ✕ 上司や先輩の意欲等により訓練効果が大きく左右される。OJTの場合その点に注意が必要となる。

14 ◯ 記述どおり正しい。CDPとは、従業員の中・長期的な能力開発の手法で、数年～10数年先のキャリア目標を定め、教育研修や個人の希望や適性を考慮した人事異動、OJT、自己啓発等を組み合わせた総合的方法。

15 ✕ CDPは幹部候補社員のみを対象としたものではない。「定期的・計画的に職務の異動を行うこと」もCDPの中に含まれる場合もあるが、CDPをそれだけに限定して捉える事は誤っている。

16 ◯ 記述どおり正しい。但し、CDPは、労働者本人の意向も取り入れて作成されることが望ましいとされる。スキルズインベントリーは、労働者の能力の「棚卸し」を行うこと。

17 ✕ CDPは、Off-JTによる研修だけを指しているものではない。

18 ✕ 「定年制の廃止」が間違っている。「成長戦略実行計画」では、他にもデジタル人材の育成、フリーランス保護制度、労働移動の円滑化、新しい学び環境の整備 (ギガスクール構想)、全世代型社会保障改革方針の実施などが語られている。

3

キャリアコンサルティングを行うために必要な知識②

19 ジョブ型雇用による経営とは、多様な人材を活かし、その能力が最大限発揮できる機会を提供することで、イノベーションを生み出し、価値創造につなげる経営と言われている。　第24回

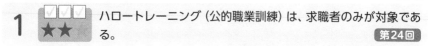

F　公共職業訓練制度

1 ★★ ハロートレーニング（公的職業訓練）は、求職者のみが対象である。　第24回

2 ★★ ハロートレーニングでは、在職者や学卒者向けの訓練は有料となる。

3 ★ ハロートレーニングでは、雇用保険を受給できない者は受講できない。

4 ★ ハロートレーニングでは、訓練期間は最長でも1年である。

5 ★★ ハロートレーニング（公的職業訓練）における公共職業訓練（離職者訓練）や求職者支援訓練は、テキスト代等の自己負担はあるが、無料で受講できる。

6 ★ ハロートレーニングにおける公共職業訓練（離職者訓練）のコース情報は、インターネットでは検索できない。

7 ★★ ハロートレーニングにおける公共職業訓練（離職者訓練）や求職者支援訓練を受講するためには、ハローワークのあっせんは必要ない。

8 ★★ ハロートレーニング（公的職業訓練）における公共職業訓練（離職者訓練）では、雇用保険の基本手当（失業給付）の受給資格がない求職者は、受講することができない。　第24回

9 ★★ 求職者支援訓練は、ポリテクセンターや職業能力開発校などの公的機関が実施しているもので、民間教育訓練機関が実施する就職に資する訓練は認定されない。

19 ✕　設問文の内容は「ダイバーシティ経営」についての説明である。「ジョブ型雇用」とは職務内容を明確にすることで専門性の高い人材獲得につなげるもので、従来型の「メンバーシップ型雇用」とは対照的な雇用形態である。

解答　公共職業訓練制度

1 ✕　ハロートレーニングには、離職者訓練、求職者支援訓練、学卒者訓練、在職者訓練、障害者訓練がある。

2 ◯　記述どおり正しい。学卒者訓練は、中学や高校の卒業者などを対象として有料で実施されている。1年または2年の普通課程と、2年の専門課程、応用課程がある。

3 ✕　雇用保険の受給が終了した人やそもそも雇用保険に加入した事がない人などを主な対象としたハロートレーニングとして求職者支援訓練がある。

4 ✕　学卒者訓練では2年課程が一般的である。

5 ◯　記述どおり正しい。また、ハロートレーニングには、子育て中の求職者のための託児サービス付訓練コースもある。

6 ✕　インターネットでも検索できる。

7 ✕　ハローワークを経由して受講できるようになる。

8 ✕　雇用保険の受給が終了した人やそもそも雇用保険に加入した事がない人などを主な対象としたハロートレーニングとして求職者支援訓練がある。

9 ✕　民間教育訓練機関が実施する就職に資する訓練も認定され、求職者支援訓練や公共職業訓練（離職者訓練）が実施されている。

3

キャリアコンサルティングを行うために必要な知識②

10 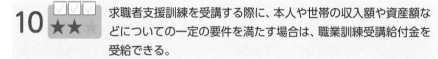 ★★ 求職者支援訓練を受講する際に、本人や世帯の収入額や資産額などについての一定の要件を満たす場合は、職業訓練受講給付金を受給できる。

11 ★ 原則として雇用保険の受給終了者や未加入者を対象とした求職者支援訓練の訓練期間は、最大で1年である。

12 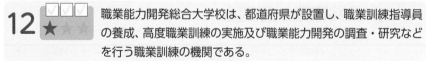 ★ 職業能力開発総合大学校は、都道府県が設置し、職業訓練指導員の養成、高度職業訓練の実施及び職業能力開発の調査・研究などを行う職業訓練の機関である。

G 教育訓練給付金制度 他

1 ★ 教育訓練給付金制度は、労働者の主体的な能力開発の取組みや中長期的なキャリア形成を支援し、雇用の安定と再就職の促進を図る目的で、教育訓練受講に支払った費用の一部を支給する制度である。

2 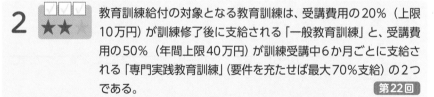 ★★ 教育訓練給付の対象となる教育訓練は、受講費用の20％（上限10万円）が訓練修了後に支給される「一般教育訓練」と、受講費用の50％（年間上限40万円）が訓練受講中6か月ごとに支給される「専門実践教育訓練」（要件を充たせば最大70％支給）の2つである。 第22回

3 ★ 大学院の専門職学位課程は、「専門実践教育訓練」の対象講座に含まれない。

4 ★★ 教育訓練給付制度の対象となる全ての教育訓練について、受講開始前にジョブ・カードを活用したキャリアコンサルティングを受ける必要がある。 第24回

5 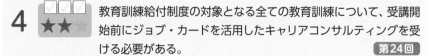 ★ 一般教育訓練給付金に関連して、受講開始日前1年以内にキャリアコンサルタントが行うキャリアコンサルティングを受けた場合、その費用を教育訓練経費に加えることができる（上限2万円）。 第22回

10 ⭕ 職業訓練受講給付金は、雇用保険を受給できない求職者が公的職業訓練受講中に受けられる給付。職業訓練受講手当は月額10万円。

11 ❌ 求職者支援訓練の基礎コースは2か月以上4か月以下、実践コースは原則3か月以上6か月以下とされている。

12 ❌ 「都道府県が設置」が誤り。「国が設置」が正しい。わが国の職業訓練の中核機関が職業能力開発総合大学校である。

解答　教育訓練給付金制度 他

1 ⭕ 記述どおり正しい。雇用の安定と再就職の促進を図ることを目的とする雇用保険を用いた給付制度である。

2 ❌ 一般教育訓練と専門実践教育訓練の他に「特定一般教育訓練」がある。これは受講費用の40％（上限20万円）が訓練修了後に支給される。介護職員初任者研修や大型自動車第一種・第二種免許など速やかな再就職につながる資格に対して支給される。

3 ❌ 大学院での学びに対しても教育訓練給付金は支給される。

4 ❌ 一般教育訓練を受ける場合には、とくにジョブ・カードを活用したキャリアコンサルティングを受ける必要はない。

5 ⭕ 記述どおり正しい。

6 専門実践教育訓練の教育訓練給付金支給対象者は、受講開始日現在で雇用保険の支給要件期間が3年以上（初めて支給を受けようとする方については当分の間2年以上）ある者である。

7 教育訓練給付金は、妊娠、出産、育児等の理由により教育訓練の受講を開始することができない場合、ハローワークに申請することで、最大20年まで教育訓練給付の対象となりうる適用対象期間が延長される。 第24回

8 一般教育訓練給付金の申請手続は、訓練対応キャリアコンサルタントによる訓練前キャリアコンサルティングを受けて交付されたジョブ・カード等を訓練受講開始の1カ月前までにハローワークに提出しなければならない。

H 自己啓発・リカレント教育

1 リカレント教育に関しては、学校教育終了後に社会に出てからも高等教育が様々な形で受けられる機会を提供し、教育を生涯に分散させる考え方がある。

2 「職場における学び・学び直し促進ガイドライン」（厚生労働省、令和4年6月）では、労働者の「自律的・主体的な学び・学び直し」や「労使の協働」の重要性が指摘されており、同時にキャリアコンサルタントの役割も記載されている。 第24回

3 同上のガイドラインでは、企業は、キャリアコンサルタントが必要に応じて支援策等の制度改善を提案できるようになることが推奨されている。 第23回

4 同上のガイドラインによれば、キャリアコンサルタントは、労働者が学び・学び直しで身に付けた能力・スキルを仕事上で実践して成果が得られた場合に、企業に代わって昇進や希望する部署への配置転換、処遇への反映を行うことが推奨される。 第23回

6 ○ 記述どおり正しい。受講開始日時点で被保険者でない者は、被保険者資格を喪失した日以降、受講開始日までが1年以内、前回の受給から今回の受講開始日前までに3年以上経過していることなど要件を満たす者である。

7 ○ 記述どおり正しい。

8 ✕ 記述は専門実践教育訓練給付金の申請手続きである。

解答　自己啓発・リカレント教育

1 ○ 記述どおり正しい。リカレントは「循環」を意味し、学校教育と社会教育とを循環させるシステムの構築が目標とされる。

2 ○ 記述どおり正しい。同ガイドラインでは、企業がキャリアコンサルタントを活用し、学び・学び直しを行う労働者に対し定期的声かけや相談支援等による学びの進捗確認を行う仕組みの導入や、学び継続に支障を来している者に対しての重点的な相談支援などが推奨されている。

3 ○ 記述どおり正しい。

4 ✕ ガイドラインでは、キャリアコンサルタントが必要に応じて支援策等の制度改善を提案できるようになることは推奨されている。しかし設問文にあるような昇進等の処遇についてまで提案することについては推奨されていない。

3

キャリアコンサルティングを行うために必要な知識②

5  「令和元年版男女共同参画白書」（内閣府）によれば、現在の仕事に必要な知識・技能は、男女とも「仕事をする中で身に付けた」を挙げたものが約8割で最も多く、勤め先において得られる学びが果たす役割が大きい。 第22回

6 同上の白書によれば、仕事のための学びに必要なことについて、女性は「経済的な支援があること」よりも「仕事にかかる負担が少なくなること」を挙げるほうが多い。 第22回

7 文部科学省は、リカレント教育の推進には、ニーズを的確に捉え続け、リカレントプログラムを継続的に実施できる体制づくりや、受講者が学びを深め続けられる仕組みづくりが重要としている。

8 「人づくり革命基本構想」（人生100年時代構想会議、平成30年6月）では、リカレント教育の促進に向け、文部科学大臣が認定した履修証明プログラムについては、社会人が通いやすいよう講座の最低時間を120時間から60時間に緩和し、受講者の大幅な増加のための対策を検討していくことが示された。

9 「平成30年度 年次経済財政報告」（内閣府）で述べられた、社会人の自己啓発・学び直し（リカレント教育）では、社会人が行った自己啓発の内訳を見ると、大学、大学院、専門学校、職業訓練学校等への通学は10％未満である。

10 同上の報告によれば、社会人の自己啓発・学び直し（リカレント教育）について、25歳〜64歳のうち、大学等の機関で教育を受けている者の割合は、OECD諸国と比較したとき、日本での割合は、ほぼ同程度となる。

5 ○ 記述どおり正しい。しかしながら、逆にOff-JTによる学びや学校 (大学、大学院、短期大学、専門学校など) での学びの割合が低いことを表しているとも言える。

6 ✕ 学び直しのために必要なことの第1位は「経済的な支援があること」で、「仕事にかかる負担が少なくなること」が1位の男性とは対照的。30代女性の場合「家事等の負担が少なくなること」が第2位。

7 ○ 記述どおり正しい。最近では「リスキリング」(再度、スキルを身に付けるの意) が広く使われる。労働を前提とした学び直しがリカレント教育やリスキリングである。

8 ○ 記述どおり正しい。「人づくり革命基本構想」では、幼児教育の無償化、高等教育の無償化、大学革命、そしてリカレント教育と高齢者雇用の促進が打ち出された。

9 ○ 記述どおり正しい。自己啓発の内訳は、講演会・セミナー32.7%、社外勉強会19.7%、テレビや書籍14.2%、通信講座10.2%。年収や専門性の高い仕事への就業確率が高まる「通学」での自己啓発は少ない (専門学校・職業訓練学校等6.2%、大学・大学院1.6%)。

10 ✕ 日本の割合は2.4%だが、これは英国16%、アメリカ14%、OECD平均11%と比較して大きく下回っており、データが利用可能な28か国中で最も低い水準となっている。

3

キャリアコンサルティングを行うために必要な知識②

2 企業におけるキャリア形成支援の知識

出題のポイントと傾向

　項目別でみると、「人事制度（職能資格制度と職務等級制度）」についての項目が、過去には最も多く出題されています。また、「人事評価（人事考課）、賃金」についての項目もよく出題されています。この2つの項目は深く関連しており、一つの問いの中で混在している場合もあります。様々なバリエーションの設問に対応するためにも、ぜひ多くの問題にあたるようにしてください。

　「セクシャルハラスメント」や「働き方改革」など、最近のトピックから出題されるようにもなってきています。普段からニュース等に注意を払い、関連情報に興味を持って情報収集に努めるようにしてください。

分野	過去問（第15〜24回試験）									
	15回	16回	17回	18回	19回	20回	21回	22回	23回	24回
Ⓐ 人事労務管理全般	⑱				⑯㉒			⑮	⑯	⑯⑰
Ⓑ 異動・退職			⑯			⑮㉓				
Ⓒ 労働時間管理	㉔				⑰					
Ⓓ 就業規則			㉓		㉔					
Ⓔ 人事評価（人事考課）、賃金	㉕		⑱	⑯						
Ⓕ 人事制度（職能資格制度と職務等級制度）		⑮						⑯		
Ⓖ テレワーク	⑰					⑰	⑰			
Ⓗ セルフ・キャリアドック	⑯㊽	⑰				⑯	⑯	⑰		
Ⓘ リーダーシップ										

＊数字は設問の出題番号

Ⓐ 人事労務管理全般

❶ 人事労務管理とは

1. 4つの経営資源「ヒト、モノ、カネ、情報」のうち、ヒトに対する部分の管理

2. 人事・労務管理の構成要素

雇用管理	労働条件管理	人間関係管理	労使関係管理
・採用管理 ・配置管理 ・教育、訓練管理 ・能力開発管理 ・異動昇進管理 ・退職管理	・賃金管理 ・労働時間管理 ・安全・衛生管理	・人間関係管理 　（モラール管理、モ 　チベーション管理、 　リーダーシップ管 　理、組織開発） ・福利厚生管理 　（法定福利、法定 　外福利）	・労働組合 ・労使交渉

＊『キャリアコンサルティング理論と実際5訂版』、木村周著　より

B 異動・退職

❶ 配置異動管理（異動についてはどんな方策があるのか？）

1. 出向→社員の身分を維持したまま、他社の指揮命令の下で業務に従事する異動
2. 転籍→元の会社との雇用関係を終了させ、移籍先と新たな雇用契約を結ぶ
3. 社内公募制度→人材を求める部署が社内で募集をかけ、そこに社員が自発的に応募する
4. 社内FA制度→社員から部署を指定して希望を出せる制度
5. 社内ベンチャー制度→社内で「ベンチャー企業を作る」

❷ 退職管理（退職とくに解雇にもいろいろなパターンがある）

1. **解雇の種類**：「懲戒解雇」「整理解雇」「普通解雇（前の2つ以外の解雇）」
2. 解雇は、客観的合理的な理由を欠き、社会通念上相当であると認められない場合は無効
3. 解雇禁止の規定
   ①労働者の国籍、信条、社会的身分を理由とする解雇
   ②業務上災害で療養のため休業する期間とその後30日間
   ③産前産後の女性が休業する期間とその後30日間
   ④行政官庁または労働基準監督官に申告したことを理由とする解雇
4. 解雇に合理的な理由があっても30日の予告期間が必要
5. 予告を行わない場合30日分以上の要解雇予告手当。30日に満たない場合は不足日数分を支払
6. **整理解雇**：客観的必要性、回避努力、人選の基準、運用の合理性、労使間の十分な協議が条件
7. 労働契約は退職の申し出後2週間を経過すれば終了（民法第627条）

❸ 早期退職優遇制度とは

1. 予め使用者が退職における有利な条件を示すことにより、労働者が自らの意思で、労働契約の解除をすること

C 労働時間管理

❶ 法定労働時間と「36協定」

1. 法定労働時間は1日8時間、1週40時間（労働基準法）
2. 法定労働時間を超えて労働者を働かせる場合「時間外・休日労働に関する協定（36協定）」が必要。36（サブロク）協定は、労働基準監督署に届出

❷ 休憩時間についての規定

1. **休憩**：労働時間6時間超で45分以上、8時間超で1時間以上
2. 休憩時間は、労働時間の途中に、一斉に、自由に利用できること（適用除外あり）
3. 「手待ち時間」「昼休み電話当番」などは労働から解放されていないので別途与えることが必要

D 就業規則

❶ 就業規則（就業規則は、必ず作成しなければいかないのか？）

1. 常時10人以上を使用する場合、必ず作成し所轄の労働基準監督署長へ届出（変更の場合も同様）
2. 届出には労働者代表の意見書を添付

❷ 就業規則に記載すべきこと

1. 絶対的記載事項　→必ず記載
①始業及び就業の時刻、休憩時間、休日、休暇ならびに労働者を2組以上に分けて交替に就業させる場合の就業転換に関する事項
②賃金（臨時の賃金等を除く）の決定、計算及び支払いの方法、賃金の締め切り及び支払い時期並びに昇給に関する事項
③退職（解雇事由含む）に関する事項（退職手当を除く）
2. 相対的記載事項　→定めがあれば記載
①退職手当に関する事項、②臨時の賃金（賞与）、最低賃金額に関する事項、③食費、作業用品などの負担に関する事項、④安全衛生に関する事項、⑤職業訓練に関する事項、⑥災害補償、業務外の傷病扶助に関する事項、⑦表彰、制裁に関する事項、⑧その他全労働者に適用される事項

3-2 企業におけるキャリア形成支援の知識

❸ 就業規則の効力

1. 就業規則で定める基準に達しない労働条件を定める「労働契約」は、その部分については無効
2. 無効となった部分は、就業規則で定める基準を適用
3. そもそも就業規則は、法令や労働協約に反してはならない（労働基準法）

E 人事評価（人事考課）、賃金

❶ 人事考課に用いる指標

1. 「情意考課」「能力考課」「成績（業績）考課」が代表的な考課の指標。情意考課は行動考課や勤務態度考課とも呼ばれ、協調性や規律性などが評価される。

❷ 人事考課の評価誤差（エラー）（評価が公平・公正でない場合があるのか？）

1. **ハロー効果**：ある特徴に影響され、他の面についても同様に高く（低く）評価
2. **中心化傾向**：考課が中央に集中
3. **近接誤差**：考課を行う直前の出来事が印象に残り、全体の印象になってしまう
4. **論理的誤差**：項目が独立しているにも関わらず、関連性があると解釈し推定的に評価　→人事考課者には、研修や訓練が必要

❸ フィードバックの必要性（人事考課をより有効にするために）

1. ありのままの評価を具体的説明でフィードバック
2. 企業の目的と個人のキャリア形成の両方の視点からする

F 人事制度

❶ 職能資格制度と職務等級制度（人事制度にはどのようなものがあるのか？）

1. **職能資格制度**：「人（能力）」が基準。学歴・年齢・勤続年数のような属人的な要素が重視される。年功序列的運用になりやすい。日本の代表的な人事制度。一歩一歩昇格。新卒一括採用や終身雇用と親和性の高い「メンバーシップ型雇用」とも通底。
2. **職務等級制度**：「仕事（職務）」が基準。「同一労働・同一賃金」が原則となる。職務と給与が合理的に対応しているため、給与が一歩一歩は上がりにくい。アメリカにおいて発達。アウトプット（成果）が重視される「ジョブ型雇用」とも通底。

❷ 人事制度用語

1. **エンプロイアビリティ**：労働移動を可能にする能力＋企業内で継続雇用されうる能力

2. **労働生産性**

①労働者一人当たりの付加価値を表す

②実質、名目ともにOECD諸国の中では低い水準

③労働生産性を向上させるために

→・キャリアアップ助成金の活用促進

・働き方改革の更なる推進

・労働者の自発的なキャリア形成支援、ITスキル獲得の支援

G テレワーク

❶ テレワークとは

ICT (Information and Communication Technology＝情報通信技術) を活用した、時間や場所にとらわれない柔軟な働き方。

❷ テレワークの種類

1. 雇用型テレワーク

企業や団体等に勤務している人が、サテライトオフィス勤務や在宅勤務、モバイルワーク等で業務を行うこと。働く人は雇用型テレワーカー。

2. 自営型テレワーク

雇われずに、小規模オフィスや自宅、その他の場所等で、自営・独立して業務を行うこと。自営型テレワーカーあるいはSOHO (ソーホー) などと呼ばれる。

H セルフ・キャリアドック

1. 企業がその人材育成ビジョン・方針に基づき、キャリアコンサルティング面談と多様なキャリア研修などを組み合わせて、体系的・定期的に従業員の支援を実施し、従業員の主体的なキャリア形成を促進・支援する総合的な取組み、そのための企業内の「仕組み」。

2. 従業員が中長期的視点でキャリアビジョンを描き、達成のために職業生活の節目で自己点検や実践に活用できる取り組み。

3. 企業ごとに導入の目的や実施形態が異なるが、共通して得られる効果は以下。

①従業員における効果：キャリア意識の向上とキャリア充実、仕事に対するモチベーション向上

②企業における効果：人材の定着、組織の活性化

■ リーダーシップ

❶ リーダーシップ論の流れ

1. 特性論的アプローチから機能論的アプローチへの変化
   - →リーダーはすべての特性に優れた偉人(グレートマン)である、という考えから機能論的なアプローチへ
   - →どのような機能がリーダーには求められるか、の研究へ
2. PM理論(三隅二不二:みすみ じゅうじ)
   - →目標達成機能(Perfomance機能)と集団維持機能(Maintenance機能)の2軸で、リーダーの機能を分類
   - →集団としての生産性や成員の満足度は、P機能M機能ともに高い「PM型」で最も高く、両者とも低い「pm型」で最も低くなる
3. SL理論(ハーシィP.HerseyとブランチャードK.H.Blanchard)
   - →成員がどれだけ成熟しているか(マチュリティが高いか否か)という状況(situation)によって、リーダーシップのあり方が異なる、という理論
   - →例えばマチュリティが低い時は「教示的リーダーシップ」、高い時は「委譲的リーダーシップ」が有効なリーダーシップスタイルとされる
4. シェアード・リーダーシップ
   - →メンバーの特性や能力を活かし、その時・その場に応じて必要なリーダーシップ機能を多くの成員が分かち持つようにする、という考え
5. コントロールよりもファシリテートするリーダーへ
   - →集団の成員を管理・監督するのではなく、成員一人一人が成長するようにファシリテート(促進、支援)するリーダーシップへ
   - →グリーンリーフ(R.K.Greenleaf)によって提唱された「サーバント・リーダーシップ」等が代表。サーバントとは奉仕者といった意味

3

キャリアコンサルティングを行うために必要な知識②

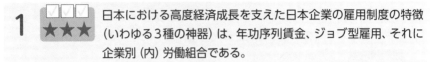

A 人事労務管理全般

1 ★★★
日本における高度経済成長を支えた日本企業の雇用制度の特徴（いわゆる3種の神器）は、年功序列賃金、ジョブ型雇用、それに企業別（内）労働組合である。

2 ★
新卒一括採用や年功序列といった日本に根付いてきた雇用慣行は「メンバーシップ型雇用」と呼ばれるが、最近はそれに対して「ジョブ型雇用」への注目が高まってきている。

3 ★★
企業における一般的な人事管理施策においては、「人事ローテーション」は、組織面と個人面の両方の視点から展開されることが望ましい。

4 ★★
企業における「階層別研修」は、従業員各自が、自身の状況に合わせて研修内容を選択できることが望ましい。

5 ★
自律的なキャリア形成を重視した人事制度としては、「社内FA制度」、「社内公募制度」、「自己申告制度」、「定期異動制度」がある。

6 ★★
社内FA制度では、社員が異動希望を公示し、求人部門が探索し、ニーズが合致した場合に異動となる。

7 ★
目標管理制度で人事評価をする際は、本人の自己評価の提示と管理者による評価結果のフィードバックによる合意形成が重要なステップとなる。 第22回

8 ★
目標管理制度における目標は、労働者の貢献を組織共通の目標に向ける役割を果たしている。 第22回

9 ★★
障害者雇用促進法による法定雇用率を達成するために障害者を採用する場合、精神障害者は算入されない。

10 ★
障害者の採用にあたっては、全労働者に対する障害者の比率を考慮して採用計画を立てるべきである。 第23回

11 ★★
外国人の採用に際しては、在留カードの提示を求め、「外国人雇用状況」の届け出や、離職時の届け出も必要である。 第23回

12 ★
正社員の一般的な雇用契約では、仕事内容や勤務場所を限定せず、その決定と変更を使用者に委ねる包括的な雇用契約が多い。

3
キャリアコンサルティングを行うために必要な知識②

解答 人事労務管理全般

1 ✗ 「ジョブ型雇用」が誤り。「終身雇用(生涯雇用)」が正しい。最近では、「ジョブ型雇用」という専門性が高い人材を採用する傾向が高まってきている。

2 ○ 記述どおり正しい。「メンバーシップ型雇用」では専門職が育ちにくく、IT人材はじめ専門人材の不足解消や多様な働き方推進の面からも、欧米で主流の「ジョブ型雇用」への移行の必要性が語られている。

3 ○ 記述どおり正しい。人事ローテーションは、組織戦略的なキャリア開発と、中長期的な個人のキャリア開発の視点から展開されることが望ましい。

4 ○ 記述どおり正しい。階層別研修とは、新入社員や中堅社員、管理職といった階層別に分けて社員研修を行うもの。

5 ✗ 「定期異動制度」は、自律的なキャリア形成を重視した人事制度とは言えない。

6 ○ 記述どおり正しい。

7 ○ 記述どおり正しい。本人参加で合意形成することは、本人のモチベーション維持に重要な意義をもつ。

8 ○ 記述どおり正しい。

9 ✗ 精神障害者も身体障害者、知的障害者とともに法定雇用率のなかに算入できる。最近は精神障害者の数が増えてきている。

10 ○ 記述どおり正しい。

11 ○ 記述どおり正しい。

12 ○ 記述どおり正しい。しかし、現在では地域や業務を限定した「限定正社員」もみられる。

3

キャリアコンサルティングを行うために必要な知識②

13 ★★ 採用に関して、男女雇用機会均等法は、男女均等の見地から女性が少ない企業において女性を優先して採用する場合はポジティブ・アクションなので、法違反にならない。 第24回

14 ★ 採用にあたっては、何歳以上、あるいは何歳以下などと応募者の年齢を制限することが望ましく、また面接時には応募者の父親の職業について問わないよう徹底する。 第23回

15 ★ 人材育成で、企業固有の技能だけでなく労働市場で通用する能力を身につけるエンプロイアビリティの習得も必要となる。

16 ★ 企業は、内定者が実際に勤務を開始した日から、原則として事実上の労働契約が成立したと見なされる。

17 ★ テイラーは、管理の主な目的は使用者の最大繁栄と合わせて従業員の最大繁栄をもたらすことにあり、労使の真の利害は同一であると主張した。

18 ★ 福利厚生は、企業が法律的義務として実施する法定福利厚生と、自発的意思や労働協約によって行う法定外福利厚生がある。

B 異動・退職

1 ★★ 使用者は、有期契約労働者の労働契約を更新しない場合、14日前までにその予告を行う必要がある。

2 ★★ 解雇とは、使用者が一方的に労働契約を解除し雇用を終了させることをいい、「普通解雇」「整理解雇」「懲戒解雇」がある。

3 ★★ 解雇は、客観的に合理的な理由を欠き、社会通念上相当であると認められない場合でも使用者の意向が優先される。

4 ★★ 整理解雇には、「企業の経営状態が複数年にわたって債務超過状態に陥っている」ことなど4つの要件があり、1要件を満たせば認められる。

5 ★ 使用者は、有期契約労働者の労働契約のみ、締結に際して、退職に関する事項（解雇の事由を含む）を明示する必要がある。

13 ◯ 記述どおり正しい。ポジティブ・アクションとは、男女労働者間に事実上生じている差を解消するために、個々の企業が進める自主的かつ積極的な取組のことである。

14 ✕ 年齢制限は、設けてはならない。「父親の職業について問わない」については、記述どおり正しい。

15 ◯ 記述どおり正しい。「エンプロイアビリティ」は「雇用されうる能力」である。

16 ✕ 内定者から誓約書を受理した時点で、原則として事実上の労働契約が成立したと見なされる。

17 ◯ 記述どおり正しい。テイラーの客観的な原則に基づく「科学的な管理法」は、「労働者には高賃金、経営者には低労務費」をいかに実現するかにあると唱えた。

18 ◯ 記述どおり正しい。

解答　異動・退職

1 ✕ 予告は30日前までに行う。なお、30日前に予告をしない場合は解雇予告手当の支払いが必要になる。

2 ◯ 記述どおり正しい。

3 ✕ 解雇は、客観的に合理的な理由を欠き、社会通念上相当であると認められない場合は、その権利を濫用したものとして無効とされる。

4 ✕ 4つの要件すべてを満たす必要がある。

5 ✕ 無期契約労働者でも、有期契約労働者でも退職に関する事項を明示しなければならない。

6 ★★ 早期退職優遇制度とは、定年年齢に達する前に退職する者に退職金の支給額等を優遇する制度であり、この制度の適用を受けるか否かは使用者の裁量に委ねられる。

7 ★★★ 社員の身分を維持したままで、他社の指揮命令の下で業務に従事する異動を転籍という。

8 ★★★ 労働契約の終了に関し、定年制を設ける場合、その年齢は65歳を下回ってはならない。

9 ★★ 出向に伴い、出向先の賃金水準が適用されて賃金が下がった場合には、出向元が差額の補填をしなくとも出向命令が権利の濫用とされることはない。

10 ★★ 出向は日本企業においては、一般的に行われていることであるので、就業規則や労働契約に出向について規定がなくとも、企業は労働者に対して自由に命じることができる。

11 ★ 退職金の算定にあたっては、出向先および出向元における勤続年数は通算されるのが一般的である。

12 ★ 出向は、出向元に籍を置いたまま出向先に異動するので、出向元の労働条件等が適用される。

13 ★★ 元の会社との雇用関係を終了させ、移籍先と新たな雇用契約を結ぶことを出向という。

14 ★★ 社内ベンチャー制度では、社員が異動希望を公示し、求人部門が探索し、ニーズが合致した場合に異動となる。

C 労働時間管理

1 ★★★ 使用者は、労働者の労働時間が6時間を超える場合には、45分以上の休憩時間を労働時間の途中に与えなければならない。

2 ★★ 使用者は、労働者に法定休日を1日と所定休日を1日として毎週2日以上の休日を与えなければならない。

6 ✕ 早期退職優遇制度の適用を受けるか否かは労働者の自由意思に委ねられる。

7 ✕ 出向元の身分を維持したままで、他社の指揮命令の下で業務に従事する異動を出向(在籍出向)という。

8 ✕ 「高年齢者雇用安定法」で義務化されているのは、1)定年の廃止、2) 65歳への定年引き上げ、3) 65歳までの継続雇用制度の導入のいずれかの措置を講じること。3)においては、定年を60歳とすることは可能。

9 ✕ 在籍出向の場合、出向元の賃金水準が出向先でも適用される場合が多いが、設問のような場合には実質的減給となり、企業側の権利の濫用とされることがある。

10 ✕ 雇用契約書や就業規則に「出向命令権」の記載があったうえで、出向者が不利益を被らないことが必要で、さらに業務上の必然性や人選の合理性もないと権利濫用となる。

11 ◯ 記述どおり正しい。

12 ✕ 設問文のような「在籍出向」の場合、労働時間や休日などの労働条件は、出向元と出向先企業が相談して取り決めることになる。

13 ✕ 元の会社との雇用関係を終了させ、移籍先と新たな雇用契約を結ぶことは「転籍」という。

14 ✕ 設問文は「社内FA(フリーエージェント)制度」についての記述である。社内ベンチャー制度は、子会社の立上げや新規部門の発足などを会社側が支援して行う仕組み。

解答 労働時間管理

1 ◯ 記述どおり正しい。8時間を超える場合には、60分以上の休憩を与えなければならない。

2 ✕ 法定休日を少なくとも週1日もしくは4週間を通じ4日以上の休日を与えなければならない。

3 キャリアコンサルティングを行うために必要な知識②

3 使用者は、労働者に残業をさせる場合には、事業場の過半数の労働者で組織している労働組合（無い場合は労働者の過半数代表）と36協定を締結し、労働基準監督署に届け出ることで残業をさせることができる。

4 使用者が労働者に、あらかじめ休日と定められていた日に労働させ、その代償として以後の特定の労働日を休みとする、いわゆる「代休」を与えた場合、使用者は労働者に対して代休を与えたので、休日労働分の割増賃金を支払う必要はない。

5 一定の期間についてあらかじめ定めた総労働時間の範囲内で、労働者が日々の始業・終業時刻、労働時間を自ら決めることのできる「フレックスタイム制」は、労働者本人の同意を必要とする。

6 「事業場外みなし労働時間制」や「専門業務型裁量労働制」とともに、「みなし労働時間制」の一つである「企画業務型裁量労働制」については、労働者本人の同意を必要とする。

7 業務遂行の手段や方法、時間配分等を大幅に労働者の裁量にゆだねる必要がある業務において導入される「専門業務型裁量労働制」は、労働者本人の同意を必要とする。

8 労働時間を月単位・年単位で調整することで、繁忙期等により勤務時間が増加しても時間外労働としての取扱いを不要とする「変形労働時間制」は、労働者本人の同意を必要とする。

D 就業規則

1 常時10人以上の労働者を使用する事業場において、解雇事由に関する事項は、必ず就業規則に記載しなければならない「絶対的必要記載事項」である。

2 常時10人以上の労働者を使用する事業場で、就業規則を作成または変更する場合、労働者の過半数を代表する者、もしくは労働者の過半数で組織する労働組合の合意を得なければ、当該就業規則は無効である。

3 ◯ 記述どおり正しい。

4 ✕ 「代休」を与えた場合でも、使用者は労働者に対して休日労働分の割増賃金を支払わねばならない。

5 ✕ 事業場の過半数の労働者で組織している労働組合（無い場合は労働者の過半数代表）と書面による協定で定めた場合には、個々の労働者と個別の同意を取る必要はない。

6 ◯ 記述どおり正しい。業務が明確に定められているわけではない「企画業務型裁量労働制」の導入にあたっては、個別に対象労働者の同意を得なければならない。

7 ✕ 法令等で定められた19業務の中から対象となる業務を決めたり、労働したものとみなす時間を決めるのも、みな労使協定による。労使協定で定また場合、個別の同意は必要ない。

8 ✕ 変形労働時間制には、1か月単位とそれ以上（多くは1年単位）がある。後者については労使協定を定める必要があるが、個々の労働者と個別の同意を取る必要はない。

解答 就業規則

1 ◯ 記述どおり正しい。①始業・終業時刻、休憩時間、休日、休暇、②賃金、計算・支払方法、賃金の締切り、支払い時期、昇給、③退職（解雇の事由を含む）は記載必須である。

2 ✕ 「合意を得なければ無効」という点が誤り。意見を聞く必要はあり「意見書」も行政官庁（労働基準監督署）に提出しなければならないが、意見が「賛成」である必要はない。

3
使用者は、就業規則を書面の交付によって、労働者に周知することが義務付けられている。

4 ★★★
就業規則を作成し又は変更した場合に、所轄労働基準監督署長に届出が必要なのは、常時10人以上の労働者を使用する事業場である。

5 ★
パートタイム労働者や臨時の労働者へ適用する就業規則は、所轄労働基準監督署長に届出を行う必要がある。

E　人事評価（人事考課）、賃金

1 ★★★
人事考課の評価誤差の「ハロー効果」とは、被考課者の特性について、実際以上の甘い考課をする傾向のことである。

2 ★★★
人事評価を行う際の評価の過誤（エラー）で、評価者の自信のなさから評価を甘くつけるエラーを「寛大化傾向」という。

3 ★★
人事評価を行う際の評価の過誤（エラー）で、評価者の得意・不得意分野によって評価が甘くなったり辛くなったりするエラーを「論理的誤差」という。

4 ★★
人事考課の評価誤差（エラー）の、「近接誤差」とは、独立している評価項目であるにもかかわらず、考課者が評価項目間に関連性があると解釈し、推定的に評価をしてしまうことである。

5 ★★
人事考課の評価誤差の「近接誤差」とは、被考課者への気遣いや考課への自信のなさ等から、考課結果が「中央」に集中してしまう傾向のことである。

6 ★
絶対考課とは、上位から5％をS評価とし、次位10％をA評価とするなど、分布を設定して評価する仕組みである。

7 ★★
目標管理制度を人事考課に取り入れる場合、考課者は被考課者との目標設定や評価の際に面接を行うことによって、意思疎通を図ることが必要である。

3

キャリアコンサルティングを行うために必要な知識②

3 ✕ 使用者は、就業規則を常時各作業場の見やすい場所への掲示、備え付け、書面の交付などの方法によって、労働者に「周知」することが義務付けられている。

4 ◯ 記述どおり正しい。

5 ◯ 記述どおり正しい。作成した場合は届出を行う必要がある。

解答 | **人事評価 (人事考課)、賃金**

1 ✕ 人事評価の過誤 (エラー) で、特に優れた点や劣った点があると、それによって他の評価にも影響を与えるエラーを「ハロー効果」という。

2 ◯ 記述どおり正しい。

3 ✕ 評価者の得意・不得意分野によって評価が甘くなったり辛くなったりするエラーを「対比誤差」という。

4 ✕ 設問文の記述は、「論理的誤差」に関する記述である。

5 ✕ 「近接誤差」とは、最近のことは大きく、数か月前のことが小さくなってしまうエラーをという。

6 ✕ 設問文の内容は、絶対考課ではなく相対考課的な評価方法である。絶対考課は、考課項目ごとに基準を明確にして、その基準をクリアしたかどうかを考課することを言い、他との比較で評価をする方式は相対考課である。

7 ◯ 記述どおり正しい。

3 キャリアコンサルティングを行うために必要な知識②

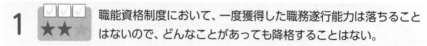

F 人事制度（職能資格制度と職務等級制度）

1 ★★
職能資格制度において、一度獲得した職務遂行能力は落ちることはないので、どんなことがあっても降格することはない。

2 ★★★
職能資格制度で、職能に応じた資格を基準として報酬を決定する場合、職務に変更があったとしても、資格が変わらなければ異動の影響を受けない。

3 ★★
職能資格制度は、資格（等級）により賃金を決定するため、賃金の変動を伴うことなく、人事異動が可能となる制度である。
第22回

4 ★
職能資格制度は、人間よりも職務に力点を置く仕事基準の人事制度であり、この制度における能力は、顕在能力を指し、潜在能力は含まれない。
第22回

5 ★★
職能資格制度において、能力は一歩一歩向上していくので、2段階上の資格に昇格する、いわゆる飛び級は本来想定していない。飛び級的な昇格は、職務等級制度や、役割等級制度と合いやすい。

6 ★
職能資格制度は各資格には、能力の習得期間が考慮され、最短在留年数が決められている場合がある。

7 ★★
職能資格制度において、給与が担当職務ではなく資格と連動しているので、処遇の変化なく配置転換できる。

8 ★
職務等級制度において、現在の資格が異動先の職務でも適用されることから、幅広く多様な職務を経験することによって、いわゆるゼネラリストの人材育成ができる。

9 ★★
職能資格制度において、資格と職位の2つの尺度で社員を序列化しているが、職位は部長、課長、係長等の役職ランクであり、資格は職務遂行能力を難易度に応じて区分したものである。

10 ★
職能資格制度において、職能の熟達度が同じで資格が同一であっても、担当職務によって処遇に違いが出ることがある。

3 キャリアコンサルティングを行うために必要な知識②

解答　人事制度（職能資格制度と職務等級制度）

1　✕　年功序列的な運用になりがちな傾向だが、資格等級の降格がある場合もある。

2　◯　記述どおり正しい。職能給の金額は職務に変更があったとしても、資格が変わらない以上その異動の影響を受けない。

3　◯　記述どおり正しい。

4　✕　職能資格制度は、人間に力点を置く人事制度であり、この制度における能力には、潜在能力も含まれる。

5　◯　記述どおり正しい。

6　◯　記述どおり正しい。職能資格制度は、長期的人材開発が必要になる。

7　◯　記述どおり正しい。職能資格制度は、給与と資格等級は連動している。

8　✕　記述は「職能資格制度」である。職務等級制度はスペシャリストの育成、職能資格制度はゼネラリストの育成に適しているといわれている。

9　◯　記述どおり正しい。職位は役職ランク、資格は職務遂行能力である。

10　✕　職能資格制度では、職能の熟達度が同じで資格が同一であるならば、担当職務によって処遇に違いはない。

3

キャリアコンサルティングを行うために必要な知識②

11　職能資格制度では、属人的な能力要件と、現在その社員が就いている仕事（職務）の内容を判断し、その重要度や困難度にもとづいて社員等級を設定する。

12　職能給は、日本で生まれた日本独特の賃金決定原理であり、通常、職能資格制度と連動して運用され、職務遂行能力の程度に基づいて決定される。

13　高度プロフェッショナル制度の導入にあたっては、労使委員会を設置し構成員の過半数以上の承認決議と労働者本人の同意が必要であり、導入された場合には、労働基準法に定められた労働時間、休憩、休日及び深夜の割増賃金に関する規定を適用しない。

14　高度プロフェッショナル制度の対象となる業務には、研究開発部門において、研究開発に関する権利取得に係る事務のみを行う業務は該当しない。

15　高度プロフェッショナル制度の対象労働者の年収要件として、厚生労働省令では2000万円以上を満たすこととされている。

G　テレワーク

1　テレワークとは、ICT（Information and Communication Technology＝情報通信技術）を活用した、時間や場所にとらわれない柔軟な働き方のことである。

2　「テレワークの適切な導入及び実施の推進のためのガイドライン」（厚生労働省、2021年3月）によれば、休憩の一斉付与の例外に関する労使協定がなくとも、休憩は個人で自由に取れる。

3　同上のガイドラインによれば、余暇を楽しみつつ仕事を行う「ワーケーション」は、情報通信技術を利用して仕事を行う場合には、テレワークの一形態として分類できる。

4　サテライトオフィスとは、企業または団体の本拠から離れた所に設置されたオフィスのことをいう。

5　労働者が顧客先や移動中にパソコンや携帯電話等を活用して行う働き方を、施設利用（サテライトオフィス）型テレワークという。

3　キャリアコンサルティングを行うために必要な知識②

180

11 ✗ 記述は職務等級制度に関する記述である。

12 ○ 記述どおり正しい。

13 ✗ 「過半数以上の承認」が誤っている。労使委員会の決議は、委員の5分の4以上の多数による決議となる。導入にあたっては、年間104日以上の休日確保措置や健康管理時間の状況に応じた健康・福祉確保措置等を講ずることが必要となる。

14 ○ 記述どおり正しい。

15 ✗ 2000万円ではなく、年収1075万円以上を満たした専門的かつ高度な職業能力を持つ労働者が対象で、2019年4月から施行。

解答 テレワーク

1 ○ 記述どおり正しい。

2 ✗ テレワークで就労する場合でも、休憩時間は労働基準法で定められたように取る事が原則である。同様に時間外や休日労働についても労働基準法の規定はそのまま適用される。

3 ○ 記述どおり正しい。

4 ○ 記述どおり正しい。サテライトは「衛星」の意味で、本拠を太陽（恒星）とした時の遠隔地オフィスのことがサテライトオフィスとなる。

5 ✗ 設問文にある働き方の説明は、「モバイル型テレワーク」についての説明である。

3

キャリアコンサルティングを行うために必要な知識②

6 労働者が勤務先以外のオフィスでパソコンなどを活用して行う働き方を、モバイル型テレワークという。

7 テレワーカーは「自営型テレワーカー」と「雇用型テレワーカー」の2つに分かれ、後者は自宅やサテライトオフィス、あるいはモバイルワーカー等として勤務する被雇用者を指す。

8 テレワーク勤務者と通常勤務者において、労働時間やその他の労働条件が同一の場合は、就業規則の変更は求められていない。

H セルフ・キャリアドック

1 セルフ・キャリアドックは、キャリアコンサルティング面談と多様なキャリア研修などを組み合わせて、体系的・定期的に従業員の支援を行う取組みである。

2 セルフ・キャリアドックにおいては、専門性の高い社外のキャリアコンサルタントに業務委託した際、先入観を持たずに面談してもらうよう、自社の目的、人材ビジョン、課題などは説明しなかった。

3 企業におけるセルフ・キャリアドックの実施は、企業としての人材活用目標と従業員一人ひとりのキャリア目標とを調整し、企業の活力・生産性向上と、従業員のキャリア充実の双方を両立することにつながる。

4 セルフ・キャリアドックは組織全体の課題と個人のキャリアを総合的に扱うが、守秘義務を遵守するため、キャリアコンサルタントは人事部門と協働しない方がいい。

5 セルフ・キャリアドックの効果を上げるために、キャリア研修とキャリア面談を連動させ、キャリア面談で把握した課題をキャリア研修に織り込んでいる。

6 セルフ・キャリアドックの導入にあたり、経営戦略と社員の成長について協議することは重要であるが、経営者のコミットメントまで取り付ける必要はない。

6 ✕ 設問文にある働き方の説明は、「施設利用（サテライトオフィス）型テレワーク」についての説明である。

7 ◯ 記述どおり正しい。「自営型テレワーカー」は、IT機器やネットワークを活用して雇われずに働く個人事業者、フリーランス等を指す。

8 ◯ 記述どおり正しい。

解答　セルフ・キャリアドック

1 ◯ 記述どおり正しい。

2 ✕ 企業の方向性（目的や人材ビジョン等）と従業員のキャリアビジョンを調整するのがセルフ・キャリアドックの意図である。その意味でキャリアコンサルタントは事前に企業の方向性を把握しておく。

3 ◯ 記述どおり正しい。セルフ・キャリアドックの導入と実施を通じて、企業と従業員の双方が、ともにメリットを享受し、活力が向上していくことが期待されている。

4 ✕ キャリアコンサルタントは、企業の人事面でのビジョンも把握しておいた方がいい。守秘義務の遵守はしつつ、人事部門との協働は必要である。

5 ◯ 記述どおり正しい。

6 ✕ 経営者の理解とコミットメントは重要である。「必要ない」との表現は誤りである。

7 セルフ・キャリアドックにおける面談では、従業員の立場によって仕事理解やその背景にある問題の受け止め方が違うことを尊重するが、上司の期待や会社の意向と相違がある場合は、その点を指摘して、従業員の捉え方を是正するようにしていく。

 8 セルフ・キャリアドックにおける面談（キャリアコンサルティング）においては、企業から求められる仕事の役割や責任について従業員にしっかりと理解してもらうことが重要であり、従業員がキャリアや働き方で大切にしていることについてはあまり考慮しない。

 9 セルフ・キャリアドックに期待できることは、従業員にとっては、仕事を通じた継続的な成長促進、企業にとっては、人材の定着が挙げられる。

 10 セルフ・キャリアドックにおいて、従業員の人材育成ビジョンや人材開発の方針策定は人事や人材開発部門の領域なので、キャリアコンサルタントは関わらない。

 11 企業で初めてセルフ・キャリアドックを導入する場合は、特定の経営課題に応じた対象者に絞り込んで実行することでも効果が期待できる。 第22回

 12 セルフ・キャリアドックを進めていく際に、キャリア研修を実施するにあたっては、異なる属性の対象者を混合させることが最も有効とされている。

 13 セルフ・キャリアドックにおいて面談を行ったキャリアコンサルタントが、その面談結果を当該従業員の上司や企業側（経営陣など）に対してフィードバックすることは、業務受託をして報酬を得ている立場として当然の義務である。

 14 キャリアコンサルティング面談により把握された組織的・全体的な課題の傾向などに関しては、原則として企業への報告対象となる。

7 ✕ セルフ・キャリアドックで面談をする際には、キャリアコンサルタントは事前に企業側から、企業としての意向等をヒアリングしている事が一般的であり、従業員と企業との調整は行う。とはいえ、従業員を企業側に合わせ、従業員の考え等を是正しようとはしない。

8 ✕ セルフ・キャリアドックで面談をするにあたっては、企業の意向（理念や今後の方向性、従業員への期待等）と従業員側の個々のキャリア形成や働き方の希望等とのすり合わせ（調整）を行うことが大きな目的となる。従業員が大切にしている事を考慮しない、という事はありえない。

9 ◯ 記述どおり正しい。

10 ✕ 設問にあるような人材育成ビジョンや人材開発の方針策定にもキャリアコンサルタントは積極的に関わっていくことが望まれる。

11 ◯ 記述どおり正しい。

12 ✕ 「異なる属性の対象者を混合させること」が有効な場合もあるが、それが常に、最も有効、というわけではない。

13 ✕ キャリアコンサルタントは、セルフ・キャリアドックを企業から受託して実施することも多いが、守秘義務の倫理規定により、面談で得た個人情報を企業側に報告することはできない旨を事前に企業側に伝えておく事も重要である。

14 ◯ 記述どおり正しい。

3

キャリアコンサルティングを行うために必要な知識②

15 ★★ セルフ・キャリアドックにおける従業員との面談後に、キャリアコンサルタントが作成する、個人のキャリア意識の課題や組織上の問題から生じている個人の状況等をまとめた報告書（個別報告書）は、企業の人事部や経営陣から開示要求があれば、相談者の同意を得ていなくても開示しなければならない。

Ⅰ　リーダーシップ

1 ★★ PM理論とは、リーダーシップを組織維持機能と業績推進機能との2軸で考えるものである。

2 ★★ シェアド・リーダーシップとは、リーダーシップ機能をリーダー2名で分担するという考え方である。

3 ★ SL理論（状況対応型リーダーシップ理論）とは、部下の成熟度などの状況によってリーダーシップスタイルを変えていく、とするものである。

4 ★ パス・ゴール理論では、リーダーシップをメンバーが目標（ゴール）を達成するまでの道筋（パス）を示して目標達成を助けるものと捉えている。

キャリアコンサルティングを行うために必要な知識②

3

15 ✕ 開示する場合には、相談者の同意が必要となる。設問文にあるような報告書だけでなく、キャリアコンサルタントには、企業への働きかけとして、組織の改善や相談者のキャリア形成に資する提案（例えば人事制度の変更や対話型ミーティングの提案など）を行うことも望まれている。

解答 リーダーシップ

1 ◯ 記述どおり正しい。PM理論は、三隅二不二（じゅうじ）によって提唱されたもので、P機能（Performance／業績推進機能）とM機能（Maintenance／組織維持機能）によってリーダーシップのあり方を分類したもの。世界的に知られている日本発のリーダーシップ理論である。

2 ✕ シェアド・リーダーシップ（shared leadership）とは、職場やチームのメンバー全員がリーダーシップを発揮する状態のことを指し、設問のように「2名で分担」という表現は誤り。

3 ◯ 記述どおり正しい。ハーシィ（P. Hersey）とブランチャード（K. H. Blanchard）が、1977年に提唱した理論がSL（Situational Leadership）理論であり、リーダーシップ論のうちでも「条件適応理論」と言われるもの。成熟度が異なる部下によって、有効なリーダーシップスタイルは異なる、という理論である。

4 ◯ 記述どおり正しい。「パス・ゴール理論」は、ハウス（R. House）によって1971年に提唱されたもので、「メンバーが目標（ゴール）を達成するためには、リーダーはどのような道筋（パス）を通れば良いのかを示すことである」という考えがベースにある。

3 労働市場の知識

労働市場の知識が問われる問題では、まずベースとなる「労働力に関する用語」をしっかりと把握するようにしてください。同時に「賃金構造基本調査」や「労働力調査」などの調査についての知識を得た上で、その調査結果についても把握しておく必要があります。

これらの調査は結果が調査年度によって変わっていくものなので、最新の調査結果には注意しておきましょう。とくに「労働経済の分析」は連続して出題されている頻出項目です。「労働経済白書」とも呼ばれるこの書については、内容を押さえておく必要があります。

分野	過去問 (第15〜24回試験)									
	15回	16回	17回	18回	19回	20回	21回	22回	23回	24回
A 労働力に関する用語					⑳				⑳	
B 労働経済の分析 (労働経済白書)	❶⑲㉘	⑱⑳	⑲			⑳	⑲	⑱	⑲	⑱⑲
C 労働市場動向と個別調査結果	㉑		⑳	⑳㉑	⑲㉑	⑱	⑱⑳	⑲⑳	⑱	⑳

＊数字は設問の出題番号

A 労働力に関する用語

1. 労働力人口	・15歳以上で、労働する能力と意思をもつ者の数 ・就業者と完全失業者を合わせた数 (労働力人口には失業者も含まれる) ・労働人口比率 (労働力率) は15歳以上人口に占める労働力人口の割合
2. 非労働力人口	・15歳以上の人口に占める「就業者」と「完全失業者」以外の者 ・調査週間中、収入を伴う仕事を少しもしなかった人のうち、休業者及び完全失業者以外の人
3. 就業者	・従業者と休業者を合わせたもの
4. 完全失業者	・就業者以外で仕事がなくて調査週間 (12月を除き月末週) 中に少しも仕事をしなかった者のうち、就業が可能でこれを希望し、かつ仕事を探していた者、および仕事があればすぐ就ける状態で、過去に行なった求職活動の結果を待っている者
5. 完全失業率	・完全失業者数を労働力人口で割ったもの ・総務省統計局が毎月調査し、調査月の翌月末に発表

6. 有効求人倍率	・有効求職者数に対する有効求人数の比率 ・有効求人 (求職) とは、新規求人 (求職) と、前月から繰り越された 　求人 (求職) とを合計したもの ・労働市場の需給状況を示す代表的な指標 ・公共職業安定所を通じた求人と求職に限られる ・新規学卒者は除かれる
7. 生産年齢人口	・15歳以上65歳未満の人口 (経済学用語の一つ)

Ｂ 労働経済の分析 (労働経済白書)

「令和5年版労働経済の分析」(令和5年9月公表)

【2022年の労働経済の推移と特徴】

1. 我が国の雇用情勢は、経済社会活動が徐々に活発化する中で持ち直している。雇用者数については、女性の正規雇用者数が堅調に増加したほか、「宿泊業飲食サービス業」「生活関連サービス業娯楽業」では減少から増加に転じた。

2. 人手不足感はコロナ前の水準まで戻りつつある中、転職者は、「より良い条件の仕事を探すため」が牽引し、3年ぶりに増加に転じた。

3. 名目賃金は全ての月で前年同月を上回り、民間主要企業の賃上げ率は、2.20%と4年ぶりに前年の水準を上回った。一方で、円安の進行等に伴う物価上昇により、実質賃金は減少した。

   *実質賃金：前年比▲1.0% (2021年+0.6%、2020年▲1.2%)

【賃金の現状と課題】

4. 賃金は、1970年から1990年代前半まではほぼ一貫して増加していたが、1990年代後半以降、それまでの増加トレンドから転換し、減少または横ばいで推移している。

5. 1990年代後半以降、物価の影響も考慮すると、一人当たりの実質労働生産性は他の主要先進国並みに上昇しているものの、実質賃金は伸び悩んでいる。我が国においては、労働時間の減少や労働分配率の低下等が賃金を押し下げている。

6. 我が国の賃金の伸び悩みには、企業の利益処分、労使間の交渉力、雇用者の構成等の変化や、日本型雇用慣行の変容、労働者のニーズの多様化が寄与した可能性がある。

【賃上げによる企業・労働者や経済等への好影響】

7. 賃上げは、企業にとっては、求人の被紹介確率を上昇させるとともに離職率を低下させる等の効果が、労働者にとっては、仕事の満足度を高める等の効果がある。

8. 賃上げは、経済全体でみると、消費や生産等を増加させる効果がある。また、賃上

3

キャリアコンサルティングを行うために必要な知識②

げや雇用の安定は、希望する人の結婚を後押しする観点からも重要。

※全労働者の賃金が1%増加した場合に見込まれる効果：生産額約2.2兆円、雇用者報酬約0.5兆円

C 労働市場動向と個別調査結果

❶ 賃金構造基本統計調査（厚生労働省）

1. **目的**：主要産業に雇用される労働者の賃金の実態を明らかにする。

▼「令和4年 賃金構造基本統計調査」結果の概況

1. 一般労働者の 賃金の推移	男女計311,800円、男性342,000円、女性258,900円 前年比較：男性1.4%増、女性2.1%増、男女計1.4%増 男女間賃金格差：男性を100とすると、女性は75.7（前年差0.5ポイント上昇）
2. 雇用形態別の賃金	正社員・正職員328,000円、左記以外221,300円 男性：正社員・正職員353,600円、左記以外247,500円 女性：正社員・正職員276,400円、左記以外198,900円
3. 短時間労働者の賃金 （1時間当たり）	男女計1,367円、男性1,624円、女性1,270円

❷ 労働力調査（総務省統計局）

1. **目的**：就業者数、雇用者数、完全失業者数、完全失業率を毎月公表。

▼「令和5年10月 労働力調査」（令和5年12月公表）

1. 完全失業率	2.5%（前月比0.1ポイント低下）
2. 完全失業者数	175万人（前年同月比3万人減少、2か月連続の減少）
3. 就業者数	6,771万人（前年同月比16万人増加、15か月連続の増加）

❸ 一般職業紹介状況（厚生労働省）

1. **目的**：公共職業安定所（ハローワーク）における求人、求職、就職の状況をとりまとめ、求人倍率などの指標を作成し毎月公表。

❹ 就労条件総合調査（厚生労働省）

1. **目的**：主要産業における企業の労働時間制度、定年制等、賃金制度等について総合的に調査し、民間企業における就労条件の現状を明らかにする。

▼「令和5年 就労条件総合調査」結果（令和5年10月公表）

1. 年次有給休暇の取得状況	取得率は62.1%（前年58.3%）。昭和59年以降過去最高 令和4年（または令和3会計年度）1年間の年次有給休暇の付与日数は17.6日（前年17.6日）、そのうち労働者が取得した日数は10.9日（同10.3日）
2. 退職給付（一時金・年金）制度の導入状況	制度がある企業割合は74.9% 「退職一時金制度のみ」が69.0%、「退職年金制度のみ」が9.6%、「両制度併用」が21.4%
3. 勤務間インターバル制度の導入状況	「導入している」が6.0%（前年5.8%）、「導入を予定又は検討している」が11.8%（同12.7%）、「導入予定はなく、検討もしていない」が81.5%（同80.4%）

❺ 障害者雇用状況（厚生労働省）

1. **目的**：民間企業や公的機関などにおける、障害者雇用状況の集計。

▼「令和5年 障害者雇用状況」集計結果（令和5年12月公表）

1. 民間企業法定雇用率	2.3%の法定雇用率達成企業の割合は50.1%（前年比1.8ポイント上昇）
2. 雇用障害者数	64万2,178人（前年比4.6%増加）
3. 実雇用率	2.33%（前年比0.08ポイント上昇） ＊雇用障害者数、実雇用率ともに過去最高を更新

A 労働力に関する用語

 1 ★★★ 総務省統計局の労働力調査で用いられる用語のうち「労働力人口」とは、15歳以上の人口のうち、「就業者」と「完全失業者」を合わせたものであるが、アルバイトをしている学生は労働力人口には含まない。　第23回

 2 ★★★ 「就業者」は、調査期間中に収入を伴う仕事を1時間以上している「従業者」と、仕事を持ちながら仕事をしていない「休業者」を合わせたもので、家族従業者は無給であったとしても仕事をしたとする。　第23回

 3 ★★★ 「完全失業者」は、調査週間中、仕事がなくて少しも仕事をしていなかった者のことで、求職活動や事業を始める準備をしていた者が含まれる。　第23回

 4 ★★☆ 「労働力人口比率」とは、15歳以上人口に占める労働力人口の割合である。

 5 ★★★ 「完全失業率」は、全人口に占める完全失業者の割合である。　第23回

 6 ★☆☆ 「非労働力人口」は、15歳以上人口のうちで就業していない者のことである。

 7 ★★☆ 「有効求人倍率」は、民間の職業紹介事業者および公共職業安定所における有効求職者一人当たりの有効求人数を表している。

 8 ★☆☆ 一般職業紹介状況で示される「新規求人数」は、内閣府が作成する景気動向指数の先行系列の一つに採用されている。

B 労働経済の分析（労働経済白書）

 1 ★★☆ 「令和4年版労働経済の分析」（厚生労働省）によれば、2009年以降、新規求人倍率、有効求人倍率は上昇傾向、完全失業率は低下傾向で推移しており、2020年に新型コロナウイルス感染症の拡大があっても水準は悪化しなかった。　第24回

解答 労働力に関する用語

1 ✕ 前半の「労働力人口」の定義は正しいが、後半が誤り。アルバイトの学生も、当然ながら「就業者」である。労働力人口は、15歳以上で、労働する能力と意思をもつ者の数とも言える。

2 ◯ 記述どおり正しい。仕事を持ちながら仕事をしていない「休業者」も「就業者」に含まれる点に注意したい。

3 ◯ 記述どおり正しい。事業を始める準備をしていた者も含まれる。

4 ◯ 記述どおり正しい。労働力人口比率＝労働力人口÷15歳以上人口で計算する。「全人口」に占める割合ではない。

5 ✕ 完全失業率は、労働力人口に占める完全失業者の割合である。

6 ✕ 15歳以上の人口から労働力人口を差し引いた人口。通学者、家事従事者、病弱や高齢が理由で生産活動に従事しない者などを含むが働く意思をもって仕事を探している失業者は含まれない。

7 ✕ 「民間の職業紹介事業者および公共職業安定所における」という点が誤っている。有効求人倍率は、公共職業安定所（ハローワーク）を通じた求人や求職に限っての値である。

8 ◯ 記述どおり正しい。

解答 労働経済の分析（労働経済白書）

1 ✕ 後半が誤っている。2020年の感染症の影響による景気減退から、いずれの数値も悪化し、2020年平均では有効求人倍率は1.18倍、完全失業率は2.8%となった。

2 ☑☑☑ ★★
同上の分析で2021年のわが国の労働力の概況をみると、15歳以上人口に占める就業者の割合は約8割である。　第24回

3 ☑☑☑ ★
同上の分析によれば、2012年から2019年にかけて、わが国では労働力人口、就業者数、雇用者数は増加した一方、自営業者・家族従業者数、完全失業者数、非労働力人口は減少した。
　第24回

4 ☑☑☑ ★
同上の分析で2021年のわが国の完全失業率を見ると、雇用調整助成金等の政策による雇用の下支え効果もあり、期間中3%台後半で推移した。　第24回

5 ☑☑☑ ★★
同上の分析によれば、キャリアコンサルティングを受けた経験がある者の方が、経験のない者に比べ、転職回数が「0回」である者の割合が高い。　第24回

6 ☑☑☑ ★★
同上の分析によれば、キャリアコンサルティングを受けた経験がある者の方が、特定の分野の仕事に限定した職業経験を積むよりも、異分野へのキャリアチェンジを積極的に行う傾向がある。
　第24回

7 ☑☑☑ ★★
同上の分析によれば、キャリアコンサルティングを受けた経験がある者の方が、自らの職業能力が他社で通用すると考えている者の割合が低い。　第24回

8 ☑☑☑ ★
同上の分析によれば、企業内でキャリアコンサルティングを受ける場合は、企業外で受ける場合と比べて、転職に結びつく者の割合が高い。　第24回

9 ☑☑☑ ★★
同上の分析によれば、男性の転職入職率は、女性よりも高い割合で推移している。　第23回

10 ☑☑☑ ★★
同上の分析によれば、国際比較からみると、日本の雇用者の勤続年数は比較的長期間となっている。　第23回

11 ☑☑☑ ★
同上の分析によれば、一般労働者の転職入職率は、パートタイム労働者よりも高い割合で推移している。　第23回

3 キャリアコンサルティングを行うために必要な知識②

2 ✗ 15歳以上人口に占める就業者の割合は約6割。就業者のうち、約半数が正規雇用労働者、非正規雇用労働者は3割程度となっている。

3 〇 記述どおり正しい。

4 ✗ 2021年は2%台後半で推移した。

5 ✗ 過去にキャリアコンサルティングを受けた経験がある者の方が、転職回数が「0回」である者の割合は低く、転職回数は多い傾向にある。

6 〇 記述どおり正しい。

7 ✗ キャリアコンサルティングの経験がある者の方が、自らの職業能力が他社で通用すると考えている者の割合が高い。

8 ✗ 企業内でキャリアコンサルティングを受ける場合は、キャリアの見通しの向上のほか、職業能力の向上、労働条件や人間関係の改善といった変化を感じている者が多い。企業外で受ける場合は、キャリアの見通しの向上のほか、就職や転職に結びつく者の割合が高い。

9 ✗ 男性よりも女性の方が高い割合で推移している。

10 〇 記述どおり正しい。

11 ✗ 一般労働者よりもパートタイム労働者の方が高い。

12 「令和3年版労働経済の分析」(厚生労働省)によれば、障害者の雇用は2019年まで16年連続で過去最多を更新してきたが、2020年には減少に転じた、との記載がある。

 13 同上の分析によれば、労働者がテレワークによって感じるメリットとしてはワーク・ライフ・バランス向上に関連するものが多く、デメリットとしては職場におけるコミュニケーションに関連するものが多かった。

C 労働市場動向と個別調査結果

 1 「労働力調査」は、我が国の就業・不就業の状況を把握するため、一定の統計上の抽出方法に基づき選定された全国約4万世帯を対象に毎月調査されているものである。

 2 「労働力調査」では、「人口推計」による推計人口をもとに、15歳以上人口や、その内訳の就業者数、失業者数などの統計を作成する。

 3 労働力調査(詳細集計)からは、「現職の雇用形態についた、主な理由別にみた非正規の職員・従業員数」や「仕事に就けない理由別の失業者数」などがわかる。

 4 労働力調査(詳細集計)からは、「雇用形態別(役員を除く)の賞与額」を知ることができる。

 5 毎月の完全失業率の推移をみるためには、「一般職業紹介状況」を調べると良い。

 6 厚生労働省の報道発表資料等の中で「一般職業紹介状況(職業安定業務統計)」は有効求人倍率を毎月公表している。

 7 「就業構造基本調査」は、総務省によって昭和57年以降は5年に一度行われており、国民の就業及び不就業の状態を調査し、全国及び地域別の就業構造に関する基礎資料を得ることを目的としている。

12 ✕ 障害者の雇用者数は2019年に56.1万人、2020年に57.8万人となり、17年連続で過去最多を更新した。

13 ◯ 記述どおり正しい。ほかに、メリットとしては生産性の向上に関連する項目、デメリットとしては自宅の仕事環境に関する項目も多く挙げられている。

解答 労働市場動向と個別調査結果

1 ◯ 記述どおり正しい。「労働力調査」は、景気判断や雇用対策等の基礎資料として利用されている。

2 ◯ 記述どおり正しい。詳細集計からは「雇用形態別（役員を除く）の雇用者数」などがわかる。

3 ◯ 記述どおり正しい。

4 ✕ 給与関係や賞与については、「労働力調査」からは知ることができない。

5 ✕ 毎月の完全失業率の推移をみるためには、「労働力調査」を調べると良い。

6 ◯ 記述どおり正しい。毎月の有効求人倍率は「一般職業紹介状況（職業安定業務統計）」でわかり、毎月の完全失業率は「労働力調査」でわかる。

7 ◯ 記述どおり正しい。「就業構造基本調査」は、統計法により特に重要なものとされる「基幹統計調査」として位置付けられている調査である。

8 ★★
「賃金構造基本統計調査」は、主要産業に雇用される労働者について、労働者の雇用形態、就業形態、職種、性、年齢、学歴、勤続年数、経験年数別等によって賃金の実態を、明らかにするものである。

9 ★★
「賃金構造基本統計調査」(厚生労働省)では、産業別、性別、年齢別、学歴別等における労働者の賃金水準の平均を調べられる。
第22回

10 ★★★
「毎月勤労統計調査」(厚生労働省)は、雇用、給与及び労働時間について、全国と地方の動向を毎月明らかにするために行う調査である。
第22回

11 ★★
「毎月勤労統計調査」は、全国調査と地方調査があり、雇用保険や労災保険の給付額を改定する際の資料として使われる。

12 ★
「毎月勤労統計調査」の調査の対象は、厚生労働省編職業分類に基づく産業に属する事業所で、常用労働者を常時5人以上雇用する事業所である。

13 ★★
厚生労働省により毎月実施されている「労働経済動向調査」では、主要産業における雇用労働力の実態を明らかにすることが目的とされている。

14 ★★
主要産業における企業の労働時間制度、定年制等、賃金制度等についてみるには、「就労条件総合調査」(厚生労働省)を調べると良い。

15 ★
「就労条件総合調査」は、年齢や勤続年数、職種別の賃金相場を知るためにも用いられる。
第22回

16 ★
15～64歳の失業率は、2010年から2019年にかけては低下している。
第22回

17 ★
65歳以上の高齢者の就業者数は、2010年から2019年にかけて減少している。
第22回

18 ★
15～64歳の女性の就業率は、2010年から2019年にかけて上昇している。
第22回

8 ◯ 記述どおり正しい。企業規模10人以上の企業が集計対象で、毎年発表される。

9 ◯ 記述どおり正しい。年齢、勤続年数など属性別に賃金の相場を知るために用いられる。

10 ◯ 記述どおり正しい。同調査は、大正12年開始の「職工賃銀毎月調査」や「鉱夫賃銀毎月調査」に端を発する、国の基幹統計調査である。

11 ◯ 記述どおり正しい。

12 ✕ 「厚生労働省編職業分類に基づく」が誤り。「日本標準産業分類」に基づく16大産業が調査対象となっている。

13 ✕ 厚労省により四半期に1回実施され、景気変動や労働力需給等が雇用や労働時間等に及ぼす影響や、その対応策、問題点等を迅速に把握することを目的とした調査。

14 ◯ 記述どおり正しい。企業（主要産業）の労働時間制度、賃金制度等についての総合的な調査で、原則毎年実施される。

15 ✕ 設問文の内容は、「賃金構造基本統計調査」から知ることができる。

16 ◯ 記述どおり正しい。2020年は新型コロナウイルス感染拡大の影響により上昇した。

17 ✕ 高齢就業者数は2020年まで17年連続で増加。「団塊の世代」の高齢化などを背景に、2013年から2016年までは主に65〜69歳で増加、2017年以降は主に70歳以上で増加している。

18 ◯ 記述どおり正しい。2020年は新型コロナウイルス感染拡大の影響により低下した。

3

キャリアコンサルティングを行うために必要な知識②

19 ★ 非正規雇用者数は、2010年から2019年にかけて増加している。

第22回

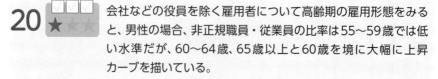
20 ★ 会社などの役員を除く雇用者について高齢期の雇用形態をみると、男性の場合、非正規職員・従業員の比率は55〜59歳では低い水準だが、60〜64歳、65歳以上と60歳を境に大幅に上昇カーブを描いている。

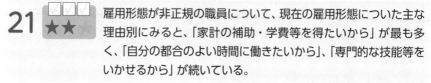
21 ★★ 雇用形態が非正規の職員について、現在の雇用形態についた主な理由別にみると、「家計の補助・学費等を得たいから」が最も多く、「自分の都合のよい時間に働きたいから」、「専門的な技能等をいかせるから」が続いている。

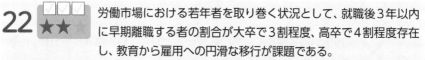
22 ★★ 労働市場における若年者を取り巻く状況として、就職後3年以内に早期離職する者の割合が大卒で3割程度、高卒で4割程度存在し、教育から雇用への円滑な移行が課題である。

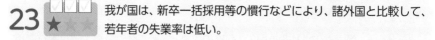
23 ★ 我が国は、新卒一括採用等の慣行などにより、諸外国と比較して、若年者の失業率は低い。

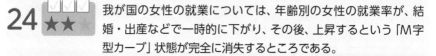
24 ★★ 我が国の女性の就業については、年齢別の女性の就業率が、結婚・出産などで一時的に下がり、その後、上昇するという「M字型カーブ」状態が完全に消失するところである。

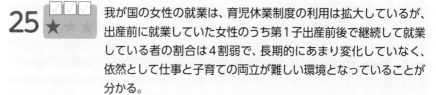
25 ★ 我が国の女性の就業は、育児休業制度の利用は拡大しているが、出産前に就業していた女性のうち第1子出産前後で継続して就業している者の割合は4割弱で、長期的にあまり変化していなく、依然として仕事と子育ての両立が難しい環境となっていることが分かる。

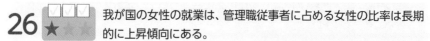
26 ★ 我が国の女性の就業は、管理職従事者に占める女性の比率は長期的に上昇傾向にある。

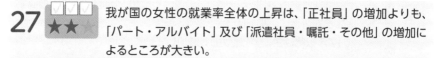
27 ★★ 我が国の女性の就業率全体の上昇は、「正社員」の増加よりも、「パート・アルバイト」及び「派遣社員・嘱託・その他」の増加によるところが大きい。

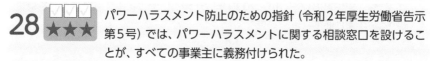
28 ★★★ パワーハラスメント防止のための指針（令和2年厚生労働省告示第5号）では、パワーハラスメントに関する相談窓口を設けることが、すべての事業主に義務付けられた。

3

キャリアコンサルティングを行うために必要な知識②

19 ⭕ 記述どおり正しい。2020年には、新型コロナウイルス感染拡大の影響により、非正規雇用労働者数が前年差75万人減の2090万人と大幅に減少した。

20 ⭕ 記述どおり正しい。

21 ❌ 「自分の都合のよい時間に働きたいから」が最も多い理由である。

22 ⭕ 記述どおり正しい。教育課程から雇用への移行プロセスを円滑に行えるようにして、企業にとっては定着率をあげることが課題である。

23 ⭕ 記述どおり正しい。15歳〜24歳の失業率は、フランス、アメリカ、ドイツなどに比べて低い。

24 ❌ 「M字型カーブ」状態は今なお継続している。徐々に解消される方向には向かっているが、「完全に解消」という状態にはなっていない。

25 ⭕ 記述どおり正しい。しかし、出産後も就労を継続した者のうち、育児休業制度を利用して就業を続けた者の割合は高まっている。

26 ⭕ 記述どおり正しい。しかし、職位が高くなればなるほど女性が占める割合は低くなっている。

27 ⭕ 記述どおり正しい。

28 ⭕ 記述どおり正しい。労働施策総合推進法（パワハラ防止法）の施行に沿って設けられた指針であり、パワハラの具体的内容や事業主の責務等が記載されている。

29 ★★
同上の指針で言及されている事柄は、直接の雇用関係がない派遣先事業主とその派遣労働者には適用されない。

30 ★★
同上の指針では、上司からだけではなく、部下から上司に対するパワーハラスメントもありうる、としている。

31 ★★
同上の指針では、労働者の能力に対し過大な要求だけでなく、過小な要求もパワーハラスメントにあたりうる、としている。

32 ★★
「令和4年度年次経済財政報告」（内閣府）によれば、わが国の1990年を100とした実質GDPは、主要先進国（アメリカ、イギリス、フランス、ドイツ）と比較しても2019年までの成長率に大きな差はない。 第23回

33 ★★
同上の報告によれば、わが国の1991年を100とした一人当たり名目賃金と一人当たり実質賃金は、どちらも主要先進国（アメリカ、イギリス、フランス、ドイツ）と比較しても2019年までの成長率に大きな差はない。 第23回

34 ★★
同上の報告によれば、わが国の1993年から2019年までの一人当たり名目賃金成長率を、雇用者属性別に要因分解すると、属性ごとの時給の変化は押し下げに寄与している。 第23回

35 ★★
「2023年版ものづくり白書」（経済産業省）によれば、製造業の雇用者数に占める外国人労働者数の割合は、2008年以降、一貫して増加傾向で推移している。 第24回

36 ★
同上の白書によれば、製造業において能力開発や人材育成について問題があるとした事業所の割合は、近年は7割を超えており、全産業と比較しても一貫して高い。 第24回

37 ★★
同上の白書によれば、製造業においてデジタル技術を活用している企業での、デジタル技術導入後の変化として、「業務効率や成果が上がった」という回答も多いが、「変化は特になかった」という回答も5割にのぼる。 第24回

29 ✕ パワハラ防止法は2022年4月からは中小企業にも適用されており、設問文のような適用の例外規定はない。

30 ◯ 記述どおり正しい。

31 ◯ 記述どおり正しい。他にも「部下から上司へのパワハラもありうる」等パワハラの具体例や、代表的言動の類型等が指針では示されている。

32 ✕ 主要先進国と比べて、1990年代半ば以降は成長率に顕著な差が表れている。

33 ✕ 主要先進国はいずれも安定して増加しているのに対し、わが国では約30年間、おおむね横ばいにとどまっている。

34 ✕ 時給の増加は一人当たり名目賃金の増加に寄与しているが、相対的に賃金が低い非正規雇用者が増加したことが、平均的な一人当たり名目賃金の伸び悩みの背景にある。

35 ✕ 年ごとに増減があり、一貫して増加傾向とまでは言えない。

36 ◯ 記述どおり正しい。2021年度調査は84.8%と、2008年度調査以降で最も高くなっている。

37 ✕ 「業務効率や成果が上がった」は52.3%、「変化は特になかった」は19.6%。デジタル技術導入後に、業務効率や成果上昇という変化が半数以上の製造業で起きていることがわかる。

3

キャリアコンサルティングを行うために必要な知識②

4 労働政策、労働関連法令と社会保障制度の知識

出題のポイントと傾向

　労働関連法令の領域では、「労働基準法」や「労働契約法」をはじめとした各種法令についての問題が高い頻度で出題されます。それぞれの法律について、その概要を理解しておくことが必要です。また、雇用保険や労災保険、社会保障制度についての問題もたびたび出されてきています。しっかりと理解しておきましょう。

　この領域については、煩雑で覚えることも多いと苦手意識をもっている方も多いようですが、出題のパターンには限りがあります。一問一答の模擬問題で、できなかった箇所を繰り返しチェックすれば、逆に点数の取りやすい領域となるでしょう。

分野	過去問 (第15〜24回試験)									
	15回	16回	17回	18回	19回	20回	21回	22回	23回	24回
Ａ 労働基準法	㉔㉕	㉑	㉒	⑱㉒㉕	㉓㉔㉕		㉓	㉑	㉑㉒	
Ｂ 労働契約法			㉕	㉔	㉓㉔					㉒
Ｃ 雇用保険、労災、社会保障制度		㉒㉓㉔	㉔	㉓	㉕	㉒㉔	㉒㉔	㉓		
Ｄ その他の個別法	㉒㉓		㊸		㉓㉔㉕	㉑	㉑	㉒㉔	㉑㉓㉔	⑮㉑㉓㉔

＊数字は設問の出題番号

Ａ 労働基準法

❶ 労働基準法

1. 原則

　人間らしい生活、労使対等、均等待遇、賃金差別禁止、労働の強制禁止、中間搾取禁止、公民権行使の保障。憲法第27条、28条を元とした労働基本権を定める。

2. 「労働三法」の一つ

　憲法第28条で示される労働三権 (団結権、団体交渉権、団体行動権) を保障する、いわゆる労働三法の一つ。他の二法は労働組合法と労働関係調整法。

3. 賃金

1. 最低賃金法で定める金額を下回らない	
2. 毎月1回以上、一定期日、直接、全額を現金で支払う、が原則	
3. 割増賃金	①法定労働時間を超えて働かせたとき（時間外労働）2割5分以上 ②法定休日に働かせたとき（休日労働）3割5分以上 ③午後10時から午前5時までの深夜に働かせたとき（深夜労働）2割5分以上（時間外労働であった場合は合計して5割加算）
4. 出来高払制その他の請負制で使用する労働者については、使用者は、労働時間に応じ一定額の賃金の保障をしなければならない	

4. 休日と年次有給休暇

1. 休日	毎週1回以上、もしくは4週間を通じて4日以上
2. 年次有給休暇	①6か月継続勤務プラス8割以上の出勤で10日の年次有給休暇取得 ②パートは比例付与が原則 ③6か月で10日取得、1日もしくは2日ずつ増えて最大6年6か月で20日取得 ④年次有給休暇の持ち越しは1年（時効2年） ⑤使用者は労働者が指定した日に、利用目的にかかわらず与えなくてはならない。ただし時季変更権あり

B 労働契約法

❶ 労働契約法

1. 原則

労使対等、均衡考慮、仕事と生活の調和への配慮、信義と誠実、権利濫用の禁止。

2. 安全配慮義務

使用者は、労働契約に伴い、労働者がその生命、身体等の安全を確保しつつ労働することができるよう、必要な配慮をする。

3. 有期労働契約

①やむを得ない事由がある場合でなければ、その契約期間が満了するまでの間は労働者を解雇することができない。

②労働者保護の観点から、過去の最高裁判例により一定の要件の下では「雇止め」を無効とする雇止め法理が成文化されている。

③同一の使用者との間で、有期労働契約が通算で5年を超えて反復更新された場合、使用者は労働者の申込みにより、無期労働契約に転換しなくてはならない。

C 雇用保険、労災、社会保障制度

❶ 雇用保険法

1. **給付**

   ①失業等給付：求職者給付、就職促進給付、教育訓練給付、雇用継続給付

   ②雇用保険二事業

2. **一般被保険者**

   1週間の所定労働時間が20時間以上、かつ、同一の事業主の適用事業場に継続して31日以上雇用の見込み。

3. **受給資格**

   ①離職の日以前2年間に、一般被保険者期間が通算して12か月以上。

   ②倒産や解雇の場合は、離職の日以前1年間に一般被保険者期間が6か月以上。

   ③平成29年1月1日以降、雇用保険適用除外だった65歳以上の雇用者も適用の対象となった。現在は保険料が免除されているが、令和2年度より、64歳以上の雇用保険料の徴収が始まる。

❷ 労働者災害補償保険法（労災保険法）

1. **目的**

   業務上の事由又は通勤による労働者の負傷、疾病、障害、死亡等に対して迅速かつ公正な保護をする。

2. **適用**

   1人でも労働者を使用する事業が適用事業（パートタイマー、アルバイトを含む全ての労働者）

3. **保険料の負担**

   全額事業主

4. **保険給付**

   ①療養（補償）給付　　→医療の現物給付

   ②休業（補償）給付　　→第4日目から給付基礎日額の100分の60

   ③障害（補償）給付　　→年金もしくは一時金

   ④遺族（補償）給付　　→年金もしくは一時金

   ⑤葬祭料、葬祭給付

   ⑥傷病（補償）年金

   ⑦介護（補償）給付

   ⑧二次健康診断等給付

3-4　労働政策、労働関連法令と社会保障制度の知識

❸ 社会保障制度

1. 国民年金法

1. 被保険者	1号被保険者	→日本国内に住んでいる20歳以上60歳未満で第2号・第3号被保険者に該当しない人
	2号被保険者	→厚生年金に加入している65歳未満
	3号被保険者	→第2号被保険者に扶養されている20歳以上60歳未満の配偶者で、第2号被保険者が加入している制度に届け出て、扶養されている認定を受けている人
2. 給付	老齢基礎年金、障害基礎年金、遺族基礎年金 付加年金、寡婦年金、死亡一時金	

2. 健康保険法

①給付　→私傷病だけでなく、妊娠、出産、死亡に対する給付もあり。

②産前産後休業、育児休業期間中の健康保険料、厚生年金保険料は、事業主が申出をすることによって、その間の社会保険料が、被保険者本人負担分及び事業主負担分ともに免除。

3. 介護保険

①被保険者　→市町村の区域内に住所を有する、40歳以上の者

②介護サービスを受けられるのは65歳からだが、要件を満たした場合は40歳〜64歳でも受けることができる。

🅓 その他の個別法（育児・介護休業法 他）

❶ 育児介護休業法

1. 目的

育児や家族の介護を行う労働者の職業生活と家庭生活の両立支援

2. 育児・介護休業の申出

①育児：原則1歳に満たない子。1人の子につき1回

②介護：常時介護を必要とする状態に至るごとに1回

＊事業者は申出を拒むことはできない

3. 育児・介護休業期間

①育児休業：原則として出生の日から1歳に達するまでの間

②介護休業：通算して93日を限度。いずれも労働者が申出た期間（3回を上限として分割取得も可能）

4. 3歳に満たない子を養育するための措置

①3歳に満たない子を養育する従業員が希望すれば利用できる、短時間勤務制度を設けること。短時間勤務制度は、1日の労働時間を原則として6時間（5時間45分から6時間まで）とする

3

キャリアコンサルティングを行うために必要な知識②

②３歳に満たない子を養育する従業員が申し出た場合には、所定労働時間を超えて労働させてはならない

5. **休暇制度**
　①子の看護休暇：小学校就学の始期に達するまでの子。１年度につき５日、２人以上の場合は10日取得可
　②介護休暇：要介護状態にある対象家族１人は５日、２人以上の場合は10日取得可

❷ 労働者派遣法

1. **目的**
　労働者派遣事業の適切な運営を確保するとともに、派遣労働者の保護を図る

2. **雇用安定措置の実施**
　派遣先の同一の組織単位で３年継続して勤務をした場合、派遣元に義務 (３年未満であっても１年以上継続して勤務が見込まれた時点で、努力義務)
　①派遣先への直接雇用の依頼
　②新たな就業機会 (派遣先) の提供
　③派遣元での無期雇用
　④その他安定した雇用の継続を図るための措置

3. **キャリアアップ措置の実施**
　すべての派遣労働者に対して、計画的な教育訓練や、希望者へのキャリアコンサルティングが派遣元に義務

❸ 男女雇用機会均等法

1. **基本理念**
　①労働者が性別により差別されることなく、また、女性労働者にあっては母性を尊重されつつ、充実した職業生活を営むことができるようにする。
　②事業主並びに国及び地方公共団体は、この基本的理念に従って、労働者の職業生活の充実が図られるように努めなければならない。

2. **性別を理由とする差別の禁止**
　①配置、昇進、降格、教育訓練
　②福利厚生
　③職種、雇用形態の変更
　④退職の勧奨、定年、解雇、労働契約の更新

3. **間接差別の禁止**
　①募集、採用にあたり身長、体重、体力を要件とする。
　②募集、採用、昇進、職種変更にあたり転居を伴う転勤に応じることを要件とすること。
　③昇進にあたり転勤経験を要件とすること。

4. **婚姻、妊娠、出産を理由とする不利益取り扱いの禁止**

①妊娠中及び出産後1年以内の解雇は禁止。

②事業主が妊娠及び出産による休業を理由とする解雇でないことを証明しない限り無効。

5. セクシャルハラスメントに関する雇用管理上の措置

①職場でのセクシャルハラスメントに関する方針を明確化、文書に規定し周知。

②相談（苦情）窓口の設置。

③迅速かつ正確に事実関係を確認し、被害者への配慮措置を講じるとともに再発防止措置を講ずる。

④プライバシー保護と不利益扱いの禁止。

❹ 個別労働紛争解決促進法

1. 目的

個々の労働者と事業主との間の紛争（募集や採用等の紛争も含む）について解決を促進。

2. 概要

集団紛争（使用者と労働組合との間の紛争）については、「労働関係調整法」等で、労働委員会による解決手続が終戦直後から整備されていたが、個別紛争については、特別な解決手続は長らく存在しなかったため、平成13（2001）年に制定。

3. 制定の背景

非正規雇用等の増加、成果主義の広がり、労働組合の機能低下などの理由から、集団紛争が減少し個別紛争が増加していることが背景にある。

❺ 労働施策総合推進法（旧・雇用対策法）

1. 目的

労働施策の総合的な推進並びに労働者の雇用の安定及び職業生活の充実等に関する法律。かつて「雇用対策法」と言われた法律が改正され、2018年に新たに制定。

2. 「パワハラ防止法」とも呼ばれる

2019年5月には、職場のいじめや嫌がらせを防止するためのパワハラ防止条項が成立。法律全体では、フリーランスや時短労働等の普及、育児・介護・治療等と仕事の両立など、多様な働き方を促進させることが狙い。

3. パワハラ防止法の施行時期

2020年6月（中小企業は2022年4月）。

4. 企業（使用者）に課せられた義務

「雇用管理上必要な措置を講じること」が義務化。企業は方針等を明確にして周知・啓発を行う、苦情を含む相談に応じて適切に対応できる体制を整備する等の指針が「職場におけるパワーハラスメントに関して雇用管理上講ずべき措置等に関する指針」（2019年11月）で示されている。

A　労働基準法

1 働き方改革関連法において、時間外労働の上限規制が労働基準法で明記された。

2 労働基準法では、特別条項がある場合には、月間100時間を超えて法定時間外労働を行わせることができる。

3 労働基準法では、所定労働時間が7時間の企業において2時間残業させた場合、法律上は2時間分の時間外労働割増賃金を含めて賃金を支払う必要がある。

4 労働基準法では、1日の労働時間が6時間を超え8時間以内の場合には、使用者は、労働時間の途中に少なくとも45分以上の休憩を付与する義務を負うとされている。

5 労働基準法では、1日8時間、1週40時間を法定労働時間と定めているが、特例は一切認めていない。

6 時間外労働をさせた場合の割増賃金は、通常の賃金の3割5分以上としなければならない。

7 労働基準法では、使用者が労働者を法定の労働時間を超えて労働させる場合には、予め労使で書面による協定を締結するだけでよい。

8 法定休日に労働させた場合の割増賃金は、通常の賃金の3割5分以上としなければならない。

9 労働基準法では、1週4日以下や1日の所定労働時間が3時間未満の労働者に対しては、年次有給休暇を与える必要はない。

第23回

10 労働基準法では、週休2日制の企業においては、法定外休日とされた日に労働させた場合、休日労働割増賃金を払わずともよいこととなっている。

解答	労働基準法

1 ○ 記述どおり正しい。

2 ✕ 働き方改革関連法においては、法定時間外労働は月間100時間未満にしなければ違法となる。

3 ✕ 設問文の場合、法定労働時間（1日8時間）を超えた1時間分について時間外労働割増賃金（通常の賃金の2割5分以上）を支払うこととなる。

4 ○ 記述どおり正しい。8時間を超える場合は、少なくとも60分の休憩を与えなければならない。

5 ✕ 商業・映画演劇業・保健衛生業・接客娯楽業で従業員が10人未満の場合、週の法定労働時間が特例で44時間になる。

6 ✕ 時間外労働をさせた場合の割増賃金は、通常の賃金の2割5分以上としなければならない。

7 ✕ 使用者が労働者を法定の労働時間を超えて労働させる場合には、予め労使で書面による協定を締結し、これを所轄労働基準監督署長に届け出ることが必要である。

8 ○ 記述どおり正しい。

9 ✕ 年次有給休暇は、たとえ週1日勤務の所定労働時間が3時間未満のパートタイム労働者であったとしても、比例的に付与される。

10 ○ 記述どおり正しい。法定外休日は、所定休日とも呼ばれ、企業で定めた休日のこと。週1日の休日（法定休日）は必ず必要だが、週休2日の場合、もう1日の休日は所定休日となり、そこで出勤しても休日労働割増賃金とはならない。但し週40時間を超えた場合には、その時間分が時間外労働となる。

11 ★★ 労働基準法によれば、国民の祝日はできるだけ休日にするよう、使用者に努力義務が設けられている。

12 ★ 労働基準法によると、使用者は、労働者に対して、毎週少なくとも1日以上もしくは、4週間を通じ4日以上の休日を与えなければならない。

13 ★ 労働基準法によると、出来高払制その他の請負制で使用する労働者については、使用者は、労働時間に応じ一定額の賃金の保障をしなくてもよい。

14 ★ 労働基準法によると、就業規則を作成し、労働基準監督署長に届け出なければならないのは、常時10人以上の労働者を使用している事業所である。

15 ★★ 労働基準法で定められた労働時間、休憩、休日の制限を受けない管理監督者は、役職名ではなく、職務内容、責任と権限、勤務態様等の実態で判断され、名称では管理職と扱われていても、労働基準法上の管理監督者とは扱われないことがある。

16 ★ 労働基準法は、原則としてすべての事業所に適用されるが、適用除外となる者もいる。

17 ★ 労働基準法によると、使用者は、正当な理由なく遅刻・欠勤を繰り返す労働者を試用期間中であれば無制限に解雇することができる。

18 ★ 労働基準法では中間搾取を禁止している。

19 ★★ 労働基準法では、同法の基準を下回る部分のある労働契約は、契約の全てが無効になる。

20 ★ 労働基準法では、労働者と使用者の合意により、労働基準法を下回る労働条件を設定することができる。

11 ✕ 少なくとも週に1回の休日を与えなければならないと定められている（労働基準法第35条）が、国民の祝日など特定の日を指定することまでは求められていない。

12 ◯ 記述どおり正しい。

13 ✕ 出来高払制その他の請負制で使用する労働者については、使用者は、労働時間に応じ一定額の賃金の保障をしなければならない。

14 ◯ 記述どおり正しい。

15 ◯ 記述どおり正しい。「経営者と一体的な立場で仕事をしている」、「出社、退社や勤務時間について厳格な制限を受けていない」、「その地位にふさわしい待遇がなされている」など実態で、名実ともの管理監督者と判断する。

16 ◯ 記述どおり正しい。労働者をひとりでも雇用する場合、すべての事業者に労働基準法は適用されるが、同居の親族のみを使用する会社、家事使用人、公務員、船員については適用を除外している。

17 ✕ 採用決定後における調査や試用期間中の勤務状態等により、当初知ることができず、また知ることが期待できないような事実を知るに至った場合で、解約権を行使することが客観的にも相当であると認められる場合にのみ解雇が認められる。

18 ◯ 記述どおり正しい。何人も、法律に基づいて許される場合の外、業として他人の就業に介入して利益を得てはならない。

19 ✕ 労働基準法を下回る部分のみ無効になり、労働基準法が適用される。

20 ✕ 労働基準法を下回る労働条件を設定することはできない。

21 使用者は、通勤の途上における災害により労働者が休業する場合には、その休業期間中とその後30日間は解雇をすることができない。

22 労働基準法上、労働者の同意がある場合に限り、使用者は賃金を工場の製品や商店の商品で支払うことができる。

23 労働基準法上、使用者の都合で休業した場合でも、現実の労務提供がない以上、使用者は一切の支払い義務はない。

24 労働基準法上、賃金とは労働の対償であるから、使用者は、定められた賃金支給日以前に賃金支払いを強制されることはない。

25 労働基準法上、賃金は労働者本人に直接支払わなければならない。

26 賃金を銀行等への口座振込で支払うときには、本人の同意が必要である。

27 賃金の支払いについては、労働協約で定めても、日本国内で流通している通貨以外のもので支払うことはできない。 第22回

28 労働者が未成年者である場合、親権者に対して賃金を支払うことは適法である。 第22回

29 業績不振の場合など、使用者に現金がない場合は、月給制の賃金を当月中に分割して支給することができる。 第22回

30 労使協定を結び、就業規則で規定しても、法令の定めがない限り賃金の一部を控除して支払うことはできない。

31 退職時に未消化のまま残った年次有給休暇を、その日数に応じて手当を支払って買い上げることは違法ではない。

32 年次有給休暇の有効期間は付与された日から2年間である。

21 ✕ 労働基準法では業務上の負傷による休業期間及びその後の30日間の解雇は禁止（第19条）だが、通勤中のケガなどいわゆる「通勤災害」は、「業務上の負傷」には該当しないとされる。よって合理的な理由があったうえで、少なくとも30日以上前に労働者に予告すれば解雇は可能となる。

22 ✕ 労働組合がある会社で協約で定められた場合には、現物給与が例外的に認められているが労働者の同意は要件ではない。

23 ✕ 休業手当の条文では、使用者の責に帰すべき休業の場合、休業期間中は平均賃金の100分の60以上の手当を支払わなければならない、とされている。

24 ✕ 出産、疾病、災害その他省令で定める非常時費用に充てるためには、支払期日前でも賃金を支払わなければならない、とされている。

25 ◯ 記述どおり正しい。

26 ◯ 記述どおり正しい。

27 ✕ 賃金の支払いについては、通貨払い、直接払い、全額払いの原則があるが、労働協約で定めた場合には、現物支給など他の支払いが可能となる場合がある。

28 ✕ 本人払いの原則に反するので違法となる（労働基準法第59条）。親権者や後見人が代わって受け取ることはできない。

29 ✕ 月給制の賃金を、たとえ当月中であったとしても分割して支払うことはできない。

30 ✕ 労使協定を結び、就業規則または労働協約に控除の根拠規定を設けるか、個別に対象労働者の同意を得たような場合、賃金の一部を控除して支払うことが可能になる。例えば少額の従業員互助会費を控除するような場合などが想定できる。

31 ◯ 記述どおり正しい。

32 ◯ 記述どおり正しい。

3

キャリアコンサルティングを行うために必要な知識②

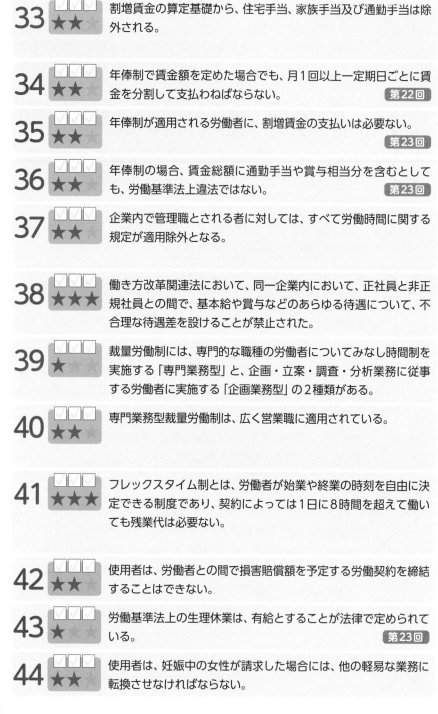

33 ★★ 割増賃金の算定基礎から、住宅手当、家族手当及び通勤手当は除外される。

34 ★★ 年俸制で賃金額を定めた場合でも、月1回以上一定期日ごとに賃金を分割して支払わねばならない。　第22回

35 ★★ 年俸制が適用される労働者に、割増賃金の支払いは必要ない。　第23回

36 ★★ 年俸制の場合、賃金総額に通勤手当や賞与相当分を含むとしても、労働基準法上違法ではない。　第23回

37 ★★ 企業内で管理職とされる者に対しては、すべて労働時間に関する規定が適用除外となる。

38 ★★★ 働き方改革関連法において、同一企業内において、正社員と非正規社員との間で、基本給や賞与などのあらゆる待遇について、不合理な待遇差を設けることが禁止された。

39 ★ 裁量労働制には、専門的な職種の労働者についてみなし時間制を実施する「専門業務型」と、企画・立案・調査・分析業務に従事する労働者に実施する「企画業務型」の2種類がある。

40 ★★ 専門業務型裁量労働制は、広く営業職に適用されている。

41 ★★★ フレックスタイム制とは、労働者が始業や終業の時刻を自由に決定できる制度であり、契約によっては1日に8時間を超えて働いても残業代は必要ない。

42 ★★ 使用者は、労働者との間で損害賠償額を予定する労働契約を締結することはできない。

43 ★ 労働基準法上の生理休業は、有給とすることが法律で定められている。　第23回

44 ★★ 使用者は、妊娠中の女性が請求した場合には、他の軽易な業務に転換させなければならない。

33 ○ 記述どおり正しい。家族手当、通勤手当、別居手当、子女教育手当、住宅手当、臨時に支払われた賃金、1か月を超える期間ごとに支払われる賃金は除く。

34 ○ 記述どおり正しい。

35 ✕ 実際の労働時間が1週又は1日の法定労働時間を超えれば、原則として割増賃金を支払う。

36 ○ 記述どおり正しい。

37 ✕ 残業手当、休日出勤手当については、管理監督者に対して支払い義務はないが、深夜割増賃金は支払うべきという判例が出ており、また有給休暇も与える義務がある。

38 ○ 記述どおり正しい。

39 ○ 記述どおり正しい。専門業務型について労使協定、企画業務型については、労使委員会の決議が必要である。

40 ✕ 研究開発やソフトウェア制作、弁護士などの士業等19業務に限定されているのが専門業務型裁量労働制で、営業職はそのなかに入っていない。

41 ○ 記述どおり正しい。定めた期間（清算期間）1週間で契約時間を40時間と設定した場合、ある日に8時間を超えて働いたとしても残業代は支給されない。コアタイム（1日の中で必ず出勤する時間帯）を決める場合もある。

42 ○ 記述どおり正しい。労働基準法で禁止されている。

43 ✕ とくにそのような規定はない。

44 ○ 記述どおり正しい。

3

キャリアコンサルティングを行うために必要な知識②

 **45** 6週間（多胎妊娠の場合は14週間）以内に出産する予定の女性であっても、本人から休業の請求がない場合は就業させても差し支えない。 第23回

 46 労働基準法では、使用者は、妊産婦に対し一切の深夜業をさせてはならない。

 47 労働基準法では、産後6週間を経過した女性労働者が就労を希望した場合は、医師が支障がないと判断した業務に就業させることができる。

 48 労働基準法では、使用者は、産後6週間を経過しない女性労働者が、請求をしなければ、産後休業をさせなくともよい、とされている。

 49 労働基準法では、生後満1年に達しない生児を育てる男女労働者は、通常の休憩時間の他に、1日2回各々少なくとも30分、当該生児を育てるための育児時間を請求することができる。

 50 妊娠中および産後1年を経過しない女性を解雇する場合においては、解雇の理由が妊娠・出産等に基づくものでないことを使用者が証明できなければ、その解雇は無効となる。

 51 労働関係諸法令により労働者に付与することが義務付けられている休暇には、子の看護休暇、介護休暇、妊産婦の通院休暇、慶弔特別休暇が含まれる。

B 労働契約法

 1 労働契約法は、労働契約の基本を定める法令であり、すべての労働者に適用される。

 2 労働契約法によると、5年を超えて同一使用者に雇用された有期契約労働者が請求した場合は、正社員に転換しなければならない。

 3 労働契約法によると、就業規則の不利益変更はいかなる場合でもできない。

45 ◯ 記述どおり正しい。請求すれば取得できるのがこの制度である（労働基準法第65条）。

46 ✕ とくにそのような規定はない。

47 ◯ 記述どおり正しい。産後8週間を経過しない女性を就業させてはならない。ただし、産後6週間を経た女性が請求した場合には、医師が支障がないと認めた業務に就業させることは差し支えない。（労働基準法第65条）

48 ✕ 出産の翌日から8週間は就業することができない。使用者は必ず8週間の産後休業を与えなくてはいけない。

49 ✕ 対象は女性労働者のみである。

50 ◯ 記述どおり正しい。産前産後休業の期間（産前6週間と産後8週間）とその後の30日間は、解雇することが禁じられている。

51 ✕ 慶弔特別休暇は、法律によって定められていない休暇である。他の休暇については、育児・介護休業法や男女雇用機会均等法、労働基準法によって義務付けられている。

解答 労働契約法

1 ✕ 国家公務員・地方公務員の労働契約については適用されない。

2 ✕ 5年を超えて同一使用者に雇用された有期契約労働者が請求した場合は、無期契約に転換することができる。

3 ✕ 労働条件の不利益変更に合理的理由がある場合など、不利益変更が認められる場合もある。

4 ★★ 労働契約法においては、労働契約の成立・変更に際しては「合意の原則」が定められているため、就業規則で定める基準に達しない労働条件の契約があっても、合意している場合は有効とされる。 第24回

5 ★★ 労働契約の成立は契約書の作成を必ず要するものであり、口約束のみでの労働契約は有効に成立しない。

6 ★★ 労働契約法で、有期契約労働者が希望して、無期雇用契約に転換された場合、別段の定めがない限り従来の労働条件が適用される。

7 ★ 労働契約法によると、過去の最高裁判例により一定の要件の下では「雇止め」を無効とする雇止め法理が成文化されている。

8 ★★ 賃金等について就業規則の不利益変更がなされる場合は、労働者の受ける不利益の程度、変更の必要性、変更後の就業規則の内容の相当性、労働組合等との交渉の状況その他の事情に照らして合理性が判断される。 第24回

9 ★ 労働契約法によると、同一の使用者と労働契約を締結している有期契約労働者と、無期契約労働者との間で、期間の定めがあることにより不合理に労働条件を相違させることを禁止している。

10 ★ 判例によれば、労働協約に基づき賃金等を不利益に変更する場合は、労働者の個別同意が明確に認められない限り、法的効力が及ばないとしている。 第24回

11 ★★ 民間企業における「懲戒」とは、通常、労働者の企業秩序違反行為に対して課される処分を意味し、正当な業務命令を拒否した場合も、懲戒の対象となることがある。

12 ★ 民間企業における「懲戒」は、就業規則等で明記すれば、減給する額に制限を設けなくてもいい。

13 ★ 懲戒処分の内容が、客観的に合理的な理由を欠き、社会通念上相当であると認められない場合は、その権利を濫用したものとして無効となる。

4 ✕ 就業規則で定める基準に達しない労働条件を定める労働契約は、その部分は無効となるとされている。

5 ✕ 口約束のみであったとしても労働契約は成立する。

6 ◯ 記述どおり正しい。期間を除いた労働条件はそのまま維持される。

7 ◯ 記述どおり正しい。労働者保護を目的としている。

8 ◯ 記述どおり正しい。

9 ◯ 記述どおり正しい。不合理な労働条件を禁止している。

10 ✕ 不利益変更は、従業員ごとに個別の同意を得て行うことが原則だが、就業規則の変更や、労働組合と労働協約を結ぶことで、個別同意を得ずに不利益変更することが例外的に認められる場合がある。

11 ◯ 記述どおり正しい。

12 ✕ 1回の減給の額が平均賃金の1日分の半額を超える事、総額が賃金総額の10分の1を超える事は違法となる。（労働基準法）

13 ◯ 記述どおり正しい。

1 ★★
雇用保険は、失業等給付と雇用保険二事業（雇用安定事業と能力開発事業）を行っている。

2 ★★★
事業の種類が「一般の事業」の雇用保険料率は、労働者負担及び事業主負担ともに同率である。

3 ★★
雇用する労働者が5人未満の事業は、業種や法人格の有無を問わず、雇用保険の適用除外となる。

4 ★★
雇用保険で受給できる1日当たりの金額を「基本手当日額」といい、年齢、退職理由に関係なく一律である。

5 ★★★
雇用保険法の基本手当は、自己都合退職（一般離職）の場合には離職日の前2年間で12ヶ月以上、会社都合退職（特定理由離職）の場合には前1年間で6ヶ月以上の雇用保険の被保険者期間があれば、失業後、公共職業安定所で求職の申込みを行うことで直ちに支給される。　　　　　第22回

6 ★★
雇用保険法の失業とは、被保険者が離職し、職業に就くことができない状態を指し、労働の意思・能力がなくても、生活に困窮していれば失業保険の対象となる。　　　　　第22回

7 ★
失業保険の受給で、被保険者が内職・アルバイト等の実績を偽ることは不正受給となり、支給停止・支給額の全額返還のほか、不正受給額の5倍に相当する額以下の納付命令が課される。　　　　　第22回

8 ★★★
労働保険の適用事業場に該当すれば、週所定労働時間数に関わらず、全ての労働者が雇用保険の適用対象となる。　　　　　第22回

9 ★
雇用保険制度の高年齢雇用継続給付は、原則として60歳以降の賃金が60歳時点に比べて、75%未満に低下した状態で働き続ける場合に支給される。

10   ★★
2020年3月に成立した改正雇用保険法では、二つの事業主に雇用される65歳以上の労働者について、一つ一つの事業の週所定労働時間が20時間未満であっても合計が20時間以上であれば、労働者の申し出により雇用保険の被保険者となれる。

3

キャリアコンサルティングを行うために必要な知識②

解答 雇用保険、労災、社会保障制度

1 ○ 記述どおり正しい。雇用に関する総合的機能を有する制度である。

2 ✕ 事業主負担は労働者災害補償保険（労災）の保険料が加算されるので労働者負担分よりも高い率となる。業種によって保険料率は異なる。

3 ✕ 労働者を一人でも使用する事業主は、たとえ個人事業者であったとしても雇用保険に加入しなければならない。

4 ✕ 基本手当日額は年齢と賃金で決まり、給付日数は被保険者期間と退職理由で決まる。

5 ✕ 失業手当（失業保険）は、設問文にあるような条件をみたせば受給できるが、受給資格決定日（離職票の提出と求職の申込みの日）から7日間は「待期期間」となり、その後、特定理由離職者（特定受給資格者）はすぐに、一般離職者は更に2〜3ヶ月の「給付制限」の後に受給できることとなる。

6 ✕ 就労の意思と能力があり、求職活動を行っていることが、失業保険を受給できる条件となる。

7 ✕ 「不正受給額の5倍に相当する額以下」の部分が誤り。2倍相当額以下が正しい。

8 ✕ 雇用保険の被保険者となるには、1週間の所定労働時間が20時間以上で、かつ31日以上働く見込みがあることが条件となる。

9 ○ 記述どおり正しい。

10 ○ 記述どおり正しい。そもそも2017年1月以降、65歳以上の労働者についても、「高年齢被保険者」として雇用保険の適用対象となっており、一事業主に雇用されて週20時間以上勤務すれば雇用保険の被保険者となれた。

11 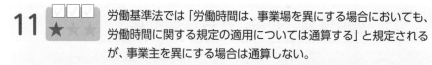 労働基準法では「労働時間は、事業場を異にする場合においても、労働時間に関する規定の適用については通算する」と規定されるが、事業主を異にする場合は通算しない。

12 原則として労働者に就業時間外の兼業・副業の自由は認められるが、例外的に労務提供上の支障や、業務上の秘密が漏洩すること等を防止するため、使用者が労働者の副業・兼業を禁止または制限することも許される。

13 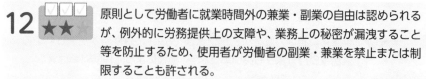 2020年9月施行の改正労働者災害補償保険法では、複数事業で兼業していた労働者が労働災害に被災した場合、二つ以上の事業の賃金合算分をもとに労災保険給付を行う等の改正がなされた。

14 労働者災害補償保険の保険料が未納で、労働者が業務上の負傷を被った場合は、労働者は保険給付を受けることができない。

15 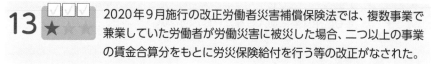 労働者災害補償保険法は、労働者を対象とする保険であるから、個人事業主は加入することができない。

16 通勤災害における「通勤」は、「合理的な経路及び方法」により行われるものであるので、一度決めた経路以外の経路を用いた場合には、通勤とはみなされない。

17 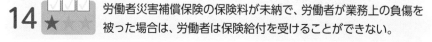 労働者が会社からの業務命令による出張中、所定労働時間外に宿泊ホテル内で転倒し負傷した場合、原則として労災保険給付の対象とはならない。

18 労災保険から給付される休業（補償）給付は、休業3日目から支給される。

19 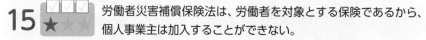 雇用保険制度の、育児休業給付金は、支給対象期間（1か月）当たり、原則として休業開始時賃金日額×支給日数の67％（育児休業の開始から6か月経過後は50％）相当額が支給される。

20 育児休業中・介護休業中に受けた給付金はともに所得税の課税対象とならない。

21 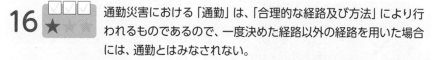 介護保険制度で受けられる介護保険サービスは、65歳未満の者は受けられない。

11 ✕ 事業主が異なっていても、通算することになっている。

12 ◯ 記述どおり正しい。厚生労働省が平成30年1月に改定したモデル就業規則において「労働者は、勤務時間外において、他の会社等の業務に従事することができる。」とされた。

13 ◯ 記述どおり正しい。

14 ✕ 届出がない場合や保険料が未納の場合でも保険給付を受けられる。

15 ✕ 個人事業主も加入ができる。

16 ✕ 合理的な経路であれば複数あったとしても「通勤」経路となる。「通勤」については、就業に関し、住居と就業場所間の往復、複数事業所で働く者の就業場所間の移動などの細かな定めがある。

17 ✕ 設問文のような場合でも労災保険給付の対象となる。

18 ✕ 待機期間3日後、4日目から支給される。

19 ◯ 記述どおり正しい。

20 ◯ 記述どおり正しい。

21 ✕ 40歳から64歳までの介護保険の第2号被保険者は、加齢に伴う特定疾病が原因で要介護（要支援）認定を受けたときに、介護サービスを受けることができる。

22 ★★★ 医療費の一部負担金については、小学校入学前は2割、70歳以上も2割であるが、それ以外の義務教育就学から70歳未満の被保険者は3割を負担する。

23 ★★★ 退職者は、退職日までに継続して2ヶ月以上の被保険者期間がある場合には、任意継続被保険者として2年間健康保険に加入することができる。

24 ★★ 国民年金の保険料が定額制であるのに対して、厚生年金の保険料は所得に比例する定率制である。

25 ★★ 厚生年金の保険料は、産前産後休業期間および育児休業期間は免除されるが、保険料を納めた期間として扱われる。

26 ★ 国民年金の遺族基礎年金は、子のいない配偶者にも支給される。

27 ★★★ 国民年金は、日本国籍をもつ日本国民のみが加入できる。

28 ★★ 厚生年金保険では、60歳以上の労働者は被保険者となることはできない。

29 ★★★ 産前産後休業・育児休業期間中の健康保険料・厚生年金保険料は、事業主が申出をすることによって、その間の事業主の社会保険料が免除される。

30 ★ 健康保険は、業務上の傷病、妊娠、出産、死亡に対する給付を行っている。

31 ★★ 健康保険被保険者が出産した場合は、健康保険から出産育児一時金が支給されるが、これは産前産後休業取得者に対する所得補償である。

32 ★ 公的医療保険制度においては、国民健康保険も健康保険も保険料負担率は同一である。

33 ★★ 企業が支出する健康保険料や厚生年金保険料は、法定福利費と位置付けられる。

34 ★ 企業が支出する児童手当拠出金は、法定外福利費と位置付けられる。

3-4 労働政策、労働関連法令と社会保障制度の知識

22 ○ 記述どおり正しい。医療費の一部負担金とは患者負担のこと。なお70歳以上の現役並み所得者は3割負担である。

23 ○ 記述どおり正しい。資格喪失日から20日以内に申請することにより健康保険への加入が可能になる。

24 ○ 記述どおり正しい。

25 ○ 記述どおり正しい。なお、介護休業期間中は免除されない。

26 ✕ 国民年金の遺族基礎年金は、子のいない配偶者には支給されない。

27 ✕ 日本国籍を持っていない外国人も加入できる。

28 ✕ 厚生年金保険では、原則70歳以上の労働者は被保険者になることはできない。

29 ✕ 「事業主の社会保険料が免除」の箇所が誤っている。被保険者本人負担分及び事業主負担分ともに免除される。

30 ✕ 健康保険は私傷病に関する給付、妊娠、出産、死亡に対する給付を行っている。

31 ✕ 設問の前段は正しいが、後半の「産前産後休業取得者に対する」という点が誤っている。一時金の支給は、産前産後休業の取得とは関係ない。

32 ✕ それぞれに料率を設定している。

33 ○ 記述どおり正しい。

34 ✕ 厚生年金保険に加入する事業所は児童手当拠出金を、厚生年金保険料と共に納付しており、法定福利費と位置付けられる。

35 企業が支出する住宅ローンの利子補給は、法定外福利費と位置付けられる。

D その他の個別法（育児・介護休業法 他）

1 育児・介護休業法による育児休業をすることができるのは、原則として1歳に満たない子を養育する男女労働者だが、両親が協力して育児休業を取得できるように、特例がある。

2 同法による育児休業は、労働者の事業主に対する申し出を要件とし、事業主は拒否できない。

3 同法では、子が1歳に達する時点で保育所に入れない等の場合には、その時点の申し出により、育児休業期間を子が1歳6か月に達するまで延長できる。

4 同法で、事業主は3歳に満たない子を養育する労働者に関して、1日の所定労働時間を原則として6時間とする短時間勤務制度を設けなければならない。

5 同法によれば、男性労働者は、出生時育児休業を子の出生後8週間以内に4週間まで取得可能である。 第24回

6 同法によれば、育児休業は2回まで分割して取得することができる。 第24回

7 同法で、子の看護休暇・介護休暇の最小取得単位は、一日単位から半日単位に改正されている。 第24回

8 同法によれば、従業員1000人超の企業は、育児休業の取得状況の公表が義務付けられている。 第24回

9 同法によれば、介護休業は、分割して取得することができる。

10 女性活躍推進法における「一般事業主行動計画」とは、企業が自社の女性活躍の状況把握と課題分析を行い、それを踏まえた行動計画を策定するものである。 第23回

35 ◯ 記述どおり正しい。

解答 その他の個別法 (育児・介護休業法 他)

1 ◯ 記述どおり正しい。「パパ・ママ育休プラス」では、両親がともに育児休業を取得する場合、原則子が1歳までの休業可能期間が、子が1歳2か月に達するまで (2か月分はパパ (ママ) のプラス分) に延長される。

2 ✕ 労働者の事業主に対する申し出を要件としているが、労使協定により入社1年未満の労働者等は対象外にできる。

3 ◯ 記述どおり正しい。平成29年10月1日からは、1歳6か月時点で「再延長」して、最長2年まで育児休業期間を延ばせるようになっている。

4 ◯ 記述どおり正しい。短時間勤務制度を講ずることが困難な労働者については、代替措置を講じなければならない。

5 ◯ 記述どおり正しい。出生時育児休業 (「産後パパ育休」) で、女性の出産翌日からの8週間 (56日) の産休期間に対応する。

6 ◯ 記述どおり正しい。

7 ✕ 時間単位で取得することができる。令和3年1月より、それまでの半日単位から時間単位に改められた。

8 ◯ 記述どおり正しい。

9 ◯ 記述どおり正しい。93日を3回まで分割して取得することができる。

10 ◯ 記述どおり正しい。例えば管理職における女性の割合や、非正社員女性の正社員への転換の状況などが把握され、分析され、計画策定へとつながる。

3 キャリアコンサルティングを行うために必要な知識②

11 □□□ ★
「一般事業主行動計画」を策定したことについて、社内周知と外部公表を行い、労働基準監督署に届け出る必要がある。　第23回

12 □□□ ★
「えるぼし認定企業」や「プラチナえるぼし認定企業」に認定されるためには、女性活躍推進法における一般事業主行動計画の策定・届出は必ず必要とされる。　第23回

13 □□□ ★★
男女雇用機会均等法は、男女に対する差別的取扱いの禁止を目的とした法律である。

14 □□□ ★★
同法では、妊娠中および産後1年を経過しない女性労働者に対してなされた解雇は、あらゆる場合も無効としている。

15 □□□ ★★
同法では、労働者の募集について性別にかかわりなく均等な機会を与えなければならないが、採用は企業の裁量に任されている。

16 □□□ ★★
同法では、男女均等の見地から採用において性別を理由とする差別を禁止していることから、女性を優先して採用することはいかなる場合においても法違反となる。

17 □□□ ★★★
高年齢者雇用安定法では、60歳未満の定年制を設けている事業主は、定年の引き上げ、継続雇用制度の導入又は定年制の廃止のいずれかの措置を講じなければならないとされている。

18 □□□ ★★★
同法では、事業主に定年の廃止や引き上げ、継続雇用制度の導入等の措置を講じることを義務付けているが、60歳に達する労働者がいない場合は措置を講じなくてもよい。

19 □□□ ★★★
2021年4月から施行された「改正高年齢者雇用安定法」では、事業主が70歳までの就業確保措置を講じることが努力義務となった。

20 □□□ ★
高年齢者雇用安定法では、事業主はその雇用する高年齢者等を事業主都合の解雇等により離職させる場合、再就職の支援を希望する高年齢者等に対しては「求職活動支援書」の作成・交付を行うことが義務づけられている。

21 □□□ ★
シルバー人材センターは、高年齢者雇用安定法に基づき制度化されているものである。

11 ✕ 行動計画を策定した旨は、電子申請、郵送または持参により管轄の都道府県労働局に届け出ることになっている。労働基準監督署ではない。

12 ◯ 記述どおり正しい。えるぼし認定企業への申請の流れの中に行動計画の策定・届出が含まれている。プラチナえるぼしは、えるぼしよりも更に厳しい基準をクリアした場合に認定される。

13 ◯ 記述どおり正しい。女性に対する差別的取り扱いのみを禁止した法律ではない。

14 ✕ 「あらゆる場合」という表現が誤り。事業主が妊娠、出産、育児等を理由とした解雇ではないことをしっかりと証明できれば解雇は可能となる。

15 ✕ 労働者の募集及び採用について性別にかかわりなく均等な機会を与えなければならない。

16 ✕ 企業における女性活躍拡大のため、特定職種や役職の女性が男性より少ない（4割を下回っている）場合、「ポジティブ・アクション」として女性を優先採用することが認められている。（均等法第8条）

17 ✕ 「60歳未満の定年制」という箇所が誤り。「65歳未満」の定年制を設けている事業主は措置を講じなければならない。

18 ✕ 当面の間60歳に達する労働者がいない場合でも、いずれかの措置を講じなければならない。

19 ◯ 記述どおり正しい。

20 ◯ 記述どおり正しい。「求職活動支援書」には職務経歴、職業能力等、再就職に役立つ事項を記載することになっている。高齢者等が在職中の早い時期から求職活動ができるようになることが意図されている。

21 ◯ 記述どおり正しい。

22 ★
個別労働紛争解決促進法では、労働組合と事業主の間の紛争や労働者と労働者の間の紛争は対象としていない。

23 ★★
同法においては、使用者が行う争議行為は想定されていないし、また団体交渉を使用者側から申し入れることもできない。
【第22回】

24 ★
失業者であっても、労働組合を結成したり、これに加入したりすることができる。

25 ★
わが国のパートタイム労働者の労働組合員数および推定組織率は、前年比でみると全体での傾向と同様に低下している。
【第24回】

26 ★★
会社が定めた管理職については、労働組合に加入することはできない。

27 ★
労働組合を設立する場合には、都道府県労働委員会の許可を得る必要はなく、また組織の名称に「労働組合」という文字を加えることもとくに必須ではない。
【第23回】

28 ★★
労働協約が当該労働組合員以外に適用されるためには、当該労働組合は同一事業場における同種の労働者の4分の3以上を組織していなければならない。

29 ★★
労働組合法は、労働関係の公正な調整を図り、労働争議を予防し、又は解決して、産業の平和を維持し、もって経済の興隆に寄与することを目的とする。

30 ★★
労働者派遣法によると、同一の派遣先に継続して3年間派遣される見込みがある人には、派遣元は雇用安定措置を講じなければならない。

31 ★★★
同法によると、すべての派遣労働者のキャリアアップを図るために、派遣元は派遣労働者に対して「段階的かつ体系的な教育訓練」「キャリアコンサルティング」を提供することが義務化された。

22 ◯ 記述どおり正しい。裁判で係争中である、または確定判決が出ているなど、他の制度において取り扱われている紛争や、労働組合と事業主との間で問題として取り上げられており、両者の間で自主的な解決を図るべく話し合いが進められている紛争なども対象外である。

23 ✕ 使用者が行う争議行為も想定されているし、また団体交渉を使用者側から申し入れることも可能である。

24 ◯ 記述どおり正しい。

25 ✕ 労働組合の数は、組合員数とともに減少傾向にあり低下してきているが、パートタイム労働者の労働組合員数は横ばいあるいは微増傾向にある。

26 ✕ 労働組合法によれば、労働組合員になれない管理職は、役員、人事に関して直接の権限を持つ監督的地位にある労働者、使用者の機密の事項に接し、使用者の利益を代表する労働者等である。これらに該当しない管理職は労働組合員になりうる。

27 ◯ 記述どおり正しい。労働組合は許可を得なくても自由に設立することができる。

28 ◯ 記述どおり正しい。

29 ✕ 設問文は労働関係調整法の目的である。労働組合法は団結権、団体交渉権、争議権の労働三権を保障することを目的としている。

30 ◯ 記述どおり正しい。雇用安定措置は、派遣先への直接雇用の依頼、新たな派遣先の提供（合理的なものに限る）、派遣元での（派遣労働者以外としての）無期雇用、その他安定した雇用の継続を図るための措置である。

31 ◯ 記述どおり正しい。キャリアコンサルティングは希望者に対して派遣元の義務で提供する。

3

キャリアコンサルティングを行うために必要な知識②

32 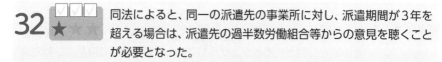 ★☆☆ 同法によると、同一の派遣先の事業所に対し、派遣期間が3年を超える場合は、派遣先の過半数労働組合等からの意見を聴くことが必要となった。

33 ★☆☆ 同法によると、60歳以上の派遣労働者であっても、同一の派遣先に派遣できる期間は5年が限度である。

34 ★★☆ 若者雇用促進法（「青少年の雇用の促進等に関する法律」の適用対象となる若者（青少年）は、厚生労働省の「青少年雇用対策基本方針」（平成28年1月）などでは、25歳以下とされている。 第24回

35 ★★☆ 同法によると、ハローワークにおいて、一定の労働関係法令違反があった事業所を新卒者などに紹介することのないよう、違反のあった事業所の新卒求人は一定期間受け付けない。 第24回

36 ★★☆ 同法では、若者の採用・育成に積極的で、若者の雇用管理の状況などが優良な中小企業について、厚生労働大臣が「ユースエール認定企業」とする制度がある。

37 ★☆☆ 同法に基づく指針によると、事業主は、既卒者が卒業後少なくとも5年間は新規卒業予定者の採用枠に応募できる等の措置を講じるよう努めなければならない。

38 ★★☆ 同法に基づき、地域若者サポートステーションが若年無業者に対する就労支援の拠点として設けられていたが、現在では、当該事業は廃止されている。 第24回

39 ★★☆ 労働施策総合推進法は、職業に必要な労働者の能力を開発・向上させることを促進し、職業の安定と労働者の地位の向上、経済及び社会の発展に寄与することを目的とする。

40 ★☆☆ 同法（旧雇用対策法）において、働き方改革を総合的・継続的に推進するための基本方針が策定された。

41 ★★☆ 労働時間等設定改善法の改正により、勤務間インターバル制度（1日の勤務終了後、翌日の出社までの間に、一定時間以上の休息時間を確保する仕組み）の導入が義務付けられた。

3-4 労働政策、労働関連法令と社会保障制度の知識

32 ⭕ 記述どおり正しい。意見聴取は、就業規則改定の際の意見聴取とは異なり、意見を聴くだけでは足りず、時期や記録等も細かくさだめられている。

33 ❌ 派遣元で無期雇用されている派遣労働者や60歳以上の派遣労働者などは例外として期間制限の対象外である。

34 ❌ 同法では「青少年（若者）」は、15歳以上35歳未満の若年労働力人口を指すが、「青少年雇用対策基本方針」では、個々の施策・事業の運用状況等により、おおむね45歳未満の者も対象と述べている。

35 ⭕ 記述どおり正しい。職業紹介事業者においても、ハローワークに準じた取扱いを行うことが望ましいことが若者雇用促進法に基づく事業主等指針によって定められた。

36 ⭕ 記述どおり正しい。直近3事業年度の新卒者などの正社員として就職した人の離職率が20％以下など認定基準がある。

37 ❌ 「5年間」が誤り。既卒者が卒業後少なくとも3年間は新規卒業予定者の採用枠に応募できる等の措置を講じるよう努めなければならない。

38 ❌ 地域若者サポートステーション（通称サポステ）は、厚生労働省が委託している支援機関が運営しており、全国で177箇所が稼働している（令和5年度）。

39 ❌ 設問文は職業能力開発法の目的である。労働施策総合推進法は「労働施策の総合的な推進並びに労働者の雇用の安定及び職業生活の充実等に関する法律」が正式名称で、別名「パワハラ防止法」とも呼ばれる。

40 ⭕ 記述どおり正しい。

41 ❌ 同法の改正では、労働時間、始業・終業の時刻、休日数、年次有給休暇の時季、深夜業の回数、終業から始業までの時間等（インターバル）に関する努力目標が定められた。「義務付けられた」は誤り。

キャリアコンサルティングを行うために必要な知識②

 **42** ★★★ パートタイム・有期雇用労働法により、同一企業内において、正社員とパートタイム・有期雇用労働者との間で、基本給や賞与、また教育訓練の実施などあらゆる待遇について、不合理な待遇差を設けることが禁止された。

 **43** ★ 同法では、事業主は短時間・有期雇用労働者を雇い入れたときは、短時間・有期雇用労働者の雇用管理の改善等に関する事項に係る相談窓口について文書の交付などにより明示しなければならない。

 **44** ★ 労働安全衛生法に基づき、新技術・新商品等の研究開発業務に従事する者については、時間外・休日労働が一定時間を超えた場合、医師による面接指導の実施が使用者に義務付けられた。

 **45** ★★ 生活困窮者自立支援法では、生活保護受給者に対し、自立相談支援事業の実施、住居確保給付金の支給などの措置を行う、とされる。

 46 ★★ 生活保護制度は、生活に困窮する者に対して、その困窮の程度に関わらず、最低限度の生活を保障及び自立を助長することを目的としている。

こんな問題も出る！ 四肢択一②

【問】年金保険制度に関する次の記述のうち、正しいものの組合せはどれか。
（第9回、第16回他試験類似問題）

A. 厚生年金の保険料は、産前産後休業期間および育児休業期間は免除されるが、介護休業期間中は免除されない。

B. 国民年金の遺族基礎年金は、子供のいない配偶者には支給されない。

C. 国民年金の保険料は所得に比例する定率制が採用されているのに対し、厚生年金の保険料は定額制である。

D. 国民年金の給付財源は、すべて保険料で賄われている。

1. ＡとＢ　　2. ＡとＣ　　3. ＢとＤ　　4. ＣとＤ

正解　1.

42 ⭕ 記述どおり正しい。あらゆる待遇の不合理な格差は禁止された。待遇差がある場合は企業に説明義務が求められる。施行は2020年4月、中小企業では2021年4月から適用された。

43 ⭕ 記述どおり正しい。

44 ⭕ 記述どおり正しい。週40時間を超える時間外労働の時間が月100時間を超えたときは、医師の面接指導が罰則付きで義務付けられた。

45 ❌ 「生活保護受給者に対して」という文言が誤り。「生活困窮者に対して」が正しい。

46 ❌ 「その困窮の程度に関わらず」という文言が誤り。「その困窮の程度に応じて」が正しい。

【問】育児・介護休業法に関する次の記述のうち、正しいものの組合せはどれか。
　　（第8回、第15回他試験類似問題）

A. この法律に則って育児休業が可能なのは、原則として1歳に満たない子を養育する男女労働者である。
B. 育児休業を取得するには、労働者の事業主に対する申し出が必要である。
C. 子供が1歳に達する時点で、保育所に入れない等の場合、その時点の申し出によって、育児休業期間を子供が2歳に達するまで延長することができる。
D. 小学校就学の始期に達するまでの子を養育する労働者に対して、事業主は、育児のための所定労働時間の短縮措置を講じなければならない。

1. AとB　　　2. CとD　　　3. AとC　　　4. BとD

正解 1.

「就職」する際には、どのくらい有利な資格なのか？
——キャリアコンサルタントは食べていけるのか①

　国家資格キャリアコンサルタントの受験資格が得られる養成講習は、最近では学生や一般企業の人事・総務部門の方、人材系企業に勤める若手社員の姿がとても目立つようになってきています。

　人事や総務部門のサラリーマンの方が目指す資格には、これまで社会保険労務士などがありました。しかし社労士は、すべての人事・労務スタッフが目指す資格というほどではありませんし、また例えば人事のスタッフが「一人一人の従業員をもっとサポートができないか」と考えたときには、内容の方向性がちょっとずれていると思うでしょう。

　また管理職の方は、部下がどのようにしたらやる気を出して（モチベーションを高めて）積極的・自律的に動いてくれるのだろうか、と頭を悩ませているのではないでしょうか。

　このようなニーズに対して役立つ知見と具体的なスキル（手法）が身につくのが、キャリアコンサルタントに向けての勉強といえます。

　翻って、国家資格キャリアコンサルタント資格は、就職や転職を考えている人にとっての有利さという観点ではどうでしょう。人事・総務・労務関係のスタッフや管理職の人が取得したいと考える資格を、すでに取得している人材が応募してきたら、やはり注目されるのではないでしょうか。その意味では、就職・転職に有利といえるでしょう。

　人材系の企業の場合にはなおさらです。人材派遣業や紹介業では、今でも国に提出する年次報告に自社内のキャリアコンサルタントの人数を記載する欄があります。さらに近い将来には、資格者の在籍が義務づけられるようになるのではないかという話もあります。もちろん今でも、人材系の企業にいる多くのスタッフがこの資格に注目し、取得したいと考えているのです。

　最近の私の身近な体験では、養成講習を修了してこれから資格試験を受けるという30歳代前半の男性が、「キャリアコンサルタントの受験資格がある」というだけで、希望する人材系企業への転職を果たしました。それまで倉庫業や小売業でのアルバイト経験しかなかったのですが、受験資格を得たというだけでも評価されて、みごと正社員としての就職を勝ち取ったのです。

第**4**章

キャリアコンサルティングを行うために必要な知識③

　本章は「キャリアコンサルティングを行うために必要な知識」を扱う最後の章となります。4-1節「学校教育制度とキャリア教育の知識」および4-2節「メンタルヘルスの知識」は、今まで出題されなかったことの無い必出の領域です。4-3節「ライフステージ、発達課題の知識」では、最近の傾向として「中高年期を展望したときの課題」についての出題が増えてきています。4-4節「人生の転機の知識」からも必出です。4-5節「個人の多様な特性の知識」では、どのような特性について出題されるかは回によって異なりますが、「**D**中高年齢者」や「**E**の中の治療者（両立支援）」などは今後出題される可能性が高いと思われます。

1 学校教育制度、キャリア教育の知識

　教育に関して問われる項目です。学校教育の中での「キャリア教育」については、中央教育審議会（中教審）が平成23（2011）年に取りまとめた『今後のキャリア教育・職業教育の在り方について（答申）』からの出題が多くなっています。最近の傾向としては、平成28（2016）年の学校教育法の改正内容や、「専門職大学」の話題など、法律や制度を巡る話題が出題されています。

　また、定番の頻出項目は「キャリア教育」です。育成すべき力としての「基礎的・汎用的能力」についての問題や、最近では「キャリア教育」の効果を示す調査結果などからの問題がみられています。

分野	過去問（第15～24回試験）									
	15回	16回	17回	18回	19回	20回	21回	22回	23回	24回
Ａ 中教審「キャリア教育・職業教育の在り方（答申）」		❷⑥							❷⑦	
Ｂ 「学校教育法」や教育制度	❷⑦	❷⑤	❷⑥	❷⑦	❷⑥		❷⑤			❷⑦
Ｃ キャリア教育	❷⑦		❷⑦	❷⑥	❷⑦	❷⑤	❷⑥	❷⑤❷⑥	❷⑤❷⑥	❷⑤❷⑥
Ｄ インターンシップ	❷⑥			❹②		❷⑥				

＊数字は設問の出題番号

Ａ 中教審「キャリア教育・職業教育の在り方（答申）」

❶ キャリア教育

1. 幼児期の教育から高等教育まで体系的に進める
2. 基礎的・汎用的能力を確実に育成
3. 社会・職業との関連を重視し、実践的・体験的な活動の充実

❷ 職業教育

1. 職業に従事するために必要な知識、技能、能力や態度を育てる
2. 地域の人材は地域で養成する観点より、地域の企業や関係機関等との連携

❸ キャリア発達にかかわる諸能力（4領域8能力）

1. 人間関係形成能力（自他の理解能力、コミュニケーション能力）
2. 情報活用能力（情報収集・探索能力、職業理解能力）
3. 将来設計能力（役割把握・認識能力、計画実行能力）
4. 意思決定能力（選択能力、課題解決能力）

Ｂ 「学校教育法」や教育制度

❶ 学校教育法等の一部を改正する法律（平成28（2016）年4月から施行された改正内容）

1. 小学校から中学校までの義務教育を一貫して行う「義務教育学校」の制度化
2. 修業年限2年以上の高校専攻科、特別支援学校高等部等の修了者が大学に編入学可能に

❷ 専門職大学等（平成31（2019）年度から創設された新制度）

1. 実践的な職業教育を行う新たな高等教育機関として「専門職大学」「専門職短期大学」「専門職学科」（総称は「専門職大学等」）が創設

Ｃ キャリア教育

❶ キャリア教育の重要性（なぜ「キャリア教育」は必要？）

1. 学級担任が積極的にキャリア教育を進める　→児童の学習意欲の向上（小学校）
2. 充実したキャリア教育の取組　→管理職が生徒の学習意欲の高まりを実感（中学校）
3. インターンシップ　→学習全般に対する意欲の向上（高等学校）
4. キャリアカウンセリング実施率の高さ　←（相関）→　学習意欲の向上を認識（中学校、高等学校）

＊「キャリア教育・進路指導に関する総合的実態調査パンフレット―学習意欲の向上を促すキャリア教育について―」（国立教育政策研究所、平成26年3月）より

❷ キャリア教育で育成すべき力（「基礎的・汎用的能力」とは）

1. 人間関係形成・社会形成能力
2. 自己理解・自己管理能力
3. 課題対応能力
4. キャリアプランニング能力

D インターンシップ

❶ インターンシップの推進に当たっての基本的考え方（令和4年6月一部改正、文部科学省、厚生労働省、経済産業省）

1. インターンシップとは

　　大学等のインターンシップ（汎用型能力・専門活用型インターンシップ、高度専門型インターンシップ）については、「学生がその仕事に就く能力が自らに備わっているかどうか（自らがその仕事で通用するかどうか）を見極めることを目的に、自らの専攻を含む関心分野や将来のキャリアに関連した就業体験（企業の実務を経験すること）を行う活動（但し、学生の学修段階に応じて具体的内容は異なる）」と定義

2. インターンシップの意義

　　インターンシップを始めとするキャリア形成支援に係る取組の意義

　　① 大学等及び学生にとっての意義

　　　　　→キャリア教育・専門教育としての意義　→教育内容・方法の改善・充実

　　　　　→高い職業意識の育成　→自主性・独創性のある人材の育成

　　② 企業等における意義

　　　　　→実践的な人材の育成　→大学等の教育への産業界等のニーズの反映

　　　　　→企業等に対する理解の促進、魅力発信

　　　　　→採用選考時に参照し得る学生の評価材料の取得

 ## 倫理綱領を読もう！①

　国家資格の試験団体ともなっている特定非営利活動法人キャリアコンサルティング協議会は、「職業能力開発促進法」の改正が行われてキャリアコンサルタントが国家資格となるタイミングで、キャリアコンサルタントの倫理綱領を大きく改正し施行しました（平成28年4月のことです）。

　「倫理綱領」とは、一般的にはある特定の職業についての職業倫理を定めたものです。職業倫理ですから、会社（企業）が自社業務を行うにあたっての倫理（どのような姿勢で、何をするか、またはしてはいけないか等）を策定することもありえますが、多くは職能団体がその職能における倫理規定を定めます。

　例えば、日本看護協会が定める「看護者の倫理綱領」、日本技術士会が定める「技術士倫理綱領」、日本新聞協会が定める「新聞倫理綱領」などです。

　キャリアコンサルタントも、一つのプロフェッショナルな職業として、その職業倫理は当然定められるべきものです。そこでは専門家としての行動基準や標準となる能力など

4-1　学校教育制度、キャリア教育の知識

❷ 令和3年度大学等におけるインターンシップ実施状況について（令和5年1月、文部科学省）

1. 実施率、参加率
    - ①単位認定している大学（学部・大学院）は489校（60.9%）、前回（令和元年度）から74校（10.7%）減少。国立大学での実施率が高い。
    - ②単位認定されるインターンシップに参加した学生（学部・大学院）は5万899人（1.7%）、前回から3万3062人（1.2%）減少。国立大学の学生の参加率が高い。
    - ③関東地方での実施が多い
2. 実施時期等
    - ①実施時期は、8月・9月（夏期休暇期間中）が多く、実施期間は2日〜1週間未満での参加が多い。
    - ②実施学年は、学部3年・修士1年・短期大学1年・高等専門学校4 年での参加が最も多く、取得できる単位数は、2単位以下が多い。

についての記載がなされています。

　これからキャリアコンサルタントという専門家になっていかれる皆様方には、ぜひともお読み頂きたい内容です。

　まずは、「序文」の最初の部分です。

キャリアコンサルタント倫理綱領

序文

　時代の変化に伴い、新しい働き方の拡大とその実現のため、社会をリードするキャリアコンサルタントへの期待は更に高まり、社会的責任も増しています。多様な相談者や組織からの求めに応えるため、キャリアコンサルタントには、倫理観と専門性の維持向上が必要不可欠です。加えて自らの人間性を磨き、矜持と責任感を持ち、自己研鑽に励むことが何よりも重要です。特定非営利活動法人キャリアコンサルティング協議会は、キャリアコンサルタントの使命・責任の遂行、能力の維持向上、社会インフラとしてのキャリアコンサルティングの普及・促進に会員団体と共に取り組んでおります。この使命を果たすため、キャリアコンサルタント及びキャリアコンサルティング技能士が遵守すべき倫理綱領をここに改正します。本倫理綱領が、キャリアコンサルティングに従事する全ての方々の日々の活動の指針・拠り所となることを期待します。

令和6年1月1日

A 中教審「キャリア教育・職業教育の在り方 (答申)」

1 中央教育審議会「今後の学校におけるキャリア教育・職業教育の在り方について (答申)」(平成23年) によると、キャリア教育は、幼児期の教育から高等教育まで体系的に進めることとされる。

2 同上の答申で示される「社会的・職業的自立、社会・職業への円滑な移行に必要な力」では、「基礎的・汎用的能力」が提示された。

3 同上の答申で示された「基礎的・汎用的能力」とは、「人間関係形成・社会形成能力」、「他者理解・管理能力」、「課題対応能力」、「キャリアプランニング能力」の4つである。　第23回

4 中央教育審議会「幼稚園、小学校、中学校、高等学校及び特別支援学校の学習指導要領等の改善及び必要な方策等について (答申)」(平成28年12月) に示された資質・能力の三つの柱は、「知識・技能」の習得、「興味・関心」の醸成、「思考力・判断力・表現力等」の育成である。

5 同上の答申では、キャリア教育の課題として「将来の夢を描くことに力点が置かれ『働く』ことの現実や、必要な資質・能力の育成につなげる指導が軽視されている」との問題が指摘された。

B 「学校教育法」や教育制度

1 教育振興基本計画は、日本の教育振興に関する施策の総合的・計画的な推進を図るために、毎年策定されている。　第24回

2 教育基本法は、憲法の精神にのっとり、未来を切り拓く教育の基本を確立し、その振興を図るために制定された。　第24回

3 社会教育法における「社会教育」とは、学校の教育課程として行われる教育活動を除き、主として青少年及び成人に対して行われる組織的な教育活動をいう。　第24回

4 学校教育法等の一部を改正する法律では、現行の小・中学校に加え、小学校から中学校までの義務教育を一貫して行う「義務教育学校」を新たな学校の種類として規定した。

解答 中教審「キャリア教育・職業教育の在り方（答申）」

1 ○ 記述どおり正しい。その中心として基礎的・汎用的能力を確実に育成するとともに、社会・職業との関連を重視し、実践的・体験的な活動を充実することとされている。

2 ○ 記述どおり正しい。

3 ✕ 「他者理解・管理能力」が誤り。「自己理解・自己管理能力」が正しい。

4 ✕ 資質・能力の三つの柱は、「知識・技能」の習得、「思考力・判断力・表現力等」の育成、「学びに向かう力・人間性等」の涵養である。

5 ○ 記述どおり正しい。設問文の他にも「職場体験活動のみをもって、キャリア教育を行ったものとしているのではないか」といった問題・課題も指摘されている。

解答 「学校教育法」や教育制度

1 ✕ 国の「教育振興基本計画」は、教育基本法（2006年）に基づき、おおむね5年ごとに策定される。第3期は2018〜2022年の計画。

2 ○ 記述どおり正しい。2006（平成18）年に改正され、第2条「教育の目標」には「職業及び生活との関連を重視し、勤労を重んずる態度を養うこと」等の文言が加わった。

3 ○ 記述どおり正しい。

4 ○ 記述どおり正しい。学校教育制度の多様化及び弾力化を推進するために「義務教育学校」が設けられた。国公私、いずれも設置が可能である。

5 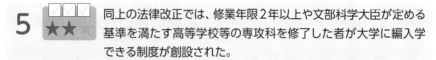 同上の法律改正では、修業年限2年以上や文部科学大臣が定める基準を満たす高等学校等の専攻科を修了した者が大学に編入学できる制度が創設された。

6 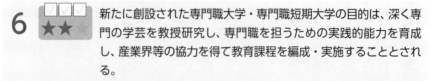 新たに創設された専門職大学・専門職短期大学の目的は、深く専門の学芸を教授研究し、専門職を担うための実践的能力を育成し、産業界等の協力を得て教育課程を編成・実施することとされる。

7 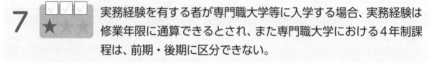 実務経験を有する者が専門職大学等に入学する場合、実務経験は修業年限に通算できるとされ、また専門職大学における4年制課程は、前期・後期に区分できない。

8 学校教育法施行規則によれば、生徒指導主事は、校長の監督を受け、生徒の職業選択の指導その他の進路の指導に関する事項をつかさどり、当該事項について連絡調整及び指導、助言に当たる。

C キャリア教育

1 平成29年度告示の小・中学校、及び平成30年度告示の高等学校の「学習指導要領総則」では、「児童（生徒）が、学ぶことと自己の将来とのつながりを見通しながら、社会的・職業的自立に向けて必要な基盤となる資質・能力を身に付けていくことができるよう、特別活動を要としつつ各教科等の特質に応じて、キャリア教育の充実を図ること」としている 第24回

2 文部科学省が定めた学習指導要領のなかで、キャリア教育については、「特別活動を要としつつ、各教科等の特質に応じてキャリア教育の充実をはかる」と中学校段階から明記された。 第22回

3 2021年度から中学校で実施されている学習指導要領のなかでは、生徒のキャリア発達を踏まえて、学習内容と将来の職業の選択や生き方との関わりについても扱うことが、技術・家庭で明記された。 第22回

4 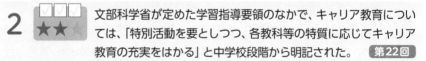 キャリア教育は特別活動に限定して行うものなので、中学校での職場体験も特別活動で実施することが多い。 第23回

5 ◯ 記述どおり正しい。学習者が、目的意識に応じて、自らの学びを柔軟に発展させることができるように、と設けられた。

6 ◯ 記述どおり正しい。専門職大学等の制度は平成31年度より施行された。実践的かつ応用的な能力を育成・展開することが重要とされ、産業界等の協力を得て教育課程を編成・実施し、教員の資質向上を図るとされている。

7 ✕ 前半は正しい。入学者の実務経験を通じた能力習得を勘案して、一定期間を修業年限に通算できる。後半は誤り。4年制の専門職大学は、前期（2年又は3年）と後期（2年又は1年）に区分できる。

8 ✕ 「生徒指導主事」ではなく「進路指導主事」が正しい。

4

解答 キャリア教育

1 ◯ 記述どおり正しい。設問文のなかの「特別活動を要としつつ」という箇所が資格試験では問われた。「特別活動」の部分が伏せられており、他の選択肢（道徳教育／職場体験／アクティブ・ラーニング）の計4つの語句の中から適切な1つ（特別活動）を選ぶ問題であった。特別活動とは、各教科とは別に行われる学級活動や学校行事、生徒会、クラブ活動等を指す。

2 ✕ 「中学校段階から」が誤り。小学校段階からキャリア教育の充実を図ることが打ち出されている。

3 ◯ 記述どおり正しい。

4 ✕ キャリア教育は「特別活動を要としつつ、各教科等の特質に応じてキャリア教育の充実をはかる」とされている。職場体験は、総合的な学習の時間で扱われることも多い。

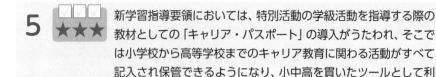

5 ★★★ 新学習指導要領においては、特別活動の学級活動を指導する際の教材としての「キャリア・パスポート」の導入がうたわれ、そこでは小学校から高等学校までのキャリア教育に関わる活動がすべて記入され保管できるようになり、小中高を貫いたツールとして利用される、とされる。

6 ★★☆ 「キャリア・パスポート」は、児童生徒が、小学校から高等学校までのキャリア教育に関わる諸活動について、自身の変容や成長を自己評価できるよう工夫されたポートフォリオである。

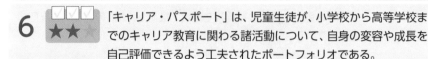

7 ★☆☆ 2020年4月から全国の小学校・中学校・高等学校に導入された「キャリア・パスポート」は、学校生活全体及び家庭、地域における学びを含む内容である。

8 ★☆☆ 特別支援学校や特別支援学級においては、児童生徒の障害の状態や特性等により、個別の教育支援計画等への記載をもって「キャリア・パスポート」の活用に代えることを可能としている。

9 ★★☆ 高等学校学習指導要領によれば、主に集団の場面で必要な指導や援助を行うカウンセリングと、個々の生徒の多様な実態を踏まえ、一人一人が抱える課題に個別に対応した指導を行うガイダンスにより、生徒の発達を支援する。 第24回

10 ★★☆ 学校生活への適応や人間関係の形成などについて、ガイダンスとカウンセリングの双方の趣旨を踏まえて指導を行うことが学習指導要領の小・中学校および高等学校の特別活動に明記された。 第22回

11 ★★☆ 「キャリア教育・進路指導に関する総合的実態調査パンフレット－学習意欲の向上を促すキャリア教育について－」（国立教育政策研究所、平成26年3月）によると、児童の学習意欲の向上が見られる学校ほど、キャリアコンサルタントが積極的にキャリア教育の取組を進めている。

12 ★★☆ 同上の実態調査パンフレットによれば、中学校及び高等学校では、学習意欲の向上を認識している学校とキャリアカウンセリングの実施率との相関関係が見られる。

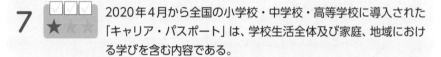

5 ◯ 記述どおり正しい。2020年度はプログラミング教育や「キャリア・パスポート」導入が始まり「生きる力を育む元年」とも称された。「やりたいこと、なりたいものを実現するためには何をすべきか」といった事を考えられるようになるツールとされている。

6 ◯ 記述どおり正しい。新学習指導要領では、特別活動の学級活動（ホームルーム活動）における一人ひとりのキャリア形成と自己実現の指導の際に、「児童生徒が活動を記録し蓄積する教材等を活用すること」として「キャリア・パスポート」の活用を求めている。

7 ◯ 記述どおり正しい。多くの小・中学校ですでに学級活動等で記入し蓄積している児童生徒の振り返りや記録を「キャリア・パスポート」に活用することも可能であるとされている。

8 ◯ 記述どおり正しい。

9 ✕ 設問文では「カウンセリング」と「ガイダンス」の用い方が逆転している。2つの言葉を入れ替えれば正しい文章となる。この内容は、中学校や小学校の学習指導要領においても同様である。

10 ◯ 記述どおり正しい。

11 ✕ 児童の学習意欲の向上が見られる学校ほど、学級担任が積極的にキャリア教育の取組を進めている。

12 ◯ 記述どおり正しい。キャリアコンサルティングの実施と学習意欲の向上は相関関係がみられる。

大学生のための「キャリア教育プログラム集」(厚生労働省、平成27年3月)は、大学でキャリア教育を行う指導者用に作成したモデルプログラム集で、「自己理解」、「職業理解」、「その他(労働市場、労働法、ワークルールほか)」の3つのジャンルから成るが、正課の授業に取り入れることは想定されておらず、キャリアセンターが行う講座での利用を想定して作られている。

 「キャリア教育の推進に関する総合的調査研究協力者会議報告書～児童生徒一人一人の勤労観、職業観を育てるために～」(文部科学省、平成16年)によれば、基本的なキャリア・カウンセリングは、すべての教員が行うことができるようになることが望ましいとされている。 第23回

 小学校におけるキャリア教育の推進のポイントは、各教科・活動において、校内活動や地域社会とかかわる活動などを通じ、働くことの意義の理解や、自分が「できること」「意義を感じること」を理解し行動すること、これらを学習意欲につなげることなどである。

 中学校におけるキャリア教育の推進のポイントは、各教科・活動を体系的に位置付け、能力・態度を効果的に育成。その中で、職場体験活動の効果をより引き出すための指導の改善・充実や条件整備、進路指導の充実等が重要である。

 後期中等教育におけるキャリア教育の推進のポイントは、学科や卒業後の進路を問わず、社会・職業の現実的理解を深めることや、自分が将来どのように社会に参画するかを考える教育活動などに重点をおく。

 大学・短期大学におけるキャリア教育の推進のポイントは、社会人・職業人としての基礎を持ち、産業構造等の変化に対応できる柔軟な専門性と創造性の高い人材を育成することが重要である。

13 ✗　「正課の授業に取り入れることは想定されておらず、キャリアセンターが行う講座での利用を想定して作られている」が誤っている。「正課の授業として取り入れるだけでなく、キャリアセンター等が行う講座と関連づけて実施できるようにする」と位置付けられている。

14 ○　記述どおり正しい。

15 ○　記述どおり正しい。社会生活の中での自らの役割や、働くこと、夢を持つことの大切さの理解、興味・関心の幅の拡大、自己及び他者への積極的関心の形成などの涵養が重要である。

16 ○　記述どおり正しい。社会における自らの役割や将来の生き方・働き方等について考えさせるとともに、目標を立てて計画的に取り組む態度の育成等について、体験を通じて理解を深めさせ、進路の選択・決定へ導くことが重要である。

17 ○　記述どおり正しい。生涯にわたる多様なキャリア形成に共通して必要な能力や態度の育成と、これらの育成を通じた勤労観・職業観等の価値観の形成・確立を目標として設定する。後期中等教育とは高校や各種学校等での18歳までの教育。

18 ○　記述どおり正しい。

1
「インターンシップの推進に当たっての基本的考え方」（文部科学省、厚生労働省、経済産業省、平成27年12月一部改正）が示す、大学等および学生にとってのインターンシップの意義によると、アカデミックな教育研究と社会での実地の体験を結び付けることが可能となり、大学等における教育内容・方法の改善・充実につながる、とされる。

2
同上の書類によれば、インターンシップの3類型は、1) 大学等における正規の教育課程として現場実習などの授業科目とする、2) 大学等の授業科目ではないが、学校行事や課外活動等大学等における活動の一環として位置付ける、3) 企業等が就職・採用活動として実施するインターンシップのプログラムに学生が個人的に参加する、とされる。

3
「インターンシップの推進に当たっての基本的考え方」では、すべてのプログラムは、大学等の正規の教育課程に位置付けられ、単位認定されている。

4
企業がインターンシップを行うことの意義の一つは、企業等の実態についての学生の理解を促すことにつながり、特に中小企業にとっての意義が大きいことがあげられる。

5
企業がインターンシップ等を実施するにあたっては、そこで取得できた学生情報は、あらかじめ広報活動や採用選考活動の趣旨を含むことを示していれば、いつでも利用でき、採用促進につなげることができる。

6
企業におけるインターンシップの意義の一つは、受入企業等において若手人材の育成の効果が認められ、また学生のアイデアを活かすような形での新たな視点等の活用につながることである。

7
「令和3年度大学等におけるインターンシップ実施状況について」（文部科学省）によると、インターンシップを単位認定している大学（学部・大学院）は、約4割である。

解答　インターンシップ

1　○　記述どおり正しい。大学や学生にとっての意義は、他にも「キャリア教育や専門教育を一層推進させる」、「新たな学習意欲を喚起する契機になる」、「主体的な職業選択や高い職業意識の育成、就職後の職場への適応力や定着率向上につながる」、「自主性・独創性のある人材育成につながる」などがあげられている。

2　✕　3) の記述が誤っている。正しくは「3) 大学等と無関係に企業等が実施するインターンシップのプログラムに学生が個人的に参加する」である。「就職・採用活動 (そのもの) として」企業等が実施するものはインターンシップとは位置付けない、とされている。

3　✕　インターンシップは、すべての大学等で正規の教育課程に位置付けられ、単位認定されているわけではない。

4　○　記述どおり正しい。

5　✕　インターンシップを行う意図は、採用活動に直結したものではない。

6　○　記述どおり正しい。企業側の意義としては「実践的な人材の育成」、「大学等の教育への産業界等のニーズの反映」、「企業等に対する理解の促進や魅力発信」があげられている。

7　✕　同調査結果によれば、約6割の大学が単位認定を行っており、国立大学での実施率が高い。

4

キャリアコンサルティングを行うために必要な知識③

2 メンタルヘルスの知識

　　メンタルヘルスの問題は、毎回必ず2問は出題されています。国が出している指針や手引きからの設問が多いので、できればそうした書類に一度は目を通しておくべきですが、以下にその概要（エッセンス）を示しましたので一読してください。

　　おおよその設問のパターンは決まっているとも言えます。一問一答の設問にすべて答えられるようにしておけば、この分野の2問は確実に点数を上乗せできる「お得意の問題」にできるはずです。

分野	過去問（第15〜24回試験）									
	15回	16回	17回	18回	19回	20回	21回	22回	23回	24回
Ａ 代表的な精神的疾病	㉘		㉘	㉙	㉘	㉘		㉘	㉘	㉘
Ｂ 職場における心の健康づくり、メンタルヘルスケア			㉙						㉙	㉙
Ｃ 「休業した労働者の職場復帰支援の手引き」	㉙							㉗		
Ｄ 「睡眠指針2014」							㉘			
Ｅ ストレス、ストレスチェック		㉘		㉘	㉙		㉗			
Ｆ 「事業場における健康保持増進のための指針」		㉗								

＊数字は設問の出題番号

Ａ 代表的な精神的疾病

❶ 代表的な精神的疾病

1. **うつ病**

　　眠れない、食欲がない、一日中気分が落ち込んでいる、何をしても楽しめない、体がだるい、疲れやすい、頭痛や肩こり

2. **神経症性障害**

　　パニック障害（めまい、胸苦感、動悸、ふるえ、過呼吸）、強迫神経症、全般性不安障害

3. **統合失調症**

　　幻覚、妄想、自閉的態度、業務遂行能力の著明な低下

4. **アルコール依存症**

強い飲酒への渇望（精神依存）酔いがさめると、禁断症状として手のふるえ、多量の発汗、イライラ、不安感、幻聴、幻覚など。離脱症状を抑えるために飲んでしまう

5. **PTSD**

衝撃的な出来事による1か月以上の、心理的苦痛、行動の変化、過覚醒などが続く

6. **適応障害**

ストレス因により引き起こされる情緒面（抑うつ気分、不安、怒り、焦りなど）や行動面（暴飲暴食、無断欠席、けんかなど）の症状で、社会的機能が著しく障害されている状態

＊厚生労働省「みんなのメンタルヘルス」より

Ｂ 職場における心の健康づくり、メンタルヘルスケア

❶ 4つのケア

1. **セルフケア**

①ストレスやメンタルヘルスに対する正しい理解

②ストレスへの気づきと対処

2. **ラインケア**

①職場環境等の把握と改善

②労働者からの相談対応

③職場復帰における支援、など

3. **事業場内産業保健スタッフ等によるケア**

①具体的なメンタルヘルスケアの実施に関する企画立案

②個人の健康情報の取扱い

③事業場外資源とのネットワークの形成やその窓口

④職場復帰における支援、など

4. **事業場外資源によるケア**

①情報提供や助言を受けるなど、サービスの活用

②ネットワークの形成

③職場復帰における支援、など

❷事業場内産業保健スタッフ等の役割

1. **産業医等**

①専門的立場から対策の実施状況の把握、助言・指導

②長時間労働者に対する面接指導の実施

③メンタルヘルスに関する個人の健康情報の保護

2. **衛生管理者等**

   ①教育研修の企画・実施、相談体制づくり

3. **保健師等**

   ①労働者及び管理監督者からの相談対応

4. **心の健康づくり専門スタッフ**

   ①教育研修の企画・実施、相談対応

5. **人事労務管理スタッフ**

   ①労働時間等の労働条件の改善

   ②労働者の適正配置の配慮

C 「休業した労働者の職場復帰支援の手引き」

❶ 職場復帰支援の各ステップ

1. **第1ステップ**：病気休業開始及び休業中のケア

   ①必要な事務手続きや職場復帰支援の手順の説明

   ②情報提供等の支援（安心して療養に専念できるよう）

   　傷病手当金などの経済的な保障

   　不安、悩みの相談先の紹介

   　公的または民間の職場復帰支援サービス

   　休業の最長（保障）期間等

2. **第2ステップ**：主治医による職場復帰可能の判断

   ①労働者からの職場復帰の意思　→主治医による診断書

   　就業上の配慮に関する主治医の具体的な意見を記入

   ②主治医による診断は、日常生活における病状の回復程度によって職場復帰の可能性を判断していることが多く、必ずしも職場で求められる業務遂行能力まで回復しているとの判断とは限らない

   ③産業医等の精査

3. **第3ステップ**：職場復帰の可否の判断及び職場復帰支援プランの作成

   ①情報の収集と評価

   ②職場復帰の可否についての判断

   ③職場復帰支援プランの作成

   ④事業場内産業保健スタッフ等を中心に、管理監督者、休職中の労働者の間で連携

4. **第4ステップ**：最終的な職場復帰の決定

   ①労働者の状態の最終確認（疾患の再燃・再発の有無等）

   ②就業上の配慮等に関する意見書の作成

   ③産業医等は「職場復帰に関する意見書」等作成

   ④事業者による最終的な職場復帰の決定

⑤労働者に対して通知（就業上の配慮の内容など）

5. **第5ステップ**：職場復帰後のフォローアップ

①管理監督者による観察と支援

②事業場内産業保健スタッフ等によるフォローアップ

③適宜、職場復帰支援プランの評価、見直し

Ｄ 「睡眠指針2014」

❶ 睡眠12箇条

1. 良い睡眠で、からだもこころも健康に

2. 適度な運動、しっかり朝食、ねむりとめざめのメリハリを

①定期的な運動や規則正しい食生活は良い睡眠をもたらす

②朝食はからだとこころのめざめに重要

③睡眠薬代わりの寝酒は睡眠を悪くする

④就寝前の喫煙やカフェイン摂取を避ける

3. 良い睡眠は、生活習慣病予防につながる

①睡眠不足や不眠は生活習慣病の危険を高める

②睡眠時無呼吸は生活習慣病の原因になる。肥満は睡眠時無呼吸のもと

4. 睡眠による休養感は、こころの健康に重要

①眠れない、睡眠による休養感が得られない場合、心のSOSの場合あり

②睡眠による休養感がなく、日中もつらい場合、うつ病の可能性あり

5. 年齢や季節に応じて、ひるまの眠気で困らない程度の睡眠を

①必要な睡眠時間は人それぞれ

②睡眠時間は加齢で徐々に短縮

③年をとると朝型化男性でより顕著

④日中の眠気で困らない程度の自然な睡眠が一番

6. 良い睡眠のためには、環境づくりも重要

①自分にあったリラックス法が眠りへの心身の準備

②自分の睡眠に適した環境づくり

7. 若年世代は夜更かしを避けて、体内時計のリズムを保つ

①休日に遅くまで寝床で過ごすと夜型化を促進

②朝目が覚めたら日光を取り入れる

③夜更かしは睡眠を悪くする

8. 勤労世代の疲労回復・能率アップに、毎日十分な睡眠を

①日中の眠気が睡眠不足のサイン

②睡眠不足は結果的に仕事の能率を低下させる

③睡眠不足が蓄積すると回復に時間がかかる

4

キャリアコンサルティングを行うために必要な知識③

④午後の短い昼寝で眠気をやり過ごし能率改善
9. 熟年世代は朝晩メリハリ、ひるまに適度な運動で良い睡眠
　①寝床で長く過ごしすぎると熟睡感が減る
　②年齢にあった睡眠時間を大きく超えない習慣を
　③適度な運動は睡眠を促進
10. 眠くなってから寝床に入り、起きる時刻は遅らせない
　①眠たくなってから寝床に就く、就床時刻にこだわりすぎない
　②眠ろうとする意気込みが頭を冴えさせ寝つきを悪くする
　③眠りが浅いときは、むしろ積極的に遅寝・早起きに
11. いつもと違う睡眠には、要注意
　①睡眠中の激しいいびき・呼吸停止、手足のぴくつき・むずむず感や歯ぎしりは
　　要注意
　②眠っても日中の眠気や居眠りで困っている場合は専門家に相談
12. 眠れない、その苦しみをかかえずに、専門家に相談を
　①専門家に相談することが第一歩
　②薬剤は専門家の指示で使用

E ストレス、ストレスチェック

❶ ストレス要因 (ストレッサー) とストレス反応

1.「ストレス」とは何？
　①「ストレス」とは、物理学用語で「歪み」の意味
　②柔らかいボールを上から手で押さえつけるとボールが歪む
　　→その時の“手”がストレッサー (ストレスを引き起こすもの＝「ストレス要因」)
　　→押しつぶされて歪んだボールの状態が、刺激に反応した「ストレス反応」
2. ストレッサーの種類にはどんなものがあるか？
　①物理的ストレッサー (暑さや寒さ、騒音や混雑など)
　②化学的ストレッサー (公害物質、薬物、酸素欠乏・過剰、一酸化炭素など)
　③心理・社会的ストレッサー (人間関係や仕事上の問題、家庭の問題など)

❷ ストレスチェック

1. 企業に課せられた「ストレスチェック」とは何？
　①従業員50人以上の事業所では毎年「ストレスチェック」の実施が義務化
　　(50人未満の事業場では努力義務)
　②一定の要件に該当する労働者から申出→医師による面接指導を実施義務
　③医師の意見を聴き、就業場所の変更や作業の転換等措置の実施義務

「独立」する際には信頼感アップにつながる
──キャリアコンサルタントは食べていけるのか②

以前、キャリアコンサルタント養成講習の無料説明会に見えた方の中に、「民間の学校で心理カウンセリングの勉強をして資格も取ったのだけれど、仕事がとくにあるわけでもなく、アドバンスコースの有料受講を勧められたりもして、その団体とはできれば縁を切りたいと思っている」と話された方がいました。

もちろん、民間の心理系の資格を出している団体等を批判するつもりはありませんが、では翻って、キャリアコンサルタントの国家資格を取得すれば、仕事が得られ、それで生計が成り立つようになるのでしょうか。

私たちが開催している、修了者に受験資格が与えられるキャリアコンサルタント養成講習を、「これからタロット占いを仕事にしていきたい」と考えている女性の方が受講されたことがありました。その方の受講動機の一つは、国家資格取得者であることを名刺やパンフレットに記載して、信頼感を上げたいということでした。自身の個人事業を軌道に乗せるための資格取得だったわけです。

その方には、私たち一般社団法人地域連携プラットフォームが長年取り組んでいる「創業スクール」（中小企業庁がバックアップしているセミナー）をお勧めして、「いかにして集客していくか」「創業時の資金はどうするか」といったことを学んでいただいています。たしかに国家資格という一種のブランドが、個人事業者としての独立・開業に役立つという面はあるように思います。

実際に、個人事業者（フリーランス）として活躍する際、国家資格の取得は信頼感がアップして有利に働くと思われます。その意味でキャリアコンサルタント資格は、経営コンサルタント（経営士）など、いわゆる「士業」の方にも広がりつつあります。

先の占い系の方は特殊な事例と言えるでしょう。キャリアコンサルタント資格を取得した方が独立して活躍する際に、どんなバリエーションがあるのかについては、次のコラムに続きます。

キャリアコンサルタントとしての独立・開業！　ぜひ検討してみてください。「生涯現役」で働き続けられるセカンドキャリアづくりにも最適です。

4

キャリアコンサルティングを行うために必要な知識③

A　代表的な精神的疾病

1 ★★★
うつ病は、精神的ストレスや身体的ストレスが重なるなど、様々な理由から脳の機能障害が起きている状態であり、治療には「休養」、「薬物療法」、「精神療法・カウンセリング」という大きな3つの柱がある。

2 ★★★
うつ病の症状には、体がだるい、疲れやすい、眠れないといった体調の変化や、食欲や性欲についても変化が見られることがある。 第22回

3 ★★
うつ病の主要な症状は「憂うつ感」であり、何か良いことが起きても気分が晴れない、楽しみや喜びを感じない、といったことが起きる。

4 ★
うつ病になると、ものの見方が否定的となり、普段なら乗り越えられるストレスも、よりつらく感じられることがある。

5 ★★
「熟睡した感じがなく、夜、何度も目が覚めてしまう」、「物事に集中できず、些細なミスが目立っている」、「自分の身体や考えが誰かの力で操られている」、「仕事をやらないといけないとわかっているのに、億劫で、身体がついてこない」などの発言は、うつ病を罹患しているクライエントがよく訴える内容である。 第22回

6 ★
つまらないことだとわかっていても、それが頭から離れず、何度も同じ確認などを繰り返すなど、日常生活に支障が出ている場合、うつ病の可能性がある。 第22回

7 ★
食生活や運動習慣等によりメタボリックシンドロームを有している場合、うつ病が現れることが多く、特に女性においてその関連が認められる。

8 ★★
キャリア相談をしていて、うつ病が疑われる場合には、本人のプライバシーに十分配慮をしつつ、主治医や外部の専門機関との適切な連携をとるのが大切である。 第23回

9 ★
職場の管理監督者をはじめ職場の関係者に、うつ病の知識、こころの不調のサインを知ってもらうことは、早期発見において重要となる。 第23回

解答 代表的な精神的疾病

1 ○ 記述どおり正しい。うつ病は、精神的ストレスからだけでなく、身体的ストレスからも発症する。「脳の機能障害」という点も重要で、さらに治療の3大柱も大事である。

2 ○ 記述どおり正しい。

3 ○ 記述どおり正しい。「憂うつ感」には、他にも、趣味や好きなことをしても楽しむことができない、などの症状がある。

4 ○ 記述どおり正しい。

5 × 4つの発言例のうちで、「自分の身体や考えが誰かの力で操られている」だけは、うつ病罹患者ではなく、統合失調症のクライエントがよく訴える内容である。「自分の悪口やうわさが、テレパシーと電波を通じて聞こえてくる」といった訴えなども、うつ病ではなく、統合失調症の疑いが考えられる。

6 × 設問文の症状は、うつ病ではなく、強迫症（強迫性障害）や不安症と呼ばれるものである可能性が高い。

7 ○ 記述どおり正しい。

8 ○ 記述どおり正しい。医療機関への早期の相談や受診に至ることが望ましいが、決してクライアント本人に、うつ病ではないですか的な発言をしてはならない。

9 ○ 記述どおり正しい。

4

キャリアコンサルティングを行うために必要な知識③

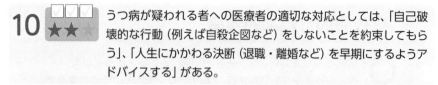

10 ★★ うつ病が疑われる者への医療者の適切な対応としては、「自己破壊的な行動（例えば自殺企図など）をしないことを約束してもらう」、「人生にかかわる決断（退職・離婚など）を早期にするようアドバイスする」がある。

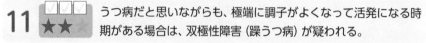

11 ★★ うつ病だと思いながらも、極端に調子がよくなって活発になる時期がある場合は、双極性障害（躁うつ病）が疑われる。

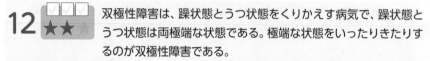

12 ★★ 双極性障害は、躁状態とうつ状態をくりかえす病気で、躁状態とうつ状態は両極端な状態である。極端な状態をいったりきたりするのが双極性障害である。

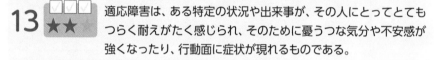

13 ★★ 適応障害は、ある特定の状況や出来事が、その人にとってとてもつらく耐えがたく感じられ、そのために憂うつな気分や不安感が強くなったり、行動面に症状が現れるものである。

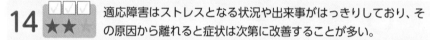

14 ★★ 適応障害はストレスとなる状況や出来事がはっきりしており、その原因から離れると症状は次第に改善することが多い。

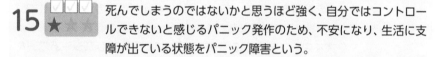

15 ★ 死んでしまうのではないかと思うほど強く、自分ではコントロールできないと感じるパニック発作のため、不安になり、生活に支障が出ている状態をパニック障害という。

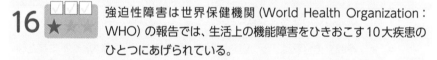

16 ★ 強迫性障害は世界保健機関（World Health Organization：WHO）の報告では、生活上の機能障害をひきおこす10大疾患のひとつにあげられている。

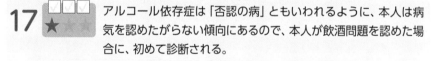

17 ★ アルコール依存症は「否認の病」ともいわれるように、本人は病気を認めたがらない傾向にあるので、本人が飲酒問題を認めた場合に、初めて診断される。

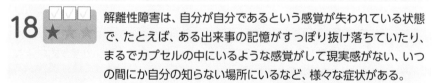

18 ★ 解離性障害は、自分が自分であるという感覚が失われている状態で、たとえば、ある出来事の記憶がすっぽり抜け落ちていたり、まるでカプセルの中にいるような感覚がして現実感がない、いつの間にか自分の知らない場所にいるなど、様々な症状がある。

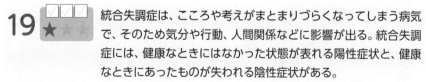

19 ★ 統合失調症は、こころや考えがまとまりづらくなってしまう病気で、そのため気分や行動、人間関係などに影響が出る。統合失調症には、健康なときにはなかった状態が表れる陽性症状と、健康なときにあったものが失われる陰性症状がある。

4

キャリアコンサルティングを行うために必要な知識③

10 ✕　「自己破壊的な行動（例えば自殺企図など）をしないことを約束してもらう」は適切であるが、「人生にかかわる決断（退職・離婚など）を早期にするようアドバイスする」は適切ではない。

11 ◯　記述どおり正しい。双極性障害では、ハイテンションで活動的な躁状態と、憂うつで無気力なうつ状態を繰り返す。

12 ◯　記述どおり正しい。躁状態の時は現実離れした行動をとりがちで、本人は気分はいいが周りの人を傷つけたり、無謀な買い物や計画などを実行してしまう。

13 ◯　記述どおり正しい。涙もろくなったり、過剰に心配したり、神経が過敏になったりもする。また、無断欠席や無謀な運転、喧嘩、物を壊すなどの行動面の症状がみられることもある。

14 ◯　記述どおり正しい。適応障害には薬物療法は適切ではなく、カウンセリングの効果はある。

15 ◯　記述どおり正しい。パニック障害では薬による治療とあわせて、少しずつ苦手なことに慣れていく心理療法が行われる。無理をせず、自分のペースで取り組むことが大切。

16 ◯　記述どおり正しい。自分でもつまらないことだとわかっていても、そのことが頭から離れない、わかっていながら何度も同じ確認をくりかえしてしまう。

17 ✕　連続飲酒、離脱症状は出ていないけれども、お酒が大好きで体調を崩していてもやめられない人、自分や人を傷つけたりといった問題をおこしている人などは、プレアルコホリズムが疑われるので、まずは、専門知識のある人に相談することが大切である。

18 ◯　記述どおり正しい。自分の中にいくつもの人格が現れるものを多重人格障害（解離性同一性障害）といい、ある人格が現れているときには、別の人格のときの記憶がないことが多く、生活面での様々な支障がある。

19 ◯　記述どおり正しい。陽性症状の典型は、幻覚と妄想、幻聴が多くみられ、陰性症状は、意欲の低下、感情表現が少なくなるなどがみられる。

4

キャリアコンサルティングを行うために必要な知識③

20 ★ 精神症状の「妄想」とは、思考内容の障害で、主として自分自身に関連したことについての病的な、誤った確信である。　**第24回**

B　職場におけるこころの健康づくり、メンタルヘルスケア

1 ★★★ 「職場における心の健康づくり（労働者の心の健康の保持増進のための指針）」（独立行政法人労働者健康安全機構、2019年）によれば、メンタルヘルスケアは、セルフケア、ラインによるケア、事業場外資源によるケアの3つのケアに基づき展開される。

2 ★★ 同上の指針によれば、「セルフケア」では、ストレスやメンタルヘルスへの正しい理解、ストレスへの気づきと対処などが行えるように支援することが重要である、とされる。

3 ★★★ 同上の指針によれば、「ラインによるケア」では、具体的なメンタルヘルスケア実施の企画立案や事業場外資源とのネットワーク形成やその窓口、個人の健康情報の管理、職場復帰における支援などを行う。

4 ★★★ 同上の指針によれば、「事業場内産業保健スタッフ等によるケア」では、職場の管理監督者が人事労務的な視点からの職場環境等の把握と改善、労働者からの相談対応を行うことなどが重要である。

5 ★★★ 同上の指針によれば、「事業場外資源によるケア」では、心の健康づくり計画の実施にあたり、事業場外スタッフが中心的な役割を担うことが重要である。

6 ★★ 同上の指針では、メンタルヘルスケアの基本的な考え方は、セルフケアによる「一次予防」、ラインや事業場内産業保健スタッフ等のケアによる「二次予防」、そして、事業外資源のケアによる「三次予防」が円滑に行われることである。

20 ◯ 記述どおり正しい。不合理で事実無根な内容を信じ、いくら反証を示しても覆らない。統合失調症に多い症状だが、うつ病や双極性障害、認知症などでもみられる。

| 解答 | **職場におけるこころの健康づくり、メンタルヘルスケア** |

1 ✕ メンタルヘルスケアは、「セルフケア」、「ラインによるケア」、「事業場内産業保健スタッフ等によるケア」、「事業場外資源によるケア」の4つのケアに基づき展開される。

2 ◯ 記述どおり正しい。

3 ✕ 「ラインによるケア（ラインケア）」とは、部長・課長などの管理監督者が直属の部下にあたる労働者へ、個別の指導・相談や職場環境改善を行うこと。設問文の内容は、「事業場内産業保健スタッフ等によるケア」にあたる。

4 ✕ 産業保健スタッフとは、産業医、衛生管理者、労働安全衛生担当職員を含めた、産業保健に係わるスタッフ全員の総称。メンタルヘルスケア実施の企画立案や事業場外資源とのネットワーク形成や職場復帰支援などを行う。

5 ✕ メンタルヘルスケア実施において、中心的な役割を担うのは、事業場内産業保健スタッフである。「事業場外資源によるケア」では、情報提供や助言を受けるなどのサービスの活用、ネットワークの形成、職場復帰における支援などが重要となる。

6 ✕ 「一次予防」などの用語の使い方が誤っている。「一次予防」とは、ストレスチェック制度の活用や職場環境等の改善を通じて、メンタルヘルス不調を未然に防止すること。「二次予防」はメンタルヘルス不調を早期に発見し、適切な措置を行うこと。「三次予防」はメンタルヘルス不調となった労働者の職場復帰の支援等を行うことである。

4

キャリアコンサルティングを行うために必要な知識③

7 ★★ 同上の指針によると、小規模事業場においては、事業者がメンタルヘルスケア実施の表明をし、4つのケアすべての取組みを進めることが望ましい。

8 ★★ 同上の指針によると、事業者は、職場環境等の改善に積極的に取り組むとともに、管理監督者等や事業場外スタッフに対し、職場環境等の把握と改善の活動を行いやすい環境を整備するなどの支援を行うものとされている。

9 ★ 「こころの健康気づきのヒント集」(独立行政法人労働者健康安全機構、2019年3月)では、ストレスと上手につきあうポイントとして「生活のリズムを変えるために、自然に親しむ機会を設け、自然に身をゆだねる」と記載されている。

10 ★ 同上のヒント集では、「ストレスを一時的にも忘れるために、楽しむよりは勝ち負けにこだわった運動を行うといい」と記載されている。

11 ★ 「令和5年版自殺対策白書」(厚生労働省)によれば、自殺者数(令和4年)で最も多かったのは「無職者」で、自殺の原因・動機別で最も多かったのは「健康問題」であった。 第23回

12 ★★ 「自殺総合対策大綱〜誰も自殺に追い込まれることのない社会の実現を目指して〜」(厚生労働省、平成29年7月)によると、「自殺の現状と自殺総合対策における基本認識」の一つは、「自殺は、その多くが追い込まれた末の死である」ということである。

13 ★ 同上の対策大綱によると、「生きることの阻害要因」を減らし、「生きることの促進要因」を増やすことを通じて、社会全体の自殺リスクを低下させるとしている。

14 ★★ 同上の対策大綱によると、年間自殺者数は平成22年以降減少傾向にあり、特に高年齢者の自殺死亡率の低下が顕著であるが、若者の自殺死亡率は概ね横ばいとなっている。

15 ★★ 長時間労働などの業務による心理的負荷により、精神障害を発病したと認められる者が自殺を図った場合には、業務上災害として認定される場合がある。

4

キャリアコンサルティングを行うために必要な知識③

7 ✕ 小規模事業場の事業者は、メンタルヘルスケアに積極的に取り組むことを表明し、「セルフケア」の推進など、できることから着実に取組みを進めることが望ましいとされている。

8 ✕ 事業者は、職場環境等の改善に積極的に取り組むとともに、管理監督者等や事業場内産業保健スタッフ等に対し、職場環境等の把握と改善の活動を行いやすい環境を整備するなどの支援を行うものとされている。

9 ◯ 記述どおり正しい。

10 ✕ ストレスと上手につきあうために「仕事に関係のない趣味を持つ」との記載はあるが、設問文のような記載はない。

11 ◯ 記述どおり正しい。

12 ◯ 記述どおり正しい。「多くの自殺は個人の自由な意思や選択の結果ではなく、社会的要因を含む様々な要因が複雑に関係して、心理的に追い込まれた末の死である」とされる。

13 ◯ 記述どおり正しい。阻害要因は、過労、生活困窮、育児や介護疲れ、いじめや孤立等。促進要因は、自己肯定感、信頼できる人間関係、危機回避能力等。

14 ◯ 記述どおり正しい。自殺死亡率は主要先進7か国の中で最も高く、年間自殺者数も依然として2万人を超えている。

15 ◯ 記述どおり正しい。

4

キャリアコンサルティングを行うために必要な知識③

16 ★★★
厚生労働省は、職場のメンタルヘルス対策（自殺予防対策を含む）及び過重労働対策について、ウェブサイト「こころの耳」で事業者、労働者、家族等への的確な情報を提供している。

17 ★★
「こころの耳」では、ストレスチェックを労働者自身で簡単に行えるツールがあるが、職場復帰の事例などは紹介されていない。

18 ★★
「ゲートキーパー養成研修用テキスト」（厚生労働省、2013年8月）で示された、自殺対策におけるゲートキーパーの役割としては、『気持ちが奮い立つように元気づける「励まし」』や『家族や仲間の変化に気づいて、声をかける「気づき」』、『本人の気持ちを尊重し、耳を傾ける「傾聴」』、『早めに専門家に相談するように促す「つなぎ」』がある。

19 ★
「令和4年度 過労死等の労災補償状況」（厚生労働省）で示された、精神障害の事案による労災補償状況に関する記述では、職種別で精神障害による請求件数が最も多い職種は、「管理的職業従事者」であり、また年齢別で精神障害による請求件数が最も多い年代は、「40〜49歳」である。

20 ★
「過労死等の労災補償状況」で示された、精神障害の事案による労災補償状況に関する記述では、精神障害の出来事別の支給決定件数で、最も多い具体的な出来事は「上司等から、身体的攻撃、精神的攻撃等のパワーハラスメントを受けた」である。

21 ★
精神障害者保健福祉手帳の等級は、1級から5級まであり、障害が軽減すれば、精神障害者保健福祉手帳を返すことや、更新を行わないこともできる。 第24回

22 ★
精神障害者保健福祉手帳の所持により、所得税、住民税、相続税のうち、所得税のみが控除の対象となる。 第24回

C 「休業した労働者の職場復帰支援の手引き」

1 ★★★
改訂「心の健康問題により休業した労働者の職場復帰支援の手引き」（厚生労働省、平成24年改訂）によれば、職場復帰の際は、元の職場ではなく、新たな職場への復帰を積極的に検討するのがよい。 第22回

16 ○ 記述どおり正しい。

17 ✕ メンタルヘルスに関する用語の解説や職場復帰の事例など紹介している。

18 ✕ 「ゲートキーパー」とは、自殺の危険を示すサインに気づき、適切な対応（悩んでいる人に気づき、声をかけ、話を聞いて、必要な支援につなげ、見守る）ができる人のことで「命の門番」と位置付けられる。「気づき」「傾聴」「つなぎ」「見守り」の4つが大事とされ、設問文の『気持ちが奮い立つように元気づける「励まし」』は誤り。代わりに大事なのは「温かく寄り添いながら、じっくりと見守る」である。

19 ✕ 最も多い職種は、「管理的職業従事者」という箇所が誤っている。労災の請求件数は「専門的・技術的職業従事者」699件、「事務従事者」566件の順に多く、支給決定件数でも同様の順である（「専門的・技術的職業従事者」175件）。年齢別の請求件数では「40〜49歳」が779件と最も多く、次いで「30〜39歳」600件、「50〜59歳」584件の順で多い。

20 ○ 記述どおり正しい。「上司等から、身体的攻撃、精神的攻撃等のパワーハラスメントを受けた」は147件、次いで多いのは、「悲惨な事故や災害の体験、目撃をした」89件、「仕事内容・仕事量の（大きな）変化を生じさせる出来事があった」78件である。

21 ✕ 「5級」が誤り。等級は1級から3級までで1級が重篤。なお、障害者手帳は、身体障害者手帳、療育手帳、精神障害者保健福祉手帳の3種を総称したもの。

22 ✕ 所得税、住民税、相続税をはじめとして、贈与税、自動車税なども控除の対象となる。

解答 「休業した労働者の職場復帰支援の手引き」

1 ✕ 職場復帰は、元の慣れた職場へ復帰させることが原則とされる。しかし異動等を誘因として発症したケース等においては、配置転換や異動をした方が良い場合もある。職場の受け入れ態勢や制度等と組み合わせながら判断しなくてはならない。

2 ★★ 同上の手引きによれば、正式な職場復帰決定の前に、社内制度として試し出勤制度等を設けると、より早い段階で職場復帰の試みを開始することができる。 第22回

3 ★★ 心の健康問題により休業した労働者の職場復帰後のフォローアップにおいて、「職場復帰する当該労働者が、よりストレスを感じることの少ない職場づくりをめざして、職場環境等の改善を検討すること」は適切である。

4 ★★ 同上の手引きによると、主治医との連携にあたっては、労働者に療養に専念してもらうため、同意を得なくてもよい。

5 ★★ 同上の手引きによると、休業から復職までの流れは、労働者に療養に専念してもらうために、症状が軽快してから説明をする。

6 ★★ 同上の手引きによると、労働者が病気休業期間中に安心して療養に専念できるよう、傷病手当金などの経済的な保障の情報提供等の支援を行う。

7 ★ 同上の手引きによると、職場復帰に際しては、産業医の意見よりも、主治医の判断が重要である。

8 ★ 同上の手引きによると労働者の職場復帰に際して、主治医の診断は、日常生活における病状の回復程度に加えて、職場で求められる業務遂行能力まで回復しているかを必ず判断している。

9 ★ 同上の手引きによると、産業医は、あらかじめ主治医に対して職場で必要とされる業務遂行能力に関する情報を提供し、労働者の状態が就業可能であるという回復レベルに達していることを主治医の意見として提出してもらうようにすると良い。

D 「睡眠指針2014」

1 ★ 「健康づくりのための睡眠指針2014」（厚生労働省）によると、睡眠時間が十分に確保されていても日中の眠気や居眠りで困る場合は、ナルコレプシーなどの過眠症の可能性もある。

2 ★ 同上の指針では、日本の成人の睡眠時間は6時間以上8時間未満の人が約6割で、これが標準的な睡眠時間と考えられる。

2 ○ 記述どおり正しい。試し出勤制度等には、休業していた労働者の不安を和らげ、労働者自身が職場の状況を確認しながら、復帰の準備を行うことができる利点がある。

3 ○ 記述どおり正しい。

4 ✕ 事前に当該労働者への説明と同意を得ておく必要がある。

5 ✕ 休業している労働者が円滑に職場復帰するためには、休業から復職までの流れをあらかじめ明確にしておくことが必要である。

6 ○ 記述どおり正しい。その他にも不安や悩みの相談先の紹介、公的または民間の職場復帰支援サービス紹介、休業の最長（保障）期間等などの情報提供を行うことが望ましい。

7 ✕ 主治医の判断と、職場で必要となる業務遂行能力の内容等について、産業医等が精査し、採るべき対応を判断、意見を述べることが重要である。

8 ✕ 主治医の診断は、日常生活における病状の回復程度によって職場復帰の可能性を判断していることが多く、必ずしも職場で求められる業務遂行能力まで回復しているとの判断とは限らない。

9 ○ 記述どおり正しい。主治医の判断と職場で必要とされる業務遂行能力の内容等について、産業医等は精査した上で採るべき対応を判断し、意見を述べる。

解答 「睡眠指針 2014」

1 ○ 記述どおり正しい。医師による適切な検査を受け、対策をとることが大切である。

2 ○ 記述どおり正しい。日中の眠気で困らない程度の自然な睡眠が一番である。

4

キャリアコンサルティングを行うために必要な知識③

3 ★★ 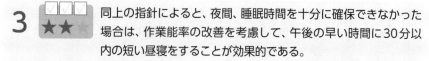 同上の指針によると、夜間、睡眠時間を十分に確保できなかった場合は、作業能率の改善を考慮して、午後の早い時間に30分以内の短い昼寝をすることが効果的である。

4 ★★ 同上の指針では、健康に資する睡眠時間や睡眠パターンは年齢によって異なり、高齢になると、若年期と比べて必要な睡眠時間が長くなると言われている。

5 ★★ 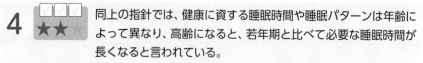 同上の指針では、日中の適度な運動は、覚醒の度合いを維持・向上し、睡眠と覚醒リズムにメリハリをつけるとされる。

6 ★★ 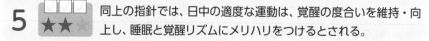 同上の指針によると、睡眠時無呼吸症候群は、過体重や肥満によって、睡眠時に気道（喉の空気の通り道）が詰まりやすくなると、発症したり、重症化したりするので、睡眠時無呼吸症候群の予防のためには、肥満にならないことが大切である。

7 ★★ 同上の指針では、アルコールは、入眠を一時的に促進するが、中途覚醒が増え、熟睡感が得られ難くなる。

8 ★ 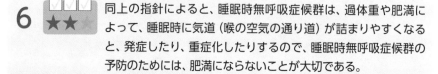 空腹を感じると入眠の妨げになるので、積極的に夜食を摂取した方がよい。

9 ★★ 睡眠時間の不足や不眠で、生活習慣病になる危険性はない。

E ストレス、ストレスチェック

1 ★ 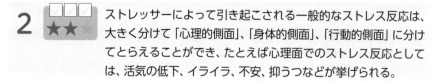 ストレスの原因となる刺激を「ストレッサー」と呼び、こころや体に影響を及ぼすストレッサーには、「物理的ストレッサー」、「化学的ストレッサー」、「心理・社会的ストレッサー」がある。

2 ★★ ストレッサーによって引き起こされる一般的なストレス反応は、大きく分けて「心理的側面」、「身体的側面」、「行動的側面」に分けてとらえることができ、たとえば心理面でのストレス反応としては、活気の低下、イライラ、不安、抑うつなどが挙げられる。

3 ⭕ 記述どおり正しい。

4 ❌ 高齢になると若年期と比べて必要な睡眠時間は短くなる。一晩の睡眠の量は、成人してからは加齢するにつれて徐々に減っていくと言われている。

5 ⭕ 記述どおり正しい。

6 ⭕ 記述どおり正しい。睡眠時に息の通りが悪くなって呼吸が止まる睡眠時無呼吸症候群は、治療しないでおくと高血圧、糖尿病などの危険性を高める。

7 ⭕ 記述どおり正しい。アルコールは、入眠を一時的に促進するが、中途覚醒が増え熟睡感が得られ難くなる。

8 ❌ 就寝直前の激しい運動や夜食の摂取は、入眠を妨げることから注意すべきである。

9 ❌ 睡眠時間が不足している人、不眠がある人は、生活習慣病になる危険性が高い。

解答 ストレス、ストレスチェック

1 ⭕ 記述どおり正しい。物理的ストレッサーは暑さや寒さ、騒音や混雑など、化学的ストレッサーは公害物質、薬物、酸素欠乏・過剰、一酸化炭素など、心理・社会的ストレッサーは人間関係や仕事上の問題、家庭の問題などを指す。

2 ⭕ 記述どおり正しい。身体面でのストレス反応には、体のふしぶしの痛み、頭痛、肩こり、腰痛、目の疲れ、動悸や息切れ、胃痛、食欲低下、便秘や下痢、不眠など、行動面でのストレス反応には、飲酒量や喫煙量の増加、仕事でのミスや事故、ヒヤリハットの増加などがある。

4

キャリアコンサルティングを行うために必要な知識③

3 ★ アメリカの社会学者であるホームズとレイ（Holmes T. H. & Rahe. R. H.）は、結婚や死別、離婚などをA～Cとランク化し、様々なライフイベントについてストレスの強さの重みづけを行った。

4 ★★★ ストレスチェックは、医師や保健師等による検査であり、実施することが事業者の義務であるが、労働者数10人未満の事業場は当分の間、努力義務である。

5 ★★ ストレスチェックの結果、高ストレスと判定された者など一定の要件に該当する場合は労働者からの申し出にかかわらず、医師による面接指導を受けさせることが事業者の義務である。

6 ★★ ストレスチェックは、医師による面接指導の結果に基づき、医師の意見を聴き、必ず就業場所の変更や作業の転換、労働時間の短縮、深夜業の回数の減少等の措置を講じなければならない。

7 ★ ストレスチェック制度におけるストレスチェック結果の評価方法、基準は、実施者の提案・助言、衛生委員会における調査審議を経て、事業者が決定する。

8 ★★ ストレスチェック制度におけるストレスチェックの実施者は、事業場の問題点を把握する観点から、労働者の同意を得なくても、事業者には労働者個別の結果を報告しなければならない。

9 ★★ ストレスチェック制度においては、ストレスチェックの結果を本人に通知するにあたっては、個人のストレスプロフィール、ストレスの程度、面接指導の対象者か否かの判定結果を通知する。

10 ★ 健康診断の問診の中で、法に基づくストレスチェックをそのまま行うことができる。

11 ★★★ ストレスチェックの実施者としては、医師、保健師、厚生労働大臣が定める研修を修了した歯科医師、看護師、精神保健福祉士又だけが担当できる。

12 ★ ストレスチェック結果が労働者の意に反して人事上の不利益な取り扱いに利用されないようにする観点から、人事部のすべての職員はストレスチェックの実施の事務に従事することはできない。

3 ✕ 日常生活のストレッサーを点数化し、合計が200点を超えるとストレス症状が現れるとした。最も点数が高いのは、配偶者の死で100点、離婚73点、夫婦の別居65点と続く。結婚は50点である。

4 ✕ 「労働者数10人未満」の箇所が誤り。労働者の心理的な負担の程度を把握するためのストレスチェックは、当面の間、労働者数「50人未満」の事業場では努力義務である。

5 ✕ 「申し出にかかわらず」の箇所が誤り。「労働者からの申し出があった場合」に、医師による面接指導を受けさせることが事業者の義務とされている。

6 ✕ 「必ず」の箇所が誤り。医師の意見を聴き「必要に応じて」措置を講ずることが事業者の義務とされている。

7 ◯ 記述どおり正しい。

8 ✕ 「労働者の同意を得なくても」の箇所が誤り。事業所側に結果を報告するにあたっては、当該労働者の同意を得る事が必要とされている。

9 ◯ 記述どおり正しい。

10 ✕ ストレスチェックは、健康診断の問診の中で、一緒に行ってしまっていい、という性格のものではない。

11 ✕ 研修を修了した歯科医師、看護師、精神保健福祉士と公認心理師が従事できる。

12 ✕ ストレスチェックの実施者になるには、資格等の要件を充たす必要はあるが、実施事務に従事する場合、人事部職員が担当することもある。但し人事権を有する者やそれに準ずる者は関われない。

13 ★★ 人事に関して直接の権限を持つ監督的地位にある者は、ストレスチェック結果を出力した後、その結果を労働者に通知するまでの労働者の健康情報を取り扱う事務に従事できる。

 14 ★★ 人事に関して直接の権限を持つ監督的地位にある者は、ストレスチェックで面接指導を受ける必要があると実施者が認めた者に対する、面接指導の申出の勧奨に従事できる。

 15 ★★ 人事に関して直接の権限を持つ監督的地位にある者は、ストレスチェック結果の集団ごとの集計に係る、労働者の健康情報を取り扱う事務に従事できる。

F 「事業場における健康保持増進のための指針」

 1 ★ 「事業場における労働者の健康保持増進のための指針」(改正平成27年11月)によれば、健康保持増進措置を実施するスタッフのうち「運動実践担当者」の役割は、運動プログラムに基づき、運動指導担当者の指示のもとに個々の労働者に対する運動実践の指導援助を行うことである。

 2 ★ 同上の指針によれば、健康保持増進措置を実施するスタッフのうち「心理相談担当者」の役割は、健康測定の結果に基づき、メンタルヘルスケアが必要と判断された場合又は問診の際に労働者自身が希望する場合には、産業医の指示のもとにメンタルヘルスケアを行うことである。

 3 ★ 同上の指針によれば、健康保持増進措置を実施するスタッフのうち「産業医」の役割は、健康測定を実施し、その結果に基づいて個人ごとの指導票を作成し、さらに当該個人指導票により、健康保持増進措置を実施する他のスタッフに対して指導を行うことである。

 4 ★ 同上の指針では、健康保持増進措置を実施する6種類のスタッフは、それぞれの専門分野における十分な知識・技能を有していることが必要であると同時に、労働衛生、労働生理などについての知識を有していることが不可欠なので兼任してはならない。

13 ✕ 人事権を有する者は労働者の健康情報を取り扱う事務に従事することはできない。人事権を持つ者はストレスチェックに関わる際には十分な注意が必要となる。

14 ✕ 前問と同様に「従事できない」。一方、ストレスチェックを受けていない者に対し受検勧奨をする事はできる。健康状態についての個人情報の取得には関連しないからである。

15 ✕ 前問と同様に「従事できない」。「労働者の健康情報を取り扱う事務」には一切関われないと考えると判り易い。

解答 「事業場における健康保持増進のための指針」

1 ○ 記述どおり正しい。なお「運動指導担当者」の役割は、健康測定の結果に基づき、個々の労働者に対して具体的な運動プログラムを作成し、運動実践を行うに当たっての指導を行うこと、自ら又は運動実践担当者に指示し、当該プログラムに基づく運動実践の指導援助を行うことである。

2 ○ 記述どおり正しい。平成27年の指針では、健康保持増進措置を実施するスタッフとして、以下の6種のスタッフが記載されている。産業医、運動指導担当者、運動実践担当者、心理相談担当者、産業栄養指導担当者、産業保健指導担当者。

3 ○ 記述どおり正しい。なお、この指針はその後、令和2年と3年に改正されて現在に至る。最新版では「事業者が、労働衛生等の知識を有している産業医等、衛生管理者等、事業場内の保健師等の事業場内産業保健スタッフ及び人事労務管理スタッフ等を活用し、各担当における役割を定めたうえで、事業場内における体制を構築」し、同時に事業場外資源の活用も行うようにうたわれている。

4 ✕ 事業者は、研修を受講させこれらのスタッフの養成に努める必要があるが、これらのスタッフは、一定の要件の下、兼任することも可能である、とされた。

4

キャリアコンサルティングを行うために必要な知識③

3 ライフステージと発達課題の知識

出題のポイントと傾向

　　発達段階や発達課題については、2-1節のスーパーやキンズバーグの箇所でも一部出てきています。このテーマは、他にも多くの学者が研究してきましたが、とくにエリクソンとレビンソンの成果は有名です。この2人の成果を押さえておけば、この領域におけるおおよその設問には答えられるようになるでしょう。

　　エリクソンでは「人生8段階における発達課題」、レビンソンでは成人期を四季にたとえた「ライフサイクル」をマスターすることが必須です。

分野	過去問 (第15〜24回試験)									
	15回	16回	17回	18回	19回	20回	21回	22回	23回	24回
A 中高年齢期を展望したときの課題	❸⓪		❸⓪		❸⓪❸①		㉙	㉙	㉚	❼
B エリクソンの発達理論		㉚					㉙	㉚		❽❿
C レビンソンの発達理論			㉛	㉛❹			❻㉙			
D その他の発達理論等				❻		㉙	㉙			

＊数字は設問の出題番号

A 中高年齢期を展望したときの課題

❶ シャインの「キャリア・サイクルの段階と課題」における中高年齢期

1. キャリア・サイクルの第7段階目が「中年」

　「成長、空想、探究」段階 (0〜21歳) から「引退」段階まで9個に分類された段階の中の7段階目は、おおよそ40歳から引退までの期間とされ「A. 非指導者役にあるキャリア後期」と「B. 指導者役にあるキャリア後期」に分けられる。後者 (B) は、企業内の幹部、上級パートナー、社内起業家等を指す。

2. 「A. 非指導者役にあるキャリア後期」の特定課題

　→技術やスキル面での先進を目指すのか、経験に基づく知恵を用いるようにしていくのか

　→対人関係スキルや集団をマネージする力をどう開発していくか

　→後進たちとの競争や受ける攻撃にどう対処するか

　→「中年の危機」や家庭の「空の巣問題」にどう対処するか

3. 「B. 指導者役にあるキャリア後期」の特定課題
   - →組織の繁栄に対して、どのように一層責任を持てるようになるか
   - →組織内部、外部との境界で、高度な政治的状況をどう処理するか
   - →キャリア形成をしつつ、家族（配偶者）との関係をどう保つか
4. キャリア・サイクルの第8段階目は「衰えと離脱」
   7段階目と同時期に、衰えと組織からの離脱も訪れるが、その始まりは人によって異なる。
5. 「衰えと離脱」期の特定課題
   - →趣味、家庭、社会や地域活動、パートタイムジョブに新たな満足感をどう見出すか
   - →どのようにして配偶者とより親密に暮らせるようにするか
   - →キャリア全体を評価して、どう引退に備えるようにするか
6. 「引退」（組織や職業からの退出）期における特定課題
   - →常勤仕事や組織での役割から離れた中でどうアイデンティティと自尊心を保つか
   - →何なりかの活動に、どう精力と能力を傾けて専念できるようになるか
   - →自身の過去のキャリアについての満足感や達成感をどのようにして得るか

❷ ユングのライフサイクル論における中年期の危機

1. 40歳は人生の正午
   人の一生を太陽の一日の運行になぞらえ、40歳を人生の正午とした。正午を絶頂期に達すると下降が始まり、午前のすべての価値と理想が逆転するとした。
2. 中年期の転換期は人生最大の危機
   人生を「少年期」「成人前期」「中年期」「老年期」に分け、中年期への転換期を人生最大の危機とした。
3. 中年期以降の「人生の午後」への課題
   自己に対する真剣な考察が重要。前半で排除してきた自己を見つめ、それを自己の中に取り入れることを、個性化プロセスと呼んだ。

B エリクソン（Erikson, E. H.／1902 − 1994）の発達理論

❶ 個体発達分化の図式（漸成的発達理論）

人生の8つの段階における心理社会的課題を表す。社会的精神発達図式。

1. **乳児期**
   母親などから無条件に受け入れてもらう安心感で得られる「基本的信頼」と得られなかった時の「不信」。クリアすれば、この世で生きられるという「希望」を獲得。
2. **幼児前期**
   排泄コントロール等を自律的に行うようになるが失敗し叱られたり過剰に干渉されると「恥」やバカにされるのではないかといった「疑惑」をもつ。クリアすれば「意思」が芽生える。

3. **遊戯期 (幼児後期)**

自主性が高まり自発的な行動が増えるが、過度のしつけや他の子供と比較される事で「罪悪感」を抱くこともある。クリアすれば、何かを達成しようという「目的」を獲得。

4. **学童期 (児童期・学齢期)**

学校などで頑張って何かを達成し認められたりして「勤勉性」が養われ、集団の一員としての自覚も生まれる。認められない事が続くと「劣等感」に苛まれる。

5. **青年期**

自分は何者なのかに悩み、見い出す事で「アイデンティティ (自己同一性)」を獲得、できないと「混乱」し人格は拡散する。クリアすれば自分が確信したものへの「忠誠心」が芽生える。

6. **成人前期 (初期成年期)**

自分の関わる物事に親密さを感じ、異性との関係性を築く事などを通じて就職や結婚等の節目を乗り越える。そうでないと「孤独」に陥る。クリアすることで「愛」を得られる。

7. **成人期 (壮年期)**

子供を育てる事や後輩等の次世代を育成したり、物事を継承する事で「世代性」を育み、それに失敗すると「停滞」という危機が訪れる。クリアすれば「世話」という徳を獲得。

8. **老年期**

身体の老化に直面し死と向き合う時期に人生を振り返り、受け入れて「統合」できるか、それでない時は「絶望」感に苛まれる。クリアすれば「英知」という徳が得られる。

▼エリクソンの個体発達分化の図式

発達段階	発達課題 vs 心理的危機	発達のテーマ (得られる徳)
1. 乳児期	基本的信頼 vs 基本的不信	希望
2. 幼児前期	自律性 vs 恥・疑惑	意思
3. 遊戯期	自主性 vs 罪悪感	目的
4. 学童期	勤勉性 vs 劣等感	有能感
5. 青年期	アイデンティティ vs 混乱	忠誠
6. 成人前期	親密性 vs 孤立	愛
7. 成人期	生殖性 (世代性) vs 停滞	世話
8. 老年期	統合 vs 絶望	英知

⬛ レビンソン (Levinson, D. J.／1920 – 1994) の発達理論

❶ 成人発達理論 (生活構造論的発達理論)

フロイト、ユング、エリクソン等を検討し、実証的研究から4つの発達段階を提唱。

1. 児童期・青年期 (前成人期) 0〜22歳　　2. 成人前期 17〜45歳
3. 成人中期 (中年期) 40〜65歳　　　　　4. 老年期 (成人後期) 60〜85歳

❷ 過渡期

次の発達段階へ移行する数年間の危機的時期。転機、境界域。3つの大きな過渡期とその中間の過渡期がある。

1. **成人への過渡期 (17〜22歳)**：青年期の生き方から離れ、自分で人生を切り開く時期。課題は「アパシー (無力感・無価値)」「離人感 (自分が自分でない感覚)」。
   30歳の過渡期：可能性が開けた20代から、限定される30歳前後の過渡期。
2. **人生半ばの過渡期 (40〜45歳)**：自分らしさの模索・葛藤を通じて、真の自分として生きることを決断する時期。
3. **老年への過渡期 (60〜65歳)**：死を受容しつつも、新たな生への希望を獲得する時期。死への恐怖や役割の喪失感により、孤立化が進む。

▼レビンソンの成人発達の図式 (人生の四季)

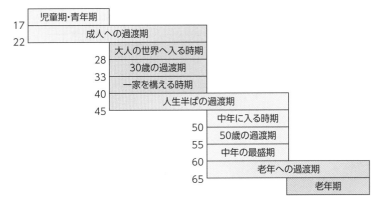

4

キャリアコンサルティングを行うために必要な知識③

D その他の発達理論等

❶ ハヴィガースト (Havighurst, R. J.／1900 − 1990)

1. 発達課題の概念を最初に提唱。
2. 乳幼児期から老年期まで、6段階に区分。各段階に6〜10個の発達課題を提示。
3. 「経済的独立に関する自信の確立」や「職業の選択および準備」は青年期の課題。

❷ レヴィン (Lewin, K.／1890 − 1947)

1. **境界人 (周辺人／marginal man)**：大人に成りきれない社会的に不安定な存在としての青年をこう命名。→ 2つ以上の集団に属する場合にも使われる。
2. "社会心理学の父"とも呼ばれ「グループダイナミクス」を確立。アクションリサーチ、Tグループ、集団心理等で著名。OD (組織開発) の源流を作る。

❸ ブロンフェンブレナー (Bronfenbrenner, U.／1917 − 2005)

1. 環境を、同心円的な捉え方で4つの次元に分類。キャリアに影響を及ぼす「環境」を整理。人間の発達過程は、個人と環境の相互作用によって形成されるとした。

▼ブロンフェンブレナーの社会システム図 (生命生態学的モデル)

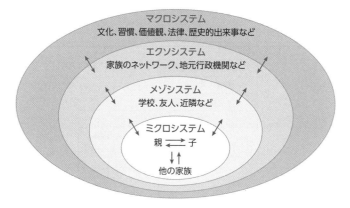

❹ マーシャ (Marcia, J.E)

1. 自我同一性地位 (アイデンティティ・ステータス) として以下の4つを提唱。
2. ①アイデンティティ達成：危機を経験し (自身に向き合い) 生き方・職業・価値観などに積極的に関与 (信念をもって行動)。②早期完了 (フォークロージャー)：危機経験はないが一見すでにアイデンティティが確立されたような状態。③モラトリアム：危機を経験している最中でアイデンティティ確立に向けて模索中。④アイデンティティ拡散：危機経験はなく信念もないため自分が何者かわからない。

「独立」してフリーで働く資格者の実例
——キャリアコンサルタントは食べていけるのか③

「企業に勤めない」という選択をしたとき、キャリアコンサルタントの資格がストレートに活きる仕事としては、まずはフリーのキャリアコンサルタントでしょう。

「フリー」とは、特定の企業や団体に雇用されていないという意味です。一般的なパターンとしては、複数の組織から仕事を受託するなどして、契約関係のもとでキャリアコンサルタントとしての仕事をします（個人事業者として税務署に開業届けを出している人もいますし、たとえ１人であろうと会社にしている人もいます）。

それ以外の働き方としては、「心理カウンセリングルーム」等のキャリア版を立ち上げ、個人の方を顧客として、場（スペース）を持ったビジネス（例えば「キャリアカウンセリング・ルーム」の運営）を行うといった形態もあります。ただ実際には、まだ事例が少ないようです。

私が存じ上げているフリーのキャリアコンサルタントの方の事例をあげてみましょう。

Ｓさんは、企業に勤めて経理の仕事を長年やってきましたが、40代後半で国家資格キャリアコンサルタントの資格を取得して独立しました。現在は複数の企業と契約して、フリーのキャリアコンサルタントとして活躍しています。

契約している企業は、まず職業訓練を実施している民間の会社です。そこでＳさんは、訓練受講者に対してのキャリアコンサルティングを月に10〜20人程度請け負ったり、キャリア開発の授業を受け持ったりしています。それが週の約半分です。

他には、社会保険労務士事務所の会社と契約して、企業に対してのコンサル業務を行っています。社労士の顧問先の従業員にキャリアコンサルを行う仕事です。さらに単発の仕事として、企業やNPOから頼まれたキャリア開発についての講演やセミナーを、月に平均１〜２回行っています。

Ｎさんは、技術系のコンサルティング会社で管理職として働いてきましたが、ハード過ぎる仕事で体調を壊し、キャリアチェンジを図ってキャリアコンサルタントになりました。

資格への受験資格を得た段階でハローワークの求人に応募し、みごと採用に至ります。その後、受験して資格者にもなりました。ハローワークの職員といっても正規の職員ではないので、気持ちはフリーという感覚でした。

ハローワークは、１年ほどで退社し、現在、週の半分は大学の就職支援室に勤務し、半分はJRの駅前で政令指定市が開設しているキャリアサポートセンターでキャリアコンサルタントとして勤務しています。このセンターの運営は、市が委託事業として民間の人材系企業に発注したものです。Ｎさんは、その企業と契約関係を結んで勤務しています。

フリーランスなので、土日には受験対策講座などの講師の仕事が入ることもあります。

A 中高年齢期を展望したときの課題

 1 スーパー (Super, D. E.) は、高齢期である解放 (衰退、下降) 段階の発達課題として、「労働時間を減らす」、「よい退職地点を見出す」、「職業外の役割を開発する」、「獲得した利益や地位を保持する」などを挙げている。 第23回 第24回

 2 エリクソン (Erikson, E. H.) は、老年期の発達課題を「統合性」とし、親としての役割が終わったり、退職することにより、新しい役割や活動に向けての再方向づけが必要になるとした。 第24回

 3 「中年期の危機」においては、青年期に達した子供に対する中年期の親の心理社会的課題は、子供の自立を援助してその自立を見届けること、就職や結婚で独り立ちした子供との間で適切な心理的距離を取りながら、良い関係性を維持していくことである。

 4 「中年期の危機」に際しては、見えてきた限界や社会的要請を乗り超えて、それまでに確立してきた価値観や生き方をより強固に貫くための信念が必要となる。

 5 「労働者等のキャリア形成における課題に応じたキャリアコンサルティング技法の開発に関する調査・研究事業報告書」(厚生労働省、平成30年3月) では、「中高年は、若者や出産子育て期の女性と比べて、自己理解 (興味・関心・価値観・能力・適性等) や、仕事理解 (エンプロイアビリティ等) が不十分」とされた。

 6 同上の報告書で示された中高年のキャリア形成上の課題の一つは「若者や出産子育て期の女性と比べて、新しい知識やスキルを学ぶ・身につける意欲が乏しい」という点である。

 7 同上の報告書では、キャリア形成上、中高年は、若者や出産子育て期の女性と比べて、「労働条件や能力開発に関する知識や情報が不十分である」という調査結果が示されている。

 8 ハヴィガーストによれば、老年期の発達課題は、「同年輩者との明るい親密な関係の確立」、「配偶者の死への適応や自らの死への準備」などである。

解答　中高年齢期を展望したときの課題

1 ✕　「獲得した利益や地位を保持する」は、挙げられていない。「自らの限界を受容する」、「働き続けるうえでの新たな問題を明らかにする」、「獲得した利益や地位を保持する」などは、維持期の発達課題である。

2 ◯　記述どおり正しい。心理社会的発達理論（漸成的発達理論）では、老年期の発達課題をクリアできないときは「絶望」という危機に陥り、クリアできた時には「英知」という徳が得られるとされている。

3 ◯　記述どおり正しい。また、結婚生活の継続の中では、配偶者が異なる存在であることに無自覚な状態になってしまうと相手のなかで生じている内在的側面への変化にも鈍感になっていく恐れがあるので、その点に注意する事が中年期の危機への対処として挙げられている。

4 ✕　「それまでに確立してきた価値観や生き方をより強固に貫く」のではなく、他者にも共感的な理解を示して、より柔軟な生き方をすることが必要となる。

5 ✕　設問にある報告書では、若者、女性、中高年の3属性に分けてWebアンケート調査の結果が分析されている。そこでは自己理解やしごと理解の不十分さが最も高いとされたのは若者層であり、次いで女性層。中高年層はもっとも低い値であった。

6 ◯　記述どおり正しい。他にも「環境の変化や自己の役割の変化に適応することが苦手」、「新たな環境への適応（ソーシャルスキルや柔軟性等）のスキルが不十分」、「不満や怒りを持っている」という項目で中高年層が最も高い値を示した。

7 ✕　「労働条件や能力開発に関する知識や情報が不十分である」は、若者、女性、中高年という順で高い値となっており、とくに若者層でその傾向が顕著である。この項目は中高年層にとっての課題ではない。

8 ◯　記述どおり正しい。

B エリクソンの発達理論

1 ☑☑☑ ★★
フロイト (Freud, S.) が性心理的な発達を重視したのに対して、エリクソン (Erikson, E. H.) は心理社会的な発達を重視した。
第24回

2 ☑☑☑ ★★★
エリクソンは人の生涯発達を、「幼児期」、「学童期」、「青年期」、「成人期」、「老年期」の5つの段階からなる図式として提示した。
第24回

3 ☑☑☑ ★★
エリクソンの各発達課題では、正負の力が拮抗しあって心のバランスが保たれており、この心のバランスが崩れた状態を「危機」と呼んだ。
第24回

4 ☑☑☑ ★★
エリクソンは青年期の発達課題として「親密性」対「孤立」を提示した。
第22回

5 ☑☑☑ ★★
エリクソンは壮年期の発達課題として「世代性」対「停滞性」を提示した。
第22回

6 ☑☑☑ ★★★
エリクソンによれば、「アイデンティティ確立対アイデンティティ拡散」という対立する課題の解決がうまくなされなかった場合には、成人前期の課題である「親密性対孤立」という葛藤の処理に深刻な影響を及ぼす、とされる。

7 ☑☑☑ ★
エリクソンによれば、青年がアイデンティティを形成するために、どのような大人になりたいかを模索し、理想とする自己定義を他者に対して、あるいは社会において試すことを役割実験という。

8 ☑☑☑ ★★
エリクソンは、自分が何かを失うのではないかという不安を持つことなく、自分の同一性と他者の同一性を融合し合う能力の獲得は、老年期の課題とした。

9 ☑☑☑ ★
エリクソンは、中年期には子どもを産む能力が減退することから、「生殖性」を、前成人期の心理社会的な発達課題としてあげている。

10 ☑☑☑ ★
エリクソンの漸成（ぜんせい）的発達理論で語られる社会的精神発達図式のなかの「世代性」の失敗は絶望を意味し、死への恐怖、時間感覚の狭まり、自己嫌悪などの不快感として現れる。

解答 エリクソンの発達理論

1 ○ 記述どおり正しい。エリクソンの発達モデルは漸成説と呼ばれ、人の発達は段階ごとに形成され、それぞれ優先的に発達する時期があるという発生観に基づいている。

2 ✕ 「乳児期」、「幼児前期」、「遊戯期 (幼児後期)」、「学童期」、「青年期」、「成人前期」、「壮年期」、「老年期」の8つの発達段階が正しい。

3 ○ 記述どおり正しい。例えば青年期にアイデンティティが確立できないと、心のバランスが崩れ「混乱」に陥る、その状態が心理的危機とされた。

4 ✕ 「親密性」対「孤立」は、成人前期の課題である。青年期の発達課題は「アイデンティティの確立」対「混乱」である。

5 ○ 記述どおり正しい。「世代性」は「生殖性」と訳されることもあり、次世代の育成や継承が課題となる。

6 ○ 記述どおり正しい。「アイデンティティ (同一性) 確立対アイデンティティ拡散 (同一性拡散)」は、「アイデンティティ対混乱」とも表現される。「混乱」とは、アイデンティティが確立されない場合の心理的危機を表す。

7 ○ 記述どおり正しい。

8 ✕ 自分の同一性と他者の同一性を融合し合う能力の獲得は、老年期の課題ではなく、成人前期の課題である、とした。

9 ✕ 「生殖性 (世代性)」は、前成人期 (成人前期) ではなく成人期の課題である。その内容は、世代を超えて伝える、といった意味であり、例えば後継者育成などがそれにあたる。

10 ✕ 「世代性」という箇所が誤っている。ここを「統合性」にすれば正しい文章となる。老年期の課題と心理的 (社会精神的) 危機について語っている文章である。

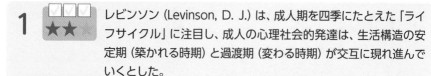

1 レビンソン (Levinson, D. J.) は、成人期を四季にたとえた「ライフサイクル」に注目し、成人の心理社会的発達は、生活構造の安定期 (築かれる時期) と過渡期 (変わる時期) が交互に現れ進んでいくとした。

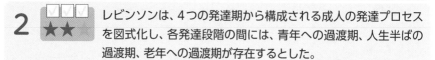

2 レビンソンは、4つの発達期から構成される成人の発達プロセスを図式化し、各発達段階の間には、青年への過渡期、人生半ばの過渡期、老年への過渡期が存在するとした。

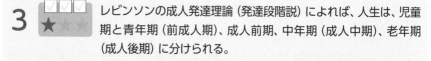

3 レビンソンの成人発達理論 (発達段階説) によれば、人生は、児童期と青年期 (前成人期)、成人前期、中年期 (成人中期)、老年期 (成人後期) に分けられる。

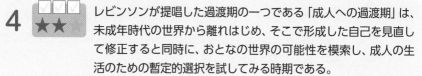

4 レビンソンが提唱した過渡期の一つである「成人への過渡期」は、未成年時代の世界から離れはじめ、そこで形成した自己を見直して修正すると同時に、おとなの世界の可能性を模索し、成人の生活のための暫定的選択を試してみる時期である。

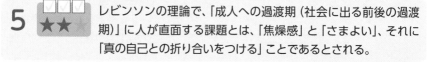

5 レビンソンの理論で、「成人への過渡期 (社会に出る前後の過渡期)」に人が直面する課題とは、「焦燥感」と「さまよい」、それに「真の自己との折り合いをつける」ことであるとされる。

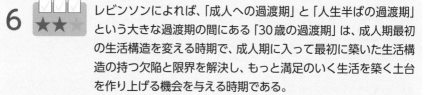

6 レビンソンによれば、「成人への過渡期」と「人生半ばの過渡期」という大きな過渡期の間にある「30歳の過渡期」は、成人期最初の生活構造を変える時期で、成人期に入って最初に築いた生活構造の持つ欠陥と限界を解決し、もっと満足のいく生活を築く土台を作り上げる機会を与える時期である。

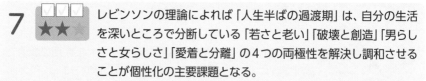

7 レビンソンの理論によれば「人生半ばの過渡期」は、自分の生活を深いところで分断している「若さと老い」「破壊と創造」「男らしさと女らしさ」「愛着と分離」の4つの両極性を解決し調和させることが個性化の主要課題となる。

8 レビンソンによれば「人生半ばの過渡期」の特徴は「現実に即した生活構造の修正、新しい生活構造の設計、ストレス大」とされる。

解答 レビンソンの発達理論

1 ○ 記述どおり正しい。

2 ✕ 「青年への過渡期」という箇所が誤っている。正しくは「成人への過渡期」である。

3 ○ 記述どおり正しい。この4つが、四季にたとえられている。

4 ○ 記述どおり正しい。大人の世界への第一歩である最初のアイデンティティを確立する過渡期である、とも表現される。

5 ✕ レビンソンによれば17〜22歳の「成人への過渡期」における課題とは「アパシー（無力感、無価値感）」と「離人感（自分が自分でない感覚）」とされる。

6 ○ 記述どおり正しい。「30歳の過渡期（移行期）」は28〜33歳とされ、無限の可能性が開けていた20代と違い、様々な社会的制約を感じて「可能性が限定される」ように感じる時期である。生活を見直さなければ手遅れになってしまうという焦燥感が生じる、ストレスの多い変化の時とされる。生活を修正・調整する時期である。

7 ○ 記述どおり正しい。「人生半ばの過渡期」は40〜45歳頃の中年期への移行期であり、それまでの生活を振り返り、評価しなおす過渡期とされる。人生の目標や夢の再吟味、対人関係の再評価、体力の衰えへの直面、これまで潜在していた面を発揮する形での生活構造の修正、の時期とされる。

8 ✕ 設問文にある「現実に即した」生活構造の修正などの説明は、30歳の過渡期（移行期）28〜33歳に起こるものとされる。「人生半ばの過渡期」で起きるのは「潜在していた面を発揮する形での」生活構造の修正である。

9 ★★ レビンソンによれば「人生半ばの過渡期」にあまり変化せずに、不満足な生活しか築けなかった男性は、「50歳の過渡期」が危機の時になるとされる。

10 ★★ レビンソンの理論によれば「老年への過渡期」は、愛するものとの別れの必要が生じ、社会から葬られるのではないかという恐怖感と役割の喪失感から孤立化が進み、過去への引きこもりがしばしば発生する時期である。

11 ★★ 老年への過渡期は、中年期の奮闘に終わりを告げ、来たるべき時期を迎える準備をする時期である。

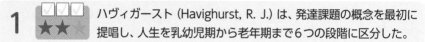

D　その他の発達理論等

1 ★★ ハヴィガースト (Havighurst, R. J.) は、発達課題の概念を最初に提唱し、人生を乳幼児期から老年期まで6つの段階に区分した。

2 ★ ハヴィガーストのいう青年期の発達課題は、アイデンティティが拡散した状態から、アイデンティティを確立していくことである。

3 ★★ レヴィン (Lewin, K.) は、社会的に不安定な存在として、青年を「周辺人」「境界人」(marginal man) と呼んだ。

4 ★★ ブロンフェンブレナー (Bronfenbrenner, U.) は、環境を、ミクロシステム、メゾシステム、エクソシステム、マクロシステムの4つの次元に分類し、これを同心円的な捉え方で示した。

5 ★★ マーシャ (Marcia, J. E.) の提唱したアイデンティティ・ステイタスのうち、「予定アイデンティティ (早期完了、早期達成、フォークロージャー)」の特徴は、「自分の目標と親の目標の間に不協和がなく、どんな経験も、幼児期以来の信念を補強するだけで、硬さ (融通のきかなさ) がある状態」と言える。

6 ★ マーシャの「アイデンティティ・ステイタス表」による「モラトリアム」には、「いくつかの選択肢について迷っているところで、その不確かさを克服しようとしている」という特徴がある。

9 ◯ 記述どおり正しい。「50歳の過渡期」は、大きな過渡期である「人生半ばの過渡期」と「老年への過渡期」の間にある過渡期である。

10 ◯ 記述どおり正しい。老年期に向けての移行の時期である「老年への過渡期」におけるキーワードは「孤立化」である。

11 ◯ 記述どおり正しい。

解答 その他の発達理論等

1 ◯ 記述どおり正しい。

2 ✕ 設問文の内容は、エリクソン (Erikson, E. H.) らが唱えている内容である。ハヴィガーストは、「同年齢の男女との洗練された新しい関係の構築」や「職業の選択と準備」などを課題としてあげている。

3 ◯ 記述どおり正しい。クルト・レヴィンは「社会心理学の父」とも呼ばれ、グループダイナミクス (集団力学) 研究の祖としても有名。

4 ◯ 記述どおり正しい。

5 ◯ アイデンティティ・ステイタス (アイデンティティの達成状況を表し「自我同一性地位」とも訳される) には、「達成」、「モラトリアム」、「早期完了」、「拡散」の4つのステイタスがある。早期完了は、予定アイデンティティや早期達成、フォークロージャーとも言われ、設問文のような内容を示す。

6 ◯ 記述どおり正しい。危機 (自分と向き合わざるを得ない経験) に遭遇している最中で、まだアイデンティティ確立には至っていないモラトリアム (経済用語で「支払い猶予期間」) の状態。

4 人生の転機の知識

「転機」についての設問では、シュロスバーグ、ブリッジズ、それにニコルソンの3名についての設問がほとんどです。とくにシュロスバーグとブリッジズについての問題が多いので、まずはこの2名の理論を押さえておけばよいでしょう。

シュロスバーグでは、転機の種類（3つ）と転機に対処するための「4S（4つのS）」の内容はしっかりと覚えましょう。ブリッジズでは、「ある終結」から「ニュートラルゾーン」を経て「新たな出発」に至る3つの要素の一連のサイクルは、確実な理解が望まれます。

分野	過去問（第15～24回試験）									
	15回	16回	17回	18回	19回	20回	21回	22回	23回	24回
A シュロスバーグの理論	㉛	㉛	❼㉜	㉜	㉜	㉛	㉚	㉛	㉜	㉚
B その他の理論（ブリッジズ、ニコルソン）	㉛	㉛		㉜㉛	㉜	㉚㉛	㉚	㉛		㉛

＊数字は設問の出題番号

A シュロスバーグ（Schlossberg, N. K.／1929 －）の理論

1. キャリア開発は、転機（トランジション）の連続。転機のプロセスを理解し適切に対処する必要がある。

2. **イベント**：ある出来事が起こること。
   ノンイベント：予期したことが起こらないこと。

3. **転機（トランジション）**：4要素のうち1つか2つの変化を伴うもの
   ①役割：ある人生の役割が変化したり消滅する
   ②関係：大事な人や組織等との関係が変わる
   ③日常生活：いつ、どのように物事を行うかについての変化
   ④自分自身に対する見方：自己概念に変化が生じる

4. **転機の種類**：3種類の転機がある
   ①予測していた転機（Anticipated transitions）
   　自身で決めて生じさせたものや人生の通過点として予測されたもの
   　例 結婚、入学、卒業、入社、定年退職、子供の誕生や通過儀礼・入学・独立、老化など

②予測していなかった転機 (Unanticipated transitions)

突然予期せず起こったもので、とくに準備をしていなかったもの

例 事故、突然の病気、予期しなかった死、失業、天変地異、予期しなかった転勤、昇進、環境変化 (倒産等) など

③期待していたものが起こらなかった転機 (Non-event transitions)

当然起こるであろうと予期していたが実現しなかったもの

例 入れると思っていた学校に入れなかった、所定の期間で卒業できなかった、昇進すると思っていたのにできなかった など

5. **転機の乗り越え方**

①第一段階：**4つのリソース (4S) の点検**

a. 状況 (Situation)：置かれた状況の把握とどう見るかという自己の見解

b. 自己 (Self)：対処できる自分かどうかの判断

c. 支援 (Support)：どのくらいの支援が得られるかの見通し

d. 戦略 (Strategy)：可能性のある対処戦略についての評価

②第二段階：変化を受け止める

戦略を選び取り、行動計画を立てる

B その他の理論 (ブリッジズ、ニコルソン)

❶ ブリッジズ (Bridges, W.)

1. **トランジションの心理的プロセス**を「終わり (何かが終わる)」→「ニュートラル・ゾーン」→「始まり (何かが始まる)」の3段階で表す。「**ニュートラル・ゾーン**」は非日常的時間を過ごすモラトリアム (猶予期間)・休養・空白期。

2. 「人生はトランジションの連続」とし、変化は状況が変わることだが、トランジションは心理的に変わる事であり、人生の変化に対応するために、内的な再方向付けや自身の再定義をする事であるとする。

❷ ニコルソン (Nicholson, N.)

1. **4サイクルモデル**：キャリアの転機には、①準備段階 (新しい役割への準備)、②遭遇段階 (新しい現実に遭遇)、③適応段階 (新しい現実に徐々に適応)、④安定化の4ステップを螺旋的に上昇。

4

キャリアコンサルティングを行うために必要な知識③

A シュロスバーグの理論

1 シュロスバーグ (Schlossberg, N. K.) によれば、転機にある個人や転機自体の内容はそれぞれに異なっているが、それを理解するための構造 (転機の種類やプロセス等) は同じである、とされる。
〔第24回〕

2 シュロスバーグは、転機の種類として、「予測していた転機」、「予測していなかった転機」、「期待していたものが起こらなかった転機」の3つの転機を示した。
〔第23回〕

3 シュロスバーグは、カウンセリングプロセスを通じて、状況、自己、周囲の援助、戦略の内容という「4つの資源」を吟味し、「転機」に対処できる資源を整理し、活用する視点を示した。
〔第22回〕

4 シュロスバーグが提唱する転機に対処するために必要な資源の1つであるSituation (状況) には、「何が転機をもたらしたか」という引き金や個人の役割の変化などが含まれる。
〔第23回〕

5 シュロスバーグによれば、トランジションが個人に与える影響の大きさは、転機を乗り越えるために必要な認知的・情緒的資源と、個人が現在持っている認知的・情緒的資源とを比較することにより計れるとした。

6 シュロスバーグは、トランジション (転機) とは、人生におけるその人独自の出来事であり、そのうちいくつかは人生における大きな転機となる出来事であるとした。

7 シュロスバーグによれば、とくに「予測していなかった転機」を最も大きな問題として考える、とした。

8 シュロスバーグによれば、同じ転機であっても人生の過渡期に遭遇した転機は、個人にとって、より難度が高く感じられるものであるとした。

9 シュロスバーグは、転機に際しては焦らずに時間が経つのを待つことが必要であると主張した。

解答 シュロスバーグの理論

1 ○ 記述どおり正しい。例えば、シュロスバーグが提唱する転機のプロセスには、「転機の始まり」、「転機の最中」、「転機の終わり」の3つがある。

2 ○ 記述どおり正しい。3つの種類（タイプ）の英語は、それぞれ「Anticipated transitions」、「Unanticipated transitions」、「Non-event transitions」となる。

3 ○ 記述どおり正しい。シュロスバーグの「4S」理論として有名である。「4S（4つのS）」とは、Situation（状況）、Self（自己）、Support（周囲の援助／支援）、Strategies（戦略）である。

4 ○ 記述どおり正しい。Self（自己）には、物の見方や価値観などの心理的資源が含まれる。

5 ✕ 転機の影響度を測る時の本人に関わる事柄は、本人が人生を肯定的に捉えているか、人生はコントロールできると思っているか、対処スキルがあるかどうか、転機の経験があるかどうか、等がポイントとなる。

6 ○ 記述どおり正しい。

7 ✕ 設問文のように、「予測していなかった転機」を最も大きな問題として考える、といった事はとくに指摘されていない。

8 ○ 記述どおり正しい。

9 ✕ シュロスバーグは、転機に対処するために、「4S（4つのS）」の概念などを提示している。設問文のようには述べていない。

10 ☆★★☆ シュロスバーグによれば、転機（トランジション）の大半は予測可能で、人生途上で誰もが共通して遭遇する出来事であるとした。

11 ☆★★☆ シュロスバーグによれば、各年代や発達段階には共通する課題（発達課題）や移行期があり、トランジションはその「移行」ないしは「移行期」のことであるとした。

12 ☆★★☆ シュロスバーグの「4S（4つのS）」をカウンセリングに応用する場合には、ラポールの形成は不要となることもある。

13 ☆★★☆ シュロスバーグは、成人の発達を考える際の視点として、「文脈的・文化的視点」、「発達的視点」、「ライフ・スパンの視点」、「転機の視点」の4つの視点を提示した。

14 ☆★★☆ シュロスバーグは、成人の行動を理解するにあたっては、個人がその役割、人間関係、日常生活、考え方を変えてしまうような転機に注目することが重要である、と考えた。

15 ☆★★☆ シュロスバーグは、転機によっては、いくらそれを見定め、点検し、受け止めたとしても、乗り越えていくことが困難な場合もあると考えた。

B　その他の理論（ブリッジズ、ニコルソン）

1 ★★★ ブリッジズ（Bridges, W.）は、トランジション（transition、転機）は、「ある終結」から「ニュートラルゾーン」を経て「新たな出発」に至る、三つの要素の一連のサイクルからなると主張した。

第22回　第24回

2 ★★☆ ブリッジズによれば、転機を乗り越えるにあたっては、「新たな出発」をいかに上手くマネジメントするかが大切であるとされる。

3 ★★☆ ブリッジズによれば、トランジションの初めの頃は、昔の活動に戻ることができないので、常に新しいやり方を模索することこそ大事であると主張した。

10 ✕ シュロスバーグは、「予測していなかった転機」もあるとしており、設問文のようには述べていない。

11 ✕ シュロスバーグは、レビンソン (Levinson, D. J.) らのような発達課題的な理論はとくに唱えていない。

12 ✕ カウンセリングの基本となるラポールの形成は、どのような場合にも必要とされるものである。

13 ◯ 記述どおり正しい。カウンセラーが4つの視点のうちのどの視点に立つかによって、カウンセリングのアプローチの方法は異なってくる。シュロスバーグ自身は「転機の視点」の重要さを強調した。

14 ◯ 記述どおり正しい。

15 ✕ どんな転機であっても、それは乗り越えていくことができ、そのための資源は4Sに集約される、ということがシュロスバーグの提言である。

解答 その他の理論 (ブリッジズ、ニコルソン)

1 ◯ 記述どおり正しい。ブリッジズは、それまで行ってきた何かが上手くいかなくなる=終わる所から転機は始まる、と考えた。「終焉」「中立圏」を経て「開始」へ至る流れである。

2 ✕ ブリッジズは、次のステップに進むために何が必要かを見出す「ニュートラル・ゾーン」こそ、最も重要な時期だとし、乗り越えるための6つのアクションを提示している。

3 ✕ ブリッジズは、何かが終わる時が転機の始まりであるとしたが、「しっかり終わらせる事」こそ大事である、と主張した。

4 ★
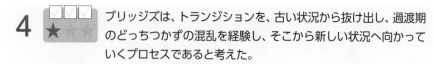
ブリッジズは、トランジションを、古い状況から抜け出し、過渡期のどっちつかずの混乱を経験し、そこから新しい状況へ向かっていくプロセスであると考えた。

5 ★★
ブリッジズは、自分自身のトランジションの「終わり」のスタイルを理解することに意味はないとした。　第24回

6 ★★
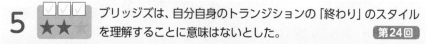
ブリッジズによれば、中立圏（ニュートラルゾーン）は混乱や苦悩の時期であるが、重要な空白ないしは休養期間であるとされる。　第24回

7 ★★
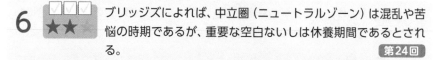
ブリッジズのトランジション理論における「中立圏」とは、混乱や苦悩のなかで、一時的な喪失状態に耐える時期でもある。

8 ★
ブリッジズは、発達的観点から転機のプロセスを捉え、ある段階から新たな段階（ライフステージ）に進むには「達成」、「再探索」、「再確立」の3つの様相があると述べている。

9 ★
ブリッジズの理論によれば、トランジションにおいては、古いものから離れなくても、新しいものを手に入れることができる、とされる。

10 ★★★
ニコルソン（Nicholson, N.）は、キャリア・トランジションのプロセスは、「準備」→「遭遇」→「適応」のサイクルからなるとした。　第22回

4 ◯ 記述どおり正しい。それまで培ってきた意識を捨てて新しい意識を学習して全体を統合するとともに、自分なりのペースを獲得していく過程である、ともしている。

5 ✕ ブリッジズは、「終結（終わり）」の段階は、「離脱」「アイデンティティの喪失」「幻滅」「方向感覚の喪失」の4要素に分解できるとしており、終わりのスタイルについても深く理解しようとした。

6 ◯ 記述どおり正しい。大事な中立圏（ニュートラルゾーン）を乗り越える為に「1人になれる特定の時間と場所の確保」や「本当にやりたいことの発見」など6つの方策を提案している。

7 ◯ 記述どおり正しい。

8 ✕ 設問文は、スーパーがライフステージ（マキシ・サイクル）の移行期におけるミニ・サイクルについて述べている内容である。ミニ・サイクルでは、新たな成長（達成）、再探索、再確立といった再循環が含まれる、とされる。

9 ✕ ブリッジズは、設問のような発言はしていない。「しっかりと終わらせ、古いものから離れることが大事であり、そこから、新しいものも手に入れることができる、と考えた。

10 ✕ ニコルソンは、「トランジション・サイクル」を、準備（Preparation）、遭遇（Encounter）、順応（Adjustment）、安定化（Stabilization）の4段階として捉えている。

4

キャリアコンサルティングを行うために必要な知識③

厚生労働省の「転職者実態調査」では、転職を前向きに考えている人の割合は増加しており、7割に迫るほどとなっています。支援するキャリアコンサルタントは、こうした状況をふまえ、「転機（トランジション）」の理論などをしっかり学んでください。

<table>
</table>

第4章

5 個人の多様な特性の知識

出題のポイントと傾向

　若年者では、ニートの問題や5年ごとに実施される若年者雇用実態調査からの問題が多く出されています。障害者については、「法定雇用率」については確実に押さえておいてください。「リハビリテーション・カウンセリングの理念」についても何度か出題されています。女性では「M字カーブ」がどのように推移してきたか等について知識を確実にしておいてください。高齢者については伸び続ける60歳以上の就業率を踏まえて、その就業理由などに留意してください。

　調査結果から読みとれる大きな傾向を踏まえていれば、あとは設問を注意深く読み込むことによって正答を導き出せるようになります。

分野	過去問 (第15～24回試験)									
	15回	16回	17回	18回	19回	20回	21回	22回	23回	24回
A 若年者							㉜			㉝
B 障害者	㉜	⑲⑳	㉝	㉝		㉝	㉛㉝		㉜㉝	
C 女性										㉝
D 中高年齢者		⑯㉝								㉝
E 治療者 (仕事との両立)	㉝	㉜	㉞	㉞	㉞	㉜		㉜	㉞	㉜
F その他 (生活困難者 他)					㉝			㉝	⑥	㉞

＊数字は設問の出題番号

A 若年者

❶ ニート

1. **ニート**：若年無業者。就学・就労・職業訓練のいずれも行っていない15～34歳の若年者 (Not in Education, Employment or Training, NEET)。
2. 就業を希望しつつも求職活動をしていない者は、「働く自信」がないことが多いため、「働く自信」を涵養する支援が重要。就労体験においては、本人の現状に合わせて、小さなステップを登っていく配慮が必要であり、就労体験先と支援機関との連携や相互理解が求められる。
3. 昼夜逆転などの不規則な生活をしている場合には、原則として、日常の規則正し

い生活への移行を目指す働きかけを行う。支援のプロセスにおいては、発達障害などの可能性についても注意を払う必要がある。

❷ 平成30年若年者雇用実態調査（厚生労働省　令和元年12月）より

1. 若年労働者（15〜34歳）のうち初めて勤務した会社を「3年未満」でやめた者は男女とも6割超（正社員60.7％、正社員以外65.7％）。

2. 理由は「労働時間・休日・休暇の条件がよくなかった」30.3％、「人間関係がよくなかった」26.9％、「賃金の条件がよくなかった」23.4％、「仕事が自分に合わない」20.1％の順。1年未満でやめた場合の理由は「人間関係がよくなかった」が1位。

3. 現在の会社から「定年前に転職したいと思っている」27.6％、「転職したいと思っていない」33.2％。20〜24歳の転職希望者が32.8％と高い。

4. 満足度は、若年正社員では「雇用の安定性」が最も高い。最も満足度が低いのは「賃金」。正社員以外では「仕事の内容・やりがい」が1位。

5. 若年労働者の育成方針は、正社員は「長期的な教育訓練等で人材を育成」が最も多く、正社員以外では「短期的に研修等で人材を育成」が最も多い。

Ｂ 障害者

❶ 法定雇用率

障害者雇用促進法により義務づけられている障害者の雇用率。少なくとも5年ごとに設定され、令和5年度からは2.7％に引き上げられた。ただし経過措置として、令和5年度は2.3％で据え置き、令和6年度から2.5％、令和8年度から2.7％と段階的に引き上げる（国や地方公共団体は3.0％、教育委員会は2.9％、民間と同様に段階的引き上げ）。

法定雇用率を超えて雇用すると1人あたり月2万7千円が支給される（100人以下の企業は、別基準で報奨金支給）。

❷ 障害者の分類と人数

身体障害者436万人、精神障害者419.3万人で、ともに400万人を超える。知的障害者は109.4万人。人口千人当たりの人数でみると、身体障害者は34人、精神障害者は33人、知的障害者は9人。国民のおよそ7.6％が何らかの障害を有する（令和3年、内閣府発表）。

❸ チャレンジ雇用

各府省・自治体が、知的障害者等を非常勤職員として1〜3年雇用し、ハローワーク等を通じて一般企業等への就職につなげる制度。

❹ 発達障害

▼発達障害の種類

広汎性発達障害 (自閉症スペクトラム)	自閉症 (言語未発達、対人・社会性障害、パターン化した行動 やこだわり)、アスペルガー症候群 (言語未発達はない、対人・ 社会性障害、パターン化した行動、興味関心の偏り、不器用)
学習障害 (LD)	知的発達はあるが「読み」「書き」「計算」などの習得が困難
注意欠陥多動性障害 (ADHD)	集中できない、じっとしていられない、衝動的行動
その他これに類する 脳機能の障害	チック障害など

❺ リハビリテーション・カウンセリングの理念

1. リハビリテーション・カウンセリングの根底となる哲学は、人間の全体性、目的志向性、ウェルネス、自己責任、独自性、そして機会の均等である。
2. 障害のある人たちの職域、地域での自立 (independence)、統合 (integration)、包括 (inclusion) の促進、すべての人が尊厳と価値を有する事が基本価値観。
3. すべての人が有する権利と特権を平等に享受できるように配慮 (accommodate) し、障害のある人が主張 (advocate) し、社会的な力をうけられる (empower) ように支援する。
4. 個人の資質に焦点をあて、クライエントとカウンセラーの合意による統合的、総合的なサービスを提供する。
5. 障害のある人が人生における目標を定め、それを達成できるようにサポートし、障害があったとしても、平穏で、創造的で、活力と喜びに満ちた生活を送れるように支援する。

C 女性

❶ 令和5年度版 年次経済財政報告

1. 勤続年数が同一でも、我が国の男女間賃金格差は大きい。賃金差の背景にある、出産による女性の労働所得の低下や、それに基づく「統計的差別」を抑えるためには、長時間労働・制約のない転勤・勤続年数重視の日本型雇用慣行を見直し、ジョブ型雇用への移行が必要。
2. 女性に偏った家事・育児負担の軽減に向けて、男性育休の取得割合の引き上げやベビーシッター利用の推進により、「共働き・共育て」の環境を整えることも重要。

❷ 令和４年度版 年次経済財政報告

（「労働の質の向上に向けて（男女間賃金格差・非正規雇用と労働の質、リカレント教育促進）」より）

1. 男女間の賃金格差の背景には、①女性の方が正規雇用、高い職位のシェアが少ないこと、正規の平均勤続年数が短いこと、②女性の方が正規雇用での就業や年齢の上昇による賃金増加程度が小さいこと等が挙げられる。
2. 非正規雇用者比率は男性において中長期的に上昇傾向、女性は2010年代半ば以降、低下傾向。学校卒業後の初職が非正規の者は現職も非正規の割合が大きく、非正規雇用が固定化している可能性。

❸ 令和５年版 男女共同参画白書（内閣府 令和５年６月）より

令和モデル：職業観・家庭観が大きく変化する中、全ての人が希望に応じて、家庭でも仕事でも活躍できる社会の実現へ

1. 希望が満たされ、能力を最大限に発揮して仕事ができる環境の整備
   ・柔軟な働き方の浸透、勤務時間にかかわらず仕事の成果を評価され、昇進を目指すことができる環境の整備
   ・指導的役割に占める女性を増やすための取組の加速
   ・再就職の際、またはキャリアアップを目指す際に能力やスキルを向上できるよう、リスキリング等の機会の提供
1. 仕事と家事・育児等のバランスが取れた生活
   ・長時間労働の是正
   ・男性の育児休業取得の促進、職場での業務の見直し、効率的な業務配分
1. 女性の経済的自立
   ・男女間賃金格差の是正
   ・成長分野への円滑な労働移行、能力向上支援、デジタル人材の育成等
   ・女性の就労の壁となっている制度・慣行の見直し
   ・養育費を支払うのは当然であるという意識の定着

❹ 令和３年度版 男女共同参画白書（内閣府 令和３年６月）より

1. 令和２年はステイホーム、在宅ワーク、学校休校等の影響で、サービス業とくに飲食・宿泊業等が打撃を受け、非正規雇用労働者を中心に雇用情勢が悪化。経済的・精神的DV（配偶者暴力）、ひとり親世帯や女性の貧困等が顕在化。
2. 女性では非正規雇用労働者の割合が高く、特に「宿泊, 飲食業」や「生活, 娯楽業」でその割合が高い。
3. シングルマザーの完全失業率はコロナの影響で約3％ポイント押し上げられた。
4. 全国の配偶者暴力相談支援センターと「DV相談プラス」に寄せられたDV（配偶者暴力）相談件数は、20万件弱。前年度比で約1.6倍の増加。

4

キャリアコンサルティングを行うために必要な知識③

5. 「性犯罪・性暴力被害者のためのワンストップ支援センター」に寄せられた令和2年度相談件数は、5万件弱。前年度比で約1.2倍の増加。

6. 令和2年の自殺者数は男性で前年比23人減少だが女性は935人増加。多かったのは「無職者」（648人増加）、「被雇用者・勤め人」（同443人）。無職者では「主婦」が最も増加し、学生・生徒等では「高校生」が増加。

7. テレワークにより女性が働きやすくなる一方「家事が増える」「自分の時間が減ることがストレス」等の見方も。コロナ下で男女の育児時間は増加するが、女性の家事時間は変わらず。女性が男性の2倍以上家事・育児をしている傾向は変化なし。

8. 医療・福祉や情報通信業などはコロナ下でも就業者数が増加。有効求人倍率も介護サービスは3〜4倍以上で推移。IT関連の転職求人倍率も高く推移。

D 中高年齢者

❶ 令和5年度版 年次経済財政報告

1. 短時間労働を中心とした高齢労働者が増加。高齢期に正規から非正規に転換しても、マインド指標には顕著な悪化はみられない。高齢者が働きがいを感じられる就労環境の整備が重要。

❷ 平成28年版 労働経済の分析（厚生労働省　平成28年9月）「高年齢者の働き方と活躍のための環境整備」より

1. 60歳以上の高年齢者の就業者数は増加傾向。

2. 60歳以上の男性では非正規雇用が3分の1。自営業主が3割。正規雇用が2割と多様な就労形態。女性では非正規雇用が約半数。

3. 65歳以上が、勤め易い職業は「接客・給仕」「社会福祉」「サービスの職業」。

4. 高年齢者の就業理由は「経済上の理由」が最も多く、次が「いきがい、社会参加のため」。男性では「経済上の理由」が6割以上で女性（約5割）より多く、「いきがい、社会参加のため」は女性2割弱に対して男性は1割弱。

5. 非正規雇用労働者では「自分の都合のよい時間に働きたいから」が高い。「専門的な技能等をいかせるから」は年齢層を問わず十数％。

6. 60歳以上の起業希望者は2割弱で増加傾向。55歳以上層での開業動機は「収入を増やしたい」よりも「仕事の経験・知識や資格を生かしたかった」「社会の役に立つ仕事がしたかった」「年齢や性別に関係なく仕事がしたかった」の割合が高い。

E 治療者（仕事との両立）

❶ 治療と職業生活の両立支援のためのガイドライン（令和5年3月）

1. 両立支援を行うための環境整備（実施前の準備事項）
　① 事業者による基本方針等の表明と労働者への周知
　② 研修等による両立支援に関する意識啓発
　③ 相談窓口等の明確化
　④ 両立支援に関する制度・体制等の整備
　　→休暇制度、勤務制度の整備（休暇制度：時間単位の年次有給休暇、傷病休暇・病気休暇、勤務制度：時差出勤制度、短時間勤務制度、在宅勤務（テレワーク）、試し出勤制度）など

2. 両立支援の進め方
　① 両立支援を必要とする労働者が、支援に必要な情報を収集して事業者に提出
　② 事業者が、産業医等に対して収集した情報を提供し、就業継続の可否、就業上の措置及び治療に対する配慮に関する産業医等の意見を聴取
　③ 事業者が、主治医及び産業医等の意見を勘案し、就業継続の可否を判断
　④ 事業者が労働者の就業継続が可能と判断した場合、就業上の措置及び治療に対する配慮の内容・実施時期等を事業者が検討・決定し、実施
　⑤ 事業者が労働者の長期の休業が必要と判断した場合、休業開始前の対応・休業中のフォローアップを事業者が行うとともに、主治医や産業医等の意見、本人の意向、復帰予定の部署の意見等を総合的に勘案し、職場復帰の可否を事業者が判断した上で、職場復帰後の就業上の措置及び治療に対する配慮の内容・実施事項等を事業者が検討・決定し、実施

❷ 「両立支援コーディネーター」の養成

1. 両立支援コーディネーターの役割
　①主治医から就業継続の可否や配慮すべきことなどについての意見書をもらう。
　②医療や心理学、労働関係法令や労務管理に関する知識を身に付け、患者、主治医、会社などのコミュニケーションのハブとして機能する。

2. 養成講習の内容
　①対象者は、医療機関の医療従事者、事業場の人事労務担当者、産業保健スタッフ、支援機関等で両立支援に携わる者（キャリアコンサルタントも含まれる）
　②独立行政法人労働者健康安全機構において各都道府県で実施

4

キャリアコンサルティングを行うために必要な知識③

❶ 介護や福祉に関わる施設 (介護と仕事の両立のために)

1. **特別養護老人ホーム**：「特養」と略され、地方公共団体や社会福祉法人が運営する公的施設。在宅での生活が困難な高齢者が対象で低所得の人が優先される。

2. **介護老人保健施設**：「老健」と略され、主に在宅やほかの介護施設への復帰を目指し、リハビリなどのケアを行う介護施設。平均利用期間が3ヵ月程度と短いのが特徴。

3. **介護療養型医療施設**：重度の介護や医療ケアが必要で、在宅での生活が困難な方向けの医療主体の介護施設。長期の利用が多い。

4. **有料老人ホーム**：民間の団体が運営している介護施設。

   ①健康型：家事をスタッフに依頼でき、図書室やスポーツジム、シアタールームなどの設備が充実。介護が必要になると退居。

   ②住宅型：生活援助や緊急時の対応、レクリエーションが受けられ、介護が必要な場合は、外部サービスを利用しながら生活。

   ③介護付き：都道府県の認可を受けた有料老人ホームで、制度上は「特定施設入居者生活介護」に分類。24時間介護スタッフが常駐し、掃除や洗濯など身の回りの世話や、食事や入浴、排せつなどの介助サービスが受けられる。

5. **グループホーム**：「認知症対応型共同生活介護」と呼ばれ、1ユニット9人までの利用者が生活介助を受けながら共同生活をする。機能訓練なども行う。

6. **サービス付き高齢者向け住宅**：「サ高住」や「サ付住宅」と略され、自立できる高齢者 (60歳以上) から軽度の要介護者向け。建物全体がバリアフリーで、資格を持った相談員が勤務。安否確認や生活支援 (掃除、買物代行など) 病院への送迎などのサービスが受けられる。

7. **地域包括支援センター**：市町村が設置し、地域の高齢者の総合相談、権利擁護や地域の支援体制づくり、介護予防の援助等を行っている。

8. **社会福祉協議会 (社協)**：地域の人々が住み慣れたまちで安心して生活することができる「福祉のまちづくり」の実現を目指した活動を行う。

❷ 生活困窮者自立支援制度の就労訓練事業

　平成27年4月から開始。事業主が自治体から認定を受け、生活困窮者に就労の機会を提供する事業。雇用契約を締結せず訓練として就労体験をする形態と、雇用契約を締結した上での支援付きの就労形態がある。訓練事業の対象者に該当するかどうかは、受入事業所や本人の意向を踏まえた上で、自立相談支援機関のアセスメントに基づき判断され、最終的には行政により決定される。

4

キャリアコンサルティングを行うために必要な知識③

「国家資格キャリアコンサルタント」はどんな人が取得するのか？

　キャリアコンサルタントの資格は、どんな人たちが主に取得しているのか？　そんな疑問をもつ方も多いと思いますが、比較的身近にある職場で言えば、以下のような方々が取得していることの多い資格です。

・企業の人事部門などで、採用や評価、人材育成、研修等をしている方
・企業や団体等の組織内で、部下をもちマネジャーをしている方
・人材紹介業や派遣業をはじめ、人材関連の業務に就いている方
・ハローワークをはじめとした公的機関で相談業務に就いている方
・大学等の教育機関の「キャリアセンター」で相談の仕事をしている方
・公的・民間をとわず、障害をもった方々の支援にあたっている方

　以上は、キャリアコンサルタントが活躍している場とも言えますが、上記はほんの一例です。私が代表を務める一般社団法人では国家試験の受験資格が得られる「養成講習」を開催していますが、卒業して資格を得た方1,000名ほどの中には、上記以外にもフリーランスの方々が多くおられます。研修講師や士業として仕事をされている方々などです。

　また、エンジニアや営業、総務、研究等、様々な職種に就いてきた方が、セカンドキャリアや副業のためにということで、この資格を取得されています。

　さらに、心理学やカウンセリングに関心があるという理由や、自分自身が転職や働くことで悩みがあるので、その解決策を得たいという理由で、この学びを始める方もおられます。学生や主婦の方、20〜30代の方が増えてきているのも最近の流れです。

　私的な感想ではありますが、弊校（一般社団）で学び、資格を取得される方には、「他者の役に立ちたい」とお考えになっている方が多いように思います。
　「よく人から相談をもちかけられるので、しっかり対応できるように資格を取りたいと思いました」と、受講理由を語る方もおられます。これも「人を助けたい、周囲に貢献したい」といった意識の表れでしょう。

　キャリアコンサルタントは、働く人を幸せにする専門職ですが、同時に「援助職」とも言われます。「支援（サポート）」「貢献」といった意識がある方が取得することの多い資格だと思っています。

4

キャリアコンサルティングを行うために必要な知識③

A 若年者

1 フリーター等の非正規雇用労働者については、学び直しの支援、効果的な訓練機会の提供等を通じ、正規雇用化を支援することが必要である。

2 ニート（NEET）とは、求職活動を行ってはいるが、意欲がないため、職に就けない人のことをいう。

3 ニート層は、昼夜逆転などの不規則な生活をしている場合があるが、原則として、日常の規則正しい生活への移行を目指す働きかけを行う。

4 ニート等の若者の職業的自立支援では、基本的な能力の養成、職業意識の啓発や社会適応支援などを、短期集中的に行う方が効果的であるとされている。

5 ニート状態を脱するための支援としては、就労体験では、本人の現状に合わせて、小さなステップを登っていく配慮が必要とされ、就労体験先と支援機関との連携や相互理解が求められる。

6 ひきこもりだった相談者が相談に来た場合は、働く意欲が非常に高くなったと判断して構わない。

7 ニートに対しての支援のプロセスでは、発達障害などの可能性についても注意を払う必要がある。

8 若年無業者は、就業を希望しつつも求職活動をしていない者は、「働く自信」がないことが多いため、「働く自信」を涵養する支援が重要である。

9 ひきこもりの長期化を防ぐために重要な視点は、当事者の来談・受診を早期に実現することであり、家庭訪問を行うアウトリーチ型支援をタイミングよく行うことも必要である。

解答 若年者

1 ○ 記述どおり正しい。フリーターとは、国の調査上の定義では、「パート・アルバイト及びその希望者」である。

2 × 就学・就労・職業訓練のいずれも行っていない15〜34歳の若年者 (Not in Education, Employment or Training) がニート。

3 ○ 記述どおり正しい。

4 × 「短期集中的に行う方が効果的」という箇所が誤っている。次の設問文にもあるように「現状に合わせて、小さなステップを登っていく」ような、性急でない対応が必要である。

5 ○ 記述どおり正しい。

6 × 本人に来談してもらうようになることは非常に重要で、それを早期に実現する事が重要である。しかし来談イコール働く意欲が高まった事でない場合も多いので、引き続き時間をかけた対応が求められる。

7 ○ 記述どおり正しい。発達障害が疑われる場合には、ネットワークしている外部の専門機関とも連携をとり、リファーする事も想定する。

8 ○ 記述どおり正しい。本人の適性にあった比較的易しい仕事などから始め、達成感を味わってもらうなどして、徐々に自己効力感をあげていく。

9 ○ 記述どおり正しい。アウトリーチとは、英語で手を伸ばすことを意味する。支援者等が現場に出向く形のものを「アウトリーチ型支援」と言う。

4

キャリアコンサルティングを行うために必要な知識③

10 ★★ 「労働者等のキャリア形成における課題に応じたキャリアコンサルティング技法の開発に関する調査・研究事業報告書」(厚生労働省、平成30年3月)によれば、若者は仕事や企業に関する研究不足が離職につながる可能性が高いことから、幅広い職業・業界の知識や企業情報、労働に関する知識等のしごと理解を支援する必要がある、とされる。

11 ★★ 平成30年若年者雇用実態調査（厚生労働省　平成30年12月）によれば、在学していない若年労働者の職業生活の満足度で最も低い項目は、正社員では、「教育訓練・能力開発のあり方」、正社員以外では、「仕事の内容・やりがい」となっている。

B 障害者

 1 ★★ 障害者は、身体障害者と知的障害者、精神障害者の3つに分類されるが、身体障害者と精神障害者が多く、その数はほぼ同程度である。

 2 ★★★ 障害者の法定雇用率は、民間企業では2.2%であるが、国や地方公共団体、特殊法人・独立行政法人では、2.5%であり、都道府県等の教育委員会では、2.4%である。

3 ★★ 障害者雇用実雇用率は、企業規模が大きいほど高くなっている。

 4 ★★ 一定の雇用率を下回る企業に対しては、管轄の職業安定所長より雇入計画作成命令が発令され、法定雇用率に不足する人数に応じて、障害者雇用納付金の支払い義務が生ずる。障害者雇用状況が改善しない企業に対しては、企業名公表を前提とした適正実施勧告が行われる。

 5 ★★ 厚生労働省『令和4年　障害者雇用状況の集計結果』によれば、障害者の数は年々増加傾向にあるなかで、企業に雇用される障害者の数も年々増加しているが、一方で法定雇用率を達成した企業の割合は、日本全体で5割に達しないという状況は依然として変わっていない。

10 ◯ 記述どおり正しい。キャリアコンサルタントとして、若者層への就労支援や面談 (キャリアコンサルティング) を行う際には、自己理解の支援とともに、仕事理解の支援にも力を入れていく必要性が高いことがわかる。

11 ✕ 満足度で最も低い項目は、正社員・正社員以外ともに「賃金」。次いで低い項目が「教育訓練・能力開発のあり方」。正社員以外で「仕事の内容・やりがい」は、もっとも満足度の高い項目である。

解答 障害者

1 ✕ 令和5年版障害者白書によると、身体障害436万人、知的障害109万4000人、精神障害614万8000人である。1年前の統計では精神障害者は420万であり急増している。

2 ✕ 令和5年度からの障害者雇用率は2.7%であるが、5年度は2.3%で据え置き、6年度から2.5%、8年度から2.7%に引上げる。国や地方公共団体等は3.0%、教育委員会は2.9%で、段階的引上げは民間事業主と同様。

3 ◯ 記述どおり正しい。

4 ◯ 記述どおり正しい。不足する障害者数1人につき月額50,000円の障害者雇用納付金を納めることになっている。ただし、納付で雇用義務が免除されるわけではなく、実施勧告にも応じない場合には「社名の公開」も行われる。

5 ◯ 記述どおり正しい。2022年6月1日時点で民間企業 (従業員数43.5人以上) に雇用されている障害者の数は61万3958人、実雇用率は2.25%で、いずれも過去最高を更新。一方、法定雇用率を達成した企業は全体の48.3%で、前年から1.3ポイント上昇。5割には達していない。

4

キャリアコンサルティングを行うために必要な知識③

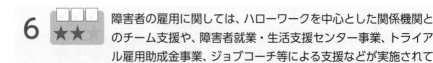

6 ★★
障害者の雇用に関しては、ハローワークを中心とした関係機関とのチーム支援や、障害者就業・生活支援センター事業、トライアル雇用助成金事業、ジョブコーチ等による支援などが実施されている。

7 ★★★
障害者雇用に関しては、NPO法人等で知的障害のある人を非常勤職員として雇用し、1～3年の業務の経験を積んだ後、ハローワーク等を通じて一般企業等への就職につなげる制度を「チャレンジ雇用」という。

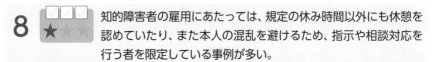

8 ★
知的障害者の雇用にあたっては、規定の休み時間以外にも休憩を認めていたり、また本人の混乱を避けるため、指示や相談対応を行う者を限定している事例が多い。

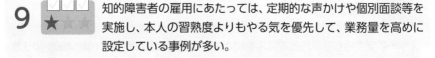

9 ★
知的障害者の雇用にあたっては、定期的な声かけや個別面談等を実施し、本人の習熟度よりもやる気を優先して、業務量を高めに設定している事例が多い。

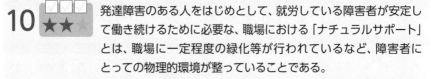

10 ★★
発達障害のある人をはじめとして、就労している障害者が安定して働き続けるために必要な、職場における「ナチュラルサポート」とは、職場に一定程度の緑化等が行われているなど、障害者にとっての物理的環境が整っていることである。

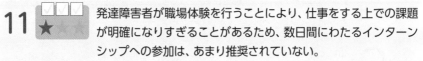

11 ★
発達障害者が職場体験を行うことにより、仕事をする上での課題が明確になりすぎることがあるため、数日間にわたるインターンシップへの参加は、あまり推奨されていない。

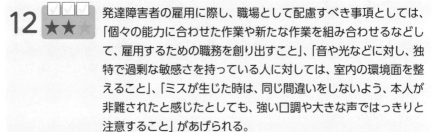

12 ★★
発達障害者の雇用に際し、職場として配慮すべき事項としては、「個々の能力に合わせた作業や新たな作業を組み合わせるなどして、雇用するための職務を創り出すこと」、「音や光などに対し、独特で過剰な敏感さを持っている人に対しては、室内の環境面を整えること」、「ミスが生じた時は、同じ間違いをしないよう、本人が非難されたと感じたとしても、強い口調や大きな声ではっきりと注意すること」があげられる。

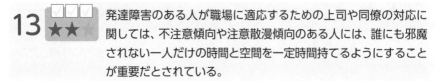

13 ★★
発達障害のある人が職場に適応するための上司や同僚の対応に関しては、不注意傾向や注意散漫傾向のある人には、誰にも邪魔されない一人だけの時間と空間を一定時間持てるようにすることが重要だとされている。

6 ○ 記述どおり正しい。

7 ✗ チャレンジ雇用とは、知的障害者等を、1年以内の期間を単位として、各府省・各自治体において、非常勤職員として雇用し、1〜3年の業務の経験を踏まえ、ハローワーク等を通じて一般企業等への就職につなげる制度を言う。

8 ○ 記述どおり正しい。

9 ✗ 「定期的な声かけや個別面談等を実施」については正しいが、「業務量を高めに設定」の箇所は誤り。

10 ✗ ナチュラルサポートとは、職場の従業員が障害者の就労継続に必要な多様な支援を、自然にまたは計画的に提供すること、とされる。ジョブコーチだけが支援していては職場内で浮いてしまうこともあり、従業員の支援を引き出すことが重要との考えから発展してきた。

11 ✗ 仕事をする上での課題を明確にするためのインターンシップへの参加は、推奨されている。

12 ✗ 「ミスが生じた時は、同じ間違いをしないよう、本人が非難されたと感じたとしても、強い口調や大きな声ではっきりと注意すること」が誤っている。発達障害の人に対して叱る、それも大きな声を出すことは逆効果となる。その他の留意すべき点としては、「事業所、障害者双方にきめ細かな人的支援を行うジョブコーチ制度を活用すること」などがあげられる。

13 ○ 記述どおり正しい。「不注意傾向や注意散漫傾向のある人」は一般にADHDと呼ばれるが、周囲の音や行動に敏感で、仕事を中断されると、集中力が途切れてしまう場合が多い。集中できれば効率もあがり、ミスも減るとされる。

4

キャリアコンサルティングを行うために必要な知識③

 **14** ADHDなどの発達障害のある人が職場に適応するための上司や同僚の対応としては、仕事の先延ばし傾向がある人には「できるときにやればよい」ことを伝えリラックスして仕事をしてもらうようにした方がいいし、また時間の管理ができない人には、一日の中に過密にスケジュールを入れるようにするのがいい。

 15 発達障害のある人が職場に適応するため、多動で落ち着きが無い人には、からだの動きの少ない仕事に就かせることが望ましい。

 16 発達障害者支援センターでは、発達障害の早期発見や就労支援に加え、企業や医療、福祉、教育などの関係機関との連絡調整も行っている。

 17 発達障害者支援センターにおいて就労支援の対象となるのは、障害者手帳を取得している人、あるいは発達障害の診断を受けた人のみである。

 18 障害者支援に関し、ハローワークの一般窓口では、発達障害等によりコミュニケーションに困難を抱える者に対し、その希望や特性に応じて専門支援機関への誘導を行っている。

 19 全国47都道府県に設置された47の地域障害者職業センターでは、精神障害者を雇用している企業に対して、職場復帰の支援を行っている。

 20 地域障害者職業センターは、公共職業安定所（ハローワーク）等と連携しつつ障害者に対する就労相談や就労後のアフターケアを行っている。

 21 地域障害者職業センターでは、通院や服薬などの健康管理や金銭管理など、日常生活をめぐる支援を行っている。

 22 地域障害者職業センターでは、知的障害者や重度知的障害者の判定を行っている。

 23 「令和4年度版就業支援ハンドブック」（独立行政法人高齢・障害・求職者雇用支援機構）によれば、障害者の就職支援計画の策定においてケース会議を行うときは、利用者本人のエンパワメントや自己決定を尊重する観点から、可能な限り利用者本人、家族等の出席を求める。

14 ✕ ADHDの人は衝動性が強く、目に付いた所から次々手をつけ、やるべき事を忘れてしまったり、仕事を先延ばしする傾向もあるとされる。やるべき仕事を書き出し、順番を付けて見える所に貼ったり、上司や周囲の人に優先順位を決めてもらう、といった対応もいいとされている。過密にスケジュールを入れることはストレスとなるので控える。

15 ✕ 多動・衝動性が強い人には、特定の場所に留まっての作業よりも、行動力や好奇心を活かせる作業や職業が向いていると言われている。

16 ◯ 記述どおり正しい。

17 ✕ 発達障害者支援センターでは、障害者手帳を取得していない人、また発達障害の診断をとくに受けていない人の相談にものるし、また支援も行う。

18 ◯ 記述どおり正しい。専門支援機関とは、例えば精神障害者の場合であれば、専任の精神障害者担当カウンセラーを配置した「地域障害者職業センター」への誘導もその一つとなる。

19 ◯ 記述どおり正しい。地域障害者職業センターは個人に対しての支援だけではなく、企業に対しての支援（職場復帰のや障害者雇用の支援等）も行う。

20 ◯ 記述どおり正しい。

21 ✕ センターは、名称にもあるように「職業」に関する支援業務が主となる。設問のような支援は地元自治体等の役割となる。

22 ◯ 記述どおり正しい。

23 ◯ 記述どおり正しい。例えば、地域障害者職業センターで開かれる「ケース会議」ではアセスメントを担当した者だけが支援計画を策定するのではなく、関係機関の支援者に集まってもらい、利用者本人、家族等の出席もあったうえで、決定していく事が望ましい。

4

キャリアコンサルティングを行うために必要な知識③

 **24** ★ 同上のハンドブックによれば、障害者を対象とした就業支援のプロセスを「職業に関する方向付けのための支援」、「職業準備性の向上のための支援」、「就職から雇用継続に向けた支援」に分けるのは、ステップごとに支援の目標や内容が異なり、連携する関係機関にも違いがあるからである。

 25 ★★ 障害者の雇用の促進等に関する法律（障害者雇用促進法）や、障害を理由とする差別の解消の推進に関する法律（障害者差別解消法）では、その対象となる事業者の範囲は、2人以上の障害者を雇用する事業者であり、また対象となる障害者の範囲は、障害者手帳を所持する者である。

 26 ★★ 障害者雇用促進法には、2013年の改正で「障害者に対する差別の禁止等」の章が設けられ、雇用に関する差別的取扱いの禁止と合理的配慮の提供義務が明記された。

 27 ★★ 合理的配慮による誤解や偏見を避けるために、職場の同僚に対しては、障害の特性に関する情報提供を極力控えるべきである。

 28 ★★ 障害の程度や職業生活のしづらさの個別性よりも、障害種別ごとの一般的な障害の特性に目を向けた合理的配慮がなされるべきである。

 29 ★ 障害者の雇用の促進等に関する法律に基づけば、積極的差別是正措置として、障害者でないものと比較して障害者を有利に取り扱うことは、法令違反となる。 第24回

 30 ★★ 障害者差別禁止指針（厚生労働省、平成27年）によれば、配置に関し、合理的配慮として障害者本人の障害特性や労働能力、適性等を考慮して特定の仕事を割り当てることは「差別」ではない。 第24回

 31 ★ 同上の指針によれば、障害者でない者については成績が平均以下の者を降格の対象としたが、障害者については成績が最低の者のみを降格の対象とすることは「差別」ではない。 第24回

 32 ★★ 就労移行支援事業では、一般就労を希望し、就労が見込まれる65歳未満の者を対象に、事業所や企業における作業や実習、適性にあった職場探し、就労後の職場定着のための支援などを行う。

4

キャリアコンサルティングを行うために必要な知識③

24 ⭕ 記述どおり正しい。「方向付けのための支援」はインテーク（受理面接）からアセスメント、プランニングまでの流れ。「職業準備性の向上」の段階では職業前訓練 (prevocational training) と職業訓練がある。最後のステップでは、職場開拓、職業紹介、職場定着支援（職場適応指導）、企業に対する支援などがある。

25 ❌ 対象となる事業者は、その規模に関係なく、すべての事業者であり、ボランティア活動等を行うグループなども事業者となる。また対象となる障害者の範囲は障害者手帳の有無に拘わらず、障害児や社会のバリアによって制限を受けている人も含まれる。

26 ⭕ 記述どおり正しい。

27 ❌ 障害の特性に関する情報提供は職場内でも周知されるようにする事が望ましい。

28 ❌ 障害者は一人ひとりの個別性が高いので、一般的な特性よりも、その方に即した配慮がなされる事が望ましい。

29 ❌ 設問文の内容とは逆に、障害者を有利に取り扱わないこと、が法令違反となる。

30 ⭕ 記述どおり正しい。

31 ⭕ 記述どおり正しい。障害者を有利に扱っており、これは「障害者の雇用の促進等に関する法律」に基づけば、差別には該当せず、法律の趣旨にのっとった行為として認められる。

32 ⭕ 記述どおり正しい。

4

キャリアコンサルティングを行うために必要な知識③

 **33** リハビリテーション・カウンセリングとは、障害のある人の身体的、感情的側面に眼を向け、その中から優先順位の高いものに焦点を当てサポートすることである。

 **34** リハビリテーション・カウンセリングでは、障害を持つ人が人生における目標を定め、それを達成できるようにサポートする。
第23回

 35 リハビリテーション・カウンセリングにおいては、障害を持つ人が職業につけるよう、その人の病気や障害に焦点を当ててサポートする。
第23回

 36 リハビリテーション・カウンセリングの最初の段階のプロセスは、第一に問題を知ること、第二に目標を設定すること、第三に目標に至るまでの手段を設定することとされる。

 37 障害の医学的、心理学的影響に対応するためのカウンセリングでは、障害を持って生きていくことへの怒りや悲しみに共感的理解を示すことが必要であり、カウンセラーはもっぱら話を聴いてうなずくことに徹することが求められる。

 38 リハビリテーション・カウンセリングでは、障害のある人が社会生活に参加できるようになることを目指すが、仕事を得ることは重視されない。

 **39** リハビリテーション・カウンセリングの理念によれば、障害のある人が無理をして環境に合わせようとするのではなく、環境を変えることによって、障害があっても生活しやすい社会を目指す。

 40 リハビリテーション・カウンセリングの理念では、障害のある人自身ではなく、リハビリテーション・カウンセラーが主体となって統合的、総合的なサービス内容を決定していくことを目指す。

 41 リハビリテーション・カウンセリングに関し、障壁をなくすための介入の例としては、障害に理解がない雇用主に対して、障害を持つ人たちの能力や権利、雇用主としての義務などを説明することが挙げられる。

33 ✕ リハビリテーション・カウンセリングでは、障害のある人の「全体性」に目を向け、自らの資源を利用して問題を解決できるようになる事を支援する。「優先順位の高いものに焦点を当て」という点が誤っている。

34 ◯ 記述どおり正しい。障害があったとしても、平穏で、創造的で、活力に満ちた生活を送っていけるよう支援する。

35 ✕ 「病気や障害に焦点を当てて」が誤っている。その方の遺伝的、生物学的、心理・社会的独自性（全体性）に目を向け、自ら問題を解決できるように支援する。

36 ◯ 記述どおり正しい。

37 ✕ 共感的理解や傾聴はもちろん重要であるが、「もっぱら話を聴いてうなずくことに徹する」という表現は適切ではない。リハビリテーション・カウンセリングにおいては、現実的な解決方策を具現化していく事が重視される。

38 ✕ 社会参加や就労も大きな一つの目標となりうるので、「仕事を得ることは重視されない」という箇所が誤っている。ただし就労だけが目指されるわけではなく、障害者個人の特性や人間としての全体性に目を向けていくのが、リハビリテーション・カウンセリングである。

39 ◯ 記述どおり正しい。

40 ✕ リハビリテーション・カウンセリングの理念では、障害のある人自身が主体的に自己を主張することにより、自分の状況を良くしていくことや社会的な力をつけられるように支援する。

41 ◯ 記述どおり正しい。設問文のような「環境への働きかけ」がリハビリテーション・カウンセリングでは求められる。

4

キャリアコンサルティングを行うために必要な知識③

42 ☐☐☐ ★★ 自閉スペクトラム症（Autism Spectrum Disorder：ASD）の支援は、当事者の認知的な特性に即した環境形成などにより、当事者の抱える困難を完全に解消していくアプローチが基本とされる。　第23回

43 ☐☐☐ ★★ ASDの支援においては、当事者の良さに着目してそれを活かしつつ、社会の中でどのように「折り合い」をつけていくのかについて、当事者とともに考え工夫する姿勢が支援者には求められる。　第23回

44 ☐☐☐ ★★ ASDの症状は単一であるので、支援目的は「定型発達」に近づくこととなり、適切な支援のためには、当事者の問題や困難がどう形成されてきたかに的を絞って理解することが「生きづらさ」の解消のためには求められる。　第23回

C 女性

1 ☐☐☐ ★★ 「令和4年版働く女性の実情」（厚生労働省）によれば、産業別の女性の雇用者数では、「卸売業、小売業」が最も多く、次いで「医療、福祉」、「製造業」、「宿泊業、飲食サービス業」の順になっている。

2 ☐☐☐ ★★ 「令和4年版働く女性の実情」によれば、令和4年の一般労働者の所定内給与額の男女間賃金格差（男性＝100.0とした場合の女性の所定内給与額）は、年々小さくなってきている。

3 ☐☐☐ ★ 「令和4年版働く女性の実情」によれば、令和4年の女性常用労働者1人平均月間総実労働時間は、男性の総実労働時間の6割となっている。

4 ☐☐☐ ★★★ 「令和4年版働く女性の実情」によれば、30歳台の労働力率は高まっており、10年前に比べて、女性の労働力率を示すM字カーブの底の落ち込みは小さくなった。

5 ☐☐☐ ★★ 「令和4年版働く女性の実情」（厚生労働省）によれば、女性の労働力率は、60歳を超えると5割以下に低下する。

42 ✕ 自閉スペクトラム症の原因は、生まれつきの脳機能の異常とされる。その特性を理解した上で生活上の困難さを軽くし（「完全に解消」ではない）、二次障害（二次的な問題）を最小限にとどめる事が支援の基本となる。

43 ○ 記述どおり正しい。叱られたり、仲間外れになったり、勉強についていけない等から生じる過度のストレスによる身体症状や精神症状は二次障害と言われるが、そうした点も含めて、設問文のように支援する事が求められている。

44 ✕ 症状は個別であるし、二次障害の身体症状（頭痛、腹痛、食欲減退、チック等）や精神症状（不安、うつ、緊張、興奮等）も様々である。よって「単一」は誤りであるし「定型発達」に近づけるという発想もありえない。また形成過程をみる事はいいが、その点だけに「的を絞る」わけではない。

4

キャリアコンサルティングを行うために必要な知識③

解答　女性

1 ✕ 「医療、福祉」が669万人（女性雇用者総数に占める割合24.2%）と最多、次いで「卸売業、小売業」516万人（同18.7%）、「製造業」297万人（同10.7%）、「宿泊業、飲食サービス業」210万人（同7.6%）。

2 ✕ 所定内給与額は女性が25万8900円、男性は34万2000円。男女間の賃金格差は75.7で、前年75.2より大きくなっている。

3 ✕ 女性常用労働者の1人平均月間総実労働時間は118.5時間で、男性の総実労働時間は152.2時間。男性を100とすると、女性は78となるので、設問の「6割」の表記は誤り。男女ともに労働時間数は増加した。

4 ○ 記述どおり正しい。いわゆる「M字型カーブ」の底の年齢階層（30歳台）で、「30〜34歳」は平成24年の68.6%から令和4年には80.6%に、「35〜39歳」は67.7%から78.9%へと労働力率は高くなってきており、グラフ全体の形はM字型から台形に近づきつつある。

5 ✕ 令和4年の女性の「60〜64歳」の労働力率は64.0%で、10年前（平成24年、45.8%）と比べると全ての年齢階級の中で最も上昇幅が大きい。

6 「令和2年版男女共同参画白書」（内閣府）によれば、日本の男性の子育てや家事に費やす時間は先進国中最低の水準である。

D 中高年齢者

1 「令和5年版 高齢社会白書」（内閣府）で述べられた高齢者の就業に関する記述では、55歳以上の男性の雇用者（役員を除く）のうち、非正規の職員・従業員の比率が一番高いのは60〜64歳の者である。

2 同上の白書で述べられた高齢者の就業に関する記述では、現在仕事をしている60歳以上の者の約4割が「働けるうちはいつまでも」働きたいと回答している。

3 「令和3年版 高齢社会白書」（内閣府）で述べられた高齢者の就業に関する記述では、2012年から2017年における起業者の年齢別構成割合の変化を見ると、65歳以上では、2012年と比べて男女とも倍増している。

4 同上の白書では、役員を除く雇用者のうち、男性の非正規職員・従業員の比率は60歳を境に大幅に上昇している。

5 同上の白書によれば、従業員21人以上の企業23万5,875社のうち、定年制制度を廃止した企業は2割程度である。

6 「令和3年版 高齢社会白書」（内閣府）で述べられた高齢者の就業に関する記述では、2012年から2017年における起業者の年齢別構成割合の変化を見ると、65歳以上では、2012年と比べて男女とも倍増している。

7 2023年のデータとして公表されている、シルバー人材センターの加入者（会員）の状況では、加入者（会員）数は、日本の65歳以上の高齢者人口の約20％を占めており、男女の割合では、男性が約8割を占める。

4

キャリアコンサルティングを行うために必要な知識③

6 ○ 記述どおり正しい。OECD（経済協力開発機構）の2020年の国際比較データで、日本男性（41分）は比較国中最短。男女比（男性を1とした場合の女性の比率）も日本の5.5倍が最大となっている。

解答　中高年齢者

1 ✕ 非正規の職員・従業員の比率は55〜59歳で11.0%であるが、60〜64歳45.3%、65〜69歳67.3%、70〜74歳74.7%、75歳以上76.2%。

2 ○ 記述どおり正しい。

3 ✕ 65歳以上の起業者の割合は男性では増加しているが倍増という値ではない。2012年に11.8%であったものが2017年には13.2%になっている。一方、女性は8.6%から7.2%とむしろ減少している。

4 ○ 記述どおり正しい。

5 ✕ 高年齢者雇用確保措置（「定年制廃止」、「定年引き上げ」、「継続雇用制度の導入」）実施済みの企業割合は99.9%（235,620社）であるが、定年制を廃止した企業の割合は3.9%（中小企業では4.2%、大企業で0.6%）と少ない［令和5年「高年齢者の雇用状況」より］。

6 ✕ 65歳以上の起業者の割合は男性では増加しているが倍増という値ではない。2012年に11.8%であったものが2017年には13.2%になっている。一方、女性は8.6%から7.2%とむしろ減少している。

7 ✕ 全国会員数は681,739人で、2022年9月15日現在の日本の65歳以上の高齢者人口（約3627万人）の約2%。また、会員の内訳は男性447,018名、女性は234,721名で、男性が過半数を占めるが、8割ではない。

8 □□□ ★☆☆ 2022年度のデータとして公表されている、シルバー人材センターの加入者（会員）の状況では、入会動機は、男女とも「生きがい、社会参加」が最も多い。

E その他（治療者、生活困難者 他）

1 □□□ ★★☆ 「事業場における治療と仕事の両立支援のためのガイドライン」（厚生労働省、令和4年3月）によれば、治療と仕事の両立支援においては、「時間的制約に対する配慮」だけでなく、労働者本人の「健康状態」や「業務遂行能力」も踏まえた就業上の措置等が必要である。 第22回 第24回

2 □□□ ★★★ 同上のガイドラインでは、就労によって疾病の増悪、再発や労働災害が生じないよう、適切な就業上の措置や治療に対する配慮を行うことが就業の前提となるが、仕事の繁忙等、特別な理由がある場合には例外を作る事もありうる、とされている。 第22回 第23回 第24回

3 □□□ ★★★ 治療と仕事の両立支援は、労働者本人からの申し出があって初めて取り組みがなされることとなるため、申し出がしやすい環境整備が重要となる。 第22回 第23回 第24回

4 □□□ ★★☆ 治療と仕事の両立支援では、健康診断や本人からの申し出により事業者が把握した健康情報を、同僚をはじめ周囲の労働者や管理職が共有することが必要となる。 第23回

5 □□□ ★☆☆ 治療と仕事の両立のためには、疾病の内容、障害の内容、治療の内容等に関する情報は、いかなる場合であっても周囲の同僚や上司等に伝えてはならない。 第24回

6 □□□ ★★☆ 治療と職業生活の両立支援においては、自身ががん治療を経験したキャリアコンサルタントは、自己の経験をもとにしたがんの治療方法を相談者に積極的に助言することも、求められる役割である。

8 ◯ 記述どおり正しい。2022年度新入会員9万2023人のうち、入会動機が「生きがい、社会参加」の男性は1万8502人、女性は1万4370人で最も多い。

解答 その他（治療者、生活困難者 他）

1 ◯ 記述どおり正しい。就業の場所や時間については、時差出勤や短時間勤務、在宅勤務（テレワーク）、試し出勤などの選択肢があるが、実際に運用した上で本人の申し出を聞き、それを踏まえて適切な就業上の措置や治療に対する配慮を行うことができるようにしていく。

2 ✕ 設問文の前半（「就業の前提となるが」まで）は、記述どおり正しい。しかし後半の「仕事の繁忙等、特別な理由がある場合」の例外規定は、とくに記載がない。「適切な就業上の措置」とは、就業場所や作業内容、労働時間等に対する措置である。

3 ◯ 記述どおり正しい。

4 ✕ 本人の健康診断での情報など個人情報に関するものを職場において開示する必要はない。

5 ✕ 治療と仕事の両立のためには、労働者本人を中心に、人事労務担当者、上司・同僚等、産業医や保健師、看護師等の産業保健スタッフ、主治医等が、本人の同意を得た上で支援のために必要な情報を共有し、連携することが重要である、とされている。

6 ✕ キャリアコンサルタントが、「自己の経験をもとにしたがんの治療方法を相談者に積極的に助言する」ということは、あってはならない。

4

キャリアコンサルティングを行うために必要な知識③

7 治療と職業生活の両立支援においては、相談者と関係機関をつないだり、事業所に両立支援制度策定を提案するなど、環境に働きかけることが、キャリアコンサルタントに求められる役割である。

8 両立支援等助成金の介護離職防止支援コースを活用した支援において、事業主が助成金の支給を受けるための要件として、介護に直面した労働者との面談を実施し、介護の状況や今後の働き方についての希望等を確認のうえ、「介護支援プラン」を作成・導入する必要がある。

9 治療と仕事の両立支援を行うに当たっては、関係者が必要に応じて連携することで、労働者本人の症状や業務内容に応じた適切な両立支援の実施が可能となるため、両立支援コーディネーターの配置が義務付けられている。　第23回

10 両立支援等助成金の介護離職防止支援コースの活用で、事業主が助成金の支給を受ける要件として、介護に直面した労働者の支援を行う企業の相談窓口担当者には、キャリアコンサルタントを配置する必要がある。

11 平成27年度から開始された、生活困窮者自立支援制度の就労訓練事業とは、事業主が自治体から認定を受けて、生活困窮者に就労の機会を提供するものである。

12 生活困窮者自立支援制度の就労訓練事業では、訓練事業の利用者は、就労する事業主との間で、雇用契約を締結せずに訓練を行う。

13 生活困窮者自立支援制度の就労訓練事業では、訓練事業の対象者に該当するかどうかは、受入事業所や本人の意向を踏まえた上で、自立相談支援機関のアセスメントに基づき判断され、最終的には行政により決定される。

14 「職場におけるダイバーシティ推進事業報告書」（厚生労働省、令和2年3月）によると、性的マイノリティの当事者が抱える困難の一つに、相談窓口や機関が存在していても、担当者の無理解やアウティングされることを恐れて相談に赴くことの心理的な障壁があることが挙げられる。

7 ◯ 記述どおり正しい。治療と就業との両立支援という局面では、とくにキャリアコンサルタントによる「環境への働きかけ」がその重要さを増してくる。

8 ◯ 記述どおり正しい。さらに、介護休業の取得等について、「介護支援プラン」により支援する旨を、就業規則等で明文化・周知する必要がある。

9 ✕ とくに「両立支援コーディネーターの配置が義務付けられている」わけではない。

10 ✕ キャリアコンサルタントにとっては、いささか残念ではあるが、そのような規定は存在しない。

11 ◯ 記述どおり正しい。就労につなげることが、就労訓練事業における目標である。

12 ✕ 就労訓練事業の利用者は、雇用契約を締結せず訓練として就労を体験する形態と、雇用契約を締結した上で支援付きの就労を行う形態のいずれかで就労を行う。

13 ◯ 記述どおり正しい。相談窓口となる生活困窮者自立相談支援機関は全都道府県に設置され、市区町村の福祉担当部署だけでなく、社会福祉協議会や社会福祉法人、NPOなどにも設置されている。

14 ◯ 記述どおり正しい。「アウティング」とは、レズビアンやゲイ、バイセクシャル、トランスジェンダーなど（LGBT / LGBTQ+）に対して、本人の了解を得ず、公にしていない性的指向や性同一性等の秘密を暴露すること。

4

キャリアコンサルティングを行うために必要な知識③

15 ★★★ 同上の報告書によれば、性的マイノリティ当事者の抱える困難の一般的な特徴は、目に見えにくいこと、地縁・血縁など周囲の人に頼れないこと、男女の区分に基づいたジェンダー規範と密接であること、などが挙げられている。 　第22回　　第24回

16 ★ 同上の報告書によれば、戸籍上の性別を変更していないトランスジェンダーは、カミングアウトしない（できない）ことで自分の性自認と異なる性別で生活をしなければならず、生きづらさにつながっている。 　第22回

17 ★★ 同上の報告書によれば、性的マイノリティの場合、求職過程でいじめを受けた経験や希死念慮、不登校の経験などが背景にあり、アルバイトや無業者が多いといった特徴がある、とされる。 　第22回　　第24回

18 ★ 同上の報告書によれば、企業を対象にした調査で、性的マイノリティが働きやすい職場環境をつくるべき、と回答した割合には、企業規模による差は、とくにみられない。 　第22回

19 ★★ 同上の報告書によると、日本では法律が制定されていないことから、現段階では性同一性障害者が性別の取扱いの変更について審判を受けることはできない。

20 ★ 「地域包括支援センター」は、都道府県が設置し、地域の高齢者の総合相談、権利擁護や地域の支援体制づくり、介護予防の援助等を行っている。

21 ★★ 社会福祉協議会（省略して「社協」と呼ばれる）は、地域の人々が住み慣れたまちで安心して生活することができる「福祉のまちづくり」の実現を目指した活動を行っている。

22 ★ 特別養護老人ホームは、要介護高齢者にリハビリ等を提供し、在宅復帰を目指す施設である。

23 ★ 認知症高齢者グループホームは、65歳以上で身体上又は精神上の著しい障害があるために、常時の介護を必要とする者のための入所施設である。

15 ⭕ 記述どおり正しい。

16 ⭕ 記述どおり正しい。本名から連想される性別や見た目の性別が一致しないこと、書類上の性別と見た目の性別が一致しないことなどから、それが「差別」につながっている、という報告もされている。

17 ⭕ 記述どおり正しい。職場では、結婚や子供の有無など私的な話をする機会があるので、自身の性的指向・性自認を偽って会話をすることになり、常に緊張を強いられてストレスにつながっている、とも報告されている。

18 ❌ 「社内において、性的マイノリティが働きやすい職場環境をつくるべきと思うかどうか」の回答で「そう思う」の割合は従業員規模「99人以下」では11.3%、「100人〜999人」では17.4%、「1,000人以上」では42.0%であった。

19 ❌ 二人以上の医師により性同一性障害であることが診断されていることや18歳以上であることなどの要件を充たせば、家庭裁判所は変更の審判を行う。

20 ❌ 「都道府県」という箇所が誤っている。地域包括支援センターは、市町村と特別区（東京23区）が設置している。

21 ⭕ 記述どおり正しい。

22 ❌ 設問文の内容は、「介護老人保健施設」のことを説明している。

23 ❌ グループホームは、常時の介護を必要とする者のための施設ではない。専門スタッフ等の援助を受けながら、小人数で生活する施設である。

キャリアコンサルタントの自己研鑽は一生もの ——資格取得後の更新講習のことなど

　資格取得後の仕事については、企業などに就職する場合と、独立・開業する場合について、今までのコラムで紹介してきました。このコラムでは、資格更新の手続きや、その後、生涯にわたる能力開発やスキル向上についてお話しします。

　まず事務的には、国家資格キャリアコンサルタントの登録者は、その知識やスキルが錆び付かないように、5年後ごとの更新講習を受けることになっています。

　5年以内に「知識」は8時間以上、「技能」は30時間以上の更新講習を受けます。養成講習を提供している団体をはじめとして、多くの団体が数多くの更新講習のカリキュラムを提供しています（更新講習については厚生労働省のホームページに詳しい紹介があります）。

　この更新講習は「2級キャリアコンサルティング技能士」に合格すれば受講しなくてもよくなります。2級技能士の資格は、国家資格キャリアコンサルタントの上位に位置づけられる国家検定資格で、「熟練レベル」を証明する資格とされます。

　2級技能士の受験資格は、国家資格キャリアコンサルタントの方は、3年の実務経験があれば得られます。試験は、学科（50問の四肢択一試験／7割以上の正答で合格）と実技（20分のロールプレイと口頭試問）が行われます。キャリアコンサルティング協議会（CC協議会）が実施しており、実技の合格率はおよそ25％程度です。

　ただし、この更新講習の受講免除は1回限りです。もし永遠に免除にしたい場合は、「1級キャリアコンサルティング技能士」に合格する必要があります（ただし、技能講習のみの免除）。1級技能士は2級のさらに上位に位置づけられた「指導レベル」の資格で、8年以上の実務経験者は受験資格があります。試験は、学科（50問の五肢択一試験／7割以上の正答で合格）と実技（30分のロールプレイと口頭試問）が行われます。

　1級合格者は、指導者として国家資格キャリアコンサルタント等に対してスーパービジョンを行うことができます。国家資格キャリアコンサルタントは、1級のスーパーバイザーから指導（スーパービジョン）を受けることで、技能講習30時間のうちの10時間まで、講習受講の代わりとすることができます。1級の受験資格は、2級資格者の場合には3年の実務経験で得られます。合格率（実技）は、3〜5％程度です。

　このように、国家資格の上には、2級と1級という目指せる資格もあり、またそれを目指さなくても、5年ごとの更新講習を受け続けることで、常に知識と実技のスキルを高め続けていけるようになっているのです。

　国家資格の学科試験でも出題される内容ですが、「キャリアコンサルタントとしての自己研鑽は一生もの」です。言い方を換えれば、キャリアコンサルタントの学習は一生涯、楽しんで続けていけるものであり、その内容面の奥深さは生涯現役で活躍できる秘訣となるともいえます。

第5章

キャリアコンサルティングを行うために必要な技能①

　5-1節「カウンセリングの技能」は、カウンセリングでよく用いられる手法（モデル）についての内容です。「A ロジャーズ」や「B マイクロカウンセリング」の項目はカウンセリングを行うにあたって必須の内容で、もちろんキャリアコンサルティングを行うに際しても必須です。

　5-2節「グループアプローチの技能」は最近では必ず1〜2問は出題される頻出項目となっています。5-3節「キャリア・シートの作成指導・活用の技能」では職務経歴書や履歴書を扱っています。

1 カウンセリングの技能

　カウンセラーにとってはバイブル的な存在であるロジャーズの「クライエントセンタードアプローチ」から「システマティック・アプローチ」まで、5つのアプローチモデルについての設問です。「マイクロカウンセリング」以降は、いくつかのカウンセリング手法を組み合わせた包括的・折衷的なカウンセリングモデルといわれるものになります。
　カウンセリングを行うにあたって、ベースとなる考え方や手法 (モデル) に関する設問ですので、ぜひ押さえておいてもらいたい項目です。

分野	過去問 (第15〜24回試験)									
	15回	16回	17回	18回	19回	20回	21回	22回	23回	24回
A クライエントセンタードアプローチ (ロジャーズ)					㉟	⑩㉞		⑨⑩		⑩
B マイクロカウンセリング (アイビイ)							㉞	㉟		㉟
C ヘルピング (カーカフ)										
D コーヒーカップ・モデル (國分康孝)										
E システマティック・アプローチ	㉞㊺	㉜㉞		㊹		㉞				
F 面接技法、傾聴技法				⑩⑪㉟					⑩㉟㊱	㊱
G 学習、モデリング										

＊数字は設問の出題番号

A クライエントセンタードアプローチ (ロジャーズ)

❶ ロジャーズ (Rogers, C.／1902 − 1987)

1. 「来談者中心療法」とも言う。現象学やジェシー・タフト、オットー・ランクらの影響も受け、ウィリアムソンらの特性因子理論に対して、非指示的療法を提唱。

2. 「人間は自ら成長し、自己実現しようとする力を持っている。本人が自分をどう見るかという自己概念が行動の核になる」との考えがベース。自己概念と経験のずれ (自己不一致) を解消することが目的。

3. カウンセラーが持つべきカウンセリングの基本姿勢は、受容、共感、(自己) 一致。

4. **受容**：無条件の肯定的配慮

共感：共感的理解、クライエントの世界をあたかも自分自身の世界であるかのように感じること

自己一致：クライエントとの関係において心理的に安定しており、ありのままの自分を受け入れている

B マイクロカウンセリング（アイビイ）

❶ アイビイ（Ivey, A. E.）

1. それまでの多様な心理療法やカウンセリング理論を統合して1960年代にアメリカで開発された面接技法の基本モデル。三角形の階層表として有名。

2. **かかわり行動**：ラポール形成につながる4つの行動＝視線の合わせ方、身体言語、声の調子、言語的追跡

3. **開かれた質問と閉ざされた質問**：yesかnoで答えられる「閉ざされた質問」は、最初から矢継ぎ早にされるとクライエントによっては尋問されているように感じる。

4. **感情の反映**：クライエントの言語化されない感情を観察し、根底にある感情に気づくように支援。

5. **意味の反映**：クライエント自身が、感情や思考、行為に隠された意味を見出せるように支援。

6. **積極技法**：能動的かかわりを行いながら、相手の問題解決を促す技能。

▼積極技法

技法	定義	ねらい
指示	クライエントにどんな行動をとってほしいかを明確に示す。	クライエントが課題を理解し、行動を確実にできるように助ける。
論理的帰結	クライエントの行動で起こりうる結果を良否にかかわらず伝える。	行動の結果を気づかせ将来に向けての選択につなげる。
自己開示	カウンセラーの考えや感じ、個人的な経験などを伝える。	クライエントの自己開示を促し、行動変容のためのよいモデルとなる。
フィードバック	第三者がクライエントをどうみているかを伝える。	クライエントの自己探求、自己吟味を促す。
解釈	状況に対しての一つの観点を伝える。	クライエントが別な観点や枠組みで考える能力を促進する。
積極的要約	カウンセラーの言った事や考えた事を要約して伝える。	カウンセラーの発言にクライエントが協力したり、整理して頭に入れよく理解できるようになる。
情報提供、助言、教示、意見、示唆	クライエントにカウンセラーの考えや情報を伝える。	新しい助言や新しい情報に、クライエントの目を向けさせる。

5

キャリアコンサルティングを行うために必要な技能①

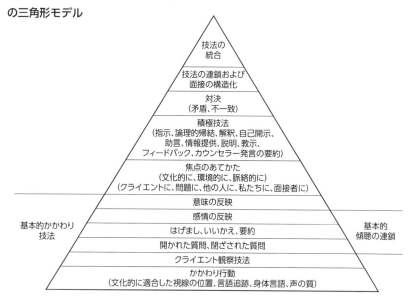

▼アイビイのマイクロカウンセリング
　の三角形モデル

技法の
統合

技法の連鎖および
面接の構造化

対決
（矛盾、不一致）

積極技法
（指示、論理的帰結、解釈、自己開示、
助言、情報提供、説明、教示、
フィードバック、カウンセラー発言の要約）

焦点のあてかた
（文化的に、環境的に、脈絡的に）
（クライエントに、問題に、他の人に、私たちに、面接者に）

意味の反映

感情の反映

はげまし、いいかえ、要約

開かれた質問、閉ざされた質問

クライエント観察技法

かかわり行動
（文化的に適合した視線の位置、言語追跡、身体言語、声の質）

基本的かかわり技法

基本的傾聴の連鎖

C ヘルピング（カーカフ）

❶ カーカフ（Carkhuff, R. R.）

1. ヘルパーのヘルピーへの援助プロセスを4段階とし、技法を具体的に示して、多くの人が使えるようにした。

▼ヘルピング技法

技法の段階	技法の意図	使用技法
1. 事前段階 （かかわり技法）	ラポール形成のための技法	かかわりへの準備、親身なかかわり、観察、傾聴
2. 第1段階 （応答技法）	ヘルピーの自己探索を促す技法	事柄への応答、感情への応答、意味への応答
3. 第2段階 （意識化技法）	ヘルピーの自己理解を促し目的地を明らかにする技法	意味、問題、目標、感情の意識化
4. 第3段階 （手ほどき技法）	目標へのスケジュールを立て実行する	目標の明確化、行動計画の作成、スケジュールと強化法の設定、行動化の準備、各段階の検討
5. 援助過程の 繰り返し	ヘルピーの反応や行動の結果を吟味しながらの援助の繰り返し	―

D コーヒーカップ・モデル（國分康孝）

❶ 國分康孝（1930 − 2018）

1. 面接の初期、中期、後期の3ステップと、意識、無意識とを組み合わせたモデル。
2. リレーションとは、構えのない感情交流であり、その根底には信頼感がある、とした。

▼コーヒーカップ・モデル

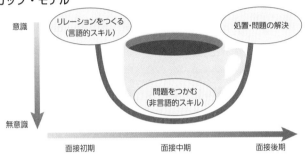

E システマティック・アプローチ

❶ システマティック・アプローチ

1. クライアントとの良い人間関係（ラポール、リレーション）をつくり、共同してカウンセリングの目標を定め、計画を立て、その達成の方策を体系的に進めるアプローチを、一般に「システマティック・アプローチ」と呼ぶ。

▼システマティック・アプローチの6段階の流れと「見立て」「気づき」

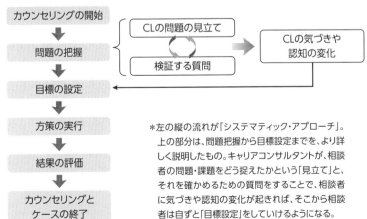

5

キャリアコンサルティングを行うために必要な技能①

F 面接技法、傾聴技法

❶ アイコンタクトと沈黙

1. 相談者とはどのような視線の合わせ方をするのか？
   「文化的に適合した視線の位置」は欧米と日本では異なる。日本では「顔全体をぼんやりと見て相談者が大切な発言をした時には目をしっかり見る」のがよいとも言われる。

2. 相談者が沈黙したときには？
   相談者に発言や回答を急かしたり促したりはしない。沈黙の意味を理解し対応。

❷ リフレクション（伝え返し）

1. どのように面談を進めるのか？
   傾聴：クライエントに尚早なアドバイスを与えたりせずに、しっかりと受け止めるように聴く。

   繰り返し＝リフレクション（reflection）：相談者の気持ちのエッセンスを感じ取り、キャリアコンサルタントの理解や受け止めを相談者に確認してもらう応答。発言の全てを記憶して、言葉も内容もそっくりそのまま返すことではない。

こんな問題も出る！四肢択一─③

【問】ロジャーズ（Rogers,C.R.）の理論に関する次の記述のうち、適切なものはどれか。

1. 1960年代、体験過程尺度などを使った心理療法の効果についての研究を行った。
2. 1960年代後半から、リーダーシップ・トレーニングのための一方法としてコミュニティアプローチを提唱した。
3. 1940年代半ば、「非指示的療法」に代わり、「クライエント中心療法」という名称を使うようになった。
4. 1940年頃、それまでのカウンセリングが開発的アプローチであると批判して、非指示的アプローチの意義を主張した。

正解　3.

❸ 言い換え（明確化）と支持

1. 相談者がすっきりするためにはどのような技法があるか？
   言い換え・明確化：相談者が話の内容をより明確にした表現で返すこと。
   支持：相談者を第一に考えた適切な正のフィードバック。

❹ 開かれた質問と閉ざされた質問

1. 基本的には開かれた質問（オープン・クエスチョン）で相談者と応対する。
2. 閉ざされた質問（クローズド・クエスチョン）は、相談者が話しづらくしているときや、面談初期に相談者に、まずは発声してもらい、場をなごませる際などに用いることがある。

5

キャリアコンサルティングを行うために必要な技能①

【問】カウンセリングについての次の記述のうちで、**最も適切なもの**はどれか。（第20回試験類似問題）

1. 「受容」を妨げる要因の一つは、人間はみな各自の価値観を有しており、その価値観に抵触する言動を咎めたくなってしまうからである。
2. 「繰り返し」は、相談者の発言を全て記憶し、その内容はもちろんであるが言葉使いまで正確に、そのまま反復することが理想である。
3. 相談者への「支持」を表明する場合には、何よりもカウンセラーが賞賛の言葉を発することが大事である。
4. 「リレーション」の意図は、カウンセラーの指示や指導を相談者が重要なものとしてみなし、抵抗なく行動に移すための心理的契約を結ぶことである。

正解 1.

1 ロジャーズ (Rogers, C.) はクライエントセンタードアプローチを提唱し、相談者に対するカウンセラーの「受容、共感、一致」の姿勢が、技法よりも大切であるとした。

2 ロジャーズの来談者中心カウンセリングでは、相談者 (クライエント) は「自己不一致」の状態に、カウンセラーは「自己一致」の状態にあるとし、相談者の問題解決の方向性として「自己不一致」の状態から「自己一致」の状態にいかに変容させるかが重要であるとされる。

3 ロジャーズの来談者中心アプローチにおいては、カウンセラーは、無条件の肯定的関心と共感的理解の状態にいることをクライエントに伝わるようにすることが重要だとされた。

4 ロジャーズはクライエントセンタードアプローチを提唱し、それまでのカウンセリングが「開発的」であり、相談者の問題解決につながらないと批判した。

5 来談者中心療法では、「人の過去よりも、直接の現在の状況を重視すること」が大事だとされ、感情的な側面よりも、知的な側面が重視される。

6 来談者中心療法では、「人は、成長、健康、適応へと向かう生来の欲求を持っていること」が前提とされている。

7 クライエント中心療法においては、カウンセラーがクライエントの感情に注意を払い、その要素に応答すると、クライエントは深く理解されていると感じて満足を覚える。

8 ロジャーズは、1940年頃、それまでのカウンセリングが指示的アプローチであると批判をして、非指示的アプローチの意義を主張した。

9 ロジャーズは、1940年代半ばに、「非指示的療法」が単純なテクニックとして固定化することを懸念して、「クライエント中心療法」という名称を使うようになった。

解答 クライエントセンタードアプローチ (ロジャーズ)

1 ○ 記述どおり正しい。「受容 (無条件の肯定的配慮)」、「共感 (共感的理解)」、「一致 (自己一致)」は、カウンセリングの基本とされる。

2 ○ 記述どおり正しい。「自己不一致」とは、体験 (例えばどんなことが起きたか、他人からどう言われたか等) と、自己概念 (自身のことをどう思っているか、認知しているか) が一致していない状態とされる。

3 ○ 記述どおり正しい。カウンセリングにおいては、受容、共感をしている事が相談者に伝わる事が重要とされる。

4 ✕ 「開発的」という箇所が誤っている。「指示的」が正しい。ウィリアムソン (Williamson, E. G.) らの指示的な職業指導法に対抗し、非指示的なアプローチを提唱した。

5 ✕ 後半部分の「感情的な側面よりも、知的な側面が重視される。」の個所が誤っている。

6 ○ 記述どおり正しい。

7 ○ 記述どおり正しい。「クライエント中心療法」や「クライエントセンタードアプローチ」、「来談者中心カウンセリング」、「パーソン・センタード・アプローチ」等は、みな同じ意味あいと考えていい。

8 ○ 記述どおり正しい。

9 ○ 記述どおり正しい。

5

キャリアコンサルティングを行うために必要な技能 ①

10 ★★ ☐☐☑ ロジャーズの言う「共感（共感的理解）」とは、クライエントの言っていることと行動が一致しているかどうかを、肯定的な視点でとらえることである。

11 ★★ ☐☐☑ ロジャーズの言う「共感（共感的理解）」では、クライエントの私的な世界を、あたかも自分自身の私的な世界であるかのように感じること、そして「あたかも……」という感覚を見失わないことである。

12 ★★ ☐☐☑ 来談者中心療法において、「相談者を前にして自分が感じていること、体験していることをあるがままに受け取り、必要があればそれを相談者に表現できる態度」を表す用語は、「共感的理解」である。

13 ★★ ☐☐☑ 来談者中心カウンセリングでは、カウンセラーは、クライエントとの関係において、心理的に安定しており、ありのままの自分を受容している。

14 ★★ ☐☐☑ ロジャーズの言う「自己一致」とは、カウンセラーが、たとえばクライエントの話に対して反論したいという思いにとらわれても、クライエントとの関係性を大事にし、自分の気持ちを押し殺して、あえて反論せずに応答を続けること、である。

15 ★★★ ☐☐☑ ロジャーズの言う「自己一致」については、カウンセラーが、何でも思ったことをそのまま言うことではなく、カウンセリングの目的に照らし合わせて、意味のあるものを表現し、それ以外のものはそのままにしておける状態のこと、である。

16 ★ ☐☐☑ ロジャーズによれば、カウンセラーは、カウンセリング場面だけでなく、日常生活においても常に、体験・経験と自己概念が一致するように、「自己一致」していなければならない。

17 ★★ ☐☐☑ ロジャーズは、「治療（セラピー）によりパーソナリティ（人格）変化が生じるための必要かつ十分な諸条件」というタイトルの論文において、カウンセラーがクライエントと援助的な関係を結ぶための6条件（例えば「⑥共感的理解と無条件の肯定的配慮が最低限クライエントに伝わっていること」）を挙げ、その6つの条件が要約される形で、その後「受容・共感・一致」と言い慣わされるようになった。 第24回

10 ✕ 「共感」の説明としてはふさわしくない。共感については、カウンセラーは、クライエントの世界を感じ取り、クライエントの内的照合枠 (internal frame of reference) を共感的に理解する、とされる。

11 〇 記述どおり正しい。「共感」によって、価値、思いやり、存在を受け止められた感じをクライエントがもつことができる。

12 ✕ 設問文の内容は「共感的理解」についてのものではなく「自己一致」についての文章である。「必要があれば」とは、相談者の成長にとって意味があると思われれば、と解釈できる。そのときには適切な手段でそれを表現する。

13 〇 記述どおり正しい。「自己一致」については設問文のようにも説明される。

14 ✕ 「自己一致」は、カウンセラーが「ありのままでいる」や「自身に誠実 (正直) である」等とも表現される。「あえて反論せずに」(自分を押し殺している) ことは、カウンセラーがありのままでいたり自身に誠実であることとは矛盾する。よって設問文は誤りとなる。

15 〇 記述どおり正しい。カウンセラーがもしもクライエントに反論したくなったら、そう思った自身をありのままに受け入れ、その思いを押し殺そうとせず、そうした自分を感じながらもそのままにしておき、クライアントにとって意味あるものを表現していく。

16 ✕ カウンセラーがあたかも「聖人」であるかのように、常に設問文のようにできるのであればいいが、ロジャーズもそのようになれ (聖人になれ) と言っているわけではない。自身に誠実 (正直) であれ、と言っている。

17 〇 記述どおり正しい。6条件は以下である。①2人の人間が心理的な接触をもっていること、②第1の人 (クライエント) は不一致の状態にあり傷つきやすく不安の状態にあること、③第2の人 (セラピスト) はこの関係のなかで一致しており統合していること、④セラピストはクライエントに対して無条件の肯定的配慮を経験していること、⑤クライエントの内的照合枠を共感的に理解し、その経験をクライエントに伝えようとしていること、⑥ (設問文参照)

5

キャリアコンサルティングを行うために必要な技能①

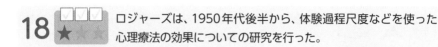
18 ロジャーズは、1950年代後半から、体験過程尺度などを使った心理療法の効果についての研究を行った。

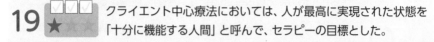
19 クライエント中心療法においては、人が最高に実現された状態を「十分に機能する人間」と呼んで、セラピーの目標とした。

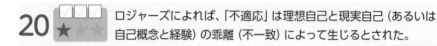
20 ロジャーズによれば、「不適応」は理想自己と現実自己（あるいは自己概念と経験）の乖離（不一致）によって生じるとされた。

第22回

21 「来談者中心カウンセリング」において、次の4つの言葉の組み合わせは適切である。「実現傾向」、「人格変化の必要十分条件」、「内的照合枠」、「過程概念」。

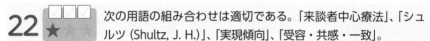
22 次の用語の組み合わせは適切である。「来談者中心療法」、「シュルツ（Shultz, J. H.）」、「実現傾向」、「受容・共感・一致」。

第22回

B　マイクロカウンセリング（アイビイ）

1 アイビイ（Ivey, A. E.）のマイクロカウンセリング技法における「かかわり行動」には、視線の合わせ方、身体言語、声の調子、言語的追跡の4つのパターンが含まれており、クライエントとのラポール（信頼関係）を築く上で重要である。

第22回

2 アイビイの「かかわり行動」では、クライエントが話に興味を持っているかどうかは、表情には現れるが、話す速さ、声の大きさ、声の調子の変化では分からない、とされている。

3 アイビイの「かかわり行動」では、言語的追跡とは、クライエントが話したことから飛躍した話題を持ち出さないことを意味している。

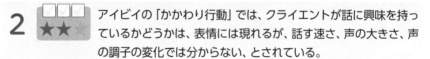
4 アイビイのマイクロカウンセリング技法では、「質問」には、「開かれた質問（open question）」と「閉ざされた質問（closed question）」があるが、最初から矢継ぎ早に「閉ざされた質問」をされるとクライエントによっては尋問されているように感じる場合もあるので、注意が必要である。

第22回

18 ○ 記述どおり正しい。ロジャーズは、7つの要因からなる過程尺度 (process scale) という変化の過程を測定する尺度も開発した。

19 ○ 記述どおり正しい。「十分に機能する人間 (fully functioning person)」は、自己概念 (理想自己) と経験 (現実自己) が一致した自己実現を果たした姿とも言える。

20 ○ 記述どおり正しい。「不適応」とは心理的に葛藤状態にあり生きづらい状態。「自己概念と経験」の乖離 (ズレ、不一致) が原因とされる。

21 ○ 記述どおり正しい。「実現傾向 (actualizing tendency)」とは、自らをよりよく実現していこうとする人間の最も根源的な動因のこと。「過程概念」は、セラピーでクライエントが変化していく過程を概念化したもの。

22 ✕ ヨハネス・ハインリッヒ・シュルツは、「自律訓練法」と呼ばれる自己催眠システムを開発した事で著名。「シュルツ」が「ロジャーズ」であれば○となる。

5

解答 マイクロカウンセリング (アイビイ)

1 ○ 記述どおり正しい。三角形で表されるマイクロカウンセリング技法の一番底辺にある、もっとも基本的な技法が「かかわり行動」であり、設問文にある4つの行動を指す。

2 ✕ カウンセラーは、クライエントの話す速度、声の大きさや調子などにも気を配ると同時に、カウンセラー自身の声の調子にも十分に留意する必要がある。

3 ○ 記述どおり正しい。

4 ○ 記述どおり正しい。三角形で「かかわり行動」のすぐ上には「クライエント観察技法」があり、その上にあるのが「開かれた質問、閉ざされた質問」である。「閉ざされた質問」とはYESかNOで答えられる (あるいはすぐに答えやすい) 問いかけである。

キャリアコンサルティングを行うために必要な技能①

5 ★★★ アイビイのマイクロカウンセリング技法の三角形のなかには「はげまし、いいかえ、要約」があるが、ここにおける「はげまし」とは、クライエントがより前向きな姿勢で積極的に行動を始めることができるように働きかけを行うことであり、「積極技法」の一つとも位置づけられている。 第24回

6 ★★ マイクロカウンセリングにおけるかかわり技法の「はげまし」とは、気持ちが落ち込んでいる相談者を元気づける言葉がけのことである。 第24回

7 ★ 同上の技法の「いいかえ」は、クライエントの言った言葉を短縮し、明確にして、それにカウンセラーの言葉を加えることである。 第24回

8 ★★ マイクロカウンセリング技法では、「感情の反映」は、クライエントの言語化されない感情を注意深く観察し、クライエントによって表現された感情・情緒をクライエントが納得する言葉で言いかえることである。 第24回

9 ★★★ アイビイのマイクロカウンセリング技法で言われる「基本的傾聴の連鎖」とは、開かれた質問→はげまし→いいかえ→閉ざされた質問→感情の反映などのように、技法を組み合わせて用いることをいう。

10 ★★ マイクロカウンセリング技法における「意味の反映」とは、クライエントが自らの体験を解釈することを促されて、自身の行為や思考、また感情に隠された意味を見出すことができるように、カウンセラーが援助をすることである。

11 ★★ アイビイらによるマイクロカウンセリングでの、積極的関わり技法（積極技法）には、伝え返し・指示・自己開示・教示・論理的帰結が含まれる。

12 ★★ マイクロカウンセリングの積極技法のひとつである「論理的帰結」には、矛盾の説明、またその解決策についてクライエントが意見を表明することを促進させるねらいがある。

5

キャリアコンサルティングを行うために必要な技能①

344

5 ✕ アイビイが語る「はげまし」は、カウンセラーがクライエントの話を
しっかりと聴いている事を示し、クライエントに話を続けてもらうた
めの技法。主として「相づち」のことを指し、それは「最小限のはげま
し」とも言われる。「いいかえ」や「要約」は「はげまし」の役割を延長
したものと位置付けられる。「積極技法」ではない。

6 ✕ アイビイが言う「はげまし」は、相手が自身のことを話すことを励ま
す意味合いのものであり、「相づち」に代表される技法である。

7 ○ 記述どおり正しい。

8 ○ 記述どおり正しい。アイビイの三角形で「はげまし、いいかえ、要約」
の上にあるのが「感情の反映」で、観察した上で、クライエントの感情
を言葉にして伝える技法。その言葉を手掛かりに、クライエントが根
底にある自分の感情に気づくことが意図されている。

9 ○ 記述どおり正しい。「開かれた質問、閉ざされた質問」、「はげまし、い
いかえ、要約」、「感情の反映」の3つの技法を適宜組み合わせて用い
ることを、アイビイは「基本的傾聴の連鎖」とした。

10 ○ 記述どおり正しい。三角形で「感情の反映」の上にあるのが「意味の反
映」であるが、これはクライエントが自らの発言の裏にかくされた意
味を見出すことを援助すること。「意味の反映」までの6段階が「基本
的かかわり技法」と呼ばれる。

11 ✕ 「伝え返し」が誤り。積極技法には、指示・自己開示・教示・論理的帰
結・解釈・助言・情報提供・説明・フードバック・カウンセラー発言
の要約が含まれる。

12 ✕ 「論理的帰結」とは、クライエントの行動で起こりうる結果を良否にか
かわらず伝えるということであり、行動の結果を気づかせ将来に向け
ての選択につなげる、という意図がある。

5

キャリアコンサルティングを行うために必要な技能①

マイクロカウンセリングの積極技法のひとつである「指示」は、状況に対しての一つの観点を伝えることであり、クライエントが別な観点や枠組みで考える能力を促進するというねらいがある。

 「私も同じようなことで悩んだことがあります」と自らの過去の経験や考えを話すことは、積極技法のなかの「自己開示」にあたる。

 積極技法における「情報提供」とは、キャリアコンサルティングの専門性にかかわるものに限るべきであり、福祉や医療、法律に関することは必ずリファーした方がよい。

 積極技法における「フィードバック」とは、クライエントの話を聞いての感想やカウンセラーの感情や意見などをクライエントに対して積極的に伝える技法である。

C ヘルピング（カーカフ）

 カーカフ（Carkhuff, R. R.）によって提唱されたヘルピング（helping）の技法は、①かかわり行動、②かかわり技法、③積極技法、④技法の統合、に大別される。

 カーカフのヘルピングは、精神分析療法や来談者中心療法のような洞察志向の技法と、行動療法等の行動変容志向の技法を統合したものである。

 カーカフのヘルピングにおけるラポールの形成のための「かかわり技法」とは、事柄への応答、感情への応答、意味への応答のことである。

 カーカフのヘルピングにおける、相談者がどのような状態にあるかという現在地を明らかにするための「応答技法」としては、親身なかかわり、観察、傾聴がある。

 カーカフのヘルピングにおける、相談者がどのような状態になりたいかという目的地を明らかにする「意識化技法」として、意味、問題、目標、感情の意識化がある。

13 ✗ 「指示」とは、クライエントにどんな行動をとってほしいかを明確に示すことであり、クライエントが課題を理解し、実行に移すことを促すねらいがある。設問文は、積極技法のひとつである「解釈」についての説明である。

14 ○ 記述どおり正しい。

15 ✗ キャリアコンサルタントは、専門的な分野についても、それがクライエントにとって有益であると判断した際には、情報提供をする。

16 ✗ 「フィードバック」は、カウンセラーや第三者がクライエントをどうみているかの情報を与える事である。感想や感情、意見とは異なる。長所に焦点を合わせたフィードバックが望ましい。

解答 ヘルピング（カーカフ）

1 ✗ ヘルピングの技法は、①事前段階（かかわり技法）、②応答技法、③意識化技法、④手ほどき技法、⑤援助過程の繰り返し、の5段階である。

2 ○ 記述どおり正しい。「折衷主義・統合主義的アプローチ」と言われる。

3 ✗ 事前段階の「かかわり技法」には、かかわりへの準備、親身なかかわり、観察、傾聴の4つの技法がある。

4 ✗ 1段階目の「応答技法」は、事柄への応答、感情への応答、意味への応答からなる。

5 ○ 記述どおり正しい。2段階目の「意識化技法」は、設問文にある通りである。

6 ★ □□□ カーカフのヘルピングにおける、相談者の目標を達成するための計画立案と実行のための「手ほどき技法」とは、指示、教示、対決の技法のことである。

D コーヒーカップ・モデル（國分康孝）

1 ★★ □□□ カウンセリングの技法として、國分康孝が提唱したコーヒーカップ・モデルでは、①リレーションをつくる、②問題をつかむ、③処置・問題の解決、の3段階があげられている。

2 ★ □□□ 國分康孝が唱えた「リレーション」とは、構えのない感情交流であり、その根底には信頼感がある。

3 ★ □□□ 國分康孝は、「リレーション」を感じるための基本的技法の第一は「受容」、第二は「指示」であるとした。

4 ★ □□□ 國分康孝が「カウンセラーのパーソナリティ」に求められる要素として挙げているのは、「世話好き」や「共感性」、また相談者の話と自己の経験を結び付けること、とした。

E システマティック・アプローチ

1 ★★ □□□ キャリアコンサルティングにおける「システマティック・

2 ★★ □□□ システマティック・アプローチの流れは、心理検査を用いた自己理解→仕事（職務）理解→啓発的経験→意思決定→方策の実行→新たな環境への適応、というものである。

3 ★★ □□□ システマティック・アプローチにおける「目標の設定」では、解決すべき問題を吟味し、解決に至る具体的な方策を選択し、行動ステップを組み立てて、最終目標を決定することとなる。

4 ★★ □□□ システマティック・アプローチにおいて目標設定をする一つの意義は、「クライエントが自分の考えを方向づけ、最終目標に向かって行動するのを援助する」ことにある。

6 ✕ 3段階目の「手ほどき技法」は、目標の明確化、行動計画の作成、スケジュールと強化法の設定、行動化の準備、各段階の検討、からなる。

解答 コーヒーカップ・モデル（國分康孝）

1 ◯ 記述どおり正しい。

2 ◯ 記述どおり正しい。リレーションそのものが相手に生への意欲を回復させる経験となる、とされた。

3 ✕ リレーションのためのスキルとして、①受容、②繰り返し（言い換え）、③明確化（感情・意味の意識化）、④支持、⑤質問（閉ざされた質問・開かれた質問）があげられている。

4 ✕ 國分康孝が求められる要素として挙げているのは、「無構え」であり、天真爛漫、天衣無縫であることを指す。とくに防御がないほど好ましい、とされた。

解答 システマティック・アプローチ

1 ◯ 記述どおり正しい。

2 ✕ 前問の設問文の流れが正しい。ここで示されている流れは、2001年に当時の雇用・能力開発機構が『従業員の主体的なキャリア形成を支援するために』の中で示したもの。

3 ◯ 記述どおり正しい。

4 ◯ 記述どおり正しい。最終目標は時には非常に高く理想的すぎる事もあるかもしれないが、そこに向かって段階的に達成されていく目標設定としていく事が望まれる。

5

キャリアコンサルティングを行うために必要な技能①

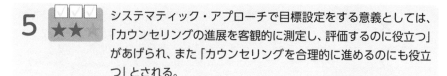

5 システマティック・アプローチで目標設定をする意義としては、★★ 「カウンセリングの進展を客観的に測定し、評価するのに役立つ」があげられ、また「カウンセリングを合理的に進めるのにも役立つ」とされる。

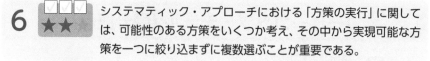

6 システマティック・アプローチにおける「方策の実行」に関して★★ は、可能性のある方策をいくつか考え、その中から実現可能な方策を一つに絞り込まずに複数選ぶことが重要である。

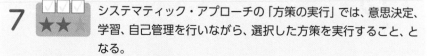

7 システマティック・アプローチの「方策の実行」では、意思決定、★★ 学習、自己管理を行いながら、選択した方策を実行すること、となる。

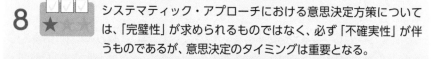

8 システマティック・アプローチにおける意思決定方策について★ は、「完璧性」が求められるものではなく、必ず「不確実性」が伴うものであるが、意思決定のタイミングは重要となる。

9 システマティック・アプローチにおける「方策の実行」では、学習★★ 方策が取り上げられることがあるが、キャリアコンサルタントは、クライエントの不適切な習癖を発見し、矯正するための方策を考えた上で、クライエントに実践させる、ことが重要となる。

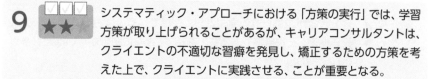

10 システマティック・アプローチのおける「結果の評価」では、クラ★★ イエントにとって方策は成功したのか、目標は達成したのかなど、実行した方策とカウンセリングについて評価することとなる。

11 システマティック・アプローチにおける「自己管理方策」の本質★★★ は、相談者が自分自身の目的に向けて、自分の生活を方向づけることである。

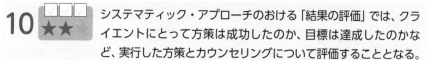

F 面接技法、傾聴技法

1 キャリアコンサルタントは、面談の途中で相談者が沈黙をした場★★★ 合には、相談者が気まずくなるのでその直前の話を繰り返すことで発言を促すようにして、会話が極力途切れないようにする。

5 キャリアコンサルティングを行うために必要な技能①

5　○　記述どおり正しい。「結果の評価」をする際には、目標がどのように達成されたのかを一緒に対話し検討する。

6　✕　「一つに絞り込まずに複数選ぶ」という箇所が誤っている。優先順位を付けて、方策が確実に実行されるように支援していくことが望ましい。

7　○　記述どおり正しい。

8　○　記述どおり正しい。不確実な時代にあって、意思決定は完璧なものとなることはありえない。クライエントにとって望ましいと思われるタイミングで、クライエントが自ら意思決定をしていくことをキャリアコンサルタントはサポートする。

9　✕　「矯正」や「実践させる」といった表現が誤っている。「不適切な習癖」についても、クライエント自らに気づいてもらうように支援し、クライエントが自身でそれを直していけるように関わることがキャリアコンサルタントには求められる。

10　○　記述どおり正しい。

11　○　記述どおり正しい。相談者が自分の人生を自分でコントロールし、誰の援助もなく「自分のなり得る人間」に向かって機能できるようになること、とも表現できる。

解答　面接技法、傾聴技法

1　✕　相談者が沈黙した場合、キャリアコンサルタントは、相談者に発言や回答を急かしたりするのではなく、沈黙の持つ意味を理解したうえで対応する。相談者が考えている場合、キャリアコンサルタントも一緒になって考えて、沈黙が続く事もありうる。

5

キャリアコンサルティングを行うために必要な技能①

2 ☑☑☑ ★★ キャリアコンサルタントは、相談者の問題解決のために、相談者の主訴に対しては、直ちに具体的な提案やアドバイスをすべきである。 第24回

3 ☑☑☑ ★★ 傾聴においては、クライエントの不平不満や個人的な問題などを十分に聴いたうえで、クライエントの言葉を評価し、フィードバックすることを通じて、クライエントの持っている基本的な価値の誤りを見つけるようにする。 第24回

4 ☑☑☑ ★★ 傾聴においては、クライエントの言っていることが、カウンセラーにとってどんな意味があるのか、を理解しようとすることで面談が進みやすくなる。

5 ☑☑☑ ★★ キャリアコンサルティングでの傾聴の際には、キャリアコンサルタントが常に積極的に話題を選んで、課題解決に向かうように支援することが重要である。

6 ☑☑☑ ★★ コンサルティングの場面において、キャリアコンサルタントは、いかなる状況でも、自分の思考や意思あるいは感情を働かせない冷静な心で、傾聴することが大切である。

7 ☑☑☑ ★★ コンサルティングの場面における傾聴は、クライエントの情動表現の促進や自尊心を回復するのに役立つ。

8 ☑☑☑ ★ キャリアコンサルティングでは、クライエント自身が不確かに感じていることは、受容はするが、そのまま尊重して触れないようにする。 第23回

9 ☑☑☑ ★ コンサルティングの場面において、傾聴で最も大切なものは「技法」であり、相談者はキャリアコンサルタントの上手な技法に導かれて、初めて深いところで自分自身の存在価値に気づくことができる。

10 ☑☑☑ ★★ 面談時には、相談者の声のトーンや表情、身振りなどの非言語的な表現も、様々なメッセージをあることを忘れてはならない。 第23回

11 ☑☑☑ ★ 複雑に絡み合った事情や大切な思いを理解するためには、キャリアコンサルタントは相談者の問題を単純化して捉える必要がある。 第24回

2 ✕ 問題に対して直ちに提案をしたり、また尚早なアドバイスをしたりせずに、しっかりと受け止めるように聴くことが傾聴の基本である。

3 ✕ クライエントの話に対して、正しい、正しくない（誤り）といった評価は下さない。但し、もしもクライエントの価値観が自身を苦しめていたり、生きづらくしているのであれば、その事にクライエント自らが気づいてもらうように関わる。

4 ✕ 「カウンセラーにとってどんな意味があるのか」という観点は必要ない。クライエントにとって何が大事なのか、を常にカウンセラーは考えるべきである。

5 ✕ 相談者が話したいことを話せるようにしていく事が重要であり、キャリアコンサルタントが積極的に話題を選び、面談をリードするということは望ましくない。

6 ✕ 思考や意思、感情を、無理に押し殺すのではなく、自らの感情等も認めた上でカウンセラーとして自らに誠実にあることが大切である。ロジャーズはこれを「自己一致」と表現した。

7 ◯ 記述どおり正しい。

8 ✕ クライエント自身が不確かに感じていることについて適切に問い掛けをしていき、深めていくことが、クライエントの気づきにつながることもありうる。

9 ✕ 技法は重要であるが、「最も大切なもの」と言われると正しいとは思えない。「上手な技法に導かれて、初めて」という箇所も「初めて」という表現は適切ではない。よってこの設問文は誤りである。

10 ◯ 記述どおり正しい。

11 ✕ 「問題を単純化して捉える」のではなく、複雑に絡み合った事情や大切な思いを「整理」していくことがキャリアコンサルタントには求められる。

 **12** キャリアコンサルティングの面談の中で、相談者の言葉が曖昧であった場合には、キャリアコンサルタントが自分の経験や価値観また想像力も働かせて、理解し共感をしていくようにする。

 13 キャリアコンサルティングの面談中における相談者とのアイコンタクトは、相談者に対して関心をもっているというサインを送ることに役立つが、相談者の顔を見つめるような態度で始終視線を送るのではなく、メモをとる合間に時折、視線を送る程度にする。

 14 相談者との面談において、自己表現が苦手な相談者の場合には、「開かれた質問」を中心にするのが効果的である。 第23回

 15 相談者に対して、キャリアコンサルタントが質問をしていく場合、「閉ざされた質問」は答えがはっきりしているので、相談者にとって自分の言いたいことが自由に伝えやすいというメリットがある。

 **16** キャリアコンサルティングの面談の場面において、相談者に対しての、キャリアコンサルタントが、「どうして」「なぜ」と尋ねるような質問は、相談者を緊張させ、対話を停滞させる危険性がある。

 17 キャリアコンサルティングやカウンセリングにおける「繰り返し」では、相手の発言の全てを記憶し、相手の用いた言葉も内容もそっくりそのまま返すことが理想であるので、相談者が話した言葉をできるだけ多く正確に覚えておくことが必要である。

 18 キャリアコンサルティングにおける「言い換え」「明確化」は、相談者が話した、または話したかったと思われる内容をより明確にした表現で返すことである。

 19 カウンセリング技法の一つである「明確化」とは、相談者の話したことをそのままの形でキャリアコンサルタントが繰り返すことであり、これにより、相談者はキャリアコンサルタントが自分を正しく理解してくれているという信頼感を持つ。

12 ✗ 相談者の語っていることが理解できないと感じたときには、理解し共感ができるように、相談者に質問をしていく。キャリアコンサルタントの憶測で理解したように思い面談を先に進めることは危険である。

13 ✗ アイビイのマイクロ技法でも「文化的に適合した視線の位置」が重要とされる。日本では「顔全体をぼんやりと見て大切な発言の時などに目をしっかり見る」のがいいとされる。設問文はメモをとり通常は相手を見ないと読めるが、そこが誤り。メモを取る事は相談者に関心が向いていないと思われかねないので望ましくない。

14 ✗ 「開かれた質問」が誤り。自己表現が苦手な相談者には「閉ざされた質問」から入っていくことが効果的な場合が多い。

15 ✗ 相談者が、「自分の言いたいことが自由に」語れるようになるのは、開かれた質問によってである。相談者の気持ち、欲求、考えなどを引き出すには、開かれた質問が効果的である。

16 ○ 記述どおり正しい。但し、「どうして」「なぜ」と尋ねることで相談者に内省してもらう展開もありうる。相手をよく観察し、ラポールが外れそうな場合には使わない方がいい言葉使いである。

17 ✗ 「繰り返し」は、ロジャーズの言い方ではリフレクション (reflection) であり「伝え返し」とも訳される。カウンセリングで多く使われる重要技法で、単なるオウム返しではない。相談者の気持ちのエッセンスを感じ取り、こちら側の理解や受け止めを相談者に確かめてもらうための応答である。相手の発言の全てを記憶して、そのまま返すことではない。

18 ○ 記述どおり正しい。

19 ✗ 相談者の話をそのままの形で繰り返すことは「明確化」ではない。明確化は、「言い換え」ることでもあり、キャリアコンサルタントの言葉で述べ、相談者に確認してもらうものである。

5

キャリアコンサルティングを行うために必要な技能①

20 ☑☑☑ ★★ キャリアコンサルタントは、相談者の話す内容を無条件に受け入れるという「受容」をこころがけなければならないが、この「受容」という反応を妨げる理由の一つは、すべての人間は価値観を持っており、自分の価値観に反する言動を咎めたくなってしまうからである。

21 ☑☑☑ ★ 相談者と、目標や課題を設定する際には、キャリアコンサルタントは、自身の知識や情報、人脈などを活用すべきである。

第24回

22 ☑☑☑ ★ キャリアコンサルティングの場面において、安易な是認や賛同は好ましくないが、相談者に支持的なフィードバックや励ましを与えることは、相談者の肯定的自己概念の形成に役立つ。

23 ☑☑☑ ★ キャリアコンサルタント（カウンセラー）が、「支持」を行う際には、カウンセラーの一挙手一投足が理論に支えられているよりも、カウンセラーの感じたまま、何にでも純粋に言葉をかけられることが重要である。

こんな問題も出る！ 四肢択一④

【問】文部科学省のSociety5.0に向けた取組みに関する次の記述で、（　　　）に入る適切な語句はどれか。（第19回試験類似問題）

・文部科学省のSociety5.0に向けた取組みにおいて、次世代型学校においては、教育プログラムを（　　　）した「学び」へすすめる「学び」の時代を目指すとしている。

1. 個別適正化　　2. 個別最大化　　3. 個別最適化　　4. 個別個性化

正解 3.

20 ○ 記述どおり正しい。キャリアコンサルタントは自らの価値観も相対化してとらえ、面談では、自分は「相談者の言動を咎めたくなっている」ということに対しても意識できるようになることが重要である。意識したうえで実際には咎めはしないで相談者を「受容」する。

21 ○ 記述どおり正しい。

22 ○ 記述どおり正しい。安易な是認や賛同によって相談者とのラポールが崩れる（信頼関係が壊れる）こともあるので注意が必要である。

23 ✕ キャリアコンサルタントは「感じたまま」に言葉を発するわけではない。理論に支えられた適切な問い掛けや支持等の応答ができる事が理想である。但し相談者とのリレーション（関係構築）のために素直な感情を表す事もありうる。

5

キャリアコンサルティングを行うために必要な技能①

【問】「キャリア・パスポート」に関する以下の記述で、適切なものの組み合わせはどれか。（第21回試験類似問題）

A. 特別支援学校や特別支援学級においては、児童生徒がキャリア・パスポートの作成をとくにする必要はない。
B. 多くの小・中学校ですでに学級活動等で記入し蓄積している児童生徒の振り返りや記録をキャリア・パスポートに活用することができる。
C. キャリア・パスポートの引き継ぎでは、学年間の引き継ぎは教師間で行い、校種間の引き継ぎは児童生徒を通じて行うことが原則である。
D. キャリア・パスポートは、児童生徒自らが記入するもので、高等学校や大学の入学者選抜で使用することもできる。

1. AとB　2. AとD　3. BとC　4. BとD

2 グループアプローチの技能

　この分野からは、毎回必ず出題されます。「グループカウンセリング、グループアプローチ」「ワークショップ」、それに「構成的グループ・エンカウンター」がキーワードです。これらは、本書のまとめを押さえておけば、そう難しい設問ではないでしょう。必ず出題され、また内容もおおよそ決まっている項目ですので、ぜひマスターして確実に点数を取得してください。

　グループアプローチの分野は、キャリアコンサルタントが今後進出していける余地が大きい領域です。将来の仕事の幅を広げるという意味でも、ぜひ確実に押さえておいてください。

分野	過去問（第15〜24回試験）									
	15回	16回	17回	18回	19回	20回	21回	22回	23回	24回
Ⓐ グループカウンセリング	㉟	㉟		㊲	㊱		㉟		㊲	㊲
Ⓑ ワークショップ（体験型講座）	㊱		㉟							
Ⓒ 構成的グループ・エンカウンター	㉟	㊱			㊱	㉟		㊱		⑨

＊数字は設問の出題番号

Ⓐ グループカウンセリング

1. 「グループアプローチ」は、キャリアコンサルタントにとって重要なのか？
　1対1のキャリアコンサルティングを行う事だけが、キャリアコンサルタントの役割ではない。グループカウンセリングをはじめとした「グループアプローチ」にも習熟しておくことが必要。

2. グループカウンセリングなどグループアプローチの実施での留意点
　①解決すべき問題等がある場合、共通するメンバーでグループを構成し、目標を共有する事が効果的。
　②メンバー各自には役割（roles）が割り振られ、またメンバーの行動を規定する基準（norm）がある。
　③クライエントはグループメンバーと話し合い、自己開示すること等を通じソーシャルスキルを学習する。

④メンバー同士の仲間意識を醸成することは、共感性や支え合い、安心感の醸成にも役立つ。

⑤キャリアコンサルタントは、グループプロセスを診断したり、必要に応じて介入したりする。

⑥特定のメンバーが長く話し続けてグループを支配する場合は、注意を払いながら介入を行うことも必要。

B ワークショップ（体験型講座）

1. ワークショップ（体験型講座）にはどのようなものがあるか？

①ワークショップでの具体的な手法としては、ディベート、ワールドカフェ、ブレインライティング（会議でのアイデア出しの手法）、コンセンサスゲームなどがある。

②ディベートは、与えられたテーマに対して賛成派と反対派に分かれてチームをつくり、それぞれのチームは作戦会議の後に、相手の考え方を論破するために、主張、質問、反論を繰り返す。

C 構成的グループ・エンカウンター

1. 構成的グループ・エンカウンターとは？

①ベーシック・エンカウンターグループ：1960年代にアメリカで発展した健常者対象の集中的グループ体験（intensive group experience）。

②それをベースに國分康孝が創始したものが「構成的グループ・エンカウンター」。

2. 構成的グループ・エンカウンターの特徴

①目標は、自己発見（本音に気づくこと）とふれあい。ふれあいとは感情交流によって知った自己の開示と他者の本音を受け入れること（シェアリング／分かち合い）。

②ルールは、守秘義務の遵守、批判的・評価的発言をしない、発言を強要しない、エクササイズを強要しない、の4点。

③構成（場面設定）する理由は、参加しやすさを調整することでメンバーを心的外傷から守れる、枠を与えることでメンバーが自由になれる、メンバー相互のふれあいを効率的かつ効果的に行えるためである。

④シェアリングの際、リーダーは解釈、分析や批判は行わず、メンバーの中に生じた体験を共有させる。

A　グループカウンセリング

1 ★★★
グループアプローチでは、メンバー同士が相互に支えあい、助言しあい、共感しあう過程を通じて、自分が他者の役に立てるという経験をし、肯定的な自己概念が形成される。　第24回

2 ★
グループアプローチでは、活発な情報交換を通じてグループメンバーからさまざまな情報を入手でき、共有することができる。　第24回

3 ★
グループアプローチでは、メンバーと話し合い、自己開示し、問題や課題について一緒に考え解決する過程において、ソーシャルスキルを学習することができる。　第24回

4 ★★★
グループカウンセリング（グループアプローチ）の実施では、目標を達成するために、グループプロセスだけでは不十分な場合があるため、個別カウンセリングとの組合せが効果的である、とされる。

5 ★★
グループカウンセリングにおいて、キャリアコンサルタントは、グループプロセスを診断したり、必要に応じて介入したりする。

6 ★
グループアプローチにおけるファシリテータの役割としては、特定のメンバーが長く話し続けてグループを支配する場合には、注意を払いながら介入を行うことも必要となる。

7 ★★
グループアプローチは、組織を活性化する「組織開発」や組織の問題・課題の解決を第一の目的にするのではなく、参加者の人間的成長をメインの目的として行われる。

8 ★
グループアプローチにおいては、どのようなグループであっても、メンタルな問題を抱えている人は参加を認めるべきではない。

9 ★★
グループアプローチにおけるファシリテータの第一の役割は、メンバーに正解を示したり、知識を教えたりすることである。

10 ★
グループアプローチでは、グループメンバーにルールを設けたり、行動制限を行うことは、原則としてあってはならない。

5

キャリアコンサルティングを行うために必要な技能①

解答 グループカウンセリング

1 ○ 記述どおり正しい。参加者同士がコミュニケーションを取って相互交流し、気づきを得ていける事が利点の一つである。仲間意識の醸成が、共感性や支え合い、安心感の醸成にもつながる。

2 ○ 記述どおり正しい。

3 ○ 記述どおり正しい。ソーシャルスキルは「社会生活技能」とも訳され、他者とのコミュニケーションをベースにして社会で生きやすくなるための技術である。

4 ○ 記述どおり正しい。国が推奨する企業・団体向けの「セルフ・キャリアドック」においても、従業員との個別面談だけでなく、研修等の他手法との組合せが効果的であるとされている。

5 ○ 記述どおり正しい。そこでは「組織開発 (OD／Organization Development)」で培われてきた知見や技法が大いに役立つ。

6 ○ 記述どおり正しい。設問文の場合における「介入」とは、長い話を収束してもらう意図のものとあるが、話の流れや場の雰囲気に留意した介入の仕方がファシリテータには求められる。

7 ✕ 体験を重視したワークショップなど、グループアプローチの手法は、組織の問題を解決するために用いられることも多い。もちろん参加者の人間的な成長も目指されている。

8 ✕ メンタル面の問題を抱えている場合であるからこそ、グループカウンセリングやグループワークへの参加を促すこともありうる。

9 ✕ ファシリテータの役割は、知識やスキルを教え込む講師の役割とは違う。

10 ✕ ルールを設けてメンバーの行動を規定する事で、グループカウンセリング等のグループアプローチがうまくマネージできるようになる場合も多い。

キャリアコンサルティングを行うために必要な技能 ①

11 ☐☐☐ ★★ グループカウンセリングの実施にあたっては、その結果よりもプロセスを重視することが必要とされている。

12 ☐☐☐ ★ グループカウンセリングは集団活動であるので、ソーシャルスキルが不十分な学生などの若者に用いることは避けた方がいい。

13 ☐☐☐ ★★ グループカウンセリングの実施にあたっては、グループメンバーに様々な役割を与えることは、反感・反発を受けることが多く、グループダイナミクスの醸成が困難になるので行わない。

14 ☐☐☐ ★★★ 「セルフヘルプ・グループ（自助グループ）」とは、同じ悩みや問題を抱えた人たちが集まり、相互に援助しあいながら、自己の回復を図るグループである。

15 ☐☐☐ ★★★ モレノ（Moreno, J. L.）が創案したサイコドラマは、ドラマ的手法により人間存在の真実および環境場面の現実を探求する。

〔第23回〕

16 ☐☐☐ ★★★ レヴィン（Lewin, K.）が提唱した「Tグループ」とは、グループサイコセラピーの1つの技法で、即興劇という非言語のアクションを媒体にして自己理解や自己洞察をもたらす体験学習である。

〔第23回〕

17 ☐☐☐ ★ ロジャーズ（Rogers, C. R.）は、1960年代、リーダーシップ・トレーニングのための一方法として、「Tグループ」を提唱した。

18 ☐☐☐ ★ グループアプローチにおいて、ロジャーズの理論と実践に基づくソーシャルスキル・トレーニング（SST）は、真実の自分になれる場という役割がある。

B ワークショップ（体験型講座）

1 ☐☐☐ ★★ ワークショップとは、参加者全員が自発的に作業や発言を行うことを通じて、学びや創造、問題解決やトレーニングができる場である。

11 ✕　「結果よりもプロセス」という箇所で、「よりも」となっている点が誤っている。結果と同様にプロセスにも留意する事は重要であるが、どちらがより重視されるということはない。

12 ✕　ソーシャルスキルが不十分な学生だからこそ、グループカウンセリングのようなグループワークの必要性が高い。

13 ✕　役割 (roles) とは、例えば受付係、点呼係、食事係、学習環境係、音楽係、コンパ係、保健係などであるが、交流が苦手な人でも役割を通じて自然に他者と交流が図られたり、また役割行動を通じての自己発見も期待できる。

14 〇　記述どおり正しい。禁煙や禁酒を目指した人たちのセルフヘルプ・グループ (自助グループ) などが典型的なものである。

15 〇　記述どおり正しい。サイコドラマ (psychodrama／心理劇) は、演劇の枠組みや技法を活用した心理療法の一つ。グループアプローチの一種と言える。

16 ✕　Tグループ (Training Group) は、組織心理学やグループダイナミクス (集団力動) の学問的な背景も踏まえて、集団内での振舞いや人間関係についての気づきをえるための体験の場。設問文は「サイコドラマ」の説明。

17 ✕　Tグループを提唱したのは、レヴィン (Lewin, K.)。ロジャーズは「Tグループは 20世紀最大の社会的発明」と述べ、それを元に「ベーシック・エンカウンター・グループ」を始めた。

18 ✕　「社会生活技能訓練」などとも呼ばれるSSTは、認知行動療法の一種であり、ロジャーズとは関係がない。「真実の自分になれる」は間違いではないとも言えるが抽象的すぎる。

解答	**ワークショップ（体験型講座）**

1 〇　記述どおり正しい。

2 ★★ ☐☐☐ ワークショップのコンセプトを定めるときには、「誰に」「何のために」の表現が曖昧になっても、文章はなるべく短くして一言で言い表すことが重要である。

3 ★★★ ☐☐☐ ワークショップのプログラムは、一般にオープニング、本体（ワークショップの中心）、クロージングの大きく3つの部分で構成される。

4 ★★ ☐☐☐ ワークショップにおけるプログラムのセッションの狙いを記述するには、成果（何をアウトプットとして出すのか）と関係性（参加者の関係性をどうしたいのか）の側面で考えるとよい。

5 ★★ ☐☐☐ ワークショップで最も大切なことは、今（Now）、ここ（Here）で起こったことであり、その時その場で新たに生まれてくる創発性である。

6 ★ ☐☐☐ ワークショップの決め手となるのは、メンバーがいかに主体的にその場に関わるか、またメンバー間のコミュニケーションを通じた相互作用である。

7 ★★ ☐☐☐ ワークショップの特徴としては、多様なメンバーが参加して共通の体験をし、「対話」を通じて協働の場を創り出していくといった体験学習が挙げられる。

8 ★★ ☐☐☐ ワークショップのファシリテータには、入念に練ったプログラムをシナリオ通りに進めることが求められており、臨機応変な対応は特に必要とはされない。

9 ★ ☐☐☐ 「ブレイン・ライティング」法とは、与えられたテーマに対する選択肢を7つ程度挙げ、ランキング（優先順位づけ）を課題にして議論してもらうという、西ドイツで開発された手法であり、地位の違いや人前での発言が苦手という人には適し、初面識の集団でのアイデア出し会議などに使えるものである。

10 ★ ☐☐☐ 「コンセンサスゲーム」とは、近くにいる2〜3人で気兼ねなくワイワイガヤガヤと自由に雑談して、他者とのコミュニケーションを通じて、考えを深めていく手法である。

2 ✕ 「曖昧になっても」という箇所が誤っている。誰に対して、何のために行うワークショップなのかを明確にすることが重要である。

3 ◯ 記述どおり正しい。

4 ◯ 記述どおり正しい。成果とともに、参加者の関係性についての視点も重要となる。一般的に「コンテント」と「プロセス」と呼ばれることとも対応する。

5 ◯ 記述どおり正しい。創発性がわきあがるように促進する役割がファシリテータである。

6 ◯ 記述どおり正しい。

7 ◯ 記述どおり正しい。最近注目度が高まっている「組織開発（OD／Organization Development)」においては、特に「対話」の重要性が強調されている。

8 ✕ ファシリテータは、事前にプログラムを入念に練る事は行うが、今（Now)、ここ（Here）で起こったことに対して、柔軟に、臨機応変に対応していく。

9 ✕ 「ブレイン・ライティング（BW）法」とは、6人の参加者が3つのアイデアを5分ごとに考え出す手法で、3列6行のワークシートに各自が1行ずつ書き込み、5分ごとに左側の人に渡して、既に書いてある内容を踏まえてさらに次の行にアイデアを書き出していく。

10 ✕ 「コンセンサスゲーム」は、与えられた課題についてチームで話し合いながら全員で1つの結論を導くゲーム。

5

キャリアコンサルティングを行うために必要な技能 ①

11 「ワールドカフェ」では、ファシリテータが話し合いのテーマを出し、1人あたり3〜5分と発言に制限時間を設けて、全員が1人ずつ順番に意見を披露する。

12 グループワークでは、複数の参加メンバーが関わりをもつために、メンバー間の相互作用により、そこで生じる不確定要因がそれだけ増え、その分実施に関する困難度が高まる。

13 グループワークでは、他者と相互に関わり合うことによって、ストレスフルな体験をしたり、中には心的外傷を受ける参加者が出たりといったことも起こりうる。

14 グループワークにおいては、指導者は、カウンセリングに熟達してさえいれば、その延長で効果的な実施ができる、と言える。

15 グループワークでは、実施に当たって一定の環境条件が必要であり、またある程度以上の広い場所の方が、活動の展開が広がるので望ましいと言える。

C 構成的グループ・エンカウンター

1 構成的グループ・エンカウンターは、パーソン・センタード・アプローチの理念と実践とに基づいて、ロジャーズによって開発された。
第24回

2 國分康孝により開発されたグループカウンセリングの一形態と言える「構成的グループ・エンカウンター」における目標とは、自己発見とふれあいであり、ふれあいとは感情交流によって知った自己の開示と他者の本音を受け入れることである。

3 「構成的グループ・エンカウンター」の元となった「ベーシック・エンカウンター・グループ」とは、あらかじめ用意されたエクササイズを体験しながら、親密な関係づくりと自己の盲点に気づくことが目的である。
第24回

5

キャリアコンサルティングを行うために必要な技能①

11 ✕ 「ワールドカフェ」とは、フォーマルな場よりも、オープンで創造性に富んだ会話ができる場を作るという発想で行われるもので、顔ぶれを変えながら4〜5人単位の小グループで自由に話し合いを続け、あたかも参加者全員が話し合っているような効果が得られるものである。

12 ◯ 記述どおり正しい。グループワークを主宰・運営する側には、ファシリテーションのスキル等が求められることになる。

13 ◯ 記述どおり正しい。事前に予測できるリスクには十分に対策を立ててグループワークに臨み、予期せぬ形で起きたものについてはその後のフォローを万全に行う。

14 ✕ カウンセリングで培われたスキルや姿勢等は、グループワークにも応用できるが、それだけで十全なファシリテーション等がすぐにできるようになるわけではない。

15 ◯ 記述どおり正しい。最近ではオンラインでの実施も増えているが、リアルでの実施に関しては、設問文の内容で正しい。

解答　構成的グループ・エンカウンター

1 ✕ ロジャーズが開発したのは、「構成的グループ・エンカウンター」ではなく、「ベーシック・エンカウンター・グループ」である。

2 ◯ 記述どおり正しい。國分康孝はアメリカでロジャーズの「ベーシック・エンカウンター・グループ」を学び、それをベースに「構成的グループ・エンカウンター」を作り日本で広めた。もともとのエンカウンター（出会い）グループがもっている「真実の自分になれる場」という役割は引き継いでいる。

3 ✕ 「あらかじめ用意されたエクササイズを体験」が誤り。「ベーシック・エンカウンター・グループ」では、何を行うか等は決められていない。それを発展させ場面構成（エクササイズ）を決めていったのが「構成的グループ・エンカウンター」である。

5

キャリアコンサルティングを行うために必要な技能①

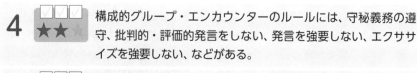

4 ★★ 構成的グループ・エンカウンターのルールには、守秘義務の遵守、批判的・評価的発言をしない、発言を強要しない、エクササイズを強要しない、などがある。

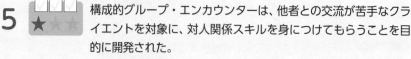

5 ★ 構成的グループ・エンカウンターは、他者との交流が苦手なクライエントを対象に、対人関係スキルを身につけてもらうことを目的に開発された。

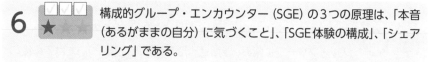

6 ★ 構成的グループ・エンカウンター (SGE) の3つの原理は、「本音 (あるがままの自分) に気づくこと」、「SGE体験の構成」、「シェアリング」である。

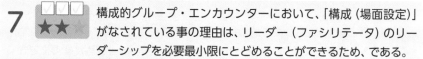

7 ★★ 構成的グループ・エンカウンターにおいて、「構成 (場面設定)」がなされている事の理由は、リーダー (ファシリテータ) のリーダーシップを必要最小限にとどめることができるため、である。

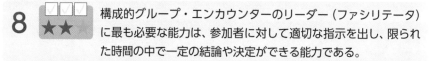

8 ★★ 構成的グループ・エンカウンターのリーダー (ファシリテータ) に最も必要な能力は、参加者に対して適切な指示を出し、限られた時間の中で一定の結論や決定ができる能力である。

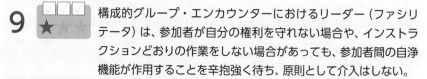

9 ★ 構成的グループ・エンカウンターにおけるリーダー (ファシリテータ) は、参加者が自分の権利を守れない場合や、インストラクションどおりの作業をしない場合があっても、参加者間の自浄機能が作用することを辛抱強く待ち、原則として介入はしない。

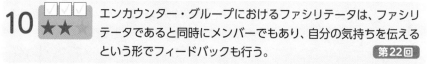

10 ★★ エンカウンター・グループにおけるファシリテータは、ファシリテータであると同時にメンバーでもあり、自分の気持ちを伝えるという形でフィードバックも行う。 第22回

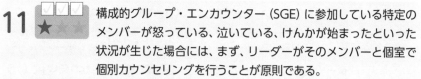

11 ★ 構成的グループ・エンカウンター (SGE) に参加している特定のメンバーが怒っている、泣いている、けんかが始まったといった状況が生じた場合には、まず、リーダーがそのメンバーと個室で個別カウンセリングを行うことが原則である。

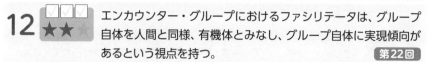

12 ★★ エンカウンター・グループにおけるファシリテータは、グループ自体を人間と同様、有機体とみなし、グループ自体に実現傾向があるという視点を持つ。 第22回

13 ★★ 構成的グループ・エンカウンターの定型は、「インストラクション」「エクササイズ」「インターベーション (介入)」「シェアリング」の4つの構成要素から成り立っている。

4 ○ 記述どおり正しい。

5 ✕ 設問文の内容は、ソーシャルスキル・トレーニング (SST) のことを指している。

6 ○ 記述どおり正しい。

7 ✕ 主な理由は、枠を与えることでメンバーが自由になるため、メンバー相互のふれあいを効率的かつ効果的に行うため、参加しやすさを調整することでメンバーを心的外傷から守るため、である。

8 ✕ 構成的グループ・エンカウンターでの目標が自己発見とふれあいにあるので、設問文にある「指示」や「結論や決定ができる能力」が、最も必要な能力とすることは誤りである。

9 ✕ リーダーには、参加者が自分の権利を守れない場合や、インストラクションどおりの作業をしない場合には、適切な介入をすることが必要とされている。

10 ○ 記述どおり正しい。またファシリテータは、参加メンバーの一人でもあるため、グループ・プロセスの解説や注釈を (講師のように) 行うことはない。

11 ✕ 構成的グループ・エンカウンターは、グループアプローチの一つであり、グループとしての力を信じる事がそのベースにはある。一人の参加者とだけ「個室で個別カウンセリングを行うこと」よりもグループとして課題に向き合うようにしていくことが望まれる。

12 ○ 記述どおり正しい。ファシリテータには、エンカウンター・グループだけに限らず、グループアプローチではグループや組織を一つの有機体として見る、という視点が必要である。

13 ○ 記述どおり正しい。設問文は、構成的グループ・エンカウンターを実施する際のやり方 (順番) を説明したものでもある。

5

キャリアコンサルティングを行うために必要な技能 ①

第5章

3 キャリア・シートの作成指導・活用の技能

出題のポイントと傾向

キャリアコンサルタントがクライエントの職務経歴書や履歴書を拝見する機会は多々あります。アドバイスや添削を依頼されることがあり、キャリアシート（履歴書や職務経歴書などキャリアについて記載された書類）についての指導、活用の技能を身につけることは重要です。設問にも間違いなく答えられるようにしてください。

分野	過去問（第15～24回試験）									
	15回	16回	17回	18回	19回	20回	21回	22回	23回	24回
A 職務経歴書、履歴書	㊲						㊱		㊳	
B ジョブカード	⑭	㊲	㊱	⑭㊳	㊲	㊱	⑪㊱	㊲		㊳

＊数字は設問の出題番号

A 職務経歴書、履歴書

1. 職務経歴書の役割
   ①職務の棚卸し、能力・技能の把握、経験に対する評価を分析することに役立つ。
   ②応募書類として作成する場合、相手にわかりやすいよう、簡潔、明快に項目立てて書き、レイアウトにも十分配慮して、必要なら図表等も活用する。

2. キャリアコンサルタントが助言する際の留意点
   ①履歴書の職歴欄を補完説明するための事柄に加えて、職務と関連する活動・趣味なども記載して自分の個性を伝えるように助言。
   ②職務の棚卸し、スキル・情報の把握を行い、今後のキャリア形成のための自己啓発プラン作成の助言・指導を行う。

「キャリア・シート」は履歴書や職務経歴書を含み込んだ広い言い方です。一般に履歴書は、職歴や学歴、資格などを客観的に記載したものですが、職務経歴書は、応募する企業や団体で求められている職種に応じて書き方をいろいろと工夫することもできる、自分自身のPRのための文書と言えます。

B ジョブ・カード

❶ ジョブ・カードとは？

①「生涯を通じたキャリア・プランニング」及び「職業能力証明」の機能を担うツール。

②職業能力証明は、免許・資格、教育（学習）・訓練歴、職務経験、職場での仕事ぶりの評価等の情報。

③個人のキャリアアップや能力開発、円滑な就職等を促進するための労働市場インフラ。

④大学等では、ジョブ・カードを、学生が生涯を通じて活用するキャリア・プランニングのツールとして、キャリア教育等の観点から活用することが期待されている。

⑤作成したジョブ・カードは、基本的にジョブ・カードを利用する本人が所有・管理する。

❷「ジョブ・カード制度総合サイト」の機能

①インターネット上で閲覧でき、ジョブ・カードの各様式を誰もが自由にダウンロード可能。

②ジョブ・カードを作成する際の疑問をメール相談できるサービスもある。

5

キャリアコンサルティングを行うために必要な技能①

こんな問題も出る！ 四肢択一─⑤

【問】職業情報提供サイト（日本版O-NET、jobtag）のなかにある「支援者としての利用」ページから利用できるコンテンツについての以下の記述のうち、もっとも適切なものはどれか。（第21回試験類似問題）

1. 人材募集・採用までの流れを説明し、整理すべきポイントを書き込んでまとめることができ、求人を受け付ける際のツールとして活用できる。

2. 学力検査ができ、結果とともに、相談者にあった職業が提示される。

3. 労働法についての基本的な内容が解説してあり、労働者の違法行為や犯罪例などについて知ることができる。

4. 職歴や説明を見ながら「しごと経験プロフィール」をまとめることができ、ポータブルスキルとそれを活かせる職務・職位を確認することができる。

1 応募書類の作成にあたっては、職務と関係する社会的活動、余暇活動、地域活動なども書き込む積極性が求められる。

2 「厚生労働省履歴書様式例」（厚生労働省、令和3年4月）は、一般財団法人日本規格協会がJIS規格の解説から履歴書の様式例を削除したため、公正な採用選考を確保する観点から新たな履歴書様式例が作成されたものである。　第23回

3 求人にハローワークを通して応募する場合には、「厚生労働省履歴書様式例」を使用することが義務化された。　第23回

4 制度上特定の性別の者を就業させることができない場合などで、性別確認が必要な時は、理由を説明した上で応募者に十分に納得してもらい性別を答えてもらうようにするが、回答を強要しないよう留意する。　第23回

5 職務経歴書の記載に関しては、どのような相談者であっても、編年型（時系列型）や職能型よりも、逆編年型が優れている。

6 職務経歴書のなかに「自己PR」を記載する場合には、採用選考で最も重視される観点である自己の弱点や苦手な事柄などを中心に記載するように助言する。

7 キャリア・シートを就職活動の応募書類として作成する場合、成果・実績は、具体的な数値を使って表現する必要があり、数値的な指標で示すことができない工夫や改善等に関する成果は記載しないのが原則である。

8 職務経歴書に関して言えば、企業等に対して提出する「応募書類」では、一般的に記載した文章の量が熱意や意欲を表現するので、最低でもA4用紙で4枚以上は作成するように助言する。

9 キャリアコンサルタントは、職務経歴書の作成支援をするにあたり、記載する項目の順序、レイアウトや表を使用する場合は、労働契約法に定められた作成ルールを守り、厳格に作成するよう助言することが望ましい。

5

キャリアコンサルティングを行うために必要な技能①

| 解答 | **職務経歴書、履歴書** |

1 ○ 記述どおり正しい。

2 ○ 記述どおり正しい。「厚生労働省履歴書様式例」がこれまでの JIS 規格の様式例と異なる点は、①性別欄を任意記載欄としたこと、②「通勤時間」「扶養家族数（配偶者を除く）」「配偶者」「配偶者の扶養義務」の4項目を設けないこととしたこと、である。

3 ✕ 義務化されたわけではない。

4 ○ 記述どおり正しい。

5 ✕ 職務経歴書は、応募先や自身の職歴を考慮のうえ、もっとも適した方式で作成する。逆編年型とは、最近の職歴から先に記載する形。

6 ✕ 自己PRでは、自己の弱点や苦手な事柄よりも、強みや得意な事柄を記載することが必要である。

7 ✕ 数値的に表現できた方が望ましいが、数字で表せない事柄を記載しない、ということはない。

8 ✕ 「一般的に記載した文章の量が熱意や意欲を表現する」という箇所は一概に誤りとは言えないが、逆に量が多すぎると読みづらくもなり好ましくない。A4用紙では2枚あるいはせいぜい3枚が限度となる。

9 ✕ 職務経歴書には、記載にあたっての確固とした作成ルールがあるわけではない。読みやすく、アピール度の高いものにするための助言をすることが望ましい。

5

キャリアコンサルティングを行うために必要な技能①

1 ★★★
国が作成し、インターネット上にその様式を提示して、誰もが自由に使えるようにしている「ジョブ・カード」は、「生涯を通じたキャリアプランニング」及び「職業能力証明」の機能を担うツールである。

2 ★★
厚生労働省は、「労働者、求職者、学生等がジョブ・カードを作成する主なメリット」として、自分のPRポイントを明確化できることを挙げている。

3 ★★
ジョブ・カードは、企業が、労働者個人の履歴、職業経験の棚卸し、職業生活設計等の情報を蓄積・管理し、人事考課のために活用する。

4 ★★
ジョブ・カードは、労働市場のインフラとして、キャリアコンサルティング等の個人への相談支援のもと、求職活動、職業能力開発などの各場面において活用できるものである。

5 ★★
ジョブ・カードは、学生にとっても、インターンシップやキャリア教育等の状況、自らの目標などを記入することで、「生涯を通じたキャリアプランニングのツール」として活用できる。

6 ★★
作成した「ジョブ・カード」は、基本的にジョブ・カードを利用する本人が所有・管理する。

7 ★★
ジョブ・カードの様式は、在職労働者や求職者等の個人に対してのものであり、学生や就業経験の極端に少ない者の利用は原則として想定されていない。

8 ★★
「ジョブ・カード」の中の「就業経験がある方用」の様式1である「キャリアプランシート」には学習歴・訓練歴等を記載し、所持する免許・資格や受講した訓練等は考慮しない。 第24回

9 ★★
ジョブ・カードには、様式1の第2面（裏面）に「キャリアコンサルティング実施者の記入欄」があるが、ここには、キャリアコンサルタントによる評価をありのままに記入する。

解答　ジョブ・カード

1 ○　記述どおり正しい。ジョブ・カードは、「自己理解を深め、自分を見つめなおす」ツールでもあり、また自身の職業能力を証明するための（外部向けの）ツールとしても活用できる。

2 ○　記述どおり正しい。

3 ✕　「人事考課のために活用する」の箇所が誤り。ジョブ・カードは、個人が、自身の状況に応じた職業能力開発や円滑な就職など、生涯を通じたキャリア形成のために活用する。

4 ○　記述どおり正しい。キャリアコンサルタントが記載する箇所も設けられている。但し、キャリアコンサルタントのコメント記入がないと活用できない、というものではない。

5 ○　記述どおり正しい。ジョブ・カードは、学生だけでなく、万人にとっての「生涯を通じたキャリアプランニングのツール」である。

6 ○　記述どおり正しい。

7 ✕　学生向けのジョブ・カードの様式が、用意されており、インターネットから自由にダウンロードできるようになっている。

8 ✕　「キャリアプランシート」（様式1）には、価値観・興味や強み、将来取り組みたい仕事、これから取り組むこと等の記載欄がある。そこでは、免許・資格や受講した訓練等を考慮して記載することが望ましい。

9 ✕　「キャリアコンサルティング実施者の記入欄」にキャリアコンサルタントが記載をするにあたっては、その内容を本人も確認し、本人の了解を得る必要がある。

5

キャリアコンサルティングを行うために必要な技能 ①

10 ジョブ・カードのキャリアプラン作成補助シートは、キャリアプランシートを作成するに当たって、事前に考えを深めるさまざまな課題やワークが記載されている。 第24回

 11 ジョブ・カード（「就業経験がある方用」）の様式2である「職務経歴シート」には、将来の目標とする職業、職務、働き方、習得・向上すべき能力等を実現するための職業生活設計を記載する。 第24回

 12 ジョブ・カードの「職業能力証明シート」では、経歴（キャリア）の棚卸しを記載し、正社員経歴だけでなく、雇用形態にかかわらず、アルバイト、期間雇用、雇用型訓練等を記載する。 第24回

 13 ジョブ・カードを利用する本人が、記載できずに困っている場合、キャリアコンサルタントが代わって記入することを本人に申し出て、了解が得られれば記載を代行する。

 14 クライエントに今後のキャリアについて面談時に自由に考えてもらうよりも、最初にジョブ・カードを書いてもらうほうが、書く内容や順序が整理されているため、取り組みやすいと言える。 第22回

 15 面談において、クライエントが内省を始めた際に、ジョブ・カードに記入された内容と異なる発言がされた場合は、キャリアコンサルタントは誤りを明確に指摘し、修正してもらう。 第22回

 16 ジョブ・カードの活用により、在職労働者の訓練の必要性が明確になるなど、企業にとっては職業能力開発の促進が期待できる。

 17 ジョブ・カードは、人材育成に活用できるが、人事評価には役立たない。

 18 在職者の場合、社内でのキャリア形成やキャリア選択の場面でジョブ・カードの作成が役に立つ。

 19 専門実践教育訓練や特定一般教育訓練を受講する際には、受講前にジョブ・カードを用いたキャリアコンサルティングを受ける。

10 ○ 記述どおり正しい。例えば自身の働く事についての価値観が明確になるような質問等が用意されている。

11 ✕ 「職務経歴シート」では、「職務の内容」や「職務のなかで学んだこと、得られた知識・技能等」などを記載し、経歴の棚卸しをする。設問文の内容は、様式1についてのものである。

12 ✕ ジョブ・カード（「就業経験がある方用」）の様式3-1「職業能力証明（免許・資格）シート」には、「免許・資格の名称」や「取得時期」などを記載する。設問文は、様式2についてのものである。

13 ✕ ジョブ・カードはあくまでも本人が記載するものであり、キャリアコンサルタントは、作成の支援を行うだけである。

14 ○ 記述どおり正しい。「セルフ・キャリアドック」の実施にあたっても、従業員との個別面談の前に、事前課題としてジョブ・カードを記載してもらい当日持参してもらうと面談を有効に進めやすい。

15 ✕ クライエントから、ジョブ・カードに記入した内容と違う発言が出てきた場合は、クライエントに何なりかの「気づき」が生じたとも言える。誤りの指摘ではなく、その内容を丁寧に扱う方がいい。

16 ○ 記述どおり正しい。

17 ✕ 人事考課には使われないが、能力開発面では有効に機能するなど、評価に役立つ場合もある。

18 ○ 記述どおり正しい。

19 ○ 記述どおり正しい。設問文にある「訓練前キャリアコンサルティング」は、国家資格キャリアコンサルタントだけが行える。

5

キャリアコンサルティングを行うために必要な技能①

4 相談過程全体の進行の管理に関する技能

出題のポイントと傾向

　キャリアコンサルティングの「相談過程」あるいは「マネジメント」という言葉で過去に何度か出題されていますが、出題頻度はそれほど高くありません。

　キャリアコンサルタントは、相談過程の進行管理において、常に相談者とのラポール形成に留意し、その面談が現在、カウンセリング・プロセスのどの段階にあるのかをしっかりと把握しておく必要があります。この基本をおさえておけば、とくに正答を出すのに問題はないと思われますが、多様な設問が考えられますので模擬問題にあたってください。

分野	過去問（第15〜24回試験）									
	15回	16回	17回	18回	19回	20回	21回	22回	23回	24回
Ⓐ 相談過程全体の進行の管理	㊳	㊳	㊲㊳㊴		㊳	㊲	㊲			

＊数字は設問の出題番号

Ⓐ 相談過程全体の進行の管理

1. キャリアコンサルタントは、相談過程（カウンセリング・プロセス）の管理で何に留意すべきか？

　①相談者との面談が、カウンセリング・プロセスのどの段階にあるのかを常に把握。

　②相談者の表情や声の質、話している内容が前回の相談時と異なると感じた場合は、相談者にどのような変化が生じたのか、新たな問題を抱えているのかを把握。

　③ラポールの形成には常に留意。リファーすべきはリファーする。

「システマティック・アプローチ」について

システマティック・アプローチについては、p335でも記載していますが、ここでもう少し詳しく説明します。

キャリアコンサルティング技能士1級の試験では、実技試験の口頭試問で「主に依拠している理論は何か？」と質問を受けることがあります。キャリアコンサルタントは、一つの理論や手法のみを用いるわけでなく、クライエント・ファーストで、どの手法を用いるかを決めていきます。しかし「主に」ということであれば、「システマティック・アプローチ」を挙げる人が多いようです。

私が講師を務める養成講習でも、「システマティック・アプローチ」はしっかりと伝えています。この理論はわかりやすく、相談過程全体の進行を理解する際にも説明しやすいものです。面談の大きなプロセスを述べているだけなので、そのプロセスの中で他の手法を使ってもよいという包括性（おおらかさ）もあります。

p335の図を再掲しますが、全体の6つの流れで中心となるのは「問題の把握」から「目標の設定」に至る部分です。

「問題の把握」には、2つの側面があります。クライエントが自ら語る問題（【主訴】）と、キャリアコンサルタント側から見た問題（【見立て】）です。「見立て」はあくまでも仮説なので、それを確かめる必要があります。重要なことは、あくまでもクライエントに自ら気づいてもらうことです。決して問題点をあげつらうのではなく、謙虚な問い掛けの中で気づきを促します。キャリアコンサルタントとしてのスキル（質問力）が問われる部分です。

クライエントに気づきを得ていただいたら、次は「目標の設定」です。例えばクライエントが「自分には○○が足りなかった」と気づいたなら、キャリアコンサルタントは共感を示した上で、「ではどうしますか？」と問いかけていきます。ここでもクライエント自らが目標を立てられることが理想ですが、クライエントに寄り添って一緒に適切な目標を考えていきます。

ここまでがメインになる部分ですが、次の流れは、目標を達成できるよう一緒に方策を考え、実行を促すことです（方策の実行）。例えば「毎日◇◇をします」という方策が出てきたとしたら、それが実行されるように詰めていきます。そして、実際どうだったかを何日か後に一緒に評価します（結果の評価）。

ここでクライエントが持っていた問題（主訴）が解決できたのであれば、「カウンセリングとケースの終了」となります。まだ解決に至らなかったり、新たな問題が出てきた場合は、再度「カウンセリングの開始 → 問題の把握」に戻ります。

5

キャリアコンサルティングを行うために必要な技能①

A 相談過程全体の進行の管理

1 キャリアコンサルタントは、その相談過程において、相談者との面談が、現時点で、カウンセリングプロセスのどの段階にあるのかを常に把握している必要がある。

2 キャリアコンサルタントは、キャリアコンサルティングを行うにあたって、相談者の目標設定、方策の選択・実行の支援は行うが、相談結果を自ら評価することは必要としない。

3 キャリアコンサルティングの相談過程において、相談者が意思決定をする場面では、複数の選択肢を検討すると相談者が混乱をすることがあるので、キャリアコンサルタントは最適であると判断した選択肢を1つに絞って提案する。

4 キャリアコンサルタントは、自らがケース指導を受けることはあっても、先輩として新人のキャリアコンサルタントに対して助言や指導は行ってはならない。

5 キャリアコンサルタントは、その相談過程において、相談者の相談内容を通して組織としての体系的な職業能力開発の機会を設定する必要性を感じても、人事部門担当者や事業主が行うべき領域であるので具申は行わない。

6 キャリアコンサルタントは、その相談過程において、相談者の発言する問題を受容的・共感的に理解することに第一に努め、相談者自身の気づいていない問題には、原則としてかかわる必要はない。

7 キャリアコンサルタントは、その相談過程において、相談者が希望する資格取得が、相談者の目標に合わないと判断した場合、相談者にその旨を説明して、資格取得の見送りを勧めることもある。

8 相談過程において、相談者が家族のことを話した場合には、自己開示が進んでいると考えられ、関係構築ができた（ラポールが形成された）と判断できる。

5

キャリアコンサルティングを行うために必要な技能①

解答　相談過程全体の進行の管理

1　○　記述どおり正しい。

2　✕　相談結果を自ら評価するところまで行うことが、キャリアコンサルタントには求められる。

3　✕　可能性のある選択肢を相談者と一緒になって検討していくことがキャリアコンサルタントには求められている。

4　✕　後輩のキャリアコンサルタントから相談を受けたり、あるいは後輩などの面談について気付いた事があれば、助言や指導を行ってよい。

5　✕　キャリアコンサルタントは、相談者の問題の解決につながる「環境への働きかけ」は行う必要がある。よって「具申は行わない」という箇所が誤っている。

6　✕　相談者に「自身の気づいていない問題」に気づいてもらえるようにすることがキャリアコンサルタントには求められている。

7　○　記述どおり正しい。

8　✕　設問文のような事は一概には言えない。

9 ★★ 相談過程において、相談者の問題は、「自己理解不足」、「仕事理解不足」、「コミュニケーション不足」、「思い込み（認知的歪み）」のどれかにあてはまるので、順に探っていくのがよい。

10 ★★ 相談過程におけるキャリアコンサルタントの役割は、相談者本人が問題を理解して目標や課題を決めるのを支援し、そのために謙虚な問いかけを行ったり、正しい情報を提供することである。

11 ★★ キャリアコンサルティングにおけるリファーとは、自分の技量を超える専門性が必要な時に、信頼できる別の専門家にクライエントの支援を依頼することをいう。

こんな問題も出る！四肢択一―⑥

【問】シュロスバーグ（Shlossberg,N.K.）の転機を乗り越えるための4つの資源に関する次の記述のうち、適切なものはどれか。

1. 「状況（Situation）」「安全性（Security）」「技能（Skills）」「戦略（Strategies）」
2. 「状況（Situation）」「自己（Self）」「技能（Skills）」「持続可能性（sustainability）」
3. 「状況（Situation）」「安全性（Security）」「周囲の援助（Support）」「持続可能性（sustainability）」
4. 「状況（Situation）」「自己（Self）」「周囲の援助（Support）」「戦略（Strategies）」

キャリアコンサルティングを行うために必要な技能①

5

【正解】4.

9 ✕ 「順に探っていく」という事が誤り。相談者の語りの中から見立てをしていくことが大事である。また4つの中のどれかに無理に当てはめようとする事も望ましくない。

10 ◯ 記述どおり正しい。「謙虚な問いかけ」とは、キャリアコンサルタント側に「こうすべきだ」といった思い込み等がなく、純粋に相談者のことを理解したいという思いから発せられる質問である。

11 ◯ 記述どおり正しい。

5

キャリアコンサルティングを行うために必要な技能①

【問】面接技法の「質問」に関する次の記述のうち、最も適切なものはどれか。

1. 質問技法によって相談者の考えや状況を引き出し、理解することにより、キャリアコンサルタントは正しい答えを見つけることができる。
2. 「どうして」、「なぜ」と尋ねる質問は、相手の自由な考えを引き出せるが、多用すると相談者を緊張させ、対話を停滞させる危険性がある。
3. 閉ざされた質問は答えがはっきりしているので、相談者の気持ち、欲求、考えなどを引き出すには有効である。
4. いくつかの選択肢を与えて、その中の「どれですか」と尋ねるのは、クライアントが選択する自由があるので、開かれた質問に含まれる。

コラム **倫理綱領を読もう！②**

　コラム「倫理綱領を読もう！①」でみた「序文」に続いて「前文」、そして第1章が始まります。

　「前文」の最初には、法律の文言がそのまま引用され（「労働者の職業の選択」～「助言及び指導を行い」の部分）、キャリアコンサルタントの職務が定義されています。またキャリアコンサルタントとしての姿勢が述べられますが、これらは学科試験にも出題される内容です。次いで、第1章「基本的姿勢・態度」となります。以下に掲げたのは、第1条から第4条までですが、「基本的理念」「品位および矜持の保持」「社会的信用の保持」「社会情勢の変化への対応」です。

　「個の尊厳を侵さない」「相談者を差別しない」「相談者の利益が第一」「専門性の維持向上や深化に努める」といった内容は、学科試験によく出題されてきました。熟読してみてください。

本文

前文

　本倫理綱領では、キャリアコンサルタントが、職業能力開発促進法に則り、労働者の職業の選択、職業生活設計又は職業能力の開発及び向上に関する相談に応じ、助言及び指導を行い、使命である相談者のキャリア形成の支援と、その延長にある組織や社会の発展への寄与を実現するために、遵守すべき倫理を表明する。本倫理綱領では、第1章をキャリアコンサルタントとしての基本的姿勢・態度、第2章を行動規範として明示している。全てのキャリアコンサルタントは、本倫理綱領を遵守すると共に、誠実さ、責任感、向上心をもって、その使命の遂行に励むものとする。

第1章　基本的姿勢・態度

（基本的理念）

第1条　キャリアコンサルタントは、キャリアコンサルティングを行うにあたり、人間尊重を基本理念とし、多様性を重んじ、個の尊厳を侵してはならない。

　2　キャリアコンサルタントは、相談者を人種・民族・国籍・性別・年齢・宗教・信条・心身の障がい・文化の相違・社会的身分・性的指向・性自認等により差別してはならない。

　3　キャリアコンサルタントは、キャリアコンサルティングが、相談者の人生全般に影響を与えることを自覚し、相談者の利益を第一義として、誠実に責任を果たさなければならない。

（品位の保持）

第2条　キャリアコンサルタントは、キャリアコンサルタントとしての品位と矜持を保ち、法律や公序良俗に反する行為をしてはならない。

（社会的信用の保持）

第3条　キャリアコンサルタントは、常に公正な態度をもって職責を果たし、専門職として、相談者、依頼主、他の分野・領域の専門家や関係者及び社会の信頼に応え、信用を保持しなければならない。

（社会情勢の変化への対応）

第4条　キャリアコンサルタントは、個人及び組織を取り巻く社会・経済・技術・環境の動向や、教育・生活の場にも常に関心を払い、社会の変化や要請に応じ、資格の維持のみならず、専門性の維持向上や深化に努めなければならない。

5

キャリアコンサルティングを行うために必要な技能①

第**6**章

キャリアコンサルティングを行うために必要な技能②

　6-1節「相談場面の設定」は出題されたりされなかったりしますが、6-2節「自己理解の支援」と6-3節「仕事理解の支援」は様々な設問で必ず出題されます。とくに自己理解については「アセスメント（検査）、自己理解に用いるツール」も含め、多い回では4〜5問も出題される最頻出項目の一つです。

　6-4節「相談実施過程と総括」は、自己理解の支援 →仕事理解の支援 →「**A** 自己啓発の支援」→「**B** 意思決定の支援」→「**C** 方策の実行の支援」→「**D** 新たな仕事への適応の支援」というように、相談実施のプロセス（流れ）の一部を構成している項目です。毎回必ずどこかの項目が出題されてきました。最後の「**E** 相談過程の総括」については、相談の終了や相談過程の評価についての設問などが、ほぼ毎回、何らかの形で出題されてきています。

1 相談場面の設定

「相談場面の設定」の項目は決して難しいものではなく、常識的に答えられる問題も多いと思います。アイビイの「マイクロカウンセリング」の三角形で、一番下に位置づけられている「かかわり行動」の4つの要素（視線、言語追跡、身体言語、声の質）なども、再度復習しておいてください。

設問には多様なバリエーションが考えられますので、模擬問題にあたってください。

分野	過去問（第12~21回試験）									
	15回	16回	17回	18回	19回	20回	21回	22回	23回	24回
A 相談場面の設定	㊴		㊳	㊳		㊳	㊳	㊳	㊴	㊴

＊数字は設問の出題番号

A 相談場面の設定

❶ 物理的環境（相談するのにふさわしい環境、クライエントが安心して相談ができる環境）

1. クライエントの守秘義務が守れる。
2. 騒音や人の往来が、適度である。
3. 面談室が、クライエントがリラックスできるように、配慮されている（空調設備、絵を飾ったり、花を活けるなど）。

❷ ラポール（心理的親和関係）の形成

1. 相談を開始するにあたって、椅子の座る位置はクライエントが決める。
2. 自由な連想と積極的な会話が促進できる場面の設定に配慮。
3. キャリアコンサルタントとクライエントが、心の触れ合いを感じられるコミュニケーションを行う。

❸ ラポール（心理的親和関係）の形成の意義

1. クライエントのその後のキャリア形成の6ステップ（自己理解 →仕事理解 →自己啓発 →意思決定 →方策の実行 →新たな仕事への適応）の基礎となるものである。

2. キャリアコンサルティングは、進路や職業における目標達成に向けて行う共同作業であり、キャリアコンサルタントとクライエントとの同盟関係が強くなることが望ましい。

キャリアコンサルティングを行うために必要な技能②

こんな問題も出る！四肢択一⑦

【問】キャリアコンサルティングの面談の場面設定段階において行う内容についての以下の記述のうち、最も不適切なものはどれか。（第21回他試験類似問題）

1. キャリアコンサルタントと相談者とが協働をして、相談者の目標や問題に取り組んでいくという同盟的な関係性をつくること。
2. 相談者がキャリアカウンセリングを求めた理由や目的を見極めていくこと。
3. キャリアコンサルタントと相談者との責任分担と関係のあり方について、具体的に確認し合うこと。
4. 相談者が経験している内的感情や考え、思いなどを分析して問題の所在を突き止めること。

正解 4.

A 相談場面の設定

1 面談の場面設定段階では、相談者とキャリアコンサルタントが協働して相談者の目標や問題に取り組んでいくという同盟的な関係性をつくる。　第22回

2 相談場面の設定において、相談者とキャリアコンサルタントとの間に形成される信頼関係は「ラポール」と呼ばれ「親和」や「親密」を意味し、一度ラポールを確立してしまえば、それは永続する。　第24回

3 ラポールが形成されると、クライエントは安心して自由に考えたり気持ちを表現したりすることができるようになる。　第23回

4 相談時間が限られている場合、ラポールづくりだけに時間を費やさず、次のステップも意識してカウンセリングを進めるのが望ましい。　第22回　第23回

5 相談者が訴えたことに対して、どんなアドバイスができるかを考えることがキャリアコンサルタントの最初の課題である。

6 カウンセリングのオープニング（相談場面の設定）の際に、キャリアコンサルタントが留意すべき点は、クライエントがキャリアコンサルティングを必要とした理由を見極めたり、クライエントとキャリアコンサルタントの責任分担と関係のあり方を明確にしたり、またクライエントとの「同盟関係」や「協働の精神」を発展させることである。　第22回

7 相談を開始するにあたって、相談者の椅子の座る位置は、キャリアコンサルタントが決めるものである。

8 キャリアコンサルティングで、面談の初めに行うあいさつや自己紹介、着席へのうながし等は、クライエントへの関心を示す大切な関わりなので、事務的にならないように意識する。　第24回

9 初回面談では、キャリアコンサルタントは毅然と振る舞い、冷静で客観的であるよう努めることで相談者からの信頼が得られる。

10 コミュニケーションの場面で、感情や好意の伝達の手がかりは、非言語的なコミュニケーションのインパクトより、言語によるものの方が大きい。

| 解答 | 相談場面の設定 |

1 ○ 記述どおり正しい。クライエントとの間では、同盟関係や協働の精神を発展させようとする意識を持つことが望ましい。

2 ✗ 「一度ラポールを確立してしまえば、それは永続する」の箇所が誤り。カウンセリングが続く限り、常にラポールは確立し続けなければいけない。それ以前の文章は正しい。

3 ○ 記述どおり正しい。

4 ○ 記述どおり正しい。ラポールづくり（ラポールの形成）は非常に重要であるが、それだけで相談時間が終わってしまってはならない。

5 ✗ 最初から、アドバイスのことを考えるのではなく、まずは相談者に寄り添って、丁寧にお話をお聞きするようにすることが必要である。

6 ○ 記述どおり正しい。相談目的やゴールを明らかにして合意を取る等の「責任分担や関係のあり方を明確に」することは重要で、またラポール形成（人間関係の構築）を「同盟関係」や「協働の精神」の発展と表現することもできる。一方で、たとえばクライエントの生育歴や学歴、家族構成、保有資格などの事実を確認することは、とりたてて焦点をあてるべき事柄ではない。

7 ✗ 座る位置は、相談者が決めることである。

8 ○ 記述どおり正しい。

9 ✗ 相談者との間で温かい感情の交流があり、安心感と信頼感が生まれ、理解し合えるような関わりがあることが望ましい。

10 ✗ 非言語的なコミュニケーションは、言語によるものよりもインパクトが強い。

6

キャリアコンサルティングを行うために必要な技能②

389

11 ★★ 従業員に対する相談の事前準備では、勤務先企業の事業内容を調査することは、企業の社外秘に関することであり、好ましいことではない。

12 ★ 「無知の知」とは、自分が相手について、何も知らないことを自覚することであり、面談の際の基本となる姿勢である。

13 ★★ カウンセリングにおける応答技法での確認とは、話し手の曖昧な話をできるだけ具体的にしていく作業のことである。

14 ★★ キャリアコンサルティングの相談場面の設定では、相談者が主訴を一通り話した後に、「それで、どうしたらよいでしょうか」と尋ねてきた場合には、その解決方法などをアドバイスすることによって、適切な役割関係を作ることができる。

15 ★★ 原則として、1回の長時間にわたる面談を行うよりも、次回の面談までのインターバルをとり、複数回実施する方が望ましい。

16 ★★★ 相談者が、相談内容や自身の感情について適切な表現をすることができなかったので、相談の目標や範囲を決められないと伝え、問題や気持ちを整理してから出直すようにと伝えた。

17 ★★★ 初回の面談で求職者がメンタルヘルス不調を抱えていることが理解できたので、相談の守備範囲を超えることを説明して、面談を早々に打ち切り、医療機関にリファーした。

18 ★★★ 相談者の発言が「求人票はどうやって調べればよいのか」だったので、求人情報に関する各種情報源を伝え、また探し方のアドバイスをすることで面談を終了した。

19 ★★ ラポール形成においては、相談者が話しているときは、相手との心理的距離を近づけようとしていることが伝わるように、できる限り同情するように聴くことを心掛ける。

20 ★★ キャリアコンサルティングの手順や技法をパターン化し、キャリアコンサルタントが安心して相談を進めることができるようになれば、熟達したレベルといえる。

11 ✗　事前に企業調査を行うことは必要なことであり、公表されている資料を使うなど、できるだけ情報を得ることが望ましい。

12 ○　記述どおり正しい。「無知の知」は、ギリシャの哲学者ソクラテスの言葉で「知らないことを知っている（自覚している）」の意。

13 ○　記述どおり正しい。確認は、質問技法、繰り返し、要約を用いて行う。

14 ✗　相談者の語った内容について、一部を繰り返し、共感的な理解を進めようとしている事を相談者にわかって頂くようにしたうえで、丁寧に質問をしていくような進め方が望ましい。すぐに解決方法などをアドバイスすることは控える。

15 ○　記述どおり正しい。1回当たりの面談時間を50分〜60分程度として複数回実施したほうが、相談者の自己理解や内省の機会となるので効果的である。

16 ✗　言葉で適切に表現ができない相談者もいる。キャリアコンサルタントは非言語面にも着目して相談者を共感的に理解するように努め、面談を進めるべきである。

17 ✗　相談者にメンタルヘルス面や心身の不調の問題があると判断した際は、専門家へリファーを行う必要がある。しかし初回で早々に面談を打ち切り、リファーするのは良くない。傾聴に努め、相談者に何なりかの気づきを得て頂けるように関わる事はできる。

18 ✗　単なる情報提供のみで終了してしまう面談はキャリアコンサルティングとは言えない。どのような求人情報を探すのか等について相談者の考えや思いを傾聴するなどして面談を進めることは可能である。

19 ✗　「同情する」のではなく、相談者と同じように物事を見て、感じ、考えられるようにする。そのように「共感的理解」をしようとしていることが伝わるように心掛ける。

20 ✗　相談者の個別性・多様性に応じて毎回「クライアント第一」で接することが肝要である。パターン化した手順や技法にあてはめてはいけない。当意即妙な「アート（芸術）」と表現することもできる。

6

キャリアコンサルティングを行うために必要な技能②

2 自己理解の支援

「自己理解の支援」の項目は、毎回2〜5問が必ず出題される最頻出分野の一つです。自己理解に関わる理論や支援方法についても答えられるようにすると同時に、個別のアセスメントの種類やその概要についても把握しておく必要があります。

アセスメント（検査）の信頼性や妥当性のことを押さえたうえで、「VPI職業興味検査」や「職業レディネス・テスト（VRT）」といった固有名詞を把握し、その特徴を押さえておきましょう。

分野	過去問（第15〜24回試験）									
	15回	16回	17回	18回	19回	20回	21回	22回	23回	24回
A 自己理解に関わる理論や支援法一般	㉞		㊶		㊶			㊴		
B アセスメント（検査）、自己理解に用いるツール	㊵㊶	㊶㊷	㊵			㊵	㊴	㊴㊵	㊵	㊵

＊数字は設問の出題番号

A 自己理解に関わる理論や支援法一般

❶ 自己理解の意義

1. クライエントが、進路や職業を合理的に選択するために、「自分自身」について十分に探索し理解することが必要である。
2. 自己理解とは、クライエントが自分自身を理解するための諸活動である。

❷ 自己理解の内容（「人と職業のマッチング」に関係する自己理解）

1. 潜在的な能力（職業適性など）
2. 獲得された能力（専門知識、技術、技能など）
3. 受けた教育・訓練
4. 個人的特性（適性、興味、パーソナリティ、価値観など）
5. 余暇活動・その他の生活活動
6. 個人をめぐる諸条件（企業の条件、家族環境、地域条件など）など

＊木村周『キャリアコンサルティング理論と実際 5訂版』雇用問題研究会

❸ 自己理解の方法（自己理解の方法には4つある）

1. **観察法**

   クライアントが言葉には出していない非言語的な表現まで含めて、可能な限りありのままに観察すること。

2. **検査法**

   能力的側面、パーソナリティーの側面、価値観、志向性などの側面を理解する検査（アセスメント）を用いる。

3. **面接法**

   キャリアコンサルタントが面接において、言語的な方法で、クライアントに気づきを促す。

4. **職務経歴書（キャリア・シート）**

   キャリアの棚卸しを通じて、「自分の強み」などを把握する。

🄱 アセスメント（検査）、自己理解に用いるツール

❶ 性格、パーソナリティー検査

1. 質問紙法

   ①**Ｙ－Ｇ性格検査**（矢田部－ギルフォード検査）：人の性格を形成する12の項目（尺度）について、強弱の状態を測定する性格・適性検査。

   ②**MBTI**：マイヤーとブリックスが開発した性格タイプの指標。16タイプに類型化。

   ③**エゴグラム**：交流分析をベースとした性格診断。CP（厳格な親の心）NP（保護的な親の心）A（合理的な大人の心）FC（自由な子供の心）AC（従順な子供の心）の5つに分類。

2. 投影法

   ロールシャッハ・テスト：インクのしみから何を連想するかで深層心理を探る。

3. 作業検査

   内田クレペリン精神作業検査：一桁の足し算を実施して性格や行動特性を検査（ドイツの精神医学者エミール・クレペリンの理論を基に内田勇三郎が考案）。

❷ 職業適性、職業興味、志向・価値観検査

1. **厚生労働省編一般職業適性検査（GATB）**

   仕事遂行に必要な9性能を測定。11種の試筆検査、4種の器具検査で構成。中学生から成人（45歳程度）が対象。

2. **VPI職業興味検査**

   ホランドが開発した調査の日本版。160の職業を提示して興味領域（RIASEC）と傾向尺度（5種）を測定。対象は、短大生、大学生以上。

3. 職業レディネス・テスト（VRT）

仕事への興味（A検査）、日常生活行動や意思（B検査）、仕事への自信（C検査）で構成。AとC検査はRIASECの6指標、B検査は対情報、対人、対物志向で測定。対象者は、中学生・高校生。場合によっては大学生。

❸ 自己理解や職業理解

1. カード式職業情報ツールOHBYカード

職業カードソート技法のために開発されたカード式職業情報ツール。430職種の職業情報を、写真・イラスト・チャート・動画などで紹介する「職業ハンドブックOHBY」を48枚の必要最小限のカードにまとめたもの。

❹ 職業興味、職務遂行の自信度

1. VRTカード

「職業レディネス・テスト」の職業興味と職務遂行の自信度に関する項目を1枚ずつ54枚のカードにしたキャリアガイダンスツール。

▼VRTカード

❺ 適職診断システム

1. キャリア・インサイト

コンピュータで、職業選択に役立つ適性評価、適性に合致した職業リストの参照、職業情報の検索、キャリアプランニングなどを行える総合的キャリアガイダンスシステム。18〜34歳程度の職業経験の少ない若年者対象の「Career In★Sites（キャリア・インサイト）」と、35歳以上で職業経験のある求職者を対象とした「キャリア・インサイトMC（ミッド・キャリア）」を1つに統合したもの。

倫理綱領を読もう！③

　以下に掲げた第5条から第7条は、それぞれ「守秘義務」「自己研鑽」「信用失墜及び不名誉行為の禁止」です。これらは、すべて学科試験の過去問題で出題されてきた内容です。

　第5条は、とても重要です。1項にある「但し、相談者の身体・生命の危険が察知される場合」とは、自殺や他殺に至る恐れのある場合などを指しています。「法律に定めのある場合等」とは、障害者虐待防止法の「養護者による障害者虐待を受けたと思われる障害者を発見した者は、速やかに、これを市町村に通報しなければならない」といった法律のことを指しています。同様の内容は、高齢者虐待防止法や児童虐待防止法にについてもあてはまります。また、3項の内容も重要です。もしも事例を研究会などで扱う場合には、まずは相談者（クライエント）からの承諾が必要となります。

　第7条も、当たり前の事だと思われる方も多いでしょうが、肝に銘じておきたい事です。とくに最近であれば、SNSなどインターネット上での発言には細心の注意を払うべきでしょう。

（守秘義務）
第5条　キャリアコンサルタントは、業務並びにこれに関連する活動に関して知り得た秘密に対して守秘義務を負う。但し、相談者の身体・生命の危険が察知される場合、又は法律に定めのある場合等は、この限りではない。
　2　キャリアコンサルタントは、キャリアコンサルティングにおいて知り得た情報により、組織における能力開発・人材育成・キャリア開発・キャリア形成に関する支援を行う場合は、プライバシーに配慮し、関係部門との連携を図る等、責任をもって適切な対応を行わなければならない。
　3　キャリアコンサルタントは、スーパービジョン、事例や研究の公表に際して、相談者の承諾を得て、業務に関して知り得た秘密だけでなく、個人情報及びプライバシー保護に十分配慮し、相談者や関係者が特定される等の不利益が生じることがないように適切な措置をとらなければならない。

（自己研鑽）
第6条　キャリアコンサルタントは、質の高い支援を提供するためには、自身の人間としての成長や不断の自己研鑽が重要であることを自覚し、実務経験による学びに加え、新しい考え方や理論も学び、専門職として求められる態度・知識・スキルのみならず、幅広い学習と研鑽に努めなければならない。
　2　キャリアコンサルタントは、情報技術が相談者や依頼主の生活や生き方に大きな影響を与えること及び質の向上に資することを理解し、最新の情報技術の修得に努め、適切に活用しなければならない。
　3　キャリアコンサルタントは、経験豊富な指導者やスーパーバイザー等から指導を受ける等、常に資質向上に向けて絶えざる自己研鑽に努めなければならない。

（信用失墜及び不名誉行為の禁止）
第7条　キャリアコンサルタントは、キャリアコンサルタント全体の信用を傷つけるような不名誉となる行為をしてはならない。
　2　キャリアコンサルタントは、自己の身分や業績を過大に誇示したり、他のキャリアコンサルタントまたは関係する個人・団体を誹謗・中傷してはならない。

1 ★★★
自己理解において大切なことは、相談者が自分自身について客観的に理解し、納得できるように、サポートすることである。

2 ★★
クライエントの自己理解を促す前提として、キャリアコンサルタントが行うべきことは、クライエントの置かれている職場の労働条件が、どのようなものであるかを探索することである。

3 ★★
自己分析の目的は、クライエントがキャリア・シートにおいて、アピール度の高い「自己PR」や「志望動機」を書けるよう、様々な自己分析手法を提示することである。

4 ★★
自己理解を進めるための自己分析の一つとして、クライエントがキャリアコンサルタントとの対話を通して自身のキャリアストーリーを言語化する、という方法もある。

5 ★
自己理解の第一歩では、長所よりも否定的な部分や短所に注目して、反省を促す。

6 ★★
クライエント自身が内面を言語化するためには、キャリアコンサルタントが質問しながら進めるよりも、クライエント自身が一人で考えた方が効果的である。

7 ★★
職業選択にあたっての自己理解を深めるには、相談者の価値観よりも経済的状況や職種や業界の動向に焦点をあてることが優先される。

8 ★★
職業経験のある相談者の場合には、その職務経験を分析することで自己理解につながる場合もある。

9 ★★
自己理解を促進するにあたっては、自分自身を自己がどう捉えているかが重要であり、他者から見えている自分を知ることは、さほど重要なことではない。

10 ★
アセスメントツールを実施する際には、最も適したものを一つだけ厳選して使用する。

11 ★★
相談者が自分自身を描写する言葉や内容は、他者からも自分自身と同じように理解してもらえる主観的な表現が必要である。

解答　自己理解に関わる理論や支援法一般

1 ◯ 記述どおり正しい。自己理解とは、あくまでも相談者（クライエント）自身が、納得できる形で、自分を理解することである。

2 ✕ 職場の労働条件をはじめとした事実（事柄）を聞く事はクライエントの自己理解の促しにはつながらない。置かれた環境をどう捉えているか、意味づけているか等を聞いていく事が自己理解の促しである。

3 ✕ キャリアコンサルティングにおいて、クライエントが自己分析や自己理解を進めるために、様々な分析手法を提示することはあるが、それは手段であり目的ではない。

4 ◯ 記述どおり正しい。こうした方法は一般に、「ナラティブ（語り）・アプローチ」と言われる。

5 ✕ キャリアコンサルタントには、原則として、長所を引き出すような関わりが求められる。

6 ✕ キャリアコンサルタントからの適切かつ有効な問いかけがなされることで、クライアント自身の内省が進み、言語化にしても促進される。

7 ✕ 相談者の価値観や思いなどを丁寧に聞いていくことが重要である。職種や業界の動向等の事実に焦点をあてても自己探索にはつながらない。

8 ◯ 記述どおり正しい。ここでも事実だけでなく、どう捉えていたか等の問いかけが必要とされる。

9 ✕ ジョハリの窓（「自分が知っている−知らない」の軸と「他人が知っている−知らない」の2軸で4象限を作る捉え方）でも言われるように、「自分は知らないが他人が知っている（盲点の窓）」を知ることには大きな意味がある。

10 ✕ 厳選したものを一つ、と固く考えず、相談者の様子を見て、必要に応じて複数使用ことも良しとする。

11 ✕ 「主観的な表現」という箇所が誤り。他者からも理解されるには、客観的な表現でなければならない。

12 ☐☐☐ ★ 自己理解すべき内容の一つである「コンピテンシー」とは、経験、価値観、志向性のことである。

13 ☐☐☐ ★★ 「人と職業のマッチング」において、相談者が教育・訓練を受けた機関は、自己理解に必要な要素の一つである。

14 ☐☐☐ ★ 自己PRの文章がうまく書けないクライアントの場合には、本人が早く自分の良さに気づけるように、すぐに添削する。

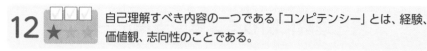

B アセスメント（検査）、自己理解に用いるツール

1 ☐☐☐ ★★ 心理検査の結果が、受検者にとって望ましくない内容の場合、キャリアコンサルタントの判断で、この結果を受検者に伝えなくてもよい。

2 ☐☐☐ ★★★ 検査において、受検者にあらかじめ検査目的を説明すると、回答に影響が出るので実施方法のみ説明する。

3 ☐☐☐ ★★ 心理検査の実施に際して、相談者が受検を迷っていた時、相談者にとって有利な結果が得られるとキャリアコンサルタントが確信できる場合は、検査を実施する。

4 ☐☐☐ ★★ 検査の信頼性とは、測定内容をその検査が正しく測定しているかどうかを表す概念である。

5 ☐☐☐ ★★ 検査の妥当性とは、検査の結果が、同じ条件では首尾一貫し安定していることである。

6 ☐☐☐ ★★ 心理検査の妥当性を確認するために行う平行テストでは、同一テストを2回以上、同一対象者に実施し、その結果の相関を求めるが、これは「平行テスト法」あるいは「代理テスト法」と呼ばれている。 第23回

7 ☐☐☐ ★ 測定誤差とは、測定対象以外の影響が検査結果に及ぼす、避けることの難しい測定上の誤差を指し、テスト結果には測定誤差が入っていることを前提としている。 第23回

8 ☐☐☐ ★★★ アセスメントツールを用いた検査の結果については、クライアントの不変的な特性を反映したものとしてフィードバックするのがよい。

6 キャリアコンサルティングを行うために必要な技能②

12 ✕ コンピテンシーとは、業績をコンスタントに示している人の行動や仕方などに見られる行動特性のことである。

13 ✕ 相談者が教育・訓練を受けた機関は、自己理解に必要な要素には通常含まれない。

14 ✕ 相談者との対話を通じて、本人に自身の良さについての理解を深めてもらうように支援することが望ましい。

解答 アセスメント（検査）、自己理解に用いるツール

1 ✕ 心理検査の結果のフィードバックは必ず行い、受検者の自己理解を促すようにする。

2 ✕ 受検者に、あらかじめ検査の目的を理解させることが必要である。

3 ✕ 相談者に有利なデータが得られるために、検査を実施するのではない。検査は、相談者の特性を理解し、自己理解を進めるために行うものである。

4 ✕ 検査の妥当性のことである。

5 ✕ 検査の信頼性のことである。

6 ✕ 平行テスト法（代理テスト法）は、内容や難易度がほぼ等しい2種類の調査を用意し、2調査間の相関係数を求める方法。設問文は「再テスト法」についての記述である。

7 〇 記述どおり正しい。

8 ✕ アセスメントの結果は、あくまでもクライエントのある一側面のみを反映したものとして扱わなければならない。

6

キャリアコンサルティングを行うために必要な技能②

9 ★★　グループでアセスメントツールを使う場合は、個別にフィードバックを行うことは難しいので結果を返却するだけでよい。

10 ★★　自己理解の方法には、観察法があるが、大きくわけて自然的観察法、実験的観察法の2つがあり、そうした観察法では、ある特徴を見つけたら、そこから類推される他の特徴もあるものとみなして判断する。　第22回

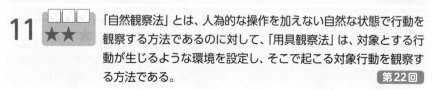

11 ★★　「自然観察法」とは、人為的な操作を加えない自然な状態で行動を観察する方法であるのに対して、「用具観察法」は、対象とする行動が生じるような環境を設定し、そこで起こる対象行動を観察する方法である。　第22回

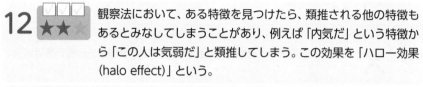

12 ★★　観察法において、ある特徴を見つけたら、類推される他の特徴もあるとみなしてしまうことがあり、例えば「内気だ」という特徴から「この人は気弱だ」と類推してしまう。この効果を「ハロー効果 (halo effect)」という。

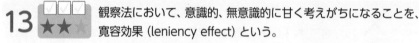

13 ★★　観察法において、意識的、無意識的に甘く考えがちになることを、寛容効果 (leniency effect) という。

14 ★　性格・パーソナリティ検査であるTAT、SCT、PFスタディは、いずれも投影法である。

15 ★　面接法は、調査法に比べ長い時間を必要とするため、面接する内容によって、集団面接法を導入することがある。

16 ★　多変量解析とは、データが正規分布している場合、集団の中での個人の位置を数値に換算でき、複数のテストを相互に比較、総合するためのものである。　第23回

17 ★　順位相関係数とは、100人中テスト得点の低いほうから並べたら何番目にあたるかを示す数字であり、得点分布が正規分布していないときに用いられる。　第23回

18 ★★　職業適性検査とは、職業情報を提供しながら、適職領域を探索し、個人にとって最適な職業を決定づけることを目的としているものである。

9 ✕ アセスメントツールを用いた場合には、アセスメントの結果をきっかけとして、クライアント自身が感じたことについて話し合えるようなフィードバックをすることが望まれる。

10 ✕ 観察法の種類は、自然的観察法、用具的観察法、実験的観察法の3つである。後半の文章も誤り。観察できた一つの特徴から、他の特徴も類推する、といったことは行わない。

11 ✕ 「用具観察法」の説明が誤り。「用具観察法」とは、検査や調査を用いて観察し記録する方法である。設問文の後半は「実験的観察法」についての説明文である。

12 ✕ 設問文は、「包装効果」あるいは「論理的過誤（誤差）」のことを述べている。「ハロー効果」は光背効果や威光（後光）効果とも言われ、ある特徴に影響されて、他の面も同様に評価してしまうことである。

13 ◯ 記述どおり正しい。評価の際に、好ましい特徴はより好意的に、そうでない特徴は寛大に評価する傾向を「寛容効果」と言う。

14 ◯ 記述どおり正しい。著名な投影法としては、ロールシャッハ・テストがある。

15 ◯ 記述どおり正しい。

16 ✕ 設問文は「標準得点」についての説明である。いわゆる「偏差値」も標準得点の一種である。「多変量解析」とは、複数のデータの関連性を分析する手法で、重回帰分析や主成分分析などがある。

17 ✕ 設問文は「パーセンタイル順位」についての説明である。「順位相関係数」とは、2つの変数（順位）の間の関係の強さを表す指数のことを言う。

18 ✕ 一般的に、職業適性検査とは、個人がどのような職業に適した資質や能力をもっているのかを調べる検査であり、必ずしも職業情報を提供しながら行うものではない。どの職業に適性をもつかを判定する一般職業適性検査と、特定の職種に対する適性を判定する特殊職業適性検査とがある。

6

キャリアコンサルティングを行うために必要な技能②

19 ☑☑☑ ★★★
厚生労働省編一般職業適性検査［進路指導・職業指導用］（GATB）は、15種類の器具検査で構成され、9種の能力（適性能）を測定するものである。　第22回

20 ☑☑☑ ★★
同上の検査（GATB）における主たる目的は、個人の性格と適職領域のマッチングを行うことである。

21 ☑☑☑ ★★
同上の検査（GATB）では、適性職業群の基準と、個人の適性能プロフィールを照合することによって、幅広く適職を吟味することができる。

22 ☑☑☑ ★★★
同上の検査（GATB）が正しく適用できる年齢範囲は、原則として13〜45歳未満で、判定では学歴が関係する。

23 ☑☑☑ ★★
同上の検査（GATB）［進路指導・職業指導用］は、学業成績や勤務成績の評価のためにも利用でき、上級学校や職業教育訓練機関への進学においても有効に活用できる。

24 ☑☑☑ ★
同上の検査（GATB）の紙筆検査実施に要する時間は、学校の授業時間内で実施できるよう45分程度としている。

25 ☑☑☑ ★
同上の検査（GATB）の紙筆検査を集団で実施する場合、検査補助者も含めて検査実施者一人につき、100人以下が望ましい。

26 ☑☑☑ ★
同上の検査（GATB）の検査実施では、シャープペンシルは芯が折れたりして適さないが、ボールペンは問題ない。

27 ☑☑☑ ★★
同上の検査（GATB）［事業所用］は、事業所における採用、配置、再配置、能力開発等の雇用管理場面で幅広く使用することができる。

28 ☑☑☑ ★★★
ホランドが開発したVPIの日本版である「VPI職業興味検査」は、主に35歳以上の職業経験が豊富な社会人を対象としている。

29 ☑☑☑ ★★
VPI職業興味検査の結果は「興味領域尺度」と「傾向尺度」で示されるが、これらを解釈する際、「傾向尺度」については一貫性と分化の程度という観点で分析することが必要となる。　第22回

30 ☑☑☑ ★★★
職業レディネス・テスト［第3版］（VRT）は、A検査（仕事内容への興味）、B検査（仕事内容への自信度）、C検査（日常の生活行動や意識）の3部からなる。

19 ✗ GTAB（General Aptitude Test Battery）の構成は、15の下位検査（11種の試筆検査、4種の器具検査）からなり、9つの適性能が測定される。

20 ✗ 「性格」が誤り。性格ではなく能力を9適性能（知的能力、言語能力、数理能力、書記的知覚、空間判断力、形態知覚、運動共応、指先の器用さ、手腕の器用さ）で測る。

21 ◯ 記述どおり正しい。9つの適性能の組み合わせから13の職業探索領域と、40の適性職業群が設定されている。

22 ✗ GATBにおいて学歴は関係しない。他の設問文は正しい。13歳未満の者や45歳以上の求職者への実施は想定されていない。

23 ✗ 「学業成績や勤務成績の評価のためにも利用でき」の部分が誤っている。GATBは評価のためには用いない。一方、「上級学校や職業教育訓練機関への進学においても有効に活用できる」は正しい。

24 ◯ 記述どおり正しい。

25 ✗ 受検者人数の定めがとくに設けられてはいない。コンピュータ判定もできるし、手作業での採点・換算による結果の整理も可能である。

26 ✗ 受検者は鉛筆（シャープペンシルやボールペンは不可）を使用すること、と定められている。

27 ◯ 記述どおり正しい。事業所内の職務の実態に即した独自の基準を作成して使用することもできる。

28 ✗ 「VPI職業興味検査」は、短大生・大学生以上の成人を対象としている。ホランドが提示したRIASECの考えをベースにした検査である。

29 ✗ 「一貫性と分化の程度という観点で分析する」のは、RIASECで測られる興味尺度である。「傾向尺度」は自己統制、男性−女性傾向、地位志向、希有反応、黙従反応の5種が数値化されて示される。

30 ✗ AからCまでの3つの検査から構成されている点は正しいが、B検査（日常の生活行動や意識）、C検査（仕事内容への自信度）である。

6 キャリアコンサルティングを行うために必要な技能②

31 ★★☆ 同上のテスト（VRT）では、基礎的志向性と職業志向性を測ることにより、生徒の職業に対する準備度（レディネス）を把握することができる。

32 ★☆☆ 同上のテスト（VRT）では、生徒が職業に関して持っている自らのイメージをチェックしたり、進路選択への動機付けを促したりすることができる。

33 ★☆☆ 同上のテスト（VRT）では、「結果の見方・生かし方」は、ワークシート形式を採用しており、生徒自身が結果を整理しながら解釈を深めることができる。

34 ★★☆ 同上のテスト（VRT）では、主に中・高校生を対象として適職を考えることが目的であるため、検査結果を適性のある職業と結び付けて解釈し、指導する。

35 ★★☆ 同上のテスト（VRT）では、検査の得点が全般的に低い場合には、無理にパーセンタイル順位の高い領域を見つけて解釈はしない。

36 ★★☆ 同上のテスト（VRT）の結果を解釈するにあたっては、プロフィールに高低差が無い状態は、職業への準備性ができていると考えられる。　第22回

37 ★☆☆ 同上のテスト（VRT）の集団実施で、回答時間の個人差が著しく大きいと予想される場合、問題文を一定速度で読む「読み上げ式」を採用してもよい。

38 ★★☆ VRTカードは、職業レディネス・テスト（VRT）の検査内容にある職業興味および職務遂行の自信度を、職業名を印刷した1枚ずつのカードについてみていくツールである。

39 ★★☆ VRTカードは、35歳以降の労働者が転職する際に用いる、ライフ・プランを具体化するために開発された、カードソート型のキャリアガイダンス教材である。

40 ★★☆ VRTカードは、利用者が自らカードを分類して結果を検討する使い方のほか、対話式にカウンセラーとクライエント、教師と生徒、生徒同士で実施することができる。

31 ○ 記述どおり正しい。職業志向性は、A検査（仕事内容への興味）とC検査（仕事内容への自信度）で測られ、基礎的志向性はB検査で測られる。

32 ○ 記述どおり正しい。VRTにおける職業の分類はホランドのRIASECを元にしている。

33 ○ 記述どおり正しい。

34 ✕ 中・高校生は心身ともに発達の途上にあり、職業興味は変化することを念頭において検査結果を解釈し、指導する事が望ましいとされる。

35 ○ 記述どおり正しい。「パーセンタイル順位」とは、100人中テスト得点の低い方から並べたら何番目になるかを示す数字で得点分布が正規分布とならない場合等でよく用いられる。

36 ✕ 例えばAやC検査はRIASECで測られた興味や自信度であり、高低差があって当然で、むしろ高低差がある方が準備性が高いとも解釈できる。

37 ○ 記述どおり正しい。

38 ○ 記述どおり正しい。ホランドのRIASECをベースに作られており、比較的短時間（3〜10分程度）で結果が出るなど、扱いやすいキャリアガイダンスツールである。

39 ✕ 職業レディネス・テスト（VRT）をベースにして作られているのがVRTカードなので、対象者は中高生（場合によっては大学生）が原則である。

40 ○ 記述どおり正しい。

41 ★★
キャリアガイダンスツールとしてのOHBYカードは、職業カードソート技法を行うために開発されたカード式職業情報ツールであり、標準的な使い方は、職業の絵や写真を見て自分の職業興味を考えるというものである。

42 ★
OHBYカードは、高齢者のセカンド・キャリアを検討することを主な目的として、開発されたツールである。

43 ★
「キャリア・インサイト」は、若年者用の「キャリア・インサイトEC」（18〜35歳未満の若年求職者対象）と、「キャリア・インサイトMC」（30代後半以降の職業経験者対象）の2つが統合されたシステムである。 第24回

44 ★★
「キャリア・インサイト」では、利用者は一人でシステムを利用することができるが、得られた結果については、利用者と相談担当者が一緒に解釈することを勧めている。

45 ★
職業適性を測定するツールの一つに、内田クレペリン検査がある。

46 ★
クレペリン検査は企業の採用選考に使われることも多く、練習することで好結果が得られる特性があるので、就職活動中の人には何回も練習させておくことが必要である。 第22回

47 ★
自己理解を支援する検査やツールとして使われている東大式エゴグラム（TEG：Tokyo University Egogram）は、自身の価値観・興味・関心を確認する検査である。

48 ★★
自己理解を支援する検査やツールの一つである、YG性格検査では、「情緒特性」、「人間関係特性」、「行動特性」、「知覚特性」の4つの特性について、受検者の特徴が判断できる。

41 ○ 記述どおり正しい。48枚のトランプ様のカードの一面には職業名とその解説 (RIASEC情報を含む)、もう一面にはその職業で働く人の様子がイラストと写真で紹介されている。「選択する」「選択しない」「考え中」の3つのカードも付いておりソートできるようになっている。

42 ✕ OHBYカードは、児童・生徒、若年者、中高年齢者など多様な年齢層に使用できる。

43 ○ 記述どおり正しい。

44 ○ 記述どおり正しい。回答してすぐに適職リストや職業情報等も表示されるので、時間短縮になり、その分キャリアコンサルタントが相談にあてる時間を増やすことも可能となる。

45 ✕ クレペリン検査は、作業検査である。代表的な職業適性検査は、GATB (厚生労働省編一般職業適性検査) である。

46 ✕ 確かに作業検査である内田クレペリン検査は、どのようなものか事前に知っておいた方がいいという側面もあるが、検査であるので「何回も練習させておくことが必要」という表現は言い過ぎである。

47 ✕ 人の行動を5つの自我状態に分類するのがエゴグラムで価値観等の確認ツールではない。バーンの理論を元に日本人に合わせて東大医学部心療内科で開発された。

48 ○ 記述どおり正しい。矢田部ギルフォード性格検査 (YG性格検査) では性格を「抑うつ性」「気分の変化」「劣等感」等12因子で測定し、そこから設問にある4特性を抽出する。

6

キャリアコンサルティングを行うために必要な技能②

3 仕事理解の支援

出題のポイントと傾向

　「仕事理解の支援」の項目からは、毎回コンスタントに1〜3問が出題されています。「仕事理解」といっても、その範囲は広いものです。キャリアコンサルタントは、相談者が希望する職種やその業界の情報は詳細に把握していなければならないわけですが、同時に類似する職種や業界についての情報にも通じていることが望ましいとされています。

　ここでも多様なバリエーションの設問がありますので、模擬問題に数多く取り組んでください。

分野	過去問（第15〜24回試験）									
	15回	16回	17回	18回	19回	20回	21回	22回	23回	24回
A 仕事理解の意義				㊺						
B 職業理解の内容	㊷		㊷		㊷	㊵	㊶	㊶	⑫㊶	㊶

＊数字は設問の出題番号

A 仕事理解の意義

1. 仕事理解（職業理解）とは、職業、産業、事業所、雇用、労働市場、経済・社会状況などを理解することである。
2. 仕事理解はクライエントのキャリア選択における重要な判断基準となる。
3. キャリアコンサルタントが具体的な職業情報やキャリア情報を提供することで、クライエントは自己理解も深め、意思決定できるようになる。

B 職業理解の内容

❶ 職業分類

1. 日本標準職業分類	総務省統計局によるもので、大分類（12）、中分類（74）、小分類（329）の3段階。国際労働機関（ILO）の「国際標準職業分類」との整合性を意識して設定。最新版は平成21年12月改定（昭和35年以来通算5度目の改定）。

2. 厚生労働省編職業分類	ハローワークの職業紹介等で使われる分類で、平成24年3月改定時には、大分類 (11)、中分類 (73)、小分類 (369)、細分類 (892) の4段階があったが、令和4年4月改定の最新版では、細分類は削除された。令和5年3月から全国のハローワークで最新版の分類表は用いられる。(昭和28年以来通算5度目の改定)。

❷ 職業理解に必要な情報源の例

1. 職業の理解	職業分類表 (厚生労働省)、職業名索引 (同)、職業レファレンスブック (労働政策研究・研修機構)、日本標準職業分類 (総務省)、民間による仕事の紹介本各種など。
2. 産業の理解	日本標準産業分類 (総務省)*、各種業界紙など。
3. 企業・事業所の理解	会社四季報、民間やハローワークの求人情報、就職四季報など。
4. 雇用、労働市場の理解	労働力調査 (総務省)、職業安定業務統計 (厚生労働省) など。
5. 経済・社会状況の理解	日銀や国の統計類や白書、新聞・雑誌・インターネット等の情報など。

＊日本標準産業分類は、公的な各種統計の産業分類を定めたもの。大分類 (20)、中分類 (99)、小分類 (530)、細分類 (1,460) の4段階。最新版は平成25年10月改定。

6

キャリアコンサルティングを行うために必要な技能②

こんな問題も出る！ 四肢択一⑧

【問】「ハローワークインターネットサービス」についての以下の記述で、最も適切なものはどれか。

1. 「ハローワークインターネットサービス」では、雇用保険の申請に必要な求職申込みの仮登録をインターネットから行うことが可能である。
2. 「ハローワークインターネットサービス」では、障害のある人向けの求人は検索できない。
3. 「ハローワークインターネットサービス」に掲載される求人情報は、週に一度更新される。
4. 「ハローワークインターネットサービス」の利用は、ハローワークの窓口利用時間しかできない。

A 仕事理解の意義

1 ★★★
仕事理解では、自分の興味のある職業に就くための教育機関や職業能力開発機関、具体的求人事業所、職場内の配置先等を調べることも有効である。

2 ★★
キャリア形成における「仕事」には、「職業」のみならず、ボランティア活動なども含まれる。

3 ★★
学生のインターンシップは、ボランティア体験をすることに意義があり、仕事理解をする方策としては有効であるとは言えない。

4 ★
求職者が職業情報を必要とする理由として、求職者本人や本人の身近な人の知識が偏っていること、根拠の弱い希望や興味で決定することが多いことがあげられる。

5 ★
相談者が自律的に情報収集する意欲を持つように支援することは、キャリアコンサルタントの役割である。

6 ★★
中央職業能力開発協会が公表している職業能力評価基準は、個人の職業理解に活用することもできる。

7 ★
独立行政法人高齢・障害・求職者雇用支援機構はホームページ上で、労働に関する調査報告書などを公表している。

8 ★★
相談者の仕事理解を進めるうえで重要なことは、相談者が迷わないように、常に絞り込んだ職業やキャリア情報を相談者に提供することである。

9 ★
仕事理解は仕事そのものを理解することであり、産業や事業所の理解は職業理解をすることだが、両者にはあまり関連性がない。

10 ★★
仕事理解の支援では、キャリアコンサルタントは相談者に対して、職業情報をできるだけ絞り込んで提供することは好ましくない。

11 ★★
キャリアコンサルタントが、求職者に労働分野におけるさまざまな統計調査を提供することは、求職者の求職活動の参考となる。

12 ★★
シミュレーションによる情報提供として、就職面接ロールプレイ、職業探索ゲーム、ジョブ・クラブ、ピアヘルピング等がある。

解答　仕事理解の意義

1 ○　記述どおり正しい。

2 ○　記述どおり正しい。ボランティア活動も含まれる。

3 ✗　インターンシップは、仕事理解にとって有益なツールである。

4 ○　記述どおり正しい。他に、職業などの知識が乏しい、本人の適性、能力の評価などが考慮されていないなどが考えられる。

5 ○　記述どおり正しい。さらに、情報収集の方法や、情報の取捨選択の助言などである。

6 ○　記述どおり正しい。中央職業能力開発協会のホームページ上にある職業能力評価基準は、個人の職業理解に活用できる。

7 ○　記述どおり正しい。独立行政法人高齢・障害・求職者雇用支援機構はホームページ上で、調査報告書などを公表している。

8 ✗　相談者の希望職種の情報を詳細に把握したうえで、類似する職業や関連する業界等についての情報も提供するなど、相談者の可能性を出来る限り広げるようにすることが望ましい。

9 ✗　仕事理解は職業理解を通して一層深まるものであり、密接な関連がある。

10 ○　記述どおり正しい。どのような職業がどのような関係をもって存在するのかなど、全体像を幅広く理解させることが重要である。

11 ○　記述どおり正しい。労働分野の統計調査などは、求職者の仕事理解、労働市場の理解につながる。

12 ○　記述どおり正しい。ピアヘルピングの「ピア」とは、「仲間同士で」といった意味で、同じような立場の者が集まり、体験等を分かち合う。

13 ★★ 役割を演ずることによって、実際の職業を体験するロールプレイングは、職業理解の方法として有効である。

14 ★★★ キャリアコンサルタントは、相談者が希望する仕事に関して、労働条件、給与、勤務地、転勤、通勤、企業理念などについて、相談者の希望と譲れる範囲を検討する。

15 ★★ 職業能力評価基準は、人事制度の見直し、人材育成制度の整理、人材戦略立案など企業のためにのみ用いられる。

16 ★ 人材要件確認表とは、仕事や職場に関する知識・経験に乏しい新卒者・若年者を採用する際の面接のために作成されたものである。

B 職業理解の内容

1 ★★ キャリアコンサルティングの相談過程における「職業理解」では、進路や職業、キャリア・ルートの種類と内容を、クライアントが理解するよう援助する。

2 ★★★ 総務省の日本標準職業分類は、統計調査の結果を産業別に表示する場合の統計基準で、最新版（平成21年改定）の大分類は20項目である。

3 ★ 厚生労働省編職業分類は、最新の職業情報を提供するために毎年改訂が行われている。

4 ★★★ 職業情報提供サイト（日本版O-NET、job tag）は、職業について、内容、就労する方法、求められる知識・スキルや、どのような人がその職業に向いているかなどを総合的に調べることのできるウェブサイトである。

5 ★★★ 同上サイトの「職業を調べよう！」では、フリーワード検索、テーマ別検索、イメージ検索のほか、仕事の性質や未経験でも比較的入りやすい職業等で仕事を探すことができる。 第22回

6 ★★ 同上サイトの「しごと能力プロフィール検索」メニューでは、しごとに対する意欲や、やる気等の整理ができる。 第24回

13 ◯ 記述どおり正しい。職業理解の一つの方法である。

14 ◯ 記述どおり正しい。その他、企業風土、社会保険なども検討項目である。

15 ✕ 相談者が、自分の能力を把握したり、キャリア形成の目標を立てることにも活用できる。

16 ✕ 経験者を中途採用する際の面接のために作成されたものである。

解答　職業理解の内容

1 ◯ 記述どおり正しい。

2 ✕ 設問の記述は「日本標準産業分類」についてのものである。「日本標準職業分類」(同じく総務省) の大分類は12項目である。

3 ✕ 平成24年3月に改訂された後は、令和4年に最新の改定がなされた。

4 ◯ 記述どおり正しい。厚生労働省が米国の職業情報データベース (O*NET) をモデルとして開発し2020年3月に公開した。約500の職業情報が職業紹介動画等もついて紹介されている。

5 ◯ 記述どおり正しい。

6 ✕ 同メニューでは、これまでの職歴から、スキル等の「しごと能力」プロフィールを作成し、希望する職業との適合度を調べる事ができる。

6

キャリアコンサルティングを行うために必要な技能②

7 ★★★ 同上サイトでは、「職業適性テスト（Gテスト）」の結果に基づき、能力面の特徴に近い職業を検索することができる。 第24回

8 ★★ 同上サイトの「イメージ検索（地図）」では、地図のイラストから、場所を選択することで、その場所（例えば「オフィス街」や「住宅街」）の企業名や事業所名を探すことができる。 第24回

9 ★ 同上サイトの「イメージ検索（地図）」で表示される職業詳細では、その職業で実際に働いている人が多いと想定される学歴などが示されている。 第22回

10 ★ 同上サイトの「スキル・知識（で検索）」では、強みとなるスキル・知識、または不足しているスキル・知識から、検索者にマッチする職業を検索できる。 第22回

11 ★ 同上サイトにある「ポータブルスキル見える化ツール」では、ミドルシニア層の技能系職種従事者がキャリアチェンジ、キャリア形成を進める際に活用することが想定されている。 第23回

12 ★ ポータブルスキルの要素としては、「仕事の教え方」、「改善の仕方」、「人の扱い方」、「安全作業のやり方」が挙げられ、質問に回答することで診断結果が得られるようになっている。 第23回

13 ★★ 職業情報提供サイト（日本版O-NET、愛称job tag）は、企業での利用は想定されておらず、社会人、転職希望、求職中の人、学生などの個人が利用することを前提に作成された。 第22回

14 ★★ 同上サイトの「支援者としての利用」ページでは、人材募集・採用までの流れを説明し、整理すべきポイントを書き込んでまとめることができ、求人を受け付ける際のツールとしても活用できる。

15 ★★★ 離職者票を発行された人のみがログインできる「ハローワークインターネットサービス」を使えば、全ての求人情報にアクセスできる。

16 ★★ ハローワークインターネットサービスを利用する時間帯は、ハローワークの窓口利用時間に限られる。

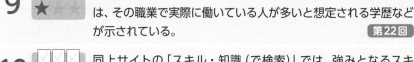

6

キャリアコンサルティングを行うために必要な技能②

7 ⭕ 記述どおり正しい。キャリアチェンジを考えている個人の利用等が想定されている。

8 ❌ 「企業名や事業所名」ではなく、その場所での「職業」を探すことができる。例えば「オフィス街」を選択すると「オフィスビル（専門職等）の職業一覧」として弁護士やキャリアコンサルタント等の職業が多数表示され、その各職業の説明が動画も交えて紹介される。

9 ⭕ 記述どおり正しい。

10 ⭕ 記述どおり正しい。

11 ❌ 同ツールでは「ポータブルスキル（業種や職種が変わっても強みとして発揮できる持ち運び可能な能力）」を活かせる職務・職位が探索できる。とくに「ミドルシニア層の技能系職種従事者」に特化したツールではない。

12 ❌ 「仕事の仕方」と「人との関わり方」が挙げられており、それぞれ現状把握、課題設定、計画立案、課題遂行、状況対応の5項目と社内対応、社外対応、上司対応、部下マネジメントの4項目で構成されている。

13 ❌ 同サイトでは「個人での利用」とともに「企業での利用」やまた「支援者としての利用」も想定されている。企業向けでは人材採用や社員の能力開発・キャリア支援、職務内容の見える化等がメニューにある。

14 ⭕ 記述どおり正しい。同メニューでは、人材採用の際にどのようなスキル、知識、興味、価値観等をもった人材が必要か（適切か）が数字データで示され「職務要件シート」として打ち出せる。

15 ❌ ハローワークインターネットサービスは、誰でもアクセスし閲覧することができる。ハローワークに登録された求人情報が見られるだけで、全ての求人情報にアクセスできるわけではない。

16 ❌ 24時間インターネット上で閲覧ができる。

6

キャリアコンサルティングを行うために必要な技能②

17 ★★ ハローワークインターネットサービスに掲載されている求人情報は、原則として週に一度更新される。

18 ★★ ハローワークインターネットサービスでは、雇用保険の申請に必要な求職申込みの仮登録をインターネットから行うことができる。

19 ★★ ハローワークインターネットサービスでは、障害のある人向けの求人情報は検索できない。

20 ★ 産業・経済に関する情報として、国、日銀の統計のほか、事業所・事業主団体が提供するデータ、業界紙などがあげられる。

21 ★★ 中央職業能力開発協会（JAVADA）が提供するCADS＆CADI（キャッズ＆キャディ）（Ver.2.2）は、環境変化に対する「キャリア形成力」と「個人的傾向」を把握するためのキャリア形成支援ツールである。

22 ★★★ 「職務分析」は、仕事の内容と責任（職務の作業内容）など「仕事像」を調査し、職務評価を行うための分析作業と言えるが、一方、「職務調査」はあるべき「人材像」を調査する職務遂行能力の調査であると言える。

23 ★ 「企業分析」は、企業における従業員の満足度を調査・分析することである。

6

こんな問題も出る！ 四肢択一⑨

【問】カウンセリングの応答技法とその応答例の組み合わせに関する以下の記述で、最も適切なものはどれか。（第21回試験類似問題）

1. 繰り返し：相談者「自分でも本当はそうすべき、とわかっているんですが、それをする気にどうしてもなれないんです」カウンセラー「わかっていても、そうする気になれない」

17 ✕ 基本的には毎日、随時更新が行われている。

18 ◯ 記述どおり正しい。

19 ✕ 障害者向けの求人情報も検索可能である。

20 ◯ 記述どおり正しい。もちろん、新聞記事、インターネット情報も情報源である。

21 ◯ 記述どおり正しい。中央職業能力開発協会ホームページに紹介されている。

22 ◯ 記述どおり正しい。「職務分析」では仕事の内容だけではなく、労働条件、入職率、状況、求人・求職情報など職業全体を調べる。「職務調査」では、個々の職務について、仕事内容や求められる能力・経験、責任度、困難度などを調査して明らかにする。

23 ✕ 「企業分析」とは、設問にあるような従業員満足度の調査だけを指すわけではなく、決算書や財務諸表なども含め、その企業についてより多面的な調査・分析をすることを言う。

6

キャリアコンサルティングを行うために必要な技能②

2. 支持：相談者「私は親にいつも否定されてきた。だから親の面倒なんてみたくないです」カウンセラー「なるほど」
3. 明確化：相談者「課長は私にだけ、いつも面倒な仕事を押しつけるので、とてもつらいです」カウンセラー「そう思うのはもっともですね」
4. 受容：相談者「カウンセリングで本当に性格が変わるでしょうか」カウンセラー「カウンセリングでは自分の性格は変わらないと思っているんですね」

4 相談実施過程と総括

出題のポイント
と傾向

　「自己啓発の支援」から「新たな仕事への適応支援」までの4項目は、6-2節・3節の「自己理解の支援」「仕事理解の支援」の2項目と一緒となって「キャリア・ガイダンスの6分野」と言われます。

　自己理解と仕事理解は頻出分野ですが、その他の相談過程の流れ4項目の中では、「意思決定の支援」と「方策の実行の支援」が比較的多く出題されてきました。設問文では、こうした一連の流れが「システマティック・アプローチ」と表現されることもあります。

　「相談過程の総括」では、相談の終了や相談過程の評価についての設問が、ほぼ毎回何らかの形で出されますので要チェックです。

分野	過去問 (第15~24回試験)									
	15回	16回	17回	18回	19回	20回	21回	22回	23回	24回
Ⓐ 自己啓発の支援	㊸	㊸			㊸	㊶	㊷	㊷	㊷㊸	㊷
Ⓑ 意思決定の支援	㊹	㊹	㊹	㊸	㊴㊹	㊷	㊸	㊸	㊹	㊸
Ⓒ 方策の実行の支援	㊺	㊺	㊺	㊹㊺	㊺	㊸㊹㊺	㊹		㊺	㊹
Ⓓ 新たな仕事への適応の支援		㊻	㊻		㊻			㊹		㊺
Ⓔ 相談過程の総括	㊻㊼	㊼	㊼	㊻㊼	㊼		㊺	㊺	㊻	㊻

＊数字は設問の出題番号

Ⓐ 自己啓発の支援

❶ 自己啓発とは

1. クライエントがキャリア選択や意思決定をするために、その前に、クライエントがやってみること。
2. 自己啓発として、職業訓練、インターンシップ、ボランティアの体験などがあげられる。

❷ 自己啓発の意義

1. キャリアコンサルタントは、クライエントがこれまでの仕事とは異なる仕事に転職しようとする場合、自己啓発が有効であることを促す。

2. クライエントは、自己啓発により、一層自己理解、仕事理解を深めることができ、キャリア形成とキャリアプランの修正が可能となってくる。
3. 自己啓発をすることによって、クライエント自身による妥当な意思決定が可能となる。

Ｂ 意思決定の支援

❶ 意思決定とは

1. クライエントが、能力、専門知識、技能、興味、価値観、適性などに関する自己理解や仕事理解、職業理解を深め、さらに、クライエントによっては、啓発的経験を経ると、いよいよキャリア目標を設定する段階となる。
2. まず、キャリア目標を設定することから始まり、他の選択肢の特定、情報の収集、選択肢の比較検討などを通じて最終的に意思決定を行いキャリア選択が行われる。
＊宮城まり子『キャリアカウンセリング』駿河台出版社より

❷ ライフプランシートを作成する意義

1. クライエントと家族のライフプランが、人生生活設計、キャリアプランを立てることにつながる。
2. キャリアコンサルタントは、クライエントがライフプランシートの作成を通じ、「今課題となっていることは何か」「この課題を今後どうしていくのか」「今後何をしたいのか」などについてカウンセリングすることが必要である。

❸ 目標設定への支援（目標設定時の５つの条件）

1. 現実的目標であること。
2. 理解できる目標であること。
3. 目標は予測可能であること。
4. 行動計画が立てられる目標であること。
5. 合意が得られる目標であること。
＊宮城まり子『キャリアカウンセリング』駿河台出版社より

Ｃ 方策の実行の支援

❶ 方策の実行とは

1. 方策の実行とは、目標を達成するための行動計画を実行することである。
2. キャリアコンサルタントは、クライエントが進路や職業、あるいはキャリアルートの選択など意思決定したことを支援することとなる。

6

キャリアコンサルティングを行うために必要な技能②

419

❷ 行動計画の４つのポイント

1. 行動計画のポイントは、A「何を」、B「いつまでに」、C「どれくらい」、D「どのように」の要素が含まれていることが必要である。
   ①目標は何か。
   ②達成するためには、どのようなアプローチを行うか。
   ③アプローチプロセスにおける各ステップの達成基準。
   ④スケジュール、達成日を明確にする。
   ＊宮城まり子『キャリアカウンセリング』駿河台出版社より

❸ 方策の実行の確認も重要

1. キャリアコンサルタントとクライエントは、方策の進捗状況を確認し合い、キャリアコンサルタントは、目標達成に向けた支援を行う。

D 新たな仕事への適応の支援

❶ クライエントの新たな仕事への適応

1. 新しい職場や仕事への不安、戸惑いはよくあることであるといえる。
2. キャリアコンサルタントは、転職したり、これまで経験がない仕事に就いたクライエントから相談を受けた場合、適切な支援・フォローアップを心がけたい。
3. キャリアコンサルタントは、クライエントが新たな環境を経験するようになった場合に生じると予測できる問題については、事前に情報提供しておくといった配慮をしたい。

E 相談過程の総括

❶ 相談の終了（キャリアコンサルタントとクライエントの関係の終了）

1. 目標達成により、双方同意のうえで、キャリアコンサルティングを終了する。

❷ 相談過程の評価（キャリアコンサルティング総括にあたる、ふり返りのポイント）

1. 早期にラポールの形成、動機づけができたか。
2. 作業体制をつくり、かつ保持できたか。
3. 見立て、アセスメント、構造化は的確であったか。
4. 目標は計画通り達成できたか、未達成の部分は何か。
5. 目標が達成できなかった要因は何か。
6. サポートに応じた対決（コンフロント）ができたか。
7. 情報収集はタイムリーで、必要にして十分であったか。

8. 進行、回数、終結方法は適切であったか。

9. 援助に有効な資源・技法が活用できたか。

10. その他 (各自が気づいたこと)。

＊日本産業カウンセラー協会『キャリア・コンサルタント　その理論と実務』より

こんな問題も出る！四肢択一⑩

【問】システマティック・アプローチにおける方策の実行支援に関する次の記述のうち、最も適切なものはどれか。

1. 方策達成のためにカウンセラーとクライエントが結ぶ契約は、クライエントの方策実行に対する誓約であり、実行できていない場合は、クライエントに責があるとしてカウンセラーは実行するよう強く迫ることが望まれる。

2. 方策の選択肢のメリット、デメリットを検討して意思決定する際には、クライエント自身で決定できないとカウンセラーが判断した場合は、カウンセラーが良いと考える方策を薦めるのが原則である。

3. 方策の実行では、方策の内容、実行の仕方、置かれた条件や環境等がクライエントによって異なるため、多様な対応が求められる。

4. 方策の実行では、クライエントの実行するプランの進捗を把握し、計画の変更を行わない方がよい。

正解 3.

A 自己啓発の支援

1 「職場における学び・学び直し促進ガイドライン」（厚生労働省、令和4年6月）によれば、学び・学び直しを行う労働者に対し、キャリアコンサルタントが定期的声かけや相談等で学びの進捗確認を行うことは、継続的学びの伴走支援となる。 第24回

2 同上のガイドラインによれば、学び・学び直しの継続に支障をきたしている者に対しての支援は、キャリアコンサルタントではなく人事部が担うべき役割である。 第24回

3 啓発的経験とは、様々な経験を通して、自己の適性や興味などを確かめたり、具体的な進路情報の獲得に役立つ諸経験の総称のことである。

4 「トライアル雇用」は、職業経験の不足などから就職が困難な求職者等を一定期間試行雇用することで、その適性や能力を見極め、期間の定めのない雇用への移行のきっかけとすることを目的とした制度で、試行雇用期間は原則3か月間である。 第23回

5 紹介予定派遣は再就職であり、啓発的経験にあてはまらない。

6 ボランティア活動は、社会貢献の意識を高めるための活動であり、仕事理解としての啓発的経験にはあたらない。

7 啓発的経験の一つとしてインターンシップがあるがそこでは、大学等で学んだ内容と企業での内容は異なるということを認識させることが重要である。

8 インターンシップとは、学生が企業等の主催するセミナーや説明会などを通して、就業について体験的に学ぶ制度のことである。

9 インターンシップの実施期間については、教育的効果をより高める観点から、5日間以上の実習期間を担保することが望ましいとされている。

解答 | 自己啓発の支援

1 ◯ 記述どおり正しい。労働者が学び・学び直しを前向きに捉え直すためには、労働者が仕事の捉え方や意味づけなどを主体的に見直して仕事の充実感や満足度を高める「ジョブクラフティング」を、学びの分野に活用することも有効である、とされる。

2 ✕ 設問文の役割は、キャリアコンサルタントが担うべき役割である。

3 ◯ 記述どおり正しい。アルバイト経験やボランティア活動、働く人の様子を観察する職場見学、それに就職のための職業訓練も啓発的経験に含まれる。

4 ◯ 記述どおり正しい。トライアル雇用に挑戦するには、ハローワーク等の職業紹介を受けて、「トライアル雇用求人」に応募する必要がある。

5 ✕ 紹介予定派遣も、再就職における啓発的経験と位置付けられる。

6 ✕ ボランティア活動は啓発的経験にあたる。活動者個人の自己実現への欲求や社会参加意欲が促進される機会となりうる。

7 ✕ 学生が大学等で学んだ内容と、企業で学ぶ内容との関連性を認識させることが重要である。

8 ✕ 「セミナーや説明会などを通して」ではない。就業体験を行うことがインターンシップである。

9 ◯ 記述どおり正しい。

10 ☑☑☑ ★★ 「インターンシップを始めとする学生のキャリア形成支援に係る取組の推進に当たっての基本的考え方」（文部科学省・厚生労働省・経済産業省、令和4年一部改正）によれば、自社の人材確保の観点から、受け入れ企業の経営方針に基づいた広い見地からの取組みが必要である。 第22回

11 ☑☑☑ ★ 大学生へのキャリアコンサルティングでは、インターンシップ先の選定支援で、早期の就職内定を獲得することが第一の目的となるので、専攻に関連する分野に絞って紹介することが求められる。 第23回

12 ☑☑☑ ★ 「高等学校キャリア教育の手引き」（文部科学省、平成23年）によれば、「働くこと、生きることの尊さを実感させ、勤労観、職業観を醸成すること」は、インターンシップの目的の一つである、とされる。 第23回

B 意思決定の支援

1 ☑☑☑ ★★ 相談者の意思決定は、あくまで相談者自身が決定することであるので、キャリアコンサルタントが相談者の意思決定についての支援を行う必要はない。

2 ☑☑☑ ★★ 意思決定のプロセスにおいては、目標に至る過程、行動計画を検討し、その行動をとった場合の各ステップの実現可能性等を検討する。

3 ☑☑☑ ★ キャリアコンサルティングでは、クライエントが仮に目標に同意していないとしても、まずは目標を決めて行動に移していくことが推奨される。 第23回

4 ☑☑☑ ★★ キャリアコンサルタントは、相談者の設定した目標達成に貢献できないとわかった場合には、相談者の合意のもとに他へリファーすることも検討すべきである。

5 ☑☑☑ ★★ キャリアコンサルタントは、目標設定に関する合意が口頭で得られた場合、必ず書面で契約を結ばなければならない。 第22回

10 ✕ 「自社の人材確保の観点から」が誤り。インターンシップについては、「将来の社会・地域・産業界等を支える人材を産学連携による人材育成の観点から推進するものであり、自社の人材確保にとらわれない広い見地からの取組が必要である」と記載されている。

11 ✕ 大学生のインターンシップの支援を行うこともキャリアコンサルタントの役割だが、「早期の就職内定を獲得すること」を第一目的としたキャリアコンサルティングになってはいけない。

12 ◯ 記述どおり正しい。他にも「進路選択への積極性を醸成する」、「学習意欲を向上させる」、「基礎的・汎用的能力を育成する」が挙げられている。

解答 意思決定の支援

6

1 ✕ キャリアコンサルタントは、相談者の意思決定への支援も行う必要がある。

2 ◯ 記述どおり正しい。

3 ✕ クライエントが目標を自ら決める（意思決定する）、あるいはキャリアコンサルタントとの面談のなかで出てきた目標に合意していることが必須である。

4 ◯ 記述どおり正しい。

5 ✕ 契約書は必須というわけではなく、相談者がはっきりしない、意志が弱い、努力を続けるのが困難な場合などに必要に応じて取り交わす。

キャリアコンサルティングを行うために必要な技能②

6 ★★ 意思決定においては、意思決定するタイミングが、意思決定する内容と同様に重要であり、キャリアコンサルタントは早めに相談者に意思決定を促す方がいい。

7 ★★★ キャリアコンサルティングにおいて、相談者の話す目標が曖昧な場合、キャリアコンサルタントは具体的な目標になるよう促していく。 第24回

8 ★★ 達成困難と思われる高い目標より到達可能な目標を掲げることで、相談者はより動機づけられる。 第24回

9 ★★★ キャリアコンサルティングにおいて、合意された目標は行動計画が立てられるものであり、キャリアコンサルタントと相談者が互いに進捗を確認できるようにする。 第23回 第24回

10 ★ 目標は、固定的なものではなく、達成が困難な状況になるなど、状況や必要に応じて変更可能である。

11 ★★ ジェラットの意思決定プロセスに基づいて支援を行う場合には、可能性のある選択肢のそれぞれに関しての予測を行い、一つ一つの選択肢がもたらす結果の起こり得る可能性を判断する。

12 ★★ システマティック・アプローチの目標設定ステップで、目標を具体的で小さなものに分けることで、相談者は早期から達成感が得られ、またキャリアコンサルタントと相談者は相互に進捗を確認できる。 第22回

13 ★★ システマティック・アプローチにおいて、キャリアコンサルタントは相談者の目標に自分が対応できるかどうか検討し、難しい場合は早期に自己研鑽に努め、自分が最後まで扱えるようにする。 第22回

14 ★ キャリアコンサルタントは、相談者の意思決定支援の前提として、相談者が自己理解した内容について把握しておくべきである。

6 ✕ 意思決定では、そのタイミングは重要である。よって前半部分は正しいが、「早めに相談者に意思決定を促す方がいい」は誤り。

7 ◯ 記述どおり正しい。どのような行動をすればよいか具体的で、かつ進捗や結果を測定できる目標であることが望ましい。

8 ◯ 記述どおり正しい。目標達成によって、どのような利点が得られるかを考えてもらうことも効果的である。

9 ◯ 記述どおり正しい。キャリアコンサルタントと相談者は、同意した目標について確認し合うことが重要である。

10 ◯ 記述どおり正しい。目標は、いろいろな要因・情勢によって変わることもあるため、不確実性が伴う。

11 ◯ 記述どおり正しい。ジェラットの「意思決定理論」に基づいて支援を行う場合、探索的決定から最終的決定へと連続的にプロセスを進行させる。

12 ◯ 記述どおり正しい。

13 ✕ 例えば、相談者から専門的な職種に関する求職支援の要請があり、キャリアコンサルタントがそれを支援できない場合などは、別の専門家等にリファーすることも検討すべきである。

14 ◯ 記述どおり正しい。意思決定を行うまでに、相談者は、能力、適性、興味、価値観、パーソナリティ、経験など十分な自己理解が必要であり、それをキャリアコンサルタント側でも把握しておく。

C 方策の実行の支援

 1 ★★
キャリアコンサルティングにおける方策の実行の支援では、目標達成に向けた行動計画を立て、それに取り掛かることを助け、また相談者一人で取り組めるようにしていくことである。
第24回

 2 ★★★
「方策の実行」における行動計画では、「何を」、「いつまでに」、「どれくらい」、「どのように」実行するのかを明確にして、無理のない現実的な計画を相談者と確認しながら共に作成していく。

 3 ★
キャリアコンサルティングでは、解決すべき問題が明らかになったら、クライエントが実行しやすいように解決策を一つに絞ることが望ましい。

 4 ★★
キャリアコンサルティングにおける方策の決定段階では、相談者に更なる自己理解を促すことを通じて、選択肢の中から、より望ましい方策を選択することができる場合もある。

 5 ★
キャリアコンサルタントは、方策の実行の支援においては、相談者が意欲を低下させないために、肯定的な情報のみを提供する。

 6 ★
学習方策における意欲とは、目標達成に向かおうとする意志のことであり、意欲をもって行動することで、目標達成が容易になることを相談者に知らせることが重要である。
第23回

 7 ★
システマティック・アプローチで、相談者が目標を達成したいと思い、努力しようとしているかどうかを見極め、意欲が低い場合は即座に目標を変更する。
第22回

 8 ★★
キャリアコンサルタントと相談者が、キャリア目標を達成するために取り交わす契約書では、相談者が実行すべき行動計画や責任を記載し、キャリアコンサルタントが実行すべきことは記載しなくてよい。

 9 ★★
「方策の実行支援」では、クライエントが方策を行ったかどうか等の進行状況を確認し、実行していない場合は改めて実行できるように支援するか、あるいは内容を検討して別の計画を立てるようにしていく。
第23回

解答　方策の実行の支援

1　○　記述どおり正しい。方策の実行の支援では、目標達成に向けたクライエントの努力に対し、言語的、心理的な支持を与える（支援する）ことも、キャリアコンサルタントの重要な役割である。

2　○　記述どおり正しい。クライエントが意思決定した行動計画について、確認の意味も込めて、キャリアコンサルタントがクライエントに説明する、というフェーズもある。

3　✕　「一つに絞ることが望ましい」が誤り。可能性がある、いくつかの方策を考える方が望ましい。

4　○　記述どおり正しい。行動計画を立てる段階で、クライエントの性格や能力・経験等の自己理解を更に進める、ということもありうる。

5　✕　否定的な情報が、方策の実行の支援になる場合もあるため、どちらの情報も提供する。

6　○　記述どおり正しい。

7　✕　「即座に目標を変更」が誤り。キャリアコンサルタントは、相談者がなぜ意欲が低くなっているのかについて面談を行う。

8　✕　キャリアコンサルタントが実行すべきことについても、記載しなければならない。

9　○　記述どおり正しい。進行状況が思わしくない場合は、その原因をお聴きして対応を一緒に考えるが、当初の計画を変更することもあっていい。

6

キャリアコンサルティングを行うために必要な技能②

10 ★★ キャリアコンサルティングで目標達成のためにアプローチを考える際、キャリアコンサルタントは情報提供や情報源の紹介を行うとよい。 第24回

11 ★ 方策の実行の支援で、大学卒業後アルバイト経験しかなく、希望する正社員の職種は未経験だったため、トライアル雇用制度の活用の仕方を説明した。

12 ★★★ キャリアコンサルティングを通じて設定された目標が達成されたかどうかは、相談者のみがわかっていれば良いことであるため、キャリアコンサルタントから達成状況を確認する必要はない。 第23回

D 新たな仕事への適応の支援

1 ★★ 新たな職場のメンバーとして落ち着くためには、入社前に抱いていた期待と現実のギャップより生じる「リアリティ・ショック」を克服することが課題となる。

2 ★★ 新しい仕事への適応の際、新たな組織で真のメンバーになるために、組織メンバーが共有している伝統や習慣、儀礼などを理解することは、あまり重要ではない。

3 ★★ 若年者や障害者の就職・転職後に行われる仕事への適応を確認するための調査や追指導（フォローアップ）では、相談者本人だけでなく、事業者側の本人への評価を聞きとる場合もある。 第24回

4 ★★ フォローアップで得た情報は、相談者の適応を助けるものであり、キャリアコンサルタントの面談の質を高めるために活用するのは良くない。 第24回

5 ★ フォローアップにおいて、相談者の仕事への不適応が判明した場合、相談者の再面談は行うが、本人と職場の調整を行うことはない。 第24回

6

キャリアコンサルティングを行うために必要な技能②

10 ◯ 記述どおり正しい。

11 ◯ 記述どおり正しい。トライアル雇用とは、経験、技能、知識などが足りず安定した仕事に就けない求職者を事業所が一定期間試行的に雇用する制度である。

12 ✕ キャリアコンサルタントは、目標が合意のもとに設定された後の面談において、その目標がどのような達成状況にあるのかを、しっかりと確認していく必要がある。

解答 新たな仕事への適応の支援

1 ◯ 記述どおり正しい。

2 ✕ 新たな組織に適応するには、明文化された規則や制度を理解する事だけでは不十分で、その組織の伝統・習慣・儀礼、また組織固有の略語や俗語、仲間内の言葉などを理解する事さえも重要となってくる。

3 ◯ 記述どおり正しい。職場の状況について客観的な事実を聞き取ることと同時に、相談者本人からは現在の職務や職場環境・人間関係等についての自身の意識を、寄り添って聞くようにする。

4 ✕ キャリアコンサルタントの面談の質を高めることにも活用できる。

5 ✕ 相談者との再面談はもちろんのこと、相談者本人と職場の調整も行うようにする。

6

キャリアコンサルティングを行うために必要な技能②

6 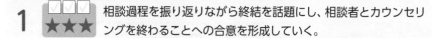 ★ 若年者の早期離職の予防となる内定後のフォローアップとして、就職先の職務内容と賃金条件をもう一度よく確認させ「少しでも不安を感じる点があったら一緒に考えましょう」と伝える。 第22回

7 ★★ 相談者が新しい職場で、初めての仕事に対して抱く不安に対しては、これまでの相談者の社会人経験や自らの耐性で克服できると言い聞かせるようにする。 第22回

E 相談過程の総括

1 ★★★ 相談過程を振り返りながら終結を話題にし、相談者とカウンセリングを終わることへの合意を形成していく。

2 ★★ 面談の目標を達成できたと相談者が伝えてきたので、どのような行動変容があったのかについてよく確認をし合ってから相談を終結した。 第22回

3 ★ 面談の序盤で、相談者と面談目標について様々に検討しても相談者のコミットメントが得られなかった場合は、他機関などへのリファーを行うか、場合によっては面談を終了せざるを得ない。 第24回

4 ★★ 主訴や目標に照らしてみて、相談者の変化・成長がみられるにもかかわらず、相談者との間で終結の合意が得られない場合は、さらに必要な変化・成長について相談者と話し合うようにする。

5 ★★ 十分な成果が得られていないにもかかわらず、相談者から終結したいと告げられた場合、いかなる場合であっても自己決定を優先すべきと考えて、直ちに終結とする。

6 ★★ 相談の終結場面において、面談開始当初の主訴が解消されていない場合であっても、相談者とキャリアコンサルタント双方が「今後何とかやっていけそうである」と合意できたので、相談を終結することにした。 第24回

7 ★★ 相談の終結に関し、十分な成果は得られていないが、これ以上の支援ができない場合、相談者の今後には触れずに、速やかに終結することにした。 第24回

6

キャリアコンサルティングを行うために必要な技能②

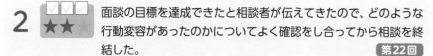

6 ⭕ 記述どおり正しい。

7 ❌ キャリアコンサルタントには、相談者の不安の訴えに寄り添う姿勢が求められる。

解答 相談過程の総括

1 ⭕ 記述どおり正しい。来談当初の状態や主訴、経過の中で達成してきたこと等を振り返り、成果を実感してもらうのもいい。

2 ⭕ 記述どおり正しい。面談の終結においては、面談の経過を総括し、達成したことを相談者とともに振り返る。

3 ⭕ 記述どおり正しい。

4 ⭕ 記述どおり正しい。キャリアコンサルタント側だけの判断で終結にしてはいけない。あくまでも双方の合意が重要である。

5 ❌ キャリアコンサルタントから、早すぎる終結であることを伝え、相談者が終結したい理由や事情を確認する。双方が合意するために、こうした問いかけは有効である。

6 ⭕ 記述どおり正しい。双方の合意ができたのであれば、終結としていくことができる。

7 ❌ キャリアコンサルタントから「支援ができない理由」をしっかりと誠意を持って伝え、相談者の今後の事も考慮して、適切な支援者にリファーする等の対応をすべきである。

6 キャリアコンサルティングを行うために必要な技能②

8 ☑☑☑ ★★☆ 相談の終結時の対応として、面談を進めていく中で、新たな問題が浮かび上がってきたが、対応する自信がないので直ちに終結とさせていただいた。

9 ☑☑☑ ★☆☆ 目標達成はまだできていないが、相談者は今後さまざまな人生経験を積むことで成長にもつながるので、目標達成についてはそこそこにとどめ終結を早めた。

10 ☑☑☑ ★☆☆ 目標が達成されていない場合、適切な目標だったか、目標達成のための行動計画は正しかったか、行動計画は正しく実行されたかなどを順に再検討する。 第23回

11 ☑☑☑ ★☆☆ 面談の終結にあたっては、専門的知識がないため、相談者は面談を評価することはできない。

12 ☑☑☑ ★☆☆ 面談の終結にあたっては、事例を共有して他のキャリアコンサルタントに面談を評価してもらう方法がある。

13 ☑☑☑ ★★☆ 再就職支援の面談では、相談者が再就職できた時点で終結するのではなく、キャリアコンサルタントは、相談者が新たな仕事に適応できるよう支援する必要がある。

14 ☑☑☑ ★★☆ 面談の終結の宣言を行った後は、相談者（クライエント）との関係は終了しているので、電話やメールなどは控え、その後のフォローアップは行わない。

15 ☑☑☑ ★★☆ 面談の成果や相談者が目標を達成できたかどうかについては、外的要因に左右されることも大きいので、キャリアコンサルタント自身の成果を客観的に評価しようとしても意味がない。 第23回

16 ☑☑☑ ★★☆ 面談の終結においては、相談者が責任や主導権を持って行動できるように方向付け、面談後の行動計画を立案して、新たな主体的行動に着手してもらう。 第22回

17 ☑☑☑ ★★☆ 相談成果の評価および相談の終了に関し、「相談結果の評価は、クライエントの行動が変わったかという事実によるのではなく、クライエントが成長したと思うという感情に焦点を置くこと」は適切である。

8 ✕ 能力の不足等で自信が持てないのであれば、リファーをする等の対応が必要である。

9 ✕ 目標が達成されておらず、終結する事について相談者の合意も得られていないのであれば、終結を早めることは適切ではない。

10 ⚪ 記述どおり正しい。

11 ✕ キャリアコンサルタントと相談者は、目標に対して計画通り達成できた等について、双方が成果を評価する。

12 ⚪ 記述どおり正しい。

13 ⚪ 記述どおり正しい。再就職できた時点で終結するのではなく、相談者が再就職先で適応できるよう支援することも必要となる。

14 ✕ フォローアップが必要であるとキャリアコンサルタントが判断し、またクライエントとの合意もあるのであれば、面談終結後に電話やメールをすることもある。但し、面談の終了宣言を行った後に、延々とカウンセリング関係を続けることは避ける。

15 ✕ 外的要因等に影響を受けるのは当然であり、そうした点も織り込んで成果評価を行う。自己評価、相談者の評価、事例検討会や事例研究での評価、スーパービジョン等を通じ、できるだけ客観的評価が得られるようにする。

16 ⚪ 記述どおり正しい。

17 ✕ クライエントが成長したと思うという感情よりも、クライエントの行動が変わったかという事実に焦点を当てることが望ましい。思いや感情だけでなく行動がどう変容したかが成果の評価につながる。

6

キャリアコンサルティングを行うために必要な技能②

倫理綱領を読もう！④

倫理綱領の第2章に入ります。第2章のタイトルは「行動規範」です。以下に掲載する第8条から第10条章では、「説明責任」「任務の範囲」「相談者の自己決定権の尊重」が扱われています。

第8条は、倫理綱領のなかでも、もっとも学科試験で出題されてきた箇所です。ぜひ噛みしめて読み込んで頂きたい内容となります。「リファー」の話もつながってきます。

第9章にあるように、キャリアコンサルタントはその職務にあたって、「キャリアコンサルティングの目的、範囲、守秘義務、その他の必要な事項」の説明を行うこととなっています。面談の冒頭には、簡潔に上記の内容を述べます。

第10条は「指示・命令的な面談は行わない」ということにもつながる内容です。相談者（クライエント）の意思を尊重し、寄り添うことが、私たちキャリアコンサルタントには求められています。

第2章 行動規範

（任務の範囲・連携）

第8条　キャリアコンサルタントは、キャリアコンサルティングを行うにあたり、自己の専門性の範囲を自覚し、その範囲を超える業務や自己の能力を超える業務の依頼を引き受けてはならない。

2　キャリアコンサルタントは、訓練を受けた範囲内でアセスメントの各手法を実施しなければならない。

3　キャリアコンサルタントは、相談者の利益と、より質の高いキャリアコンサルティングの実現に向け、他の分野・領域の専門家及び関係者とのネットワーク等を通じた関係を構築し、必要に応じて連携しなければならない。

（説明責任）

第9条　キャリアコンサルタントは、キャリアコンサルティングを行うにあたり、相談者に対して、キャリアコンサルティングの目的及びその範囲、守秘義務とその範囲、その他必要な事項について、書面や口頭で説明を行い、相談者の同意を得た上で職責を果たさなければならない。

2　キャリアコンサルタントは、組織より依頼を受けてキャリアコンサルティングを行う場合においては、業務の目的及び報告の範囲、相談内容における守秘義務の取扱い、その他必要な事項について契約書に明記する等、組織側と合意を得た上で職責を果たさなければならない。

3　キャリアコンサルタントは、調査・研究を行うにあたり、相談者を始めとした関係者の不利益にならないよう最大限の倫理的配慮をし、その目的・内容・方法等を明らかにした上で行わなければならない。

（相談者の自己決定権の尊重）

第10条　キャリアコンサルタントは、相談者の自己決定権を尊重し、キャリアコンサルティングを行わなければならない。

キャリアコンサルタントの倫理と行動

　この領域は、「倫理」や「行動」についての広い範囲を扱っていますが、その広い分野のすべてから多くの出題がなされているわけではありません。最近では、問48以降でこの領域からの出題がなされています。出題数はそれほど多くないものの、内容的には重要ですので、できれば全般的に目を通してください。

　とくに7-2節「環境への働きかけの認識、実践」や7-3節「ネットワークの認識・実践」は、実際にキャリアコンサルティングを行っていく中では必須の事柄となります。7-1節「教育と普及活動」や7-4節「自己研鑽、指導を受ける必要性の認識」、7-5節「キャリアコンサルタントとしての理論と姿勢」は、教育・普及活動と自己研鑽や指導、それにキャリアコンサルタントとしての姿勢についての項目です。

1 教育と普及活動

出題のポイントと傾向

　キャリアコンサルタントには、キャリアコンサルティングを普及する役割も課せられています。また、一生涯にわたった自己研鑽に励むことも求められます。

　教育・普及活動には、キャリアコンサルタントが所属する企業内で行う活動や、広く一般に対して行う活動が含まれています。

分野	過去問 (第15〜24回試験)									
	15回	16回	17回	18回	19回	20回	21回	22回	23回	24回
Ａ 教育と普及活動	❹❽					❹❻		❹❻❹❼		

＊数字は設問の出題番号

Ａ 教育と普及活動

❶ 労働者が行うキャリア開発　〜職業能力開発促進法 (2016.4施行)

1. 労働者自身にキャリア開発の責任あり (組織主体のキャリア形成ではない)。
2. 企業・組織には、労働者のキャリア開発や能力開発を支援する努力義務あり。

一生、自己研鑽！　キャリアコンサルタントの健康年齢は臨終までです。一生楽しめますよ。

❷ 組織内でのキャリア開発（キャリア教育）

```
┌─────────────────────────────────────────────────────┐
│         就業前キャリア教育 (大学等でのキャリア教育)          │
└─────────────────────────────────────────────────────┘
                    ↓   単に就職に向けてだけの
                        ものではない
┌─────────────────────────────────────────────────────┐
│              新入社員へのキャリア形成支援                  │
└─────────────────────────────────────────────────────┘
                    ↓   キャリア形成支援プログラム
                        (人事施策との連携)
┌─────────────────────────────────────────────────────┐
│      年代ごとのキャリアデザイン研修 (階層別研修など)        │
└─────────────────────────────────────────────────────┘
                    ↓   並行してキャリアコンサルティング
                        を実施
┌─────────────────────────────────────────────────────┐
│   定年前研修 (引退後も含めた生涯設計ワークショップ等)       │
└─────────────────────────────────────────────────────┘
```

こんな問題も出る！四肢択一⑪

【問】企業内で活動するキャリアコンサルタントの役割に関する次の記述のうち、適切なものはいくつあるか。

○ キャリア開発のみならず、「組織開発」や人的資源管理等についての理解も踏まえた、企業内での人事部門との連携機能
○ 従業員ではなくその上司や、あるいは組織から相談があった時に、専門的アドバイスを行うコンサルテーション機能
○ 従業員がキャリア形成をするために必要な「キャリアデザインワークショップ」等を行う教育機能
○ 企業内においてキャリアコンサルティングを推進し、その有効性を広めるための広報機能

1. 1つ　　　2. 2つ　　　3. 3つ　　　4. 4つ

正解 4.

7

キャリアコンサルタントの倫理と行動

A　教育、普及活動

1 ★★★
キャリア形成及びキャリアコンサルティングに関する教育・普及活動としては、企業におけるキャリア形成で、従業員の自己ニーズと企業組織のニーズとをうまく統合させたキャリア目標の設定をすることが重要である。　第22回

2 ★
キャリアコンサルティングの普及策として、社内セミナーや講演会の実施、社内報への啓発記事掲載などがある。

3 ★★★
キャリア自律とその支援を行う組織風土を社内に構築していくためには、経営者のコミットメントよりも、現場管理者の理解の促進こそが重要である。　第22回

4 ★★
キャリアデザイン研修の主な目的は、企業にとっての経営課題や設定された目標を社員に浸透させることを通じて、社員一人ひとりのコンピテンシーを高めることにある。

5 ★★
企業や組織内のキャリア教育は、長期的な人材教育に結びついていくことが大事であり、人事施策と連携して実施されていくことが望ましい。

6 ★★
企業内では、キャリアデザイン研修と並行してキャリア面談を行うことで、研修の効果がより高まることが期待できる。

7 ★★
企業におけるセルフ・キャリアドックの実施は、企業としての人材活用目標と従業員一人ひとりのキャリア目標とを調整し、企業の活力・生産性向上と従業員のキャリア充実を両立することにつながる。

8 ★★
企業・組織内でのキャリア研修は、まずは企業・組織のニーズを把握した上で組み立てるものであり、企業・組織の要望が優先されたプログラム設計となることが重要である。

9 ★★
キャリア形成支援においては、生徒・学生を社会・職業に円滑に移行させるとともに、その後も学習活動を通じて、生涯にわたるキャリア形成の支援が重要である。　第22回

10 ★
職場の人間関係は、従業員のストレスに影響を与えるとされているため、従業員のつながりをつくる活動を提案することも有効となる。　第22回

解答 教育、普及活動

1 ○ 記述どおり正しい。セルフ・キャリアドックの活動とも言える。企業としての人材活用目標と従業員一人ひとりのキャリア目標とを調整することが意図されるいるのがセルフ・キャリアドックである。

2 ○ 記述どおり正しい。

3 ✕ 現場管理者の理解も勿論大事であるが、「経営者のコミットメント」は非常に重要である。

4 ✕ キャリアデザイン研修の主たる目的は、企業側の意向を前面に押し出す事やコンピテンシー向上というわけではない。

5 ○ 記述どおり正しい。「人事施策と連携」を図る、という意図のもとで、キャリア研修を担当する部署が人事部門となる事も多い。

6 ○ 記述どおり正しい。セルフ・キャリアドックもそのように実施されることが多い。

7 ○ 記述どおり正しい。

8 ✕ 「企業・組織のニーズを把握した上で組み立てる」という事は誤りではないが、企業・組織の要望が「優先された」プログラム設計になってしまってはいけない。

9 ○ 記述どおり正しい。生涯にわたるキャリア形成支援では、節目・イベントベースの成支援だけではなく、継続的なキャリア形成支援を続けていくことが重要である。

10 ○ 記述どおり正しい。

7

キャリアコンサルタントの倫理と行動

環境への働きかけの認識、実践

環境への働きかけについては、今までは毎回出題されてきたわけではありませんが、重要な項目です。企業に対しての働きかけの一つである「セルフ・キャリアドック」についても環境への働きかけと言えますが、それについては3-2節「企業におけるキャリア形成支援の知識」の「**1** セルフ・キャリアドック」で扱っています。

ここでは、キャリアコンサルタントが企業にどのように接していったらいいかといった観点からの設問を取り上げています。

重要な分野の一つですので、模擬問題にあたる中で多様な場面での対応を学んでください。

分野	過去問 (第15〜24回試験)									
	15回	16回	17回	18回	19回	20回	21回	22回	23回	24回
A 環境への働きかけの認識、実践	㊾	㊾	㊽			㊼	㊻㊼	㊽	㊼	㊼

＊数字は設問の出題番号

A 環境への働きかけの認識、実践

❶「環境」の定義 (キャリアコンサルタントが働きかける「環境」とは)

1. 環境＝地域、学校・職場等の組織、家族等、個人を取り巻く環境
2. 個人の主体的なキャリア形成は、個人と環境との相互作用で培われる

❷ キャリアコンサルタントに求められる「環境への働きかけ」

1.「環境」の問題点の発見・指摘や改善提案
   🈺 高ストレス状態の職場 →考えられる改善の提案を組織の管理者に対して行う。

倫理綱領を読もう！⑤

倫理綱領の最後のパートです。

　第11条「相談者との関係」では、ハラスメントや多重関係の禁止が謳われています。とくに多重関係の禁止は、カウンセリング全般で言われる基本的な原理です。

　キャリアコンサルティングにおいても、相談者（クライエント）との間で、恋愛関係などが生じることはもってのほかですが、会社内でのキャリアコンサルティングも厳密に言えば多重関係です。「同一企業の同僚や上司部下である」と同時に「相談者とキャリアコンサルタントでもある」といった関係は、多重関係の一つと言えます。

　それを解消するには、キャリアコンサルティングを外部に委託して実施するのが理想的ですが、多重関係のデメリットを十分に把握した上で、それを上回るメリットを期待して社内で行うキャリアコンサルティングは、実際に行われています。

　第12条「組織との関係」は、何度も読み返して頂きたい内容となります。いわゆる「環境への働き掛け」の重要性が謳われていますが、学科試験の問題にもたびたび登場する項目となっています。

（相談者との関係）
第11条　キャリアコンサルタントは、相談者との間に様々なハラスメントが起こらないように配慮しなければならない。またキャリアコンサルタントは、相談者との間において想定される問題や危険性について十分に配慮し、キャリアコンサルティングを行わなければならない。
　2　キャリアコンサルタントは、キャリアコンサルティングを行うにあたり、相談者との多重関係を避けるよう努めなければならない。自らが所属する組織内でキャリアコンサルティングを行う場合においては、相談者と組織に対し、自身の立場を明確にし、相談者の利益を守るために最大限の努力をしなければならない。

（組織との関係）
第12条　組織と契約関係にあるキャリアコンサルタントは、キャリアコンサルティングを行うにあたり、相談者に対する支援だけでは解決できない環境の問題や、相談者と組織との利益相反等を発見した場合には、相談者の了解を得て、組織に対し、問題の報告・指摘・改善提案等の調整に努めなければならない。

雑則
（倫理綱領委員会）
第13条　本倫理綱領の制定・改廃の決定や運用に関する諸調整を行うため、キャリアコンサルティング協議会内に倫理綱領委員会をおく。
　2　倫理綱領委員会に関する詳細事項は、別途定める。

附則
この綱領は平成20年9月1日より施行する。　　この綱領は平成25年10月1日より改正施行する。
この綱領は平成28年4月1日より改正施行する。　この綱領は平成29年8月1日より改正施行する。
この綱領は令和6年1月1日より改正施行する。
※ 本倫理綱領の二次利用に関しては、以下までお問い合わせください。
特定非営利活動法人キャリアコンサルティング協議会 倫理綱領担当メール：office@career-cc.org

7

キャリアコンサルタントの倫理と行動

A 環境への働きかけの認識と実践

1 企業内キャリアコンサルタントが、過重労働で悩んでいる従業員の支援を行う場合、働く環境をどのように改善できるか丁寧に話を聞き、経営者に改善の提言をする視点も必要とされる。
第24回

2 相談者に対する支援だけでは解決が困難な職場の環境の問題を発見しても、キャリアコンサルタントは問題点を指摘するだけにとどめ、組織を改善する提案などは行わない方がよい。

3 環境への働きかけの認識及び実践に関し、クライエントが自力では解決できない環境の問題に対して悩んでいる場合、キャリアコンサルタントは、クライエントの意思にかかわらず、自らの判断に基づいて環境に働きかけ、問題解決を図ることが求められる。

4 キャリアコンサルタントは、複数のクライエントに共通する職場環境の問題を発見した場合には、経営者等に問題提起と改善提案を行うことが求められる。
第24回

5 企業内のキャリアコンサルタントは、従業員の意思を最大限に尊重しつつ、同時に、企業側の人材開発方針などと擦り合わせる視点も大事である。
第23回

6 職場のメンタルヘルス不調はマネジメントの問題や従業員が抱える仕事上の不安・不満にその原因がある場合も多く、キャリアコンサルタントが職場の責任者に働きかけることでメンタルヘルス風土の改善が期待できる。
第22回

7 部下の健康管理を行ううえで、メンタルヘルスの知識がないので教えてほしいとの相談が管理職からあったため、事情を聴いた上で、当該管理職に専門家を紹介したのは、キャリアコンサルタントの環境への働きかけとして適切である。
第22回

8 キャリアコンサルタントが行う「環境への働きかけ」は、相談者が求める問題の解決に直接的に関係するものに限定して行うべきである。

7

キャリアコンサルタントの倫理と行動

解答 環境への働きかけの認識と実践

1 ○ 記述どおり正しい。ただし、経営者側へ提案をする際には、従業員の「誰がこう言った、誰の希望だ」といった類の個人情報を含ませてはいけない。

2 ✕ 相談者の問題解決のために環境への働きかけが必要な場合には、組織に対しての改善提案を出す事は、むしろ奨励される。

3 ✕ 「クライエントの意思にかかわらず」という点が誤っている。環境への働き掛けは大事であるが、クライエントの了解を得てから行う。

4 ○ 記述どおり正しい。

5 ○ 記述どおり正しい。これは企業内キャリアコンサルタントに限らず、企業外から関わっているキャリアコンサルタントにとっても同様である。

6 ○ 記述どおり正しい。働きかけを行う事を通じて、職場でのメンタルヘルス不調や高ストレス状態を改善する事が期待される。

7 ○ 記述どおり正しい。

8 ✕ 例えば、長時間残業で相談があった場合、その件の解決策を一緒に考えるが、根本的な問題が企業文化に根ざしている場合もある。「限定して」という部分が誤りである。

7

キャリアコンサルタントの倫理と行動

9 ★★ 環境とは企業、学校などの組織体のことであり、家庭や地域社会などに働きかけることは、キャリアコンサルタントの役割ではない。

10 ★★★ 相談者の不満が、直属上司の態度・姿勢にあると判断できた場合は、その上司と直接対面して、相談者の訴えた不満の内容を全て伝え、改善を求める。 第23回

11 ★★ 企業経営者に対して、各種助成金の情報提供を行うことは社会保険労務士の業務であるので、キャリアコンサルタントが行うことは控えた方がいい。

12 ★ キャリアコンサルタントは、相談者が他部署への異動を希望している場合、その理由などを聞くよりも、相談者に代わって異動を希望する部署に働きかけ、相談者の異動を受け入れるように交渉することで、相談者の希望が叶えられるようにすべきである。

13 ★ 外部のキャリアコンサルタント以外の専門家と協働して支援する場合、その専門家が持つ支援機能と、相談者からのアクセスのしやすさの2軸から考えていくのがよい。

14 ★★ 相談者の抱える問題に関して、所属する部署や経営層と何らかのコンタクトをとる必要があるとキャリアコンサルタントが考えた場合、緊急時を除いて、まずは相談者の了承を得ることが必要である。

15 ★★ 企業における人事評価には人事権の問題があるので、キャリアコンサルタントは、人事評価に対する不満の相談には対応しない方がいい。

16 ★★ 企業等の従業員を公正に評価する人事考課システムを構築するための助言もキャリアコンサルタントの役割である。

17 ★ キャリアコンサルタントは、相談者と所属企業等との間に明らかな利害相反関係が認められる場合には、どのような場合であっても関与を中止しなければならない。

9 ✕ 家庭や地域社会もキャリアコンサルタントが働きかけるべき「環境」である。

10 ✕ 相談者との間には守秘義務契約がある。面談の内容を、相談者の上司や企業側に「伝える」ことは許されない。

11 ✕ 各種助成金の情報提供も、環境への働きかけの一つとして有効であるのなら、キャリアコンサルタントが提案する事は、問題がない。

12 ✕ 異動を希望する気持ちを尊重するが、そこにどんな背景や理由があるのかを明確にしていく事がカウンセリングには求められる。相談者の希望を無条件に受け入れて、表面的な解決に動こうとするのは、邪道である。

13 ◯ 記述どおり正しい。「アクセスのしやすさ」は重要である。単に交通の便がいい、というだけでなく、相談者が話しやすい雰囲気かどうか、相性が合うか等も含めて考えられる。

14 ◯ 記述どおり正しい。緊急時とは、相談者や周囲の方の生命に関わる事項である場合などが想定できる。

15 ✕ 人事権の問題があるという理由で、人事評価に対する不満の相談には対応しないというのは適切ではない。まずは相談者の話を傾聴することにより、問題点がより明確になるとともに、相談者にカタルシス効果が生まれることも期待できる。

16 ◯ 記述どおり正しい。

17 ✕ 相談者と所属企業の間の利害相反関係は、むしろ一般的にみられることである。キャリアコンサルタントにはこれに対処していくことが求められる。

7

キャリアコンサルタントの倫理と行動

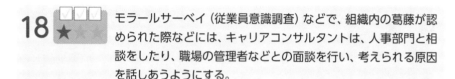

18 ★ モラールサーベイ（従業員意識調査）などで、組織内の葛藤が認められた際などには、キャリアコンサルタントは、人事部門と相談をしたり、職場の管理者などとの面談を行い、考えられる原因を話しあうようにする。

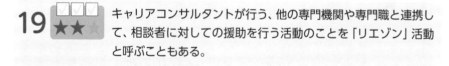

19 ★★ キャリアコンサルタントが行う、他の専門機関や専門職と連携して、相談者に対しての援助を行う活動のことを「リエゾン」活動と呼ぶこともある。

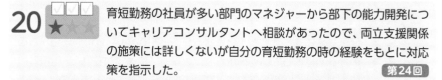

20 ★ 育短勤務の社員が多い部門のマネジャーから部下の能力開発についてキャリアコンサルタントへ相談があったので、両立支援関係の施策には詳しくないが自分の育短勤務の時の経験をもとに対応策を指示した。　第24回

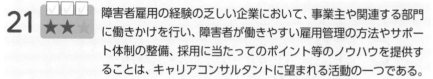

21 ★★ 障害者雇用の経験の乏しい企業において、事業主や関連する部門に働きかけを行い、障害者が働きやすい雇用管理の方法やサポート体制の整備、採用に当たってのポイント等のノウハウを提供することは、キャリアコンサルタントに望まれる活動の一つである。

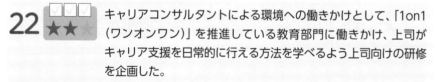

22 ★★ キャリアコンサルタントによる環境への働きかけとして、「1on1（ワンオンワン）」を推進している教育部門に働きかけ、上司がキャリア支援を日常的に行える方法を学べるよう上司向けの研修を企画した。

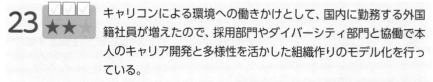

23 ★★ キャリコンによる環境への働きかけとして、国内に勤務する外国籍社員が増えたので、採用部門やダイバーシティ部門と協働で本人のキャリア開発と多様性を活かした組織作りのモデル化を行っている。

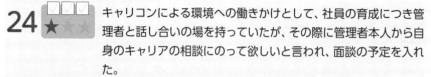

24 ★ キャリコンによる環境への働きかけとして、社員の育成につき管理者と話し合いの場を持っていたが、その際に管理者本人から自身のキャリアの相談にのって欲しいと言われ、面談の予定を入れた。

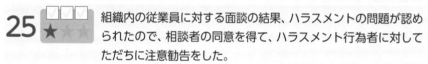

25 ★ 組織内の従業員に対する面談の結果、ハラスメントの問題が認められたので、相談者の同意を得て、ハラスメント行為者に対してただちに注意勧告をした。

18 ◯ 記述どおり正しい。モラールサーベイは「社員満足度調査」や「士気調査」と呼ばれることもあり、従業員がどういう点にどの程度満足し、どんな問題意識をもっているのか等を調査分析する手法。

19 ◯ 記述どおり正しい。「リエゾン」とはフランス語のliaisonで「仲介、つなぎ、橋渡し」等を意味する。キャリアコンサルティングにおけるリエゾン活動は、課題を抱える相談者の環境に介入する必要がある場合に、他の専門機関や専門家と連携して支援していくことである。

20 ✕ 「自分の育短勤務の時の経験をもとに対応策を指示」が誤り。「両立支援関係の施策には詳しくない」のであれば、詳しい人材（キャリアコンサルタント等）にリファーするといった方策が妥当である。「育短」は、3歳未満の子の育児のための短時間勤務制度（原則は1日6時間）

21 ◯ 記述どおり正しい。障害者が働きやすい環境を整備する事もキャリアコンサルタントの役割の一つであり、これも「環境への働きかけ」と言える。

22 ◯ 記述どおり正しい。「1on1（ミーティング）」は、上司と部下とのあいだで定期的に行われる1対1の対話のことである。

23 ◯ 記述どおり正しい。キャリアコンサルタントによる環境への働きかけの一例と言える。

24 ◯ 記述どおり正しい。

25 ✕ 「ただちに注意勧告をした」が不適切。まずは事実関係を正確に見極め、その後の対処を考えることが必要である。

7

キャリアコンサルタントの倫理と行動

26 ★★ 面談を通して社内ローテーションに課題があることを把握したが、キャリアコンサルタントとして公募制度や社内兼業制度などの検討に関わるべきではない。

27 ★ 在宅勤務を行っている社員から働き方への不安の声が上がってきたので、健康管理室と協議し、オンライン業務のストレス軽減のプロジェクトに参画した。

28 ★ リモートワークでチームの一体感が薄れているとの声が出たので、キャリアワークショップの自己理解セッションを職場ぐるみで行うことをキャリアコンサルタントがリーダーに提案した。 第24回

29 ★★ 経営課題として、定年延長やシニア社員の活躍の重要さが増してきたので、面談等を通じシニア社員の支援ニーズをまとめ、経営側に報告した。

30 ★★★ 職場での人材育成施策が専門的なスキルに偏っていたので、上司に働きかけをして、仕事の意義やジョブクラフティングについてメンバーとの話し合いの場をもった。 第24回

31 ★★ 学生との進路相談で、親との意見の相違があるとの訴えがあり、クライアントの同意を得て、親を含む三者面談を行うこととした。

32 ★ 地域住民対象のキャリア相談会を行い、その実施報告の中で、行政の施策に反映すべき包括的な地域の課題を提示した。

7

キャリアコンサルタントの倫理と行動

26 ✗ 公募制度や社内兼業制度など、企業内の制度について提案をしていく行為もキャリアコンサルタントの環境への働きかけの一つである。

27 ○ 記述どおり正しい。環境への働きかけの一つと考えられる。

28 ○ 記述どおり正しい。

29 ○ 記述どおり正しい。面談をしたとしても、個人名が出ない形で、ニーズのとりまとめをする、という点も適切である。

30 ○ 記述どおり正しい。「ジョブクラフティング (Job Crafting)」とは、従業員が仕事への捉え方や行動を変容して、やりがいを感じるようになること。

31 ○ 記述どおり正しい。これも環境 (この場合あれば「家族・家庭」) への働きかけとなる。

32 ○ 記述どおり正しい。これもキャリアコンサルタントとしての環境 (この場合あれば「地域・社会」) への働きかけである。

7

キャリアコンサルタントの倫理と行動

3 ネットワークの認識、実践

出題のポイントと傾向

　キャリアコンサルタントが、クライエントから様々な問題を相談されるとき、その問題が個人への面談だけでは解決しない場合もあります。そうした場合には、「所属している企業や家族、地域等に何らかの働きかけをキャリアコンサルタントが行う」ことが必要とされます。
　それは環境への働きかけの重要性ということで前節で扱われたわけですが、そうした場面を想定すると、様々なネットワーク（多様な主体とのつながり）があった方がスムーズに事が運びます。それがこの節で扱う内容となります。

分野	過去問（第15~24回試験）									
	15回	16回	17回	18回	19回	20回	21回	22回	23回	24回
A ネットワークの重要性の認識、形成			❹❾			❹❽	❹❽			
B 専門機関への紹介、専門家への照会										

＊数字は設問の出題番号

A ネットワークの重要性の認識、形成

❶ 行政、専門機関、専門家とのネットワークの必要性（個人のキャリア形成支援を効果的に実践するためには）

1. 関係機関や関係者との、日頃からの情報交換の実施
2. 協力関係の構築

　私たちキャリコンにとって「リファー*」はすごく大事。倫理綱領（第8条）にもあるけれど、クライアントのために、「他の分野・領域の専門家の協力を求める」ことは、私たちが当然しなければならないことなんだ。

＊リファー：専門外や能力を超える内容について、相談者（クライアント）の納得を得た上で、適切な専門家等を紹介あっせんすること。

B 専門機関への紹介、専門家への照会

❶ 専門機関への紹介 (リファー)

1. メンタルヘルス不調に応えるには

1. 産業保健総合支援センター	独立行政法人労働者健康安全機構が全国47都道府県に設置。産業医、産業看護職、衛生管理者等の産業保健関係者の支援と、事業主等に対し職場の健康管理への啓発を行う。メンタルヘルスの専門スタッフを配置した相談窓口を設けている場合も多い。
2. 精神保健福祉センター	精神保健福祉法に基づき、精神保健の向上及び精神障害者の福祉の増進を図るため全国の都道府県と主要都市等に設置。地域の関係機関への技術協力、人材育成のための教育研修、普及啓発等を実施。「こころの健康相談センター」といった名称で設置されている地域もある。

2. 発達障害等に応えるには

1. 発達障害者支援センター	発達障害者支援法に基づいて各都道府県等が設置。支援実績のある社会福祉法人等が受託して運営しているケース等も多い。「発達障害者就労支援センター/ジョブセンター」などの施設を設けている自治体もある。

3. 障害者の就業を支援するには

1. 職場適応援助者 (ジョブコーチ)	障害者の職場適応を容易にするために、事業所に派遣され、きめ細かな人的支援を行う人材。ジョブコーチ支援には、「地域障害者職業センター」に配置されたジョブコーチによる支援のほか、就労支援ノウハウを有する社会福祉法人等や事業主が自らジョブコーチを配置し、ジョブコーチ助成金を活用して支援する場合がある。
2. 障害者就業・生活支援センター	障害者の就業や日常生活上の支援が目的。様々なネットワークのハブとなる機能も有している。全国に300以上のセンターが設置済み。
3. 地域障害者職業センター	公共職業安定所との密接な連携のもと、障害者に対する専門的な職業リハビリテーションを提供する施設として、全国47都道府県に設置。独立行政法人高齢・障害・求職者雇用支援機構が運営。
4. 障害者トライアル雇用事業	障害者を一定期間 (原則3か月) 試行雇用することにより、適性や能力を見極め、求職者と事業主の相互理解を深めることで、継続雇用への移行のきっかけとする事業。

7

キャリアコンサルタントの倫理と行動

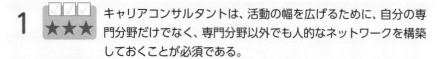

A　ネットワークの重要性の認識と形成

1 ★★★
キャリアコンサルタントは、活動の幅を広げるために、自分の専門分野だけでなく、専門分野以外でも人的なネットワークを構築しておくことが必須である。

2 ★★
日頃から関係機関とネットワークを形成して情報収集することは、相談者に対し必要情報を提供できるとともに、具体的な行動への助言機能も充実できる。

3 ★★
キャリコン業務で連携する関係者については、連絡先、氏名、役職の把握だけでなく、専門性の程度や人間性も理解して日頃から信頼関係を築いておく。

4 ★
自分自身の人的なネットワークを棚卸しすることで、社内外での位置づけや関係性の理解促進、不足している人的要素への気づきにもつながる。

5 ★★
相談者の悩み解決のため、人事異動情報をいち早く入手できるよう人事部門とネットワークを構築し、情報を従業員に伝えることがいい場合もある。

6 ★★
キャリアコンサルタントは企業内の相談者の秘密を守ることが最も重要な義務であり、情報保護の観点から、社内の様々な部門等との協働やネットワークを持つことは避けるべきである。

7 ★★
企業内キャリコンに求められるネットワークは、キャリア開発研修を担当する教育部門や人事処遇制度の整備を行う人事部門、健康問題を担当する産業医・保健スタッフ等との連携活動である。

8 ★
従業員の教育訓練の推進に携わる際には、地方行政の生涯学習部門とのネットワークを活用することが最も有効である。

9 ★★
企業内のキャリアコンサルティングで、うつ病と思われる相談者がいる場合には、社内のネットワークの中で対応することが最優先される。

10 ★★
企業内のキャリアコンサルティングはCDPの一環として行われることが多いため、キャリアコンサルタントは人事部門とのネットワークも重要である。

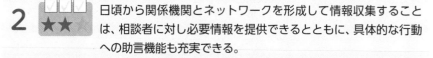

7

キャリアコンサルタントの倫理と行動

454

解答 ネットワークの重要性の認識と形成

1 ○ 記述どおり正しい。

2 ○ 記述どおり正しい。キャリアコンサルタントは、キャリア形成やキャリア開発に関係する機関や団体とのネットワーク作りに日々努める必要がある。

3 ○ 記述どおり正しい。

4 ○ 記述どおり正しい。

5 ✕ 人事部門とのネットワークを構築することは重要であるが、そこで得られた異動情報などを相談者に流すといったことは許されない。

6 ✕ 相談者の秘密を守るという前半部分は正しいが、そのことが「様々な部門等との協働やネットワーク」を避けるということにはつながらない。

7 ○ 記述どおり正しい。但し、ネットワーク形成という意味では社内だけでなく、社外とのネットワークにも積極的に取り組むことが求められる。

8 ✕ 「最も有効」という箇所が誤り。自治体の生涯学習部門よりも教育訓練給付金が活用できる民間研修施設など多くの選択肢がある。

9 ✕ うつ病と思われる相談者がいる場合には、社外ネットワーク等を活用してリファーしていくことが正しい対応である。

10 ○ 記述どおり正しい。人事部門が管轄しているCDP（キャリアディベロップメントプログラム）との連携に留意することはキャリアコンサルタントとして重要である。

7

キャリアコンサルタントの倫理と行動

11 ★☆☆ クライエント（相談者）がキャリアコンサルタントに依存的になるのを避けるため、コンサルタントはクライエントの所属する組織（例えば上司や同僚）に対して、直接、情報収集をしてはならない。

12 ★★☆ 企業内で活動するキャリアコンサルタントは、労働組合等とのネットワークを築くことは重要であるが、管理監督者（管理職）とのネットワークは持つべきではない。

13 ★★★ 企業内のキャリアコンサルタントにとって、社内のハラスメントに関する相談の解決には、社外の法律専門家等の活用は必要ないし、また社内にうつ病と思われる相談者がいる場合には、社内のネットワークの中で対応することが最優先される。

14 ★☆☆ 中小企業で働く相談者がメンタル不全と思われる場合には、社外の地域産業保健センターとのネットワークを活用して対応することが必要となる場合もある。

15 ★★☆ キャリアコンサルタントは、発達障害者の職業能力を高めるにあたって、職業訓練を行う専修学校、各種学校だけでなく、支援実績のある社会福祉法人等とのネットワークを構築することも大切である。

16 ★★☆ 障害者を雇用したことがない組織に対して、障害者試行雇用事業（トライアル雇用）やジョブコーチ支援事業などの施策活用を働きかけることは、キャリアコンサルタントとして控えるべきである。

17 ★☆☆ 学校等の教育機関をはじめとして、産業界やNPO等とも連携・協働して、キャリア教育の推進を行っているキャリアコンサルタントやキャリアコンサルタントが関わる団体の例もある。

18 ★★☆ 副業、ボランティア、プロボノなどに関心をもつ人が増えているので、多様な働き方に関するプログラムを提供している外部機関から情報収集をしている。

19 ★★☆ 社内外の組織開発の専門家と意見交換し、キャリア自律の風土が社内に浸透するよう、ポジティブ・アクションやプロセス手法の学び合いをしている。

11 ✗ キャリアコンサルタントが直接情報収集したとしても、そのことが相談者の依存性にはつながらない。相談者が所属する組織は極めて重要であり、そこから正しい情報を収集したりすることは有益である。

12 ✗ 労働組合等とのネットワークを築くとともに、管理職層とのネットワークも持つべきである。

13 ✗ 企業内のキャリアコンサルタントは、社内のネットワークを築く事はもちろん重要であるが、同時に社外とのネットワークを密に作り上げ、企業と社外の専門家等との結節点ともなっていくことが求められている。

14 ○ 記述どおり正しい。

15 ○ 記述どおり正しい。発達障害者支援法に基づいて各都道府県等が設置している「発達障害者支援センター」を受託運営している社会福祉法人も多い。

16 ✗ 「控えるべき」ではない。職場適応援助者（ジョブコーチ）支援事業は、職場にジョブコーチが出向いて、障害特性を踏まえた直接的で専門的な支援を行うもの。

17 ○ 記述どおり正しい。キャリア教育の推進面で活躍しているキャリアコンサルタントは多いが、学校だけでなく各種団体とのネットワークは必須である。

18 ○ 記述どおり正しい。「プロボノ」とは、自身の専門知識やスキルを活かしておこなう社会貢献活動のことを指す。

19 ○ 記述どおり正しい。「プロセス手法」とは、組織開発の分野で語られる伴走型の組織活性化手法などを指すものと思われる。

7

キャリアコンサルタントの倫理と行動

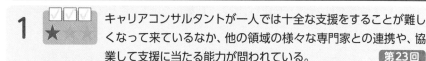

1 ★
キャリアコンサルタントが一人では十全な支援をすることが難しくなって来ているなか、他の領域の様々な専門家との連携や、協業して支援に当たる能力が問われている。　第23回

2 ★★
キャリアコンサルタントの任務範囲や自身の能力を超える内容については、適切な専門機関や専門家を選択し、相談者の納得を得た上で、紹介あっせん（リファー）をすることができる。

3 ★★
キャリアコンサルタントは、個人のキャリア形成支援を効果的に実施するために、必要に応じて異なる分野の専門家への問い合わせ・照会（コンサルテーション）を実施することができる。

4 ★
キャリアコンサルティングにおいて、リファーには、支援のために自分の専門外の知識が必要な時に、キャリコン自身がその専門家に相談することも含まれる。

5 ★
キャリアコンサルティングにおいて、自分が担当するケースについて、より熟達した指導者から助言や指導を受けることもリファーという。

6 ★★
キャリアコンサルティングの相談過程において、もしもクライエントに幻聴や幻覚がある場合、また時間・場所観念などの乱れがある場合であっても、カウンセリング行為は継続していくことが望ましい。

7 ★★
キャリアコンサルティングの相談過程において、もしも相談者に精神疾患が疑われる場合、面談を続け、その病名を明確にしてから、その疾患に適した医療機関へ紹介する。

8 ★★
精神医学や臨床心理学の専門家とのネットワークを形成することを通じて、その分野の専門知識が得られれば、キャリアコンサルタント自身で、精神疾患が疑われる相談者の状況を判断して相談者に助言することができるようになる。

9 ★★
キャリアコンサルタントが相談期間中に介護休暇を取るなどで、自らコンサルティングをできない場合、相談者に無用な不安を与えないように配慮して、しっかりと後任者に引き継ぎをすることで、とくに事前に説明は行わないようにする。

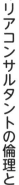

7 キャリアコンサルタントの倫理と行動

解答 専門機関への紹介、専門家への照会

1 ○ 記述どおり正しい。

2 ○ 記述どおり正しい。リファー先とは、通常から連携(ネットワーク)関係を作っておくことが望ましい。

3 ○ 記述どおり正しい。キャリアコンサルタントとして自身で手薄と思われる分野については、普段から照会できる相手先をネットワークしておくことが望ましい。

4 ✕ 設問文の説明はリファーとは言わない。

5 ✕ 設問文にある説明は「スーパービジョン」(本書では後述)についてのものである。

6 ✕ 症状がはっきりと現れているのであれば、早い段階でのリファーが望ましい。

7 ✕ 「病名を明確にして」が誤っている。診断という言葉は使われていないものの、診断行為と思われる行為は、キャリアコンサルタントの職務範囲を逸脱している。

8 ✕ 精神疾患が疑われる相談者の状況を「診断して」という表現であれば確実に誤りであるが、「判断して」であっても同様に誤りである。リファーすることが望ましい。

9 ✕ 自身で担当できない事が事前にわかっているのであれば、その旨をできるだけ早くに相談者に、自ら伝えるべきである。引き継ぎがあった後に、その後任者が事情を話す、といった事は避けるべきである。

7

キャリアコンサルタントの倫理と行動

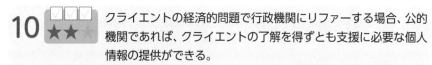

10 ★★☆

クライエントの経済的問題で行政機関にリファーする場合、公的機関であれば、クライエントの了解を得ずとも支援に必要な個人情報の提供ができる。

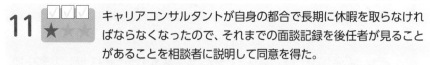

11 ★☆☆

キャリアコンサルタントが自身の都合で長期に休暇を取らなければならなくなったので、それまでの面談記録を後任者が見ることがあることを相談者に説明して同意を得た。

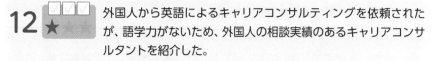

12 ★☆☆

外国人から英語によるキャリアコンサルティングを依頼されたが、語学力がないため、外国人の相談実績のあるキャリアコンサルタントを紹介した。

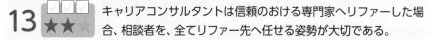

13 ★★☆

キャリアコンサルタントは信頼のおける専門家へリファーした場合、相談者を、全てリファー先へ任せる姿勢が大切である。

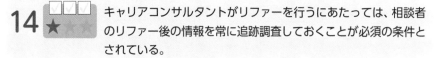

14 ★☆☆

キャリアコンサルタントがリファーを行うにあたっては、相談者のリファー後の情報を常に追跡調査しておくことが必須の条件とされている。

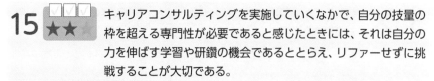

15 ★★☆

キャリアコンサルティングを実施していくなかで、自分の技量の枠を超える専門性が必要であると感じたときには、それは自分の力を伸ばす学習や研鑽の機会であるととらえ、リファーせずに挑戦することが大切である。

16 ★☆☆

面談過程のなかで、キャリアコンサルタント自身がうまくいっていないと感じた時には、相談者の同意の有無にかかわらずリファーをしていく方向で動いていくことが望ましい。

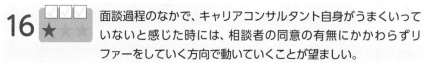

17 ★★☆

相談者のためを思ってリファーすることが、時には必要になる場合があるが、相談者としては、見捨てられるような気持ちになることもある。

18 ★★☆

キャリアコンサルタントが構築すべきリファー先のネットワークとしては、福祉や法律、教育関係などではなく、主として医療、カウンセリング関係とすべきである。

10 ✗ たとえ行政機関であったとしても、個人情報を共有（提供）する場合には、本人の了解を得ることは必須である。

11 ○ 記述どおり正しい。

12 ○ 記述どおり正しい。相談者の同意を得たうえで、リファーを行う。

13 ✗ 「全て」という記載が不適切。互いの専門性を尊重することを前提として協働支援していかなければならない。

14 ✗ リファー後の情報を常に追跡調査しておくことは望ましいことであるが、それが必須の要件とまでは言えない。

15 ✗ 学習や研鑽を行っていこうという姿勢は正しいが、常にクライエントのことを最重要に考えるのが私たちの使命である。スーパーバイザー等に相談するという対応も考慮できるが、明らかに自身の技量の枠を超える場合にはリファーすることが適当である。

16 ✗ うまくいっていないと感じた際には、スーパーバイザー等に相談するという方法もある。もしもリファーするような方向で考えた方が、より相談者にとって望ましい、となった場合には、相談者とよく話し合い、相談者の同意のうえでリファーしていくこととなる。

17 ○ 記述どおり正しい。

18 ✗ ネットワークの範囲は、医療やカウンセリング関係に限ることなく、広く捉えるべきである。

7

キャリアコンサルタントの倫理と行動

4 自己研鑽、指導を受ける必要性の認識

出題のポイントと傾向

　　自己研鑽は、キャリアコンサルタントが生涯学び続けるという意味で使われている言葉です。国が力を入れている生涯学習（リカレント教育）のキャリアコンサルタント版とも言えます。その学び続けの過程の中で、先達から指導を受けるということも、もちろんあります。これはスーパービジョンと呼ばれ、指導してくださる方は「スーパーバイザー」、指導を受ける側は「スーパーバイジー」と言います。キャリアコンサルタントの人数が増えて行く中で、今後、スーパービジョンの重要性はますます大きくなっていきますので、この項目もしっかりとチェックしておいてください。

分野	過去問（第15～24回試験）									
	15回	16回	17回	18回	19回	20回	21回	22回	23回	24回
Ⓐ 自己研鑽		❺⓪			❹❽	❹❽		❹❾❺⓪	❹❽	❹❽
Ⓑ 指導を受ける必要性（スーパービジョン）	❺⓪						❹❾			

＊数字は設問の出題番号

Ⓐ 自己研鑽

❶ 自己研鑽

1. キャリアコンサルタント自身の継続学習はどうあるべきか。
　　①キャリアコンサルタント自身が自己理解を深める
　　②自らの能力の限界を認識する
　　③常に学ぶ姿勢を維持する
　　④様々な自己啓発の機会等を捉えて継続学習を行う
　　　→新たな情報の吸収、力量の向上
　　⑤人間理解の重要性について十分に認識している

B 指導を受ける必要性 (スーパービジョン)

❶ スーパービジョン

1. キャリアコンサルティングに関する指導 (スーパービジョン) はどう受けるのか。

　①継続的に指導を受けることの重要性

　　(経験や自己研鑽を積み習熟レベルや指導者レベルになったとしても必要)

　②自身が受け持っている相談者に対するキャリアコンサルティングについて指導を受ける。

　　例 大学のキャリア相談室でAさんという学生に対してキャリアコンサルティングを行っているが、約束した2回目の面談日時に来所しなかった。1回目の面談に何か、いけない点があったのだろうか？　→「逐語録」などの記録があった方が望ましい。

2. スーパービジョンを通じて、何が得られるのか

　①キャリアコンサルティング・スキルの向上

　②相談者とキャリアコンサルタントとの関係性についての理解の深まり

　③キャリアコンサルタント自身についての自己理解の深まり　など

私たちキャリアコンサルタントは、クライエントに生涯学習 (リカレント教育) を薦めることがありますが、自らも生涯学び続ける姿勢が大事です。スーパービジョンも積極的に受けるようにしましょう。

7

キャリアコンサルタントの倫理と行動

1 ★★★ キャリアコンサルタントの自己研鑽とは、資格取得の学習に留まることなく、多様な実践経験を積み、指導者の助言、フィードバックを得ることや、社会的役割の広がりを意識した学びを継続することである。 第23回

2 ★★ キャリアコンサルタントは、常に自らの自己理解にも努めなければならない。

3 ★★ 自己研鑽とは、キャリアコンサルタント自身が自らの職業生活設計を行い、自己のキャリアプランや自己実現の目標を明確化してゆくプロセス全般のことである。

4 ★★ 自己研鑽とは、適切な相談者を選択して追跡調査を行い、変化の様子を確認し、変化とコンサルティングの関係を考察してコンサルティングの向上を図ることである。

5 ★★ キャリアコンサルタントが、キャリア理論やカウンセリング理論を学ぶ意義は、体系化された理論に関する知識をもとに自覚的・意識的に支援を行うことによって、クライエントに対して、勘や経験だけに頼らない、十分に根拠のある専門的で高度な相談支援を提供するため、である。

6 ★★ キャリア理論やカウンセリング理論は、クライエントやクライエントを取り巻く環境・状況について仮説を構築する（見立てる）際の基盤となる。

7 ★★ 理論を知っていることにより、キャリアコンサルタントは、クライエントに対して、自分はこの理論に基づいてこのような発言をしている、と伝えられ、そのことでクライエントとの関係構築が促される。

8 ★ 相談者の意思を尊重し自己決定できるように支援するための学習がキャリアコンサルティングにとっては重要であり、最近の社会・経済的動きについての研修に参加することや情報収集は、とくに考えなくてもよい。

解答 自己研鑽

1 ○ 記述どおり正しい。時代の変化に向き合い、キャリアコンサルタント自身が持つ知識・スキルや知性・感性の向上を不断に図ることである。

2 ○ 記述どおり正しい。面談を通じてクライエントの「自己理解の支援」をより有効に行えるようになるには自らの自己理解を深めることが必要である。

3 ✕ キャリアコンサルタント自身が自己理解を深めることも自己研鑽であるが、それだけで自己研鑽のすべてが包含されるわけではない。

4 ✕ 相談者を被験者とした調査は、自己研鑽の本来の意味合いとは異なる。

5 ○ 記述どおり正しい。理論を知っていることで、キャリアコンサルタントには、キャリアコンサルティングの過程で何が起きるかを予測し、意図的な行動が取れるようになるという効用がある。

6 ○ 記述どおり正しい。

7 ✕ クライエントとの関係構築は、理論を述べることによってなされるわけではない。逆に理論を知っていることで教条的になってしまうことは戒めなければならない。

8 ✕ 最近の社会・経済的動きについても学び続けることが自己研鑽である。

7

キャリアコンサルタントの倫理と行動

9 ☑☐☐ ★
更新講習には多数の講習が設定されており、キャリアコンサルタント自身が業務状況や能力に応じて必要な知識・技能が身に付く更新講習を適切に選択することが可能である。 第24回

10 ☑☐☐ ★
事例記録を作成することは、手間がかかるだけでなく、情報不足による偏った見方になる恐れや、また相談者の背景を十全に把握することの困難さ等から、効果は薄いと言わざるを得ない。 第23回

B 指導を受ける必要性（スーパービジョン）

1 ☑☑☐ ★★
キャリアコンサルタントは、その成長と倫理の体得、相談者への効果的なキャリア形成支援、組織活性化の観点から、スーパービジョン（SV）を受けることが必要である。

2 ☑☑☐ ★★★
スーパービジョン（SV）の目的は、事例の理解や対応方針・技法の検討およびクライエントのキャリア形成の支援であり、スーパーバイジーの成長や個人的スキル向上を目的として行われるものではない。 第24回

3 ☑☑☐ ★★
スーパーバイジーは、スーパーバイザーとの援助的対人関係を通じて、そのスーパーバイジー（キャリアコンサルタント）自身の案件である相談者（クライエント）と自身（キャリアコンサルタント）との関係性についての理解を深めることができる。

4 ☑☑☐ ★★
スーパービジョンを受ける際には、スーパーバイザーと話し合い、面談の経過をまとめた記録や逐語記録など、目的に応じた素材をスーパーバイジーが準備する。 第23回

5 ☑☐☐ ★
経験豊富なキャリアコンサルタントからスーパービジョンを受けることは有効であるが、キャリアコンサルティングの場に同席することは、クライエントの邪魔になるのでどのような時も避けるべきである。 第24回

6 ☑☐☐ ★
スーパーバイジーは、一度スーパーバイザーを選んだ後は、かりに変更したいと思っても、同じスーパーバイザーに依頼し続けなくてはならない。

7

キャリアコンサルタントの倫理と行動

9 ○ 記述どおり正しい。キャリアコンサルタントは資格取得 (国への登録) 後、5年ごとに更新講習 (知識講習と技能講習) を受講することが義務づけられている。

10 ✕ 事例記録の作成は、確かに設問文のように手間もかかるし、困難さも伴うものであるが、より良い支援をしていくために、ぜひとも行うべきである。

解答 指導を受ける必要性 (スーパービジョン)

1 ○ 記述どおり正しい。スーパービジョン (SV) をする者を「スーパーバイザー」、受ける者 (キャリアコンサルタント) を「スーパーバイジー」と呼ぶ。

2 ✕ SVには、キャリコン自身の成長やスキル向上という目的もある。但し、スキル向上のみを目的としているものではない。最大の意義は、担当する相談者の利益につながることである。

3 ○ 記述どおり正しい。SV (スーパービジョン) を受けるスーパーバイジーとスーパーバイザーとの (援助的) 関係は、キャリアコンサルティングを受ける相談者とキャリアコンサルタントとの (援助的) 関係と二重写し (鏡のように重なっている) とも言える。

4 ○ 記述どおり正しい。

5 ✕ 「どのような時も避けるべき」が誤り。スーパーバイザーの同席が、クライエントの利益になることを十分に説明し了解を得た後に、個人情報やプライバシー保護に十分留意した上で、同席することはありうる。

6 ✕ 異なったスーパーバイザーに指導を依頼することはとくに問題ない。

7

キャリアコンサルタントの倫理と行動

7 ☐☐☐ ★★ 心理カウンセラーの場合スーパービジョンを受けることは必須だが、キャリアコンサルタントは必須ではない。

8 ☐☐☐ ★ スーパービジョンは、キャリアコンサルタントが実践経験の中で抱える不安を解消するためのものであり、指導的な立場であるスーパーバイザー自身はスーパービジョンを受ける必要はない。

9 ☐☐☐ ★★ 「キャリアコンサルタントの実践力強化に関する調査研究事業報告書」（厚生労働省、令和3年3月）によれば、企業領域を専門とするキャリアコンサルタントのスーパービジョンでは、カウンセリングに立脚したアプローチを基盤としたうえで、企業組織に関わる際の視野、視点、知識・技能、心構え等の要素の指導も必要となる、とされている。

10 ☐☐☐ ★ 同上の報告書によれば、スーパービジョンは、クライエントの発達と自律を第一義とし、援助方法を修正することを主な目的とした活動である。

7

キャリアコンサルタントの倫理と行動

こんな問題も出る！四肢択一⑫

【問】2017年に公示された小学校及び中学校の学習指導要領の総則に関する次の記述のうち、（　　　）に入る適切なものはどれか。

「児童（中学校学習指導要領においては「生徒」）が、学ぶことと自己の将来とのつながりを見通しながら、社会的・職業的自立に向けて必要な基盤となる資質・能力を身に付けていくことができるよう、（　　　）を要としつつ各教科等の特質に応じて、キャリア教育の充実を図ること」と示されている。

1. 特別活動
2. 体験活動
3. 教科指導
4. 生徒指導

正解　1.

7 ✕ キャリアコンサルタントにとってもスーパービジョンは不可欠（必須）である。

8 ✕ スーパービジョンでは、指導的な立場になるスーパーバイザー自身も、また一人のキャリアコンサルタントとしてスーパービジョンを継続して受ける必要がある。

9 ⭕ 記述どおり正しい。企業組織に関わる学びの裾野は広いが、例えば私たち一般社団法人地域連携プラットフォームではキャリコン向けのアドバンス資格として「組織キャリア開発士」を設けており、そこでは「組織開発」の分野を中心とした学びが得られるようにしている。

10 ✕ 「援助方法を修正することを主な目的」との記載が誤り。結果として援助方法の修正につながることもあるかもしれないが、スーパーバイザーがクライアントの支援についての多くの気づきや学びを得ることが主な目的となる。

【問】ワークショップに関する次の記述のうち、適切なものの組み合わせはどれか。

A. プログラムのセッションの狙いを記述する場合には、「成果」（何をアウトプットとして出すのか）と「関係性」（参加者の関係性をどうしたいのか）の2つの側面で考えるとよい。

B. 構成的なワークショップのプログラムとして、「問題の共有」→「原因の探索」→「解決策の立案」→「意思を決定」を回す方法のことを、「学習体験型プログラム」という。

C. ワークショップのコンセプトを定めるときは、文章はなるべく短くして一言で言い表すことが重要であり、したがって「誰に」、「何のために」についての表現がかりに曖昧になったとしても仕方ない。

D. ワークショップのプログラムは、一般的には、大きく分けて「オープニング」→「本体（ワークショップの中心）」→「クロージング」の3つの部分で構成される。

1. AとC 　　 2. BとD 　　 3. AとD 　　 4. BとC

7

キャリアコンサルタントの倫理と行動

正解 3.

469

5 キャリアコンサルタントとしての倫理と姿勢

　各業界や職能には、必ずその業種ごとの「倫理規定」があります。もちろんキャリアコンサルタントにもそれがあり、これをしっかりと押さえておくことは、職業人として必須とされる基本です。本節では倫理とともに、キャリアコンサルタントのあるべき姿勢、またキャリアコンサルタントの活動についても扱っています。

分野	過去問 (第15~24回試験)									
	15回	16回	17回	18回	19回	20回	21回	22回	23回	24回
A キャリアコンサルタントとしての倫理			50	50	50				49 50	49 50
B キャリアコンサルタントとしての姿勢				50 36	49	50	50			
C キャリアコンサルタントの活動		48		48					49	

＊数字は設問の出題番号

A キャリアコンサルタントとしての倫理

❶ キャリアコンサルタントの倫理

1. キャリアコンサルタントは何を遵守しなければいけないのか
　①守秘義務／②基本的人権の尊重／③善良なる管理者の注意義務／④研修の継続とスーパービジョン／⑤能力の限界の自覚
2. 「①守秘義務」の具体的な内容
　①相談者のプライバシーや相談内容は相談者の許可なしに決して口外してはならない。
　②守秘義務の遵守は、相談者の信頼関係構築及び個人情報保護法令により最重要である。
　③クライエントの不法行為、生命の危険等、秘密が漏らされて受ける損害よりも優先する利益がある場合はその限りではない。

B キャリアコンサルタントとしての姿勢

❶ キャリア形成支援者としての姿勢

1. キャリアコンサルタントはどうあるべきか
   ①キャリアコンサルティングは個人の人生に関わる重要な役割、責任を担うものであることを自覚する
   ②キャリアコンサルタント自身のあるべき姿を明確にする（あなたはどんな人ですか？　人生をどう生きようとしていますか？）
2. どのように努めるべきでしょうか
   ①キャリア形成支援者として、自己理解を深めること
   ②キャリア形成に必要な能力開発を行うこと

C キャリアコンサルタントの活動

❶ キャリアコンサルタントの具体的活動

1. 相談者（クライエント）に対しての「直面する課題解決への対応」（キャリア形成支援・メンタルケア）
2. 相談者（クライエント）に対してのキャリア形成支援につながるヒューマン・スキル習得の支援　→能力開発計画の作成と推進
3. キャリアコンサルティングの教育・普及活動
   例 小中学校や高校におけるキャリアを巡る講話やワークショップの開催（キャリア教育）／大学や専門学校でのキャリア形成支援教育の講師／一般向けのキャリアコンサルティングについての講演、講話など

❷ キャリアコンサルタントの活動領域

1. **需給調整分野**
   全国のハローワーク、大学などのキャリアセンター、民間の人材紹介会社や人材派遣会社、アウトプレースメント会社、市町村の就労支援員や相談員、公的職業訓練校に勤務するキャリアコンサルタントなど
2. **企業分野**
   企業内のキャリアコンサルタント（人事セクションや、産業保健師・産業医・心理カウンセラーなどがいる「キャリア相談室」等に勤務）、企業向けに仕事をするキャリアコンサルタント（外部人材として、コンサル会社や従業員支援プログラムを提供したりする会社（EAP）等に勤務）
3. **教育分野**
   小学校～大学、専門学校等の教育機関で、主にキャリア教育に従事するキャリアコンサルタント

7

キャリアコンサルタントの倫理と行動

A キャリアコンサルタントとしての倫理

1 平成27年に改正された「職業能力開発促進法」の中で、キャリアコンサルタントは「業務に関して知り得た秘密を漏らし又は盗用してはならない」と明記されるが、キャリアコンサルタントでなくなった後はこの義務を負わない。　第23回

2 キャリアコンサルタントには法的根拠をもって「守秘義務」（秘密保持規定）が課せられているが、とくに罰則は設けられていない。　第23回

3 キャリアコンサルタントの義務等について、法律では、信用失墜行為の禁止義務、守秘義務、名称の使用制限が定められており、罰則の上で最も量刑が重いのは守秘義務の違反である。　第23回

4 「国家資格キャリアコンサルタント」の資格を有しない者は、キャリアコンサルタント、又はこれに類する紛らわしい名称を用いてはならない。

5 職業倫理は、ある特定の職業集団が職業集団のメンバー間の行為やメンバーが社会に対して行う行為について規定し、律する行動規範であり、「○○してはならない」といった命令倫理の裏には、人々の人権を守り、プライバシーや自己決定権を尊重し、自分たちの知識やスキルは社会の人々の幸福や福祉のために用いるといった高次の要請がおかれている。　第23回

6 キャリアコンサルタントは、守秘義務の観点から、面談の終結後は、直ちに安全な方法でケース記録を破棄するようにする。

7 キャリアコンサルタントは、相談者に守秘義務を説明する必要があるが、キャリアコンサルティングの目的や範囲までの説明責任は求められない。

8 相談者が気にならない場所に予め機材を設置して相談場面を撮影・録音することは、自己研鑽のためだけに使用するならば、相談者の事後承諾を得れば問題はとくに発生しない。

7

キャリアコンサルタントの倫理と行動

解答 キャリアコンサルタントとしての倫理

1 ✕ 設問文の前半は記述どおり正しい。後半の「キャリアコンサルタントでなくなった後はこの義務を負わない」は誤り。キャリアコンサルタントでなくなった後においても同様に守秘義務を負う。

2 ✕ 秘密保持規定に違反した者は「1年以下の懲役又は100万円以下の罰金に処する」と、職業能力開発促進法で定められている。

3 ◯ 記述どおり正しい。キャリアコンサルタントの罰則は、公認心理師、社会福祉士・介護福祉士、精神保健福祉士といった他の「名称独占資格」の量刑（1年以下の懲役又は30円以下の罰金）よりも重い。

4 ◯ 記述どおり正しい。キャリアコンサルタントは「名称独占資格」で、国家資格者以外は使用できない。違反者は「30万円以下の罰金に処する」と法に定められている。

5 ◯ 記述どおり正しい。キャリアコンサルタントの職業倫理については、特定非営利活動法人（NPO法人）キャリアコンサルティング協議会が定めた「キャリアコンサルタント倫理綱領」がある。同協議会が有識者やキャリアコンサルタントの代表等で委員会を組成しこれを定めた。倫理綱領は、読んで覚えているだけでなく実践されなければならず、そのための指針となるものである。

6 ✕ 面談の記録は、整理されたうえで、安全な形で保管されることが望ましい。

7 ✕ キャリアコンサルタントには、「キャリアコンサルティングの目的や範囲」についても説明責任がある。

8 ✕ 相談者に対して、どのような目的で、そのように使用するのかについて詳細に説明をしたうえで、相談者から事前に了解をとらなければならない。

7

キャリアコンサルタントの倫理と行動

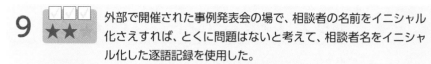
9 ★★ 外部で開催された事例発表会の場で、相談者の名前をイニシャル化さえすれば、とくに問題はないと考えて、相談者名をイニシャル化した逐語記録を使用した。

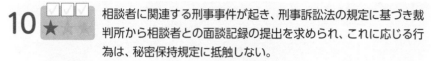
10 ★ 相談者に関連する刑事事件が起き、刑事訴訟法の規定に基づき裁判所から相談者との面談記録の提出を求められ、これに応じる行為は、秘密保持規定に抵触しない。

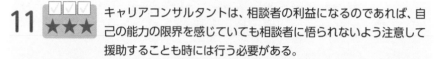
11 ★★★ キャリアコンサルタントは、相談者の利益になるのであれば、自己の能力の限界を感じていても相談者に悟られないよう注意して援助することも時には行う必要がある。

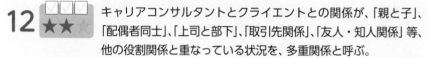
12 ★★ キャリアコンサルタントとクライエントとの関係が、「親と子」、「配偶者同士」、「上司と部下」、「取引先関係」、「友人・知人関係」等、他の役割関係と重なっている状況を、多重関係と呼ぶ。
第24回

13 ★★ 多重関係の弊害としては、キャリアコンサルタントとクライエントという関係における中立性や客観性が侵され、利害対立、利益誘導あるいは個人的な意見や感想が絡む恐れがあること等が挙げられる。
第24回

14 ★ 以前から知っている人をクライエントとした場合には、キャリアコンサルタントが予断や偏見を持ってしまう可能性がある。
第24回

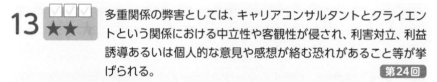
15 ★★ キャリアコンサルタントが、相談者に対して、キャリアコンサルティングについての自己の著作物などを勧めて個人的に販売することは多重関係には該当しない。

16 ★★ 「キャリアコンサルタントの倫理」に関し、適応障害の疑いのあるクライエントに、知り合いの精神科医を紹介して紹介料をもらうことは、リファーに該当するので倫理上の問題はない。

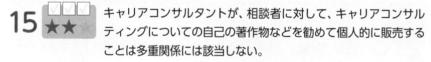
17 ★ 面談記録は、どんな媒体や手法を用いるかよらず、個人情報およびプライバシー保護の観点から、保管管理には十分留意する。
第24回

9 ✕ 設問のような場合においても、必ず相談者の了解を得ることが、キャリアコンサルタントの倫理である。

10 ◯ 記述どおり正しい。

11 ✕ キャリアコンサルタントは「明らかに自己の能力を超える業務の依頼を引き受けてはならない」。(『キャリアコンサルタント倫理綱領』)

12 ◯ 記述どおり正しい。一般に、心理カウンセリングの分野では、こうした多重関係におけるカウンセリングの実施は、厳禁されている。

13 ◯ 記述どおり正しい。キャリアコンサルティングの分野では「上司と部下」においては、「1on1ミーティング」という形でキャリアコンサルティングが行わる場合があるので、設問のような事柄については十分留意する必要がある。

14 ◯ 記述どおり正しい。これも多重関係の一つと言えるので、避けた方がベターである。

15 ✕ 「キャリアコンサルタントと相談者」という関係にプラスして、「販売者と購買(予定)者」という関係になることは、明らかに多重関係である。

16 ✕ 「紹介料をもらうこと」は、クライエントを紹介ビジネスの対象者とした、ということであり、多重関係が生じたと考えられるため不適切である。

17 ◯ 記述どおり正しい。

7

キャリアコンサルタントの倫理と行動

1 ★★★
キャリアコンサルタントは、相談者の利益をあくまでも第一義とし、研究目的であったり、自身の興味・関心を優先してキャリアコンサルティングを行ってはならない。

2 ★★
キャリアコンサルタントは、キャリアコンサルティングを行うにあたり、自己の専門性の範囲を自覚しつつも、自己研鑽のためにその範囲を超える業務にも挑戦しなければならない。

3 ★
キャリアコンサルタントは、キャリアコンサルティングを行うにあたり、相談者の自己決定権を尊重しなければならない。

4 ★★
キャリアコンサルタントは、相談者の職業生活設計を具体化するための助言力を持つべきである。

5 ★★
キャリアコンサルタントは、組織に所属している場合と組織に所属していない場合とでは立場が異なるので、クライエントに向かう姿勢も異なってくる。

6 ★★
企業に所属しているキャリアコンサルタントは、その企業のために働いているわけだから、所属する企業の側に立ってクライエントに向かうべきである。

7 ★
キャリアコンサルティングでは、個人の生涯発達を重視して、職業情報や労働市場の現状などは提供しないのが原則である。

8 ★
キャリアコンサルティングは職業相談ではないので、個人の生涯発達を重視すべきであり、将来変化するかもしれない具体的な労働市場の状況や職業情報の提供にはあまり力を入れない方がよい。

9 ★★
「働く環境の変化に対応できるキャリアコンサルタントに関する報告書」(厚生労働省、令和3年6月) によれば、デジタル技術、ITスキルが急速に一般化しているが、キャリアコンサルティングは対面が基本なので、オンライン面談はじめITスキルを学ぶ必要はない、とされた。

第22回

解答 キャリアコンサルタントとしての姿勢

1 ◯ 記述どおり正しい。キャリコンはまた自身の経験則や自分の都合で、クライエントを誘導または助言・指導するべきではない。

2 ✕ キャリアコンサルティングの実施にあたっては、自身の現在の力量や専門性の範囲を超える業務を行ってはならない。

3 ◯ 記述どおり正しい。

4 ◯ 記述どおり正しい。相談者への指示や命令になってはいけないが、助言力は必要。

5 ✕ 立場は異なっても相談者に対する姿勢は同じである。

6 ✕ 企業と相談者の双方にとってWin-Winになるようにするのがよいが、利害がかみ合わないことがありうる。この場合はキャリアコンサルタントはコーディネーター（調停者）の役割を果たすことになる。

7 ✕ 相談者がすぐに就職したい人であった場合などには、当然のことながら職業情報や労働市場の現状などの提供が必要となってくる。

8 ✕ キャリアコンサルティングは、確かに職業相談（キャリアガイダンス）のみで終始するものではない。しかし職を一緒に探すという段階に至った際には、具体的な労働市場の状況や職業情報の提供は必須事項となる。

9 ✕ 同報告書では、キャリアコンサルタントに求められることとして、「デジタル技術、ITスキルを積極的に活用したキャリアコンサルティングが急速に一般化した中で、キャリアコンサルタントもそれらを習得する必要がある」とされた。

10 ★☆☆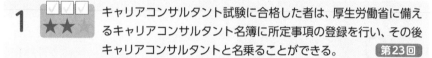
同上の報告書によれば、キャリアコンサルタントの活動領域は、企業、学校・教育機関、需給調整機関、地域のキャリア支援機関など多岐にわたるが、特定の活動領域のみに絞り込んで深化させればよい、とされた。 第22回

C キャリアコンサルタントの活動

1 ★★☆
キャリアコンサルタント試験に合格した者は、厚生労働省に備えるキャリアコンサルタント名簿に所定事項の登録を行い、その後キャリアコンサルタントと名乗ることができる。 第23回

2 ★☆☆
キャリアコンサルタントの登録は、5年ごとに更新講習を受けるなどして、更新の手続きをしなれば、その効力を失う。 第22回 第23回

3 ★★☆
キャリアコンサルティングを適切に実施するには、他分野・領域の専門家や関係者との協力が欠かせないので、多職種連携に関する知識の修得も必要である。 第22回

4 ★★☆
キャリアコンサルタントの企業領域における活動としては、若手社員や離職転職が多い職種の社員の離職防止を目的とした、キャリア意識を醸成する研修・面談等の実施が必要とされている。

5 ★★★
キャリアコンサルタントが、相談者からの強い要求に応じるかたちで、自身の力量や、また実践フィールドを超える相談等を受けることは、キャリアコンサルタント自身の成長にもつながるので、積極的に行った方がよい。

6 ★★☆
キャリアコンサルティングの場面において、親の介護の話題を相談者が話そうとしたため、自身の専門外であることを告げてその話を進めることはしなかった。

7 ★☆☆
企業内にいるキャリアコンサルタントは、相談室で相談者が来るのを待つことが主たる役割であり、組織や社会に対して能動的にキャリア形成の必要性などを発信することは好ましくない。

10 ✕ 同報告書では、キャリアコンサルタントに求められることとして、近接領域に踏み出すことの重要性が述べられている。治療と仕事の両立支援、福祉領域での支援、セルフ・キャリアドック等の展開における経営・組織の領域などが具体的に挙げられている。

解答 **キャリアコンサルタントの活動**

1 ◯ 記述どおり正しい。国家試験に合格しただけでは、キャリアコンサルタントとして名乗ることはできない。

2 ◯ 記述どおり正しい。更新時期が近づいてから短期間でまとめて更新講習を受けるのではなく、5年の間に計画的に受講等をすることが望ましい。

3 ◯ 記述どおり正しい。

4 ◯ 記述どおり正しい。キャリアコンサルタントの活動範囲には面談だけでなく「研修等の実施」も含まれる。

5 ✕ 『キャリアコンサルタント倫理綱領』には「明らかに自己の能力を超える業務の依頼を引き受けてはならない」とある。キャリアコンサルタントにとっての挑戦にはなるかもしれないが、それが相談者にとっては、有害となる場合があることを理解しておく必要がある。

6 ✕ 介護の問題は、相談者の人生設計に係ることも多く、キャリコンを進めるうえで、避けて通れない事柄である場合も多い。相談者の話をまずは傾聴することが肝要である。

7 ✕ 相談者の問題が個人では解決できない場合、キャリアコンサルタントは、能動的に組織や社会に対して働きかけをすること（環境への働きかけ）も必要となってくる。

8 ★★★ キャリアコンサルタントは、相談者と一緒になって、相談者の状況に合わせた職業生活設計の作成を支援し、また自己啓発の意思決定の支援や動機づけを行うが、その遂行に関しては、本人に代わって管理する。

9 ★ キャリアコンサルタントは、キャリアコンサルティングを行うにあたっては、相談者との間で、多重関係が発生しないように努めなければならない。

10 ★★ キャリアコンサルティング時の面談記録については、面接の開始時から終了時までの時間の流れよりも、キャリアコンサルタントが重要と思った点から順に記録し、かつキャリアコンサルタントが面談中に何を思ったか、それをどのように考えようとしたのか等の主観的情報は不要である。 第24回

こんな問題も出る！四肢択一⑬

【問】企業領域で活動するキャリアコンサルタントの「環境への働きかけ」の認識と実践についての以下の記述で、不適切なものの組み合わせはどれか。（第20回 21回試験類似問題）

A. 面談を通して社内ローテーションに課題があることが把握できたが、キャリアコンサルタントとしては、公募制度や社内兼業制度などの検討にはとくに関わらない。

B. 日本国内勤務の外国籍社員の増加を踏まえ、採用部門やダイバーシティ部門と協働して、本人のキャリア開発と多様性を活かした組織作りのモデル化に尽力する。

8 ✕ 「(遂行を) 本人に代わって管理」という箇所のとくに「本人に代わって」が誤っている。キャリアコンサルタントは、クライエントの目標達成についての進展状況をフォローしていく、といった役割を担うが、本人に代わって行うわけではない。なお、自己啓発とは、この場合、例えば新しいスキルを身に付けるための訓練を受ける、といった事柄などを指す。

9 ○ 記述どおり正しい。多重関係の禁止は、キャリアコンサルタントも含め、カウンセリングを行う者すべてに課せられた基本となる倫理規定である。代表的な多重関係は相談者と男女関係に陥ることである。

10 ✕ 面談記録では、開始時から終了時までの時間の流れにそった記録もあった方がいい。またキャリアコンサルタントが何を感じたか、どう考えどう対応したのかの記録も残すことが望ましい。さらにクライエントの表情や動きなどの非言語コミュニケーションについても、観察できたことを文章化し記録するようにする。

7

キャリアコンサルタントの倫理と行動

C. 在宅勤務で、新入社員や中途採用、他部門からの異動者が適応できずに困っている事例があったが、現場レベルの事なので、とくに経営層には報告しない。

D. 1on1 (上司と部下とのあいだで定期的に行われる1対1の対話) の推進部署に働きかけ、上司がキャリア支援を日常的に行う方法を学ぶよう、上司向け研修を企画した。

E. 職場での人材育成施策が専門スキルの習得だけになっていたので、上司に働きかけて仕事の意義やジョブクラフティングについてメンバーとの話し合いの場を作った。

1. AとB 　2. CとE 　3. BとD 　4. AとC

正解 4.

参考文献

『キャリアコンサルティング ―理論と実際 5訂版』木村周著、雇用問題研究会、2018年

『キャリアコンサルティング ―理論と実際 6訂版』木村周・下村英雄著、雇用問題研究会、2022年

『キャリアカウンセリング』宮城まり子著、駿河台出版社、2009年

『新版キャリアの心理学 ―キャリア支援への発達的アプローチ（第2版）』渡辺三枝子編著、ナカニシヤ出版、2018年

『キャリア・コンサルタント ―その理論と実務』社団法人日本産業カウンセラー協会編、2010年

『新時代のキャリアコンサルティング ―キャリア理論・カウンセリング理論の現在と未来』独立行政法人労働政策研究・研修機構編、2017年

『国家検定2級キャリアコンサルティング技能検定 ―学科試験科目及び範囲別精選問題解説』特定非営利活動法人キャリア・コンサルティング協議会編、2014年

資料

国家資格キャリアコンサルタント
学科試験
第15回〜第24回の出題傾向

Ⅰ. キャリアコンサルティングの社会的意義

第15回学科 (2020.11.1)	第16回学科 (2021.3.7)	第17回学科 (2021.6.27)	第18回学科 (2020.11.1)	第19回学科 (2022.3.6)
1. 社会及び経済の動向並びにキャリア形成支援の必要性の理解				
❶雇用によらない働き方(平成30年版労働経済の分析)	❶「平成30年版労働経済の分析」(厚生労働省)の労働者の自己啓発	❶今後の人材開発政策の在り方に関する研究会報告書」(厚生労働省、令和2年10月)	❶Society 5.0時代を切り拓く人材の育成 ❷今後の人材開発政策の在り方に関する研究会報告書 ⓱「日本企業における人材育成・能力開発・キャリア管理」(独立行政法人労働政策研究・研修機構、2017年3月) ⓳令和2年度年次経済財政報告	❶「人材育成に関するアンケート調査結果」自律的なキャリア形成への取組み状況
2. キャリアコンサルティングの役割の理解				
❷キャリアコンサルタント能力要件見直し(平成30年3月厚生労働省)	❷職業能力開発推進者	❷キャリアコンサルティングの実態、効果および潜在的ニーズ(独立行政法人労働政策研究・研修機構2017年3月)調査結果		❷「働く環境の変化に対応できるキャリアコンサルタントに関する報告書」キャリアコンサルタントに求められる能力

Ⅱ. キャリアコンサルティングを行うために必要な知識

第15回学科 (2020.11.1)	第16回学科 (2021.3.7)	第17回学科 (2021.6.27)	第18回学科 (2020.11.1)	第19回学科 (2022.3.6)
1. キャリアに関する理論				
❸サビカスのキャリア構築インタビュー ❹ジェラットの連続的意思決定プロセス ❺クランボルツの学習理論 ❻シャインのキャリア・アンカー ❼スーパーの理論 ❽動機づけ理論	❸サビカスのキャリア・アダプタビリティの次元 ❹スーパー(Super, D. E.)のキャリア自己概念 ❺シャイン(Schein, E. H.)が提示した、人が生きている領域の3つのサイクル ❻コクラン(Cochran, L.)の理論 ❼キャリアに関する各理論 ⓴シャイン(Schein, E. H.)のキャリア・サイクル	❸ホール ❹キャリアの意思決定理論 ❺バンデューラの自己効力感 ❻精神分析的なキャリア理論 ❼キャリアの理論	❸サビカスのライフデザイン・カウンセリング ❹成人のキャリア発達や生涯発達 ❺ハンセンの統合的人生設計 ❻マーシャのアイデンティティ・ステイタス ❼スーパーの理論 ㉚スーパーのキャリア発達段階	❸ホールが提唱するキャリアの定義 ❹キャリア・プラトー ❺キャリアの理論:パーソンズ、ジェラット、ホランド、シャイン ❻スーパーの理論 ❼動機付け理論:アルダファ、ハーズバーグ、マクレランド、マズロー

第20回学科 (2022.7.3)	第21回学科 (2022.11.6)	第22回学科 (2023.3.5)	第23回学科 (2023.7.2)	第24回学科 (2023.11.5)
❶「令和3年版厚生労働白書」新型コロナウイルス感染症が国民生活に与えた影響と対応	❶「令和3年版労働経済の分析」新型コロナウイルス感染症等が雇用・労働に及ぼした影響 ❷「令和2年転職者実態調査の概況」キャリアコンサルティングの普及状況	❶「国民生活に関する世論調査（令和3年9月）」働く目的、理想的な仕事、自己啓発・能力向上の満足度 ❷「令和3年度能力開発基本調査」キャリアコンサルタントに相談したい内容	❶「令和4年版労働経済の分析」今後の外部労働市場を通じた労働力需給の調整の役割の重要性が高まっている背景 ❷「国民生活に関する世論調査」生き方、考え方について	❶「令和4年版労働経済の分析」産業や職業が変わる労働移動 ❷「令和4年度能力開発基本調査」労働者のキャリアコンサルティング経験
❷「働く環境の変化に対応できるキャリアコンサルタントに関する報告書」（厚生労働省、2021年6月）キャリアコンサルタントに求められること ❸「令和2年度能力開発基本調査」キャリアコンサルティングが役立ったこと	❸「令和2年度能力開発基本調査」キャリアコンサルティングの効果	❸「働く環境の変化に対応できるキャリアコンサルタントに関する報告書」キャリアコンサルタントの役割	❸「令和4年版労働経済の分析」キャリアコンサルティングが労働者のキャリア形成に及ぼす影響	❸「第11次職業能力開発基本計画」キャリアコンサルティングのあり方

第20回学科 (2022.7.3)	第21回学科 (2022.11.6)	第22回学科 (2023.3.5)	第23回学科 (2023.7.2)	第24回学科 (2023.11.5)
❹キャリアの理論：ジェラット、ハンセン、スーパー、ホール ❺キャリアの理論とキャリアコンサルティング ❻シャインの理論 ❼マズローの動機付け理論	❹サビカスのキャリア構築理論におけるカウンセラーの役割 ❺ジェラットの連続的意思決定プロセス ❻キャリアの理論：スーパー、クランボルツ、ヒルトン ❼ホランドの理論	❹キャリアの各理論（シャイン、ホランド、スーパー、パーソンズ） ❺スーパーの理論 ❻サビカスのキャリアストーリー・インタビューの質問項目 ❼スーパーの「発達的アプローチに関する14の命題」 ❽ナラティブ・アプローチ ㉛キャリアの転機（スーパー）	❹ジェラットの「積極的不確実性」 ❺デシの内発的動機づけ ❻相談場面でのキャリアに関する理論の活用（プランド・ハップンスタンス、自己効力感、ホランド） ❼スーパーの理論	❹シャインの「キャリア・アンカー」の分類とその説明 ❺パーソンズの特性因子理論 ❻キャリアの理論（ホランド、クランボルツ、シャイン、ホール） ㉚人生の転機（クランボルツ、ハンセン、サビカス）

485

第15回学科 (2020.11.1)	第16回学科 (2021.3.7)	第17回学科 (2021.6.27)	第18回学科 (2020.11.1)	第19回学科 (2022.3.6)
2. カウンセリングに関する理論				
❾カウンセリング・心理療法に関する用語 ❿行動療法 ⓫アドラー心理学	❽ゲシュタルト療法 ❾カウンセリングの理論や心理療法の名称とその提唱者、関連する用語 ❿精神分析	❾カウンセリング・心理療法に関する用語 ❿精神分析に関する用語	❽カウンセリングの理論や心理療法の名称・提唱者・用語 ❾交流分析	❽カウンセリングの理論や心理療法の名称と提唱者、用語 ❾認知療法における「自動思考」 ❿論理療法、システムズ・アプローチ、行動療法、ゲシュタルト療法 ⓫カウンセリングのプロセスや心構え
3. 職業能力の開発の知識(リカレント教育を含む。)				
⓬職業能力評価 ⓭リカレント教育(平成30年度年次経済財政報告・内閣府) ⓯令和元年度能力開発基本調査	⓫ハロートレーニング ⓬⓭リカレント教育 ⓮「能力開発基本調査」	⓬「令和元年度能力開発基本調査 調査結果の概要」(厚生労働省) ⓭第10次職業能力開発基本計画」(厚生労働省、平成28年4月) ⓮社会人の自己啓発・学び直し(リカレント教育) ⓯一般教育訓練給付金	⓬職業能力開発推進者 ⓭リカレント教育の行政の取組み ⓯令和2年度能力開発基本調査	⓬教育訓練給付金 ⓭職業能力や技能の評価、振興のための制度 ⓮「人づくり革命基本構想」(人生100年時代構想会議、平成30年6月)リカレント教育の促進に向けた施策 ⓯「令和2年度能力開発基本調査」個人調査 ⓲職業能力開発促進法
4. 企業におけるキャリア形成支援の知識				
⓰セルフ・キャリアドック ⓱テレワーク ⓲仕事と生活の調査 ㉔労働時間 ㉕賃金	⓰職能資格制度 ⓱セルフ・キャリアドックの導入と展開	⓰社員の配置・異動 ⓱労働者の職業生活設計に即した自発的な職業能力の開発及び向上を促進するために事業主が講ずる措置に関する指針(厚生労働省、平成18年改正) ⓲人事考課の評価誤差 ㊸トライアル雇用制度	⓰職能給	⓰福利厚生 ⓱高度プロフェッショナル制度 ㉒採用 ㉔労働契約・就業規則

資料

第20回学科 (2022.7.3)	第21回学科 (2022.11.6)	第22回学科 (2023.3.5)	第23回学科 (2023.7.2)	第24回学科 (2023.11.5)
⑧フロイトの精神分析アプローチ ⑨行動療法 ⑩カウンセリングの理論や心理療法の名称と提唱者、用語	⑧交流分析 ⑨カウンセリングの理論や心理療法の名称と提唱者、用語 ⑩アサーション	⑨カウンセリング理論における、症状や問題行動が生じるメカニズム（内観療法、アドラー、論理療法） ⑩カウンセリング理論や心理療法の名称、提唱者、用語 ㉞ソーシャルスキルトレーニング（SST）	⑧ゲシュタルト療法 ⑨家族療法	⑨臨床心理学や心理療法（アドラー、パールズ、交流分析） ⑩カウンセリングの理論や心理療法（精神分析、ユング）
⑪「令和2年度能力開発基本調査」企業調査 ⑫第11次職業能力開発基本計画 ⑬雇用する労働者の人材開発を行う事業主を支援する制度 ⑭求職者支援訓練	⑫「第11次職業能力開発基本計画」職業能力開発施策の今後の方向性 ⑬教育訓練給付制度 ⑭「令和3年度能力開発基本調査」個人調査 ⑮企業における人材開発	⑩職業能力開発促進法 ⑫「令和元年版男女共同参画白書」社会人の学び ⑬一般教育訓練給付金 ⑭「職業能力開発促進法」雇用する労働者の自発的な職業能力の開発及び向上を促進するために事業主が講ずる措置	⑪「第11次職業能力開発基本計画」 ⑬「職場における学び・学び直し促進ガイドライン」キャリアコンサルタントの活用をベースとした推奨される取組み例 ⑭人材開発支援助成金「人への投資促進コース」の対象 ⑮キャリア開発プログラムCDP ⑰「令和3年度能力開発基本調査」事業所調査の労働者の職業能力評価	⑪「令和4年度能力開発基本調査」会社を通して受講した教育訓練（OFF-JT） ⑫ハロートレーニング（公的職業訓練） ⑬労働者の人材開発を行う事業主を支援する制度 ⑭社会人の主体的な学び（リカレント教育） ㉝「労働者等のキャリア形成における課題に応じたキャリアコンサルティング技法の開発に関する調査・研究事業報告書」個人の多様な特性に対応するための技法の枠組み
⑮出向 ⑯セルフ・キャリアドック ⑰日本企業の雇用制度の特徴（いわゆる3種の神器） ⑲「令和3年版労働経済の分析」テレワークの定着に向けた課題 ㉓解雇・退職	⑯セルフ・キャリアドック ⑰テレワークの適切な導入及び実施の推進のためのガイドライン	⑯目標管理制度 ⑯職能資格制度 ⑰セルフ・キャリアドックの効果的な実施	⑯採用に関して留意すべき事項	⑯組織と人的資源管理 ⑰「成長戦略実行計画」の「人」への投資の強化

資料

487

第15回学科 (2020.11.1)	第16回学科 (2021.3.7)	第17回学科 (2021.6.27)	第18回学科 (2020.11.1)	第19回学科 (2022.3.6)
5. 労働市場の知識				
⑲⑳労働経済の分析（令和元年度） ㉑平成29年度派遣労働者実態調査	⑱⑳「令和元年版労働経済の分析」（厚生労働省）	⑲「令和2年度年次経済財政報告」（内閣府）で示された、働き方改革の進捗 ⑳新型コロナウイルスの雇用への影響 ㉑労働関連の主な統計	⑳毎月勤労統計調査 ㉑労働力調査	⑲「令和2年版厚生労働白書」平成の30年間と、2040年にかけての社会の変容 ⑳「労働力調査」の就業状態に用いられる用語 ㉑「日本経済2020－2021」（内閣府、令和3年3月）新型コロナウイルス感染症拡大の影響による雇用面の変化
6. 労働政策及び労働関係法令並びに社会保障制度の知識				
㉒労働組合 ㉓働き方改革	㉑労働基準法における労働時間、休日、休暇の規定 ㉒労働・社会保険 ㉓労働関係法令並びに社会保障制度を所轄する国の機関 ㉔雇用保険制度	㉒労働基準法における女性労働者 ㉓就業規則 ㉔社会保障制度 ㉕懲戒（労働契約法他）	⑱男女雇用機会均等法 ㉒労働基準法 ㉓高年齢者雇用安定法 ㉔兼業・副業に係る労働関係法令 ㉕パートタイム・有期雇用労働法	㉓労働・雇用関係法令の立法目的 ㉔労働契約・就業規則にかかる労働関係法令 ㉕法律上の解雇規定
7. 学校教育制度及びキャリア教育の知識				
㉖インターンシップ ㉗学校教育制度及びキャリア教育について	㉕平成29年度告示の小・中学校及び平成30年度告示の高等学校の学習指導要領総則 ㉖「幼稚園、小学校、中学校、高等学校及び特別支援学校の学習指導要領等の改善及び必要な方策等について（答申）」（中央教育審議会、平成28年12月）	㉖新規高等学校卒業者の統一応募書類 ㉗新学習指導要領の教材（キャリア・パスポート）	㉖キャリア・パスポート ㉗令和2年度学校基本調査 ㊷インターンシップの意義	㉖文部科学省のSociety5.0に向けた取組み ㉗学校におけるキャリア教育
8. メンタルヘルスの知識				
㉘うつ病 ㉙職場復帰後のフォローアップ	㉗「職場における心の健康づくり～労働者の心の健康の保持増進のための指針～」（厚生労働省、独立行政法人労働者健康安全機構） ㉘ストレスチェック制度	㉘うつ病 ㉙メンタルヘルス	㉘ストレスと付き合うポイント ㉙ゲートキーパーの役割	㉘適応障害 ㉙ストレスチェック制度

資料

第20回学科 (2022.7.3)	第21回学科 (2022.11.6)	第22回学科 (2023.3.5)	第23回学科 (2023.7.2)	第24回学科 (2023.11.5)
⑱「令和3年度年次経済財政報告」わが国の経済の現状 ⑳「令和3年版労働経済の分析」新型コロナウイルス感染症の感染拡大下において緊急事態宣言時に業務の継続を求められた業種における労働者の働き方	⑱「令和3年度年次経済財政報告」雇用をめぐる変化と課題 ⑲「令和3年版労働経済の分析」新型コロナウイルス感染症等が雇用・労働に及ぼした影響 ⑳「労働力調査(基本集計)2021年(令和3年)平均結果」	⑱「令和3年版労働経済の分析」新型コロナウイルス感染症の感染拡大が雇用・労働に及ぼした影響 ⑲年齢や勤続年数、職種の別に賃金の相場を知るために用いる、国が作成した労働関連統計・調査 ⑳新型コロナウイルス感染症拡大以前の、わが国の労働市場の変化	⑱「令和4年度年次経済財政報告」労働力の確保・質の向上に向けた課題 ⑲「令和4年版労働経済の分析」わが国の労働移動の動向 ⑳「労働力調査」の就業状態に用いられる用語	⑱「令和4年版労働経済の分析」雇用・失業情勢の動向 ⑲「令和4年版労働経済の分析」労働者のキャリアコンサルティング経験とキャリア形成 ⑳「2023年版ものづくり白書」人材確保・育成
㉑パワーハラスメント防止のための指針 ㉒労働者災害補償保険法 ㉔雇用保険制度	㉑男女雇用機会均等法 ㉒雇用保険二事業 ㉓労働基準法 ㉔介護保険制度	㉑労働基準法上の賃金の支払い方法 ㉒労働組合法・労働関係調整法 ㉓雇用保険法 ㉔職場における労働者の人格的利益の保護	㉑法令で定められた休暇・休業 ㉒年俸制 ㉓労働組合法 ㉔「女性活躍推進法」一般事業主行動計画の策定	⑮わが国の労働組合 ㉑若者雇用促進法 ㉒労働条件の変更 ㉓「障害者差別禁止指針」差別の事例 ㉔育児・介護休業法
㉕キャリア・パスポート ㉖「インターンシップの推進に当たっての基本的考え方」インターンシップの3つの類型	㉕令和3年度学校基本調査 ㉖キャリア・パスポート	㉕小・中・高の学習指導要領の「キャリア教育」 ㉖新規高校卒業者の採用選考に係る統一応募書類	㉕「キャリア教育の推進に関する総合的調査研究協力者会議報告書」学校教育におけるキャリア・カウンセリング ㉖中学校で職場体験を実施する場合に配慮すべき事柄 ㉗キャリア教育で育成すべき力「基礎的・汎用的能力」	㉕「高等学校学習指導要領」高校生の発達を支える指導 ㉖中学校・高等学校の学習指導要領におけるキャリア教育と進路指導 ㉗学校教育に関係する法律とそれに基づく計画
㉗長時間労働や自殺をめぐるわが国の状況 ㉘うつ病	㉗ストレスチェック制度 ㉘健康づくりのための睡眠指針2014	㉗改訂「心の健康問題により休業した労働者の職場復帰支援の手引き」 ㉙うつ病の可能性がある症状	㉘うつ病 ㉙「令和4年版自殺対策白書」	㉘精神症状を表す用語 ㉙精神障害者保健福祉手帳

資料

489

第15回学科 (2020.11.1)	第16回学科 (2021.3.7)	第17回学科 (2021.6.27)	第18回学科 (2020.11.1)	第19回学科 (2022.3.6)
9. 中高年齢期を展望するライフステージ及び発達課題の知識				
㉚中年期の危機	㉚エリクソン（Erikson, E. H.）の老年期の発達課題	㉚中高年のキャリア形成		㉚スーパーの提唱したライフ・ステージの解放（衰退、下降）段階における発達課題 ㉛中高年期のライフ・ステージとキャリア:シャイン、レビンソン、スーパー、エリクソン
10. 人生の転機の知識				
㉛キャリアの転機	㉛人生の転機（トランジション）の理論	㉛レビンソンの人生の過渡期 ㉜キャリアの転機	㉛転機に関する理論 ㉜人生（キャリア）の転機に関する理論	㉜人生（キャリア）の転機:ジェラット、スーパー、シュロスバーグ、ブリッジズ
11. 個人の多様な特性の知識				
㉜障害者の雇用および就労支援 ㉝治療と仕事の両立支援	⑯「令和2年版高齢社会白書」（内閣府）で述べられた高齢者の就業 ⑲「平成30年度障害者雇用実態調査結果」（厚生労働省） ㉜リハビリテーション・カウンセリング ㉝「令和2年版高齢社会白書」（内閣府）で述べられた、高齢者の暮らしの動向	㉝地域障害者職業センター ㉞治療と仕事の両立支援	㉝障害者に対する合理的配慮 ㉞治療と職業生活の両立支援	㉝「職場におけるダイバーシティ推進事業報告書」（厚生労働省、令和2年3月）性的指向・性自認をめぐる現状 ㉞「事業場における治療と仕事の両立支援のためのガイドライン」（厚生労働省、令和3年3月）

資料

第20回学科 (2022.7.3)	第21回学科 (2022.11.6)	第22回学科 (2023.3.5)	第23回学科 (2023.7.2)	第24回学科 (2023.11.5)
㉙マーシャ「アイデンティティ達成」	❻キャリアの理論:レビンソン ㉙レビンソン、スーパー、岡本祐子、エリクソン	㉙中年期のライフ・サイクル、キャリア発達上の課題・特徴 ㉚エリクソンの心理社会的発達課題	㉚スーパーのライフ・ステージ「解放(衰退、下降)段階」の課題	❼中高齢期のライフステージとキャリア(スーパー、ブリッジズ、ハンセン、エリクソン) ❽エリクソンの生涯発達理論 ❿カウンセリングの理論や心理療法(ブリーフセラピー)
㉚トランジション(転機) ㉛人生の転機に関する理論:サビカス、シュロスバーグ、クランボルツ、ブリッジズ	㉚トランジション(転機)の理論:ブリッジズ、ニコルソン、シュロスバーグ	㉛キャリアの転機(ブリッジズ、ニコルソン、シュロスバーグ)	㉜シュロスバーグのトランジション	㉚人生の転機(シュロスバーグ) ㉛ブリッジズのトランジション・モデル
㉜事業場における治療と仕事の両立支援のためのガイドライン ㉝発達障害のある人が職場に適応するための、上司や同僚の対応	㉛発達障害者の就労支援 ㉜「労働者等のキャリア形成における課題に応じたキャリアコンサルティング技法の開発に関する調査・研究事業報告書」の若者向け技法 ㉝「令和4年度版就業支援ハンドブック」障害者の就職支援	㉜「事業場における治療と仕事の両立支援のためのガイドライン」事業主の留意事項 ㉝「職場におけるダイバーシティ推進事業報告書」職場と性的指向・性自認をめぐる現状	❻相談場面でのキャリアに関する理論の活用(多文化キャリアカウンセリング理論) ㉜自閉スペクトラム症がある人への支援 ㉝リハビリテーション・カウンセリングの理念 ㉞「事業場における治療と仕事の両立支援のためのガイドライン」	㉜「事業場における治療と仕事の両立支援のためのガイドライン」 ㉝「労働者等のキャリア形成における課題に応じたキャリアコンサルティング技法の開発に関する調査・研究事業報告書」個人の多様な特性に対応するための技法の枠組み ㉞「令和元年度厚生労働省委託事業職場におけるダイバーシティ推進事業報告書」性的マイノリティ当事者が抱える困難

資料

491

Ⅲ. キャリアコンサルティングを行うために必要な技能

第15回学科 (2020.11.1)	第16回学科 (2021.3.7)	第17回学科 (2021.6.27)	第18回学科 (2020.11.1)	第19回学科 (2022.3.6)
1. 基本的技能・知識 1) カウンセリングの技能				
㉞システマティック・アプローチ	㉞システマティック・アプローチにおける目標設定の意義	❽積極技法 ⓫認知行動療法の技法	❿傾聴におけるカウンセラーの基本的態度 ⓫防衛機制 ㉟ブリーフ・セラピー ㊱カウンセラーとしての資質	㉟クライエント中心療法の基本概念
2) グループアプローチの技能				
㉟グループアプローチ ㊱ワークショップの基本	㉟グループワーク、グループアプローチ ㊱構成的グループ・エンカウンター	㉟グループワーク	㊲グループアプローチ	㊱サイコドラマ、セルフヘルプ・グループ、構成的グループ・エンカウンター、Tグループ
3) キャリアシートの作成指導・活用の技能				
⓮ジョブ・カード ㊲キャリアシート	㊲ジョブ・カード	㊱ジョブカード	⓮ジョブ・カード制度 ㊳ジョブ・カードの活用	㊲労働者、求職者、学生等がジョブ・カードを作成する主なメリット (厚生労働省)
4) 相談過程全体の進行の管理に関する技能				
㊳キャリアコンサルティングにおけるリファー	㊳システマティック・アプローチのプロセス	㊲カウンセラーとクライエントの関係性 ㊳相談過程 ㊴相談過程		㊳スーパービジョン、コンサルティング、リファー、コーディネーション
2. 相談過程において必要な技能 1) 相談場面の設定				
㊴面談初期の対応	㊴未経験の職種に転職を希望する者への、面談初期の対応 ㊵相談場面の設定		㊴ラポール形成	
2) 自己理解の支援				
㊵厚生労働省編一般職業適性検査 ㊶心理アセスメントの観察法	㊶自己理解を支援する検査やツール	㊵職業レディネス・テスト ㊶自己理解	㊵職業レディネス・テスト [第3版] (VRT)	㊵厚生労働省編一般職業適性検査の [進路指導・職業指導用] と [事業所用] ㊶自己理解

資料

492

第20回学科 (2022.7.3)	第21回学科 (2022.11.6)	第22回学科 (2023.3.5)	第23回学科 (2023.7.2)	第24回学科 (2023.11.5)
❿カウンセリングの理論や心理療法の名称と提唱者、用語:ロジャーズ ❸リレーション、受容、支持、繰り返し	❸カウンセリングの応答技法とその応答例	❾カウンセリング理論における、症状や問題行動が生じるメカニズム(ロジャーズ) ❿カウンセリング理論や心理療法の名称、提唱者、用語 ❸マイクロカウンセリング技法	❿面談における質問技法 ❸キャリアコンサルティング場面におけるカウンセリングの特徴 ❸キャリアコンサルティング場面におけるキャリアコンサルタントの基本的態度	❿カウンセリングの理論や心理療法(ロジャーズ) ❸マイクロカウンセリングにおけるかかわり技法 ❸キャリアコンサルティングのプロセス
❸構成的グループ・エンカウンター(SGE)	❸セルフヘルプ・グループ、サイコドラマ、Tグループ、ベーシック・エンカウンター・グループ	❸エンカウンター・グループにおけるファシリテーター	❸グループアプローチ	❾臨床心理学や心理療法(構成的グループ・エンカウンター) ❸グループアプローチに期待される効果
❸ジョブ・カード	⓫ジョブカード ❸職務経歴書、履歴書、ジョブ・カード	❸ジョブ・カードを活用したキャリアコンサルティング	❸厚生労働省履歴書様式例	❸ジョブ・カード等様式例
❸相談過程において留意すべき事項	❸相談過程			
❸相談場面の設定	❸面談の場面設定	❸カウンセリングの包括的・折衷的アプローチにおける場面設定や関係構築	❸キャリアコンサルティングにおける「相談場面の設定」	❸キャリアコンサルティングの相談場面の設定段階におけるキャリアコンサルタントの関わり方
❸アセスメント・ツールの使い方や解釈	❸厚生労働省編一般職業適性検査 ❹アセスメント・ツールの使い方や解釈	❸観察法 ❹心理検査とその内容	❹心理検査に使用される用語	❹キャリア・インサイト

資料

493

第15回学科 (2020.11.1)	第16回学科 (2021.3.7)	第17回学科 (2021.6.27)	第18回学科 (2020.11.1)	第19回学科 (2022.3.6)
3) 仕事理解の支援				
㊷仕事理解支援	㊷ハローワークインターネットサービス	㊷日本版 O-NET	㊶職務分析と職務調査の違い	㊷パート・有期労働ポータルサイトで示されている、職務分析・職務評価とその活用
4) 自己啓発の支援				
㊸啓発的経験	㊸学校教育として行われているインターンシップに係る文部科学省の見解			㊸啓発的経験
5) 意思決定の支援				
㊹意思決定	㊹キャリアコンサルティングにおける目標設定	㊹意思決定	㊸意思決定のプロセス	㊴目標の設定 ㊹目標の設定
6) 方策の実行の支援				
㊺システマティック・アプローチ	㊺方策の探索や実行	㊺方策の実行支援	㊹システマティック・アプローチ ㊺効果的な実行の支援	㊺方策の実行の支援
7) 新たな仕事への適応の支援				
	㊻新たな仕事への適応支援	㊻新しい仕事への適応		㊻新しい仕事への適応
8) 相談過程の総括				
㊻相談の終結 ㊼相談成果の評価および相談の終了	㊼相談の終結	㊼相談の終結	㊻相談の終結 ㊼相談過程の評価	㊼相談の終結

第20回学科 (2022.7.3)	第21回学科 (2022.11.6)	第22回学科 (2023.3.5)	第23回学科 (2023.7.2)	第24回学科 (2023.11.5)
㊵ハローワークインターネットサービス	㊶職業情報提供サイト（日本版O-NET、jobtag）の「支援者としての利用」ページ	㊶職業情報提供サイト（日本版O-NET、愛称job tag)	㊷職業情報提供サイト（日本版O-NET、愛称job tag) の「ポータブルスキル見える化ツール」 ㊶職業理解のための情報収集	㊶職業情報提供サイト（日本版O-NET、愛称job tag) の「支援者向け活用ガイド」
㊶ボランティア活動	㊷トライアル雇用助成金（一般トライアルコース）	㊷「インターンシップを始めとする学生のキャリア形成支援に係る取組の推進に当たっての基本的考え方」インターンシップの留意点	㊷「高等学校キャリア教育の手引き」インターンシップの4つの目的 ㊸自己啓発の支援	㊷「職場における学び・学び直し促進ガイドライン」企業内の労働者の自己啓発支援
㊷目標の設定	㊸目標の設定	㊸システマティック・アプローチにおける目標設定ステップ	㊹キャリアコンサルティングにおける目標設定のステップ	㊸キャリアコンサルティングにおける目標設定のステップ
㊸目標達成のための効果的な動機づけ ㊹システマティックアプローチでの自己管理方策 ㊺組織内の従業員への面談後のフォロー	㊹システマティック・アプローチにおける相談者の自己管理方策		㊺方策の実行の支援における学習方策	㊹キャリアコンサルティングにおける方策の実行の支援
		㊹若年者の早期離職の予防となる内定後のフォローアップ		㊺若年者や障害者の就職・転職後に行われる仕事への適応を確認するための調査や追指導（フォローアップ）
	㊺面談の評価	㊺面談の終結方法	㊻システマティック・アプローチの最後の段階の「成果の評価」	㊻相談過程の終了

資料

495

Ⅳ. キャリアコンサルタントの倫理と行動

第15回学科 (2020.11.1)	第16回学科 (2021.3.7)	第17回学科 (2021.6.27)	第18回学科 (2020.11.1)	第19回学科 (2022.3.6)
キャリア形成及びキャリアコンサルティングに関する教育並びに普及活動				
㊽キャリア形成及びキャリアコンサルティングに関する教育並びに普及活動		㊽キャリアコンサルティングに関する教育並びに普及活動		
環境への働きかけの認識及び実践				
㊾環境への働きかけの認識及び実践	㊽環境への働きかけの認識及び実践			
ネットワークの認識及び実践				
	㊾企業領域で活動するキャリアコンサルタントに必要なネットワーク	㊾ネットワークの認識及び実践		
専門機関への紹介、専門家への照合				
自己研鑽				
				㊽「キャリアコンサルタントの実践力強化に関する調査研究事業報告書」による自己研鑽
キャリアコンサルティングに関する指導を受ける必要性の認識 (スーパービジョン)				
㊿スーパービジョン				
キャリアコンサルタントとしての倫理				
	㊿キャリアコンサルタントの倫理	㊿キャリアコンサルタントとしての倫理と姿勢		㊿職業能力開発促進法で定められたキャリアコンサルタントの義務等
キャリアコンサルタントとしての姿勢				
				㊾キャリアコンサルタントとしての姿勢
キャリアコンサルタントの活動				

第20回学科 (2022.7.3)	第21回学科 (2022.11.6)	第22回学科 (2023.3.5)	第23回学科 (2023.7.2)	第24回学科 (2023.11.5)
㊻キャリア形成及びキャリアコンサルティングの教育並びに普及活動		㊻キャリア形成及びキャリアコンサルティングに関する教育並びに普及活動 ㊼キャリア形成及びキャリアコンサルティングに関する教育並びに普及活動		
㊼環境への働きかけの認識及び実践	㊻キャリア・デザイン研修 ㊼環境への働きかけの認識及び実践	㊽企業領域で活動するキャリアコンサルタントの、環境への働きかけの認識及び実践	㊼企業内キャリアコンサルタントの姿勢とキャリアコンサルティングの効果	㊼企業領域で活動するキャリアコンサルタントの、環境への働きかけの認識及び実践
㊽ネットワークの認識と実践	㊽企業領域で活動するキャリアコンサルタントに必要なネットワーク			
㊾自己研鑽		㊾「働く環境の変化に対応できるキャリアコンサルタントに関する報告書」キャリアコンサルタントの自己研鑽 ㊿キャリアコンサルタントの自己研鑽	㊽キャリアコンサルタントの自己研鑽	㊽キャリアコンサルタントの継続的な学び
			㊾キャリアコンサルタントの登録制度 ㊿職業倫理	㊾面談記録の書き方や管理 ㊿キャリアコンサルティングにおける多重関係
㊿キャリア形成支援者としての姿勢	㊿キャリア形成支援者としての姿勢			
			㊾キャリアコンサルタントの登録制度	

資料

497

索 引 （本索引は「要点テキスト」のページを示しています）

索引

人名索引

索引

●著者紹介

柴田 郁夫（しばた いくお）

国家資格キャリアコンサルタント／1級・2級キャリアコンサルティング技能士（国家検定）

一般社団法人地域連携プラットフォーム代表理事（共同代表）

株式会社志木サテライトオフィス・ビジネスセンター代表取締役

青森大学経営学部助教授、准教授、客員教授、日本テレワーク学会会長などを歴任。株式会社ではハロートレーニング（公的職業訓練）を実施。キャリアコンサルティング歴は20年に及ぶ。

地域連携プラットフォームは、平成30年度から厚生労働大臣認定の「キャリアコンサルタント養成講習」および「キャリアコンサルタント更新講習」を実施。また、国家資格や国家検定の受験対策講座を開催。一方、「創業スクール」を継続実施し、独立・開業をめざすキャリアコンサルタントの支援にも実績がある。

キャリアコンサルタント養成講習：http://careerjp.work/cc1/

キャリアコンサルタント更新講習：http://careerjp.work/cck/

［著書・訳書］

『働く人を幸せにする援助職 国家資格キャリアコンサルタントになるには!?』（秀和システム）『国家資格キャリアコンサルタント実技試験（面接・論述）実践テキスト』（秀和システム、共著）

『ワーク・エンゲージメントの実践法則～テレワークによって生産性が下がる企業、上がる企業』（大学教育出版）

『SOHOでまちを元気にする方法～自治体との協働ガイド』（ぎょうせい）

『キャリア・ダイナミックスⅡ』（亀田ブックサービス、エドガー・シャインらとの共著）

『PI（パーソナルアイデンティティ）を理解すれば時代の面白さが見えてくる』（PHP研究所）

『NTLハンドブック～組織開発（OD）と変革』（NextPublishing Authors Press、組織キャリア開発フォーラムとの共訳）　他

● 執筆協力者・グループ

組織キャリア開発フォーラム

キャリアコンサルタント、企業内人事スタッフ、中小企業診断士、社労士、経営士など
で構成される、日本の組織を良くするための実践と研究を行うNPO団体。ODコンサ
ルファームとして組織・人事面のアドバイスや「セルフ・キャリアドック」の普及活動
などを進めている。

一般社団法人地域連携プラットフォーム

地域の企業、行政、教育機関、NPO等の共創をすすめるために2014年に設立。「持
続可能な開発」に関する諸活動や、キャリアコンサルティング関係では大臣認定の養
成講習、更新講習をはじめ、受験対策講座、「組織キャリア開発士」認定講座、また創業
スクール等を実施。

[本書制作に関わったメンバー]
齋藤 由紀子 (さいとう ゆきこ)、久田 奈奈 (ひさだ なな)、青木 徳子 (あおき とくこ)
いずれも国家資格キャリアコンサルタント

◇**本書購入特典**◇
一般社団法人地域連携プラットフォーム
「国家資格キャリアコンサルタント養成講習」の
受講料が3,500円割引となります。
詳しくは、以下のホームページをご覧ください。
https://career.jp.work/tokuten

有効期限：2025年2月28日

●注意
(1) 本書は著者が独自に調査した結果を出版したものです。
(2) 本書は内容について万全を期して作成いたしましたが、万一、ご不審な点や誤り、記載漏れなどお気付きの点がありましたら、出版元まで書面にてご連絡ください。
(3) 本書の内容に関して運用した結果の影響については、上記(2)項にかかわらず責任を負いかねます。あらかじめご了承ください。
(4) 本書の全部または一部について、出版元から文書による承諾を得ずに複製することは禁じられています。
(5) 本書に記載されているホームページのアドレスなどは、予告なく変更されることがあります。
(6) 商標
本書に記載されている会社名、商品名などは一般に各社の商標または登録商標です。

国家資格キャリアコンサルタント 学科試験 要点テキスト&一問一答問題集 2024年版

発行日	2024年 2月22日	第1版第1刷

著 者　柴田　郁夫

発行者　斉藤　和邦
発行所　株式会社　秀和システム
　　　　〒135-0016
　　　　東京都江東区東陽2-4-2　新宮ビル2F
　　　　Tel 03-6264-3105（販売）Fax 03-6264-3094
印刷所　三松堂印刷株式会社　　　　Printed in Japan

ISBN978-4-7980-7164-0 C3034

定価はカバーに表示してあります。
乱丁本・落丁本はお取りかえいたします。
本書に関するご質問については、ご質問の内容と住所、氏名、電話番号を明記のうえ、当社編集部宛FAXまたは書面にてお送りください。お電話によるご質問は受け付けておりませんのであらかじめご了承ください。